普通高等院校经济管理类"十四五"应用型精品教材

【物流系列】

港口物流

第 3 版

主　编　王斌义
副主编　马周琴

PORT
LOGISTICS

机械工业出版社
CHINA MACHINE PRESS

本书分为港口物流理论与实务两大部分，前 5 章阐述了港口物流发展历史、港口物流的基本规定、现代物流与港口发展、中国港口物流现状分析、世界典型港口物流发展状况等港口物流理论知识；后 8 章介绍了港口物流设施与设备、港口物流生产及统计指标体系、港口装卸工艺、港口集装箱运输业务管理、港口物流服务、港口物流信息系统、港口口岸管理、保税物流等港口物流实务知识。

　　本书既可作为物流管理、物流工程及相关专业学生的教材，也可作为物流产业管理人员的培训教材或参考用书。

图书在版编目（CIP）数据

港口物流 / 王斌义主编 . —3 版 . —北京：机械工业出版社，2023.8
（2025.7 重印）

普通高等院校经济管理类"十四五"应用型精品教材 . 物流系列

ISBN 978-7-111-73791-9

I.①港…　II.①王…　III.①港口 – 物流 – 高等学校 – 教材　IV.①U695.2

中国国家版本馆 CIP 数据核字（2023）第 163768 号

机械工业出版社（北京市百万庄大街 22 号　邮政编码 100037）
策划编辑：施琳琳　　　　　　责任编辑：施琳琳
责任校对：张昕妍　　张　薇　责任印制：张　博
北京建宏印刷有限公司印刷
2025 年 7 月第 3 版第 6 次印刷
185mm×260mm · 18 印张 · 402 千字
标准书号：ISBN 978-7-111-73791-9
定价：49.00 元

电话服务　　　　　　　　网络服务
客服电话：010-88361066　机　工　官　网：www.cmpbook.com
　　　　　010-88379833　机　工　官　博：weibo.com/cmp1952
　　　　　010-68326294　金　书　网：www.golden-book.com
封底无防伪标均为盗版　机工教育服务网：www.cmpedu.com

第3版
前言

PREFACE

　　随着国际多式联运的发展与综合运输链复杂性的增加，现代港口正朝着全方位增值服务的方向发展，成为商品流、资金流、技术流、信息流与人才流汇聚的中心。第一代港口的主要功能是装卸和仓储；第二代港口的主要功能是提供分拨、配送等增值业务；第三代港口的主要功能是为客户提供全方位、高附加值的物流服务；第四代港口的主要功能将是在商业、综合物流枢纽、全程运输服务中心和国际商贸后勤基地的基础上，向海洋生态经济后勤服务基地推进。

　　伴随着港口从第一代港口向第四代港口发展的历程，港口物流的发展经历了从传统物流到配送物流、综合物流和供应链物流几个发展阶段。港口供应链的发展建立在完善的市场经济体制和发达的综合运输体系上，以旺盛的物流需求为基础，注重物流系统资源的整合和先进技术的应用，注重物流的全球性服务和计划化、协同化发展。港口物流已经成为许多国家提升市场竞争力、实现经济全球化战略的重要基础。

　　港口物流行业属于国民经济基础产业，是一个国家对外开放最前沿的窗口，是沟通经贸往来的重要枢纽。近年来，我国港口大型化、专业化水平明显提升，通过能力显著提升，为国民经济发展提供了有力支撑。2022年，我国港口完成货物吞吐量156.8亿吨，完成集装箱吞吐量近3亿标准箱（TEU）。在全球港口货物吞吐量和集装箱吞吐量排名前10的港口中，我国港口分别占8席和7席。我国已成为布局合理、层次分明、功能齐全、河海兼顾、优势互补、配套设施完善、现代化程度较高的港口大国、航运大国和集装箱运输大国。

　　许多位于港口城市的院校把物流管理专业的教学重心放在港口物流管理上，把物流人才的培养方向定位为培养港口物流人才。2018年，我们修订并出版了《港口物流》第2版。近几年，经济发展突飞猛进，港口物流发展日新月异，于是，我们在第2版的基础上编写了第3版。

第3版主要在以下几个方面进行了修订。第一，推进习近平新时代中国特色社会主义思想进教材，在大部分章节增加了课程思政案例。习近平总书记曾深刻指出，经济强国必定是海洋强国、航运强国。航运离不开港口。港口的发展，在习近平总书记心中始终有着沉甸甸的分量。党的十八大以来，习近平总书记多次亲临港口视察，明确提出港口要做好"四个一流"，为"一带一路"建设服务好。习近平总书记强调，我们常说要想富先修路，在沿海地区要想富也要先建港。习近平总书记强调，要志在万里，努力打造世界一流的智慧港口、绿色港口。第二，深入学习、宣传贯彻党的二十大精神，传递党的声音，以党的二十大精神引领港口创新发展。党的二十大报告提出，必须坚持科技是第一生产力，加快构建新发展格局，着力推动高质量发展，推进高水平对外开放，推动共建"一带一路"高质量发展等，本书编写中增加了这方面的内容，并调整部分章节，贯彻宣传新政策，比如智慧港口建设、共建"一带一路"、自由贸易港、综合保税区，内容更全面。第三，增加新的数据，2018年第2版出版后，每年都有数据更新，第3版增加了新数据，比如港口物流现状、典型港口货物吞吐量及集装箱吞吐量。第四，优化课后复习思考题，并在教辅资料中提供了答案。

本书由厦门理工学院王斌义教授撰写框架并主持全书的编写及统稿工作。本次再版修订，洪宪培博士修改第3章；厦门理工学院洪怡恬副教授修改第5章；厦门理工学院马周琴修改第7章；对外经济贸易大学顾永才研究员修改第10章和第12章，其他章节由厦门理工学院王斌义教授修改。本书主编是王斌义，副主编是马周琴。

在本书的编写过程中，我们得到了机械工业出版社的关心和支持，特别感谢编辑团队，他们为本书的编写和修订提出了许多有益的建议。

在本书的编写过程中，我们参考了许多著作和资料，特向这些作者表示由衷的感谢！由于我们水平有限，书中如有不当之处，敬请读者批评指正！

编者

2023年8月

教学目的

港口物流课程是高校物流管理和工程专业本科生的必修课，主要介绍港口物流发展历史、现状和发展趋势，讲授港口物流系统、经营模式。讲解港口装卸设施设备、港口生产计划、港口装卸工艺、港口集装箱运输、船舶理货业务、港口口岸管理、保税物流、港口物流信息系统等诸多知识。

港口物流课程以培养应用能力为主线，以项目为导向，以任务为驱动，突出物流管理专业的知识、技能与职业道德素质要求。本课程要求学生掌握港口物流的基本原理，熟悉港口物流的基本流程和知识，了解港口物流发展的前沿问题，提高分析和解决问题的能力，使学生具备港口物流操作和管理能力，将学生培养成符合 21 世纪人才战略要求和适应地方社会经济建设需要的高素质人才。

先修、后续课程及关系

先修课程：宏观经济学、国际贸易理论、物流管理学。

港口物流课程涉及经济理论、国际贸易实务，同时又需要学生熟悉物流管理专业基础课程知识，因此，建议学生在掌握上述先修课程的相关知识之后，再学习本课程，以免因前期知识的不足而影响对本课程的理解和掌握。在教学过程中，教师要注重各种经济学原理在港口管理和规划设计中的应用，同时，还要针对某些内容安排适当的练习，并结合实际进行分析和讨论，以提高学生解决实际问题的能力。

后续课程：集装箱运输管理、港口装卸工艺、报关实务。

教学方式方法及手段建议

港口物流课程教学存在较多难点，学生需要掌握的知识点多且涉及面广。在港口物流课程的教学过程中，教师不但需要讲授港口物流理论，还需要精心设计案例实操模块，为学生提供一个仿真的学习环境，交互式引导学生动手动脑，解决港口企业的具体物流问题。教师要挑选适当的案例，让学生积极参与讨论，通过课堂师生互动交流，提高学生对本课程学习的积极性。另外，设置港口物流的专题讲座，强化各项专业知识融会贯通地运用。

学时分配表（供参考）

序号	章节	教学内容	建议课时		备注
			非物流类专业	物流类专业	
1	第1章	港口物流发展历史	4	4	
2	第2章	港口物流的基本规定	2	4	课内案例训练
3	第3章	现代物流与港口发展	4	4	课内案例训练
4	第4章	中国港口物流现状分析	2	4	课内案例训练
5	第5章	世界典型港口物流发展状况	2	4	企业参观实践
6	第6章	港口物流设施与设备	4	6	课内案例训练
7	第7章	港口物流生产及统计指标体系	4	4	课内案例训练
8	第8章	港口装卸工艺	4	6	课内案例训练
9	第9章	港口集装箱运输业务管理	4	4	课内案例训练
10	第10章	港口物流服务	2	2	
11	第11章	港口物流信息系统	2	4	
12	第12章	港口口岸管理	2	4	
13	第13章	保税物流	4	6	课内案例训练
14		合计	40	56	

CONTENTS 目录

第 1 章

港口物流发展历史

|学习目标|

1. 理解港口的概念
2. 掌握港口的分类
3. 了解港口物流发展历史
4. 了解港口的发展趋势

1.1 港口的概念与分类

1.1.1 港口的概念

在西方，"港口"一词来自法语，原意为"门"，即水陆联系的门户。我国"港口"二字的含义较欧美各国更为深远。"港"是一种可供船舶航行、碇泊的水面，"口"即门户。

港口是指位于江、河、湖、海沿岸，具有一定设施和条件，可供舰船停泊、旅客上下、货物装卸和生活物料供应作业的地方。港口是各种交通，包括海运、河运、铁路、公路、航空甚至管道汇集的枢纽；它是构成港口的各种建筑物、构筑物和设备，如航道、外堤、港池、码头、起重机械、仓库等的复杂综合体。港口是运输链的中转点，也是货物暂时储存的缓冲区，还是货物集成整合的中心。

1.1.2 港口的分类

按照不同的标准，港口可分为不同的类型。

1. 按地理位置分为四类

（1）海港，位于有良好的天然掩护的或平直的海岸上，如旅顺港、湛江港和榆林港等。若天然掩护不够，则需加筑外堤防护，如烟台港、塘沽新港。

（2）河口港，位于入海河流河口段，或河流下游潮区界内，如我国的黄埔港，国外的鹿特丹港、纽约港、伦敦港和汉堡港等。

（3）河港，位于河流沿岸，如我国的南京港、武汉港和重庆港。

（4）湖港及水库港。湖港，位于湖泊沿岸或江河入湖口处的港口；水库港，位于大型水库沿岸的港口。

2. 按性质和用途分为四类

（1）商港，是以一般商船和客货运输为服务对象的港口，是水陆运输的枢纽，如我国的上海港、大连港、天津港、广州港和湛江港等，国外的安特卫普港、神户港、伦敦港、纽约港和汉堡港。商港的规模大小用吞吐量表示。

（2）工业港，是为临近江、河、湖、海的大型工矿企业直接运输原材料及输出制成品而设置的港口。

（3）渔港，是供渔船停泊、鱼货装卸、鱼货保鲜、冷藏加工、修补渔网和为渔船生产及生活提供物资补给的港口，也是渔船队的基地。

（4）军港，是供舰艇停泊并取得补给的港口，是海军基地的组成部分。

3. 按装卸货物分为两类

（1）综合性港口，是指装卸多种货物的港口。

（2）专业性港口，是指装卸某单一货类的港口，如石油港、矿石港、煤港等。

4. 按港口所承担的货物运输流向分为四类

（1）内需型港口。一些城市的消费、生产和建设都需要大量货物的进口来保证，这些城市往往是工业生产中心，需要进口大量的原材料、能源物资（如日本的一些城市）；或是大陆型国家和地区，其经济腹地广阔，需要大量的生产性和消费性的产品（如美国的一些城市）。这些港口往往是货物航运的终点。

（2）外需型港口。它们往往是矿产、农产品或能源产地的中心，或是大型工业中心，其加工的产品需通过港口大量外销，常作为货物海运的起点。一般而言，仅依靠原材料、矿产出口，尽管输出的货运量可能巨大，但是该港口不会成为经济和贸易中心，而纯粹的加工产品的出口在价值上可能较高，但在数量上不会很大。

（3）中转型港口。这些港口所在的国家或地区往往本身的行政区域狭小，或是本国或本地区的需求有限，但它们依靠自身的区位优势来发展中转贸易，并常常附带对货物进行加工处理以提高货物附加价值等产业，同样达到了促进本地区、本城市经济发展的目的。从地理位置来看，这些港口或是在国际航线的必经交汇点，或是在江海交汇处。前者如中国香港、新加坡等港口，它们把周围国家和地区的港口作为其集散支线港。后者如鹿特丹、安特卫普等港口，除了向周围沿海港口集散外，还通过内河、公路或铁路向沿河港口或内陆集疏运。

（4）中转加工型港口。中转型港口存在着向中转加工型港口发展的趋势，即充分利用其自由港政策，在港区内开辟各种加工产业，促使大量的中转加工件和商品增值。从发展经济学的角度来看，一个国家或地区不论是采用"进口替代战略"还是采用"出口导向战略"，这些都是发展当地经济的重要手段。从替代进口的产品（原来要由国外进口的商品）来看，这些产品在本国国土上参与了其中部分价值的创造，就相当于本国的劳务出口和对技术、土地资源的利用。从出口导向的产品（在自由港区内生产的直接用于出口的产品）来看，这又意味着本国资源禀赋所创造的价值（依附于产品之中）参与了国际经贸循环。

5. 按港口布局和港口在国民经济及综合运输体系中的地位分为五类

（1）航运中心港，是港口高度集约化的产物。这类港口所在城市的经济、金融与贸易十分发达，有广阔的经济腹地，有众多的固定航线通往世界各主要港口。航运中心港一般都是集装箱枢纽港。

（2）主枢纽港，是地理位置优越、辐射面广、货源充足、有较多的固定航线、设施与设备先进、功能齐全的重要港口。这类港口一般位于综合运输主骨架的交汇点，是客货集散中枢和各种运输方式的衔接处。

（3）地区性枢纽港，这类港口的服务范围主要在某个地区，其航线数量、服务功能及服务设施与设备等方面都不如主枢纽港，但它具有优越的地理位置、较先进的服务设施与设备以及较齐全的服务功能，是地区客、货集散中枢和综合运输的枢纽。

（4）地区性重要港口，是在地区经济发展及对外开放中发挥重要作用的港口。这些港口依托所在地区的重要城市，具有良好的陆路运输条件，对周边地区有一定的辐射作用。

（5）其他中小港口，是指除上述以外的大量沿海中小港口，作为沿海地区交通基础设施的一部分，对所在地区经济的发展起到了积极的促进作用，也是完善沿海港口布局的重要部分。

1.2　海上运输与港口发展的历史考察

1.2.1　世界海上运输及港口的发展历程

海上运输简称海运，已有几千年的历史，它的发展同造船和航海技术的进步有着密切的关系。它是世界贸易中最重要的一种运输方式，世界贸易总运量中有 2/3 以上是通过海运完成的。海上运输迅速发展，已成为人类发展经济和进行贸易往来的重要手段。港口是水上运输的起点与终点，是大量货物的集结点；随着海上运输的发展，港口也逐渐发展起来。

1. 早期海上运输与港口发展

历史资料证明，公元前 7000 年在地中海地区已经存在航运。那时的港口只不过是在河流、湖泊区域，选择岸坡合适、水流缓慢、避风条件好、水面静稳之处，用来靠系船舶的地方；海港更需要利用天然隐蔽的海湾或河口辟为港口，便于系泊船舶，这样船舶可以躲避风浪，等待有利的风向和天气。当时，由于船舶的吨位小、吃水浅、数量不多，同时客、货运量不大，因此对装卸速度的要求并不是很高。

随着奴隶制诞生而产生的国际贸易，主要商品是奴隶和奢侈品，因而当时贸易中心都位于强大的奴隶制国家的都市及其殖民地。在西方，首先是腓尼基和迦太基，然后转移到古希腊和古罗马，贸易中心一直在地中海沿岸。古代腓尼基的疆域面积，大体上相当于现代的黎巴嫩，由于其地处"两巴"和地中海的世界海陆要冲上，因而非常有利于发展商业和航海活动。公元前3000年出现了腓尼基这个国家。腓尼基是古代出色的商业民族，腓尼基人经营木材、酒、染料等，而且大量贩卖奴隶。腓尼基人在地中海东海岸、撒丁岛和西西里岛，以及非洲北海岸建造了最古老的港口（季尔港和西顿港）。

迦太基是公元前900年腓尼基在北非沿岸建立的殖民地，当时该地也成了地中海沿岸地区的贸易中心。与此同时，在尼罗河三角洲产生了阿–乌尔海港，后来在该地建立了亚历山大港。在古希腊时代，海上运输及港口建设得到了很大的发展（克诺索斯港和麦萨腊港）。

公元1世纪前后，罗马帝国在征服地中海沿岸之后，势力抵达红海与波斯湾，它便以亚历山大港为基地，积极开拓对东方的海上贸易。罗马商船大举进入印度洋，据说在奥古斯都时代，每年有120艘商船从红海起航，前往印度，采购东方各国的商品。中国汉朝早在公元前2世纪就已经开辟了对印度的海上交通航线，到公元1世纪，汉朝商人更是频频抵达南印度。几乎与此同时，南亚的文明古国印度也加强了在海外尤其是在东南亚的商业扩张。从1世纪开始，印度商人大批向东方航行，来到东南亚地区和中国。中国、罗马和印度三大势力在印度洋的汇合，使东西方海上交通和贸易空前繁忙起来。

在罗马帝国时期建造的安季乌姆港、图姆–采利港，证明了罗马人具有高度发达的技术文化和工程艺术，这里首先建成垂直断面的防护建筑物。按照总体布置，这些港口与现代港口相似。

文艺复兴时代，随着贸易和航运的高度发展，人们在荷兰、意大利、西班牙、英国等地建造了港口。

随着造船业的发展、罗盘仪的改造和应用、航海技术的进步以及海上贸易的发展，海上运输作为运输业的一种形式出现。沿海城市成为新的贸易中心，1368—1484年，威尼斯成为第一大港口，是近代海运的发源地。

从15世纪开始，地中海沿岸的一些城市已出现了资本主义生产的萌芽，南欧一些国家的手工业及商业贸易有了很大程度的发展，商人渴望拓展海外市场，以获取更多的财富。1492年，意大利人哥伦布发现了美洲新大陆。1519年，葡萄牙航海家麦哲伦率领5艘船、265名船员，实现了人类历史上首次环球航行。上述几次探险，统称为"地理大发现"。这样，从欧洲绕过非洲或绕过南美洲到达亚洲的新东西方贸易航路终于被开辟出来了。地理大发现后，大大开拓了欧洲市场，国际贸易范围从地中海、北海、波罗的海扩展到大西洋、美洲、印度、中国和南亚群岛。当时，欧洲一面输出铁、毛织品、麻织品，一面从东方输入生丝、丝织品、棉织品、橡胶、茶叶，从美洲输入砂糖、烟草等，东方和美洲成了欧洲的贸易市场。1484—1588年，西班牙的巴塞罗那成为第一大港，也是工商业和文化中心、造船中心。

总之，在15—17世纪，随着新大陆的发现和殖民地的攫取而急剧发展的贸易与航运，导致必须建立大型港口。随着船舶数量的增加和规模的扩大，海港逐渐发展起来了。

2. 近现代世界海上运输

19世纪，海上运输有了很大的发展。1807年，世界上诞生了第一艘蒸汽船，给古老的海运业注入了新的活力。资本主义国家的早期工业大多沿通航水道设厂，使当时水运的发展对工业布局有很大的影响。同时由于国际贸易地理条件的限制，加上海运运量大、成本低，国际贸易量的2/3是通过海上运输的。

20世纪的两次世界大战以及发生的重大海难，加速了科技前进的步伐，其中对海上运输起到重要作用的有：从无线通信到人造卫星通信，发展到全球海难安全系统；船舶设计制造也在大型化、高速化方面有了很大进步，几十万吨的油船、散货船，每小时几十海里航速的快速客船，正在世界各地航行。

第二次世界大战（简称"二战"）以后，世界经济逐步向一体化过渡，客观上工业、农业、原料、加工业等在不同国家、不同地区形成一定程度的专业分工，国际的客货交流从数量上不断增加，其中海洋运输是世界国际货物运输的主要方式。国际海运量在国际货运总量中占80%以上，按货运周转量计算则占90%以上。世界海运船舶保有量从1950年的8500万载重吨增加到2021年的21.35亿载重吨。

根据法国海事咨询机构AXS-Alphaliner的统计，截至2021年3月2日，全球前十大集装箱运输班轮公司运力集中度高达84.6%，市场集中度进一步提升，如表1-1所示。

表1-1　全球十大集装箱运输班轮公司运力排名

排名	班轮公司	国家	传输扩展单元 / TEU	市场份额 / %
1	地中海航运	瑞士	4 308 612	17
2	马士基	丹麦	4 293 689	16.9
3	达飞	法国	3 260 069	12.9
4	中远海运	中国	2 924 494	11.5
5	ONE	日本	1 753 758	6.9
6	赫伯罗特	德国	1 527 607	6.0
7	长荣海运	中国	1 485 860	5.9
8	现代商船	韩国	816 138	3.2
9	阳明海运	中国	663 862	2.6
10	以星海运	中国	437 039	1.7
合计				84.6

据国际船舶网发布的数据，截至2021年4月，克拉克森研究数据显示全球现有船舶数量99 907艘，总计21.39亿载重吨，其中散货船12 353艘，9.17亿载重吨；油船15 812艘，6.72亿载重吨；集装箱船5 455艘，2.83亿载重吨。

链接　港口大事记

18 世纪，伦敦港成为世界上最大港口（1588—1894 年）。

1894 年，美国超英、德，实现工业产值第一，纽约港成为世界最大港（1894—1962 年），经历两次世界大战，各大港口衰落，纽约港依旧繁华。

日本科教兴国，贸易立国，迅速崛起，横滨港成为世界第一大港（1962—1986 年）。

欧洲的长足发展使鹿特丹港成为世界最大港，年吞吐量达 3 亿吨（1986—2005 年）。

2005 年后，上海凭借中国经济龙头的优势，一举成为世界第一大港口，宁波舟山港、广州港、天津港已迈入世界前十大港口之列。

1.2.2　我国海上运输及港口的发展

1. 我国早期海上运输业及港口发展

中国水运发展的历史源远流长，从新石器时代，到封建王朝，再到中华人民共和国成立，中国港口建设有着自己的历史脉络。

早在新石器时代，我们的祖先已在天然河流上广泛使用独木舟和排筏。在浙江河姆渡出土的木桨，证明在距今 7 000 多年前，中国东南沿海的渔民已使用桨出海渔猎。

春秋战国时期，水上运输已十分频繁，港口应运而生，当时已有渤海沿岸的碣石港（今秦皇岛港）。汉代的广州港以及徐闻、合浦港，已与国外有频繁的海上通商活动。唐代设有"市舶司"，管理对外贸易并向往来的商船征税。长江沿岸的扬州港，兼有海港与河港的特征，到唐朝已是相当发达的国际贸易港。宋代设有"船舶司"，专门管理船舶制造等事务。广州、泉州、杭州、明州（今宁波）是宋代的四大海港。另外，指南针在船上得以应用，让福建泉州港成为当时世界上最大的国际贸易海港（公元 10 世纪至 1368 年）。元代，中国的海商已经出现在波斯湾、红海和非洲东北部，他们为明代的郑和下西洋做好了一切航海技术上的准备。明代，郑和率领庞大的船队七下西洋，到达 30 多个国家，足迹遍及南洋各国和非洲，航行最远处已达赤道以南，非洲东部的索马里和肯尼亚。他们用携带的大量金银、绸缎、瓷器等换回香料、象牙和宝石。每次出航，船舶之多，船身之长，载人之众，在当时均属空前，这一壮举比欧洲航海史要早几个世纪。

后来为防止倭寇入侵，当时的政府施行了海禁政策。清政府为了维持海禁政策，于 1757 年关闭了除广州港以外的所有港口，严格管制对外贸易和往来中国的船只，禁止与外国通商。

2. 近现代中国海上运输业及港口概况

19 世纪初，世界资本主义正处于上升时期。英国等老牌资本主义国家以炮舰为前驱，以商船为工具，在世界范围内狂热地寻找市场，扩大殖民地。幅员辽阔、物产丰饶的中国成为其进行海盗式殖民掠夺的重要目标。当时，广州是中国唯一对外开放的口岸，经广州海关登记的外国商船逐年增加。但英国商人很快感到贸易形势对他们相当不利，他们没有东西可换取中国的货物，仅靠从印度运来的有限的白银、棉花，难以抵消从中国大量购买茶叶、生丝所需的货款，英国的对华贸易出现了巨额逆差，于是英国开始大规模向中国倾销鸦片。1840—1842年第一次鸦片战争之后，帝国主义列强长期垄断了我国的海上运输。

在西方列强的武力胁迫下，清政府不得不结束长期以来的广州"一口通商"的局面，开始开放沿海主要港口，这一开放进程持续了几十年，使沿海海关和港口完全被外国人控制，内河航行权丧失殆尽。此外，各地为了发展贸易，也自行开放了一些港口。这样，在我国沿海、沿江（长江）和沿边（边疆）地带，便形成了一批对外开放的商埠。到20世纪20年代，在当地设立海关并在海关总税务司署的海关贸易报告年报上辟有分关报告的开放商埠，已达到40余个。港口开放大多是在外力的强迫下实现的，是清政府丧权辱国的一个体现，然而它客观上促使中国各区域的现代化和经济外向化。无论是沿海沿江还是沿边的开放商埠，在各区域的经济发展中都占有一定的地位，然而比较重要的仍是分布在沿海沿江的港口。沿海分布，自北向南主要有东北沿海的安东港（今丹东）、大连港、牛庄港（今海城市西部），华北沿海的天津港、烟台港、青岛港，江浙沪沿海的上海港、宁波港、温州港，华南沿海的福州港、厦门港、汕头港、广州港、梧州港，台湾的淡水港、打狗港（今高雄），以及香港港和澳门港。沿江分布的港口主要有位于长江上游的重庆万县港，长江中游的汉口港、九江港，长江下游的芜湖港、南京港、镇江港等港口，这些港口也是重要的开放港口。沿海沿江的港口是我国和国外以及我国各地区之间发展交通与贸易联系的主要枢纽。一方面，各港口城市通过密切的海上联系，形成繁荣的埠际贸易，我国的南北区域以及沿海与内地的物资交流更加频繁；另一方面，我国的出口物资通过这些港口输往世界各国，各国的进口物资通过这些港口输入中国。

3. 中华人民共和国成立以来港口发展历史

中华人民共和国成立时，我国海上运输特别是远洋运输处于空白阶段，海上运输没有自己的船队。

中华人民共和国成立初期，港口淤浅、码头失修，几乎处于瘫痪状态，全国（除台湾地区外）仅有万吨级泊位60个，码头岸线总长仅2万多米，年总吞吐量只有500多万吨，多数港口处于原始状态，设施差，主要依靠人抬肩扛进行装卸作业。

中华人民共和国成立初期，我国港口吞吐量仅有1000万吨。2022年，我国完成港口货物吞吐量156.8亿吨。截至2022年底，全国港口拥有生产用码头泊位21 323个，其中，万吨级及以上泊位2 751个，建成了布局合理、层次分明、功能齐全、河海兼顾、优势互补、配套设施完善的现代化港口体系，形成了环渤海、长江三角洲、东南沿海、珠江三角洲和西南沿海五个港口群，构建了油、煤、矿、箱、粮五大专业化港口运输系统，具备靠泊装卸30万吨级散货船、35万吨级油轮和1万标准箱集装箱船的能力。

中华人民共和国成立后，中国水运和港口开始获得新生，先后经历了五个不同的发展时期。

（1）中国港口建设的第一个发展时期是中华人民共和国成立初期的20世纪50年代至20世纪70年代初。由于帝国主义的海上封锁，加上经济发展以内地为主，交通运输主要依靠铁路，因而海运事业发展缓慢。这一阶段港口的发展主要是以技术改造、恢复利用为主。这一时期，沿海港口平均每年只增加一个深水泊位，其中大多系小型泊位改造而成。

中华人民共和国成立时，我国沿海港口共有 75 个泊位，码头总长度 1.19 万米，除个别用来装卸成品油外，大多数码头用来装卸件杂货。当时，我国还没有水运工程建设方面的标准规范。20 世纪 50 年代，第一个"五年计划"明确提出，水运是一种最经济的运输方式，必须积极地提高其在整个运输中的比重。这一时期，我国共建成投产泊位 107 个，码头总长度 7 689 米，建设了非专业化的矿石、煤炭散货码头和第一个多用途码头。通过借鉴苏联的码头工程技术规范，我国第一次编制了水运工程技术标准，形成了基本框架。

20 世纪 60 年代，我国沿海港口新建了多用途、原油、化工品和客运码头，内河通航试行标准、海港总体设计规范等 5 项标准陆续发布。20 世纪 70 年代，一批机械化、半机械化大型专业码头相继建成，其中有大连港和湛江港的 5 万吨级油码头以及其他沿海和沿长江港口的油码头。码头结构除高桩梁板承台、管柱式等形式外，还出现了沉箱钢梁、扶壁式等形式。在大量的工程实践中，筑港人对工程技术创新、科技进步的经验加以总结和分析，实施了河港总体、高桩码头等的设计规范。

（2）中国港口建设的第二个发展时期是 20 世纪 70 年代。随着中国对外关系的发展，对外贸易迅速扩大，外贸海运量猛增，沿海港口货物通过能力不足，船舶压港、压货、压车情况日趋严重，我国领导人于 1973 年初发出了"三年改变我国港口面貌"的号召，开始了第一次建港高潮。1973—1982 年，全国共建成深水泊位 51 个，新增吞吐能力 1.2 亿吨；首次自行设计建设了中国大连港 5 万吨级／10 万吨级原油出口专用码头。这一时期锻炼和造就了中国港口建设队伍，为以后港口发展奠定了较好的基础。

（3）中国港口建设的第三个发展时期是 20 世纪 70 年代末至 20 世纪 80 年代。中国经济发展进入一个新的历史时期，中国政府在"六五计划"（1981—1985 年）中将港口列为国民经济建设的战略重点，港口进入第二次建设高潮。港口建设步入了高速发展阶段。"六五"期间共建成 54 个深水泊位，新增吞吐能力 1 亿吨。经过 5 年建设，中国拥有万吨级泊位的港口由 1980 年的 11 个增加到 1985 年的 15 个，1985 年完成吞吐量 3.17 亿吨。"七五"期间是沿海港口建设 40 年中发展最快的 5 年，共建成泊位 186 个，新增吞吐能力 1.5 亿吨。其中深水泊位 96 个，比中华人民共和国成立后 30 年建成的总和还多，共建成煤炭泊位 18 个，集装箱码头 3 个以及矿石、化肥等具有当今世界级水平的大型装卸泊位。拥有深水泊位的港口已发展到 20 多个。年吞吐量超过 1 000 万吨的港口有 9 个。

（4）中国港口建设的第四个发展时期是 20 世纪 80 年代末至 20 世纪 90 年代。随着改革开放政策的推行与实施以及国际航运市场的发展变化，中国开始注重泊位深水化、专业化建设。特别是第七届全国人民代表大会第四次会议后，通过了《国民经济和社会发展十年规划和第八个五年计划纲要》，明确了交通运输是基础产业。为适应社会主义市场经济发展的进一步深化，出现了第三次建港高潮。建设重点是处于中国海上主通道的枢纽港及煤炭、集装箱、客货滚装船等三大运输系统的码头。1997 年底，全国沿海港口共拥有中级以上泊位 1 446 个，其中深水泊位 553 个，吞吐能力 9.58 亿吨，是改革开放之初的 4 倍。完成吞吐量由 1980 年的 3.17 亿吨增长到 1997 年的 9.68 亿吨。基本形成了以大连港、秦皇岛港、天津港、青岛港、上海港、深圳港等 20 个主枢纽港为骨干，以地区性重要港口为补充，中小港的适当发展的分层次布局框架。与此同时，与港航相配套的各种设施、集疏运系统、修造船工业、航务工程、通信导航、船舶检验、救助打捞系统基本齐备，还建设了具有相当规模和水平的水运科研设计机构、水运院校和出版部门，初步形成了一个比较完整的水运营运、管理、建设和科研体系。

（5）中国港口建设的第五个发展时期是 20 世纪 90 年代末至今。贸易自由化和国际运输一体化迅速发展，现代信息技术及网络技术也伴随着经济的全球化高速发展，现代物流业已在全球范围内迅速成长为一个充满生机活力并具有无限潜力和发展空间的新兴产业。现代化的港口将不再是一个简单的货物交换场所，而是国际物流链上的一个重要环节。特别是进入 21 世纪以后，经济全球化进程加快，科技革命迅猛发展，产业结构不断优化升级，综合国力竞争日益加剧。为适应国际形势变化和国民经济快速发展的需要，并在激烈的竞争中立于不败之地，全国各大港口都在积极开展港口发展战略研究，开发建设港口信息系统，并投入大量资金进行大型深水化、专业化泊位建设，掀起了又一轮港口建设高潮。

20 世纪 90 年代以来，在加快港口建设的同时，我国开始注重现代深水化、大型化、专业化码头的建设。一批大型原油、铁矿石、煤炭、集装箱等专业化码头和深水航道工程相继建成，港口专业化泊位比重超过 50%。截至 2022 年底，全国万吨级及以上泊位约占泊位总数的 12.9%，位居世界首位。目前我国基本形成了包括主要港口、地区性重要港口和其他一般港口三个层次的港口体系，在长三角、珠三角、环渤海、东南沿海、西南沿海五大区域形成了规模庞大并相对集中的港口群。在长江、西江干线、长三角、珠三角地区建成了一批集装箱、大宗散货和汽车滚装等专业化泊位，已建成了布局合理、层次分明、功能齐全的现代化港口体系。2021 年末，全球排名前 10 的港口中有 7 个位于中国，这一数据反映了中国港口在全球航运领域的领先地位。我国是世界第一货物贸易大国，90% 以上的外贸货物通过海运完成。作为交通和物流枢纽，中国港口正在"一带一路"倡议中扮演着重要角色。

2022 年初，知名航运分析机构 Alphaliner 公布了 2021 年全球集装箱港口吞吐量排名前 30 的年度排行榜。在排名前 10 的港口中，有 7 个中国港口，分别是上海港、宁波舟山港、深圳港、广州南沙港、青岛港、天津港和香港港。苏州港、北部湾港吞吐量增势明显，排名稳步提升。

1.2.3　目前全球海上航运业现状与港口发展趋势

1. 全球航运业发展现状

（1）船舶大型化、营运联盟化、航线全球化规律。随着世界集装箱运输的发展，船公司之间的竞争愈演愈烈，各主要船公司为获得足够的规模经济效益而开发更大的集装箱船。因为一艘 6 000TEU 船的单位运输成本要比一艘 4 000TEU 船降低 20%。据对三大干线上班轮航线用船量的统计，5 000TEU 以上的第五代和第六代集装箱船已接近所用运力的半数，成为国际干线航运的主流船型。

为了适应巴拿马集装箱时代带来的资金、货运批量、航线密度、航线覆盖面等经济与营运条件的变化，加大竞争优势，船公司都在进行结盟或合并、兼并以扩充实力，并开辟环球、钟摆航线，建立全球支线运输网，力求减少主干线上挂靠的节点（枢纽港）。为此，通过发达的支线运输网，确保主干线上少量节点能覆盖最广大的腹地，吸引最多的箱量。

（2）集装箱转运是国际集装箱运输的重要作业方式。随着集装箱船舶向大型化、高速化、干线化和联盟化的方向发展，大型的集装箱干线船为追求自身运营的经济性，尽可能满载且减少船舶在港停留时间。因此，国际集装箱主干线船舶只停靠在一些大型高效的枢纽港，再由这些枢纽港向周边港口辐射。集装箱转运已成为国际集装箱运输中的一个重要作业方式，转运量也日益增多。

（3）全球集装箱业务呈现集中化趋势，出现少数枢纽港口。2021年，集装箱运输业出现恢复性增长，主要得益于东亚地区经济体，尤其是中国率先控制新冠疫情，快速实现复工复产。2021年，排名前30的港口的总集装箱吞吐量为4.5亿TEU，同比增长6.5%；亚洲港口的货物吞吐量总和占了77%，仅中国港口就占据了近一半，达47%。2021年，中国多数港口集装箱运输服务需求呈现增长态势，长期卫冕冠军的上海港继续保持领先地位，与竞争对手新加坡港拉开了近1 000万TEU的差距，宁波舟山港、深圳港和天津港上升明显，中国集装箱运输的发展仍然是全球稳定发展的重心和基础。在排名前30的港口中，欧洲港口的货物吞吐量总和占12%，美国港口占8%，中东港口占3%。美国有三个港口上榜，分别是排在第9位的洛杉矶/长滩港、第18位的纽约/新泽西港以及第28位的萨凡纳港。

（4）全球联营体的形成。在国际航运竞争日趋激烈和船舶大型化的背景下，为降低运营成本，实现规模经济，提升班轮公司的竞争力和在谈判中的话语权，各班轮公司纷纷结成联盟，从而实现在运输服务领域的航线和挂靠港口互补、船期协调、舱位互租。目前，全球主要集装箱联盟包括2M Alliance（2M联盟）、THE Alliance（THE联盟）和Ocean Alliance（大洋联盟）三大联盟。2015年1月，2M Alliance由马士基航运（Maersk Line）和地中海航运（MSC）组建，随后韩国SMLine加入2M Alliance。2016年5月13日，赫伯罗特、阳明海运、ONE航运（Ocean Network Express，包括日本邮船、商船三井、川崎汽船）组成THE Alliance，之后现代商船（HMM）加入。2016年4月20日，中远海运集团所属中国远洋海运集团、法国达飞海运、长荣海运及东方海外宣布离开各自联盟，并共同成立新的Ocean Alliance。

（5）跨国公司的供应链。跨国公司的供应链改变了全球贸易的格局，船公司和港口运营商必须提供更全面的物流服务才能保证竞争优势。船公司沿供应链上下游进行整合，航运业的重点已从"港至港"运输服务转到"门到门"运输服务，集装箱化使这种物流体系成为可能。

（6）航线网络布局多元化，直达运输与干支线中转运输兼顾。在实现规模效益与满足客户个性化需求之间寻求平衡：一方面，船公司运营大型船舶有利于实现规模效益，但同时，大型船舶干线挂靠港口数量有限，需要发达的支线辅助；另一方面，为了给客户提供快捷的运输服务，班轮公司要在尽可能多的港口提供直达航线的运输服务。

近年来，随着中型港口的不断成长，远洋干线不再只钟情于国际集装箱大港，逐渐开始挂靠一些腹地集装箱生成量具有增长潜力的中型港口。

（7）贸易保护主义导致国际贸易增速放缓，远洋运输受到影响。从国际经济来看，世界经济将稳步增长，但增速趋缓。尽管全球贸易前景有所改善，世界经济复苏仍将推动贸易增长，但面临的风险和挑战仍不容低估。贸易保护主义威胁上升、主要国家货币正常化使全球流动性收缩，恐怖主义、地缘政治及自然灾害等都将对全球贸易发展产生影响。被誉为国际干散货运输市场走势晴雨表的波罗的海干散货运价指数（Baltic dry index，BDI）自 2008 年达到峰值 11 793 点后一直没能突破这个点位。2021 年 8 月 23 日，BDI 创下近11 年的高位，达到 4 147 点，从 2020 年 1 月 4 日的 1 374 点以来上涨 201.82%。但是，受新冠疫情和所有类型船运价走弱拖累，BDI 出现波动，2022 年 1 月 27 日下跌至 1 296 点。2022 年 5 月 19 日，BDI 收于 3 289 点，环比上涨 100 点。

2. 世界港口发展趋势

（1）国际港口向第四代港口推进的趋势。随着国际多式联运（international multimodal transport）的发展与综合运输链复杂性的增加，现代港口正朝全方位增值服务的方向发展，成为商品流、资金流、技术流、信息流与人才流汇聚的中心。第一代港口的主要功能是装卸和仓储。第二代港口的主要功能是提供分拨、配送等增值业务。第三代港口的主要功能是为客户提供全方位、高附加值的物流服务。港口在发展现代物流方面具有独特的优势。这是因为港口是水路运输的枢纽，具有整合生产要素的功能，可促进多式联运的发展，还是主要的信息平台。第四代港口的主要功能将是在商业、综合物流枢纽，全程运输服务中心和国际商贸后勤基地的基础上，向海洋生态经济后勤服务基地推进。

（2）港口规模大型化。随着超过 5 000TEU、吃水 14 米以上的第五代与第六代集装箱船陆续投入运营，世界航贸界的主型船舶继续向大型化和超大型化方向发展。这一趋势必然使世界上一些主要的国际枢纽港的建设向深水化方向发展。港口规模大型化是由港口生产规模的经济性质决定的，各国港口纷纷采取措施以扩大规模来降低成本，提高经济效益。目前世界上已有许多港口采取合并、联盟等措施来扩大规模。这是世界班轮公司联盟与合并发展连锁反应的必然结果。

（3）泊位、航道深水化和码头外移的趋势。船舶大型化的趋势使码头泊位为适应这一需求发生着深刻的变化，泊位和航道水深一般需要超过 15 米，码头地理位置要求海岸条件良好。为减少开挖土方量和工程投资，又能获得足够的水深和宽敞的航道、水域、锚地和港池，新建码头多为离岸栈桥形式，这样可节省投资，施工期短，早投产，早收益。码头外移趋势是为了满足国际船舶大型化的需要，减少船舶进出航道的时间，减少航道疏浚量，多选择在远离市区的位置。

（4）码头专业化和装卸设备大型化的趋势。船舶大型化对码头生产规模提出了新的要求，泊位、场地等生产设施必然相应扩大。为了发挥铁路集疏运的作用，在港区码头还需要布置铁路作业线和停车线，也要求港区面积扩大。现代高科技在港口生产中具体表现为港口装卸工艺的合理化，港口装卸机械化系统的电气化、自动化以及管理手段的现代化。

（5）港口信息化、网络化的发展趋势。由于海上运输业本身所具有的强烈国际性，港口信息网络化无疑是提高服务效率的重要手段。港口业信息技术升级的焦点之一是 EDI（电子数据交换），通过它可以使港口的计算机系统直接与用户、货主以及其他机构（如海关）的计算机系统连接，更好地促进各大港口之间的交流与合作。

（6）港口功能多元化并向物流分拨中心发展的趋势。港口在现代国际贸易和运输系统中的战略地位正在逐步加强，并发挥着日益重要的作用。现代化港口既是货物海路联运的枢纽，又是国际商品储存、集散的分拨中心，也是贸易、加工业发展的聚集地。港口也成为国际货物运输链和世界经济贸易发展越来越重要的组成部分。现代化港口除了具备传统的货物装卸、货物中转及产品分配功能外，还增加了产业和服务增值的功能。一个现代化的国际港口必须集物流服务中心、商务中心、信息与通信服务中心和人员服务中心为一体，才能巩固和提高其在运输链中的地位与作用。国际运输业经营者正在向综合物流服务提供者转化，其服务内容也从单纯的运输服务转变为提供运输、包装、储存、配送等增值服务。为了适应上述变化，港口必须加强其物流和信息功能。

（7）港口产业国际化。港口产业国际化经营的主要参与者是大型班轮公司。实力雄厚的跨国航运公司在港口企业的国际化进程中扮演着越来越重要的角色。参与港口跨国投资与跨国经营的另一大群体是一大批大型民用型港口码头经营企业。这些码头经营企业将其核心业务向国外拓展并利用其专业特长寻求国际投资机会。它们对包括发展中国家在内的国家进行投资融资、改建新建工程，以争取国际市场，进一步拓展在国外的国际集装箱装卸业务。

（8）港城一体化格局。集装箱运输的迅猛发展，打破了原来相对狭小的港口与腹地进行经济联系的格局，使世界各地的港口越来越趋于在同一个国际化的网络中运作。20世纪90年代以来，港口腹地进一步向周边扩大，小港成为大港的腹地，在内陆也出现了为集装箱运输服务的"无水港"，这就使港口与腹地的关系所涉及的范围必须从更大的空间结构中去考察。港口功能的扩展使其在国际贸易和地区经济发展中发挥着巨大的作用。同时，港口功能的实现也需要以强大的港口城市功能及港口腹地经济的发展为支持和依托。现代港口已从一般基础产业发展到多元功能产业，从单一陆向腹地发展到向周边共同腹地扩展，并且向社会经济各系统进行全方位辐射，从城市社区发展到港城经济一体化，从国家的区域经济中心发展到世界区域经济中心，这一系列过程说明港口的战略区位中心作用正日益突出。世界上大多数港口城市都十分重视港口的发展，制定了港城相互促进、共同发展的战略，并采取各种措施积极鼓励和扶持港口的发展。

1.3　港口物流的形成与发展

1.3.1　现代港口物流的形成

1. 现代港口物流的形成过程

港口物流活动是随着港口经济的发展，依托贸易的发展和技术的进步逐步形成的。20

世纪 50 年代以前，整个国民经济建立在重化工业的基础上，世界工业资源分布及生产在全球的不均衡，决定了港口的主要功能在于集散大宗的散货（金属矿石、煤炭）与液体货物（原油及相关产品）。货物运输的特点是小批量、大运量，对于其他相关服务的要求较低，因而整个物流活动的集成尚未形成。

随着高新技术产业的崛起，传统的重化工业在国民经济中的地位日渐衰落。在这一时期，全球海运的三大货物中散货及液体货物在经历了 20 世纪 50 年代—20 世纪 70 年代的较快增长之后，出现了停滞。与此同时，生产的全球化使成品及半成品的全球运输需求增加，集装箱运输的出现使传统运输活动的服务质量和效率大大提高，运输与装卸、存储、搬运以及信息流通活动的集成也逐步形成。

20 世纪 80 年代以来，全球经济一体化步伐的加快，现代科学技术的发展及互联网经济的崛起，对运输提出了更高的要求。它要求实现以满足客户的需求为出发点，进行从起点到终点的原材料、中间产品过程库存、最后产品和相关信息有效流动与储存的全程服务。

2. 现代港口物流形成的必然性

（1）现代物流业的发展促进港口物流业的形成。随着世界经济全球化、贸易自由化和国际运输市场一体化的形成，尤其是现代物流的发展，港口企业不再是仅具有传统的装卸、仓储功能，游离于生产、贸易和运输之外的企业，而是经济、贸易发展的催化剂，港口能对周围地区和腹地发挥巨大的辐射功能，推动地区乃至世界经济和贸易发展。正因如此，现代物流作为一种先进的组织方式和管理技术得到世界各国政府的高度重视，现代物流产业已在全球范围内迅速发展成为一个极具发展空间和潜力的新兴产业。为了充分发挥现代物流供应链重要节点的作用，越来越多的港口正在向现代物流中心发展。物流的出现和发展，给了港口发展以想象的空间。现代物流是以运输为主要环节的综合服务系统。运输是挖掘企业"第三利润源泉"的核心，可以认为现代物流的核心内容是货物的现代化运输。港口是海上运输与陆地运输的连接点，是货物中转、换装和集散的场所。港口作为全球综合运输网络的节点，决定了它与生产制造企业、运输企业、仓储企业及销售企业等有着十分密切的关系。现代物流供应链中的许多环节都发生在港口，并通过港口的功能来实现。

（2）船舶大型化对港口物流的要求。为了追求规模经济，船舶公司争相采用大型化船舶，因而对国际贸易港口的水深、装卸设施、服务水平以及腹地货源等相关因素提出了更大的挑战。为了适应船舶大型化的发展趋势以及基于节约投资成本、节约船舶在港时间和加快货物流转速度的考虑，发展综合物流服务势必成了港口发展的首选。

（3）港口向现代物流活动的枢纽转变。现代物流的产生和发展需要物资与技术作为基础，主要包括：广阔的经济腹地；充足的货源，尤其是集装箱货源；发达的海、陆、空运输网，并能开展多式联运业务；现代的国际贸易物流一般包括先进的硬件设施、设备及先进的管理技术；现代化的信息网络；办理货物通关的海关和"三检"等单位。只有港口才能同时具备上述几个方面的条件。由此可见，现代物流的发展，正促使港口以多种方式参与到物流服务中。

目前，世界上很多大的跨国公司、海运公司和物流企业均在港口及其周围地区建立生产制造厂、物流中心、分拨中心和配送中心。这些港口不仅具有传统的物流功能，而且具有流通加工、信息情报、销售和展览功能，可提供全方位的服务。发展现代物流也是提高我国开放性港口城市提升国际竞争力的重要方式。

1.3.2　港口物流业发展的过程

世界港口发展至今大体经历了四代（见图1-1）。第一代港口主要是海运货物的装卸、仓储中心。第二代港口除了是货物的装卸、仓储中心外，还增加了工业、商业活动，使港口成为具有使货物产生增值效应的服务中心。第三代港口适应国际经济、贸易、航运和物流发展的要求，得益于港航信息技术的发展，使港口逐步走向国际物流中心。当前，在世界主要港口中，第二代港口已开始向第三代港口转型，中国香港、新加坡、鹿特丹等港口在转型中走在前列。目前，我国大部分的港口都处于第三代的发展水平。现在，第四代港口开始成为众多国家港口的发展目标。

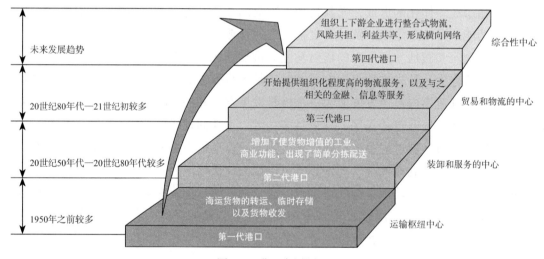

图1-1　港口发展历程

从整体上看，第四代港口呈现出纵向整合、横向互动的特征。纵向上，港口与供应链上下游，如腹地工业、货代、海关、物流公司、经销商、银行等形成以港口码头为中心的一个有机整体，统一调配资源，使供应链各环节之间无缝连接，能够提供更加精细的作业和响应迅速的服务，使港口运输服务更加丰满和有效，满足运输市场对港口差异化服务的需求。横向上，港口不再作为一个孤立的运输关口独立运营，而是与全国乃至世界各地的港口形成战略同盟，联合经营，共同发展。这样可以在更大范围内调配资源，提高运输效率，顺应经济一体化的要求（见图1-2）。

伴随着港口从第一代港口向第四代港口的发展历程，港口物流的发展经历了从传统物流到配送物流、综合物流和供应链物流几个发展阶段。

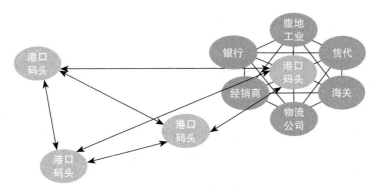

图 1-2　第四代港口特点

（1）传统物流阶段。20 世纪 40 年代以来，物流逐渐得到人们的认识和重视，但直至 20 世纪 70 年代末，港口一直被认为是纯粹的"运输中心"，港口物流处于传统物流阶段。

（2）配送物流阶段。20 世纪 80 年代至 20 世纪 90 年代初，电子数据交换（electronic data exchange，EDI）、准时制生产（just-in-time，JIT）、配送计划，以及其他物流技术的不断涌现和应用发展，为物流管理提供了强有力的技术支持和保障。与此同时，集装箱运输的高速发展和集装箱运输船舶的大型化对港口的生产能力与效率提出新的要求，国际贸易的发展也带来了现代港口物流对国际配送的需求，许多大型跨国公司纷纷在各大港口建立"配送中心"，港口物流的发展也逐渐步入集运输、转运、储存、装拆箱、仓储管理、加工功能于一体的配送物流阶段。

（3）综合物流阶段。20 世纪 90 年代中期和末期，电子商务发展如火如荼，带来了交易方式的变革，使物流向信息化并进一步向网络化方向发展。此外，专家系统和决策支持系统的推广使物流管理更加趋于智能化。这些都使现代物流上升到了前所未有的重要地位，现代港口逐渐发展成为集商品流、信息流、资金流、人才流于一体的重要的物流中心。

（4）供应链物流阶段。自 21 世纪以来，现代信息技术和现代物流的发展步入一个全新的阶段，全球物流、共同配送成为物流发展的重要趋势，港口除了继续发挥其装卸集装箱船货的运输功能外，还主动参与和组织与现代物流有关的各个物流环节的业务活动及其彼此之间的衔接与协调，成为全球国际贸易和运输体系中的主要基地。港口正积极谋求融入某一条或几条物流链，以进一步增强港口的竞争力。

港口供应链的发展是建立在完善的市场经济体制和发达的综合运输体系上的，以旺盛的物流需求为基础，注重物流系统资源的整合和先进技术的应用，注重物流的全球性服务和计划化、协同化发展。港口物流已经成为发达国家提升市场竞争能力、实现经济全球化战略的重要基础。

1）欧、美、日等发达国家和地区的港口物流已基本具备运输合理化、仓储自动化、包装标准化、装卸机械化、加工配送一体化、信息管理网络化等现代物流特征，总体上已基本进入供应链管理阶段。

2）各国政府将加强交通运输基础设施建设，以作为推动港口物流发展的重要措施之一，并鼓励不同运输方式向协调衔接的多式联运发展，使物流运输系统更加高效、完善。

3）第三方物流发展非常迅速，为港口供应链的发展奠定了坚实的基础。第三方物流的物流市场化运作的突出表现是：它通过提供专业化、多样化服务，促成物流市场的成熟、物流技术的创新，使物流服务社会化。

4）信息技术的发展为港口供应链提供了技术保障。通过广泛应用电子数据交换技术、物联网技术等，实现对物流的网络配置、货物和车辆跟踪等，从而提供高效的服务。

5）物流发达的国家有关发展物流业的政策和法规相对完备，并且体现出促进自由竞争、缓和各种规制的共同趋势。

1.3.3 现代港口物流发展趋势

世界经济一体化和贸易自由化的进程加快，使物流的内涵正在逐渐扩大，物流的外延正在加快形成国际物流。在此背景下，现代港口物流具有以下发展趋势。

1. 大物流

港口物流综合了国际物流所有服务要素，能提供多方位、多层次的物流服务，所以被称为综合物流体系或大物流体系。经济一体化必将促使港口物流向国际化、规模化、系统化方向发展，港口物流产业内部通过联合规划与作业形成高度整合的供应链通道关系，大多数重要港口均位于海、陆、空三位一体运输方式的交汇点上，其商品原材料从开采到生产加工、配送营销，直至废物处理可形成一条典型的"物流"供应链。现代物流已成为港口的重要发展方向。

2. 一体化

"一体化"即港口的管理功能要进一步拓展，充分依托港口附近的物流园区开展"一体化"的物流综合服务；开展如腹地运输、拆拼箱、报关、报验、包装、质量控制、库存管理、订货处理和开具发票等增值服务；提供金融、保险等方面的服务；提供货物在港口、海运及其他运输过程中的最佳物流解决方案。

世界著名大港口成功的经验之一就是大力开发建设配送园区，积极推销配送园区概念。所谓配送园区概念就是靠近货运码头、铁路专用连接、海关现场办公、靠近运输设施（所有的运输方式）、增值服务、高素质的港口职工、最先进的信息技术应用等。通过配送园区实现拆装箱、仓储、再包装、组装、贴标签、分拣、测试、报关、集装箱堆存和修理、开发票、配送货物等功能。上海港是世界第一大港口，其港口物流的发展在一定程度上代表着我国港口物流的发展方向，它成功的经验之一就是加快外高桥物流基地、洋山港建设，积极开发货物分类、包装、加工、配送等新的服务领域，使港区的辐射功能和综合服务功能不断得到新的提升。深圳港经过多年的发展，已经形成了颇具特色的港口物流体系。在"一体化"建设方面大力开发、建设物流园区。深圳规划开发出六大物流园区，其中有两大园区为港口物流园区，主要功能为发展集装箱和散杂货集散、中转、拆拼箱、组装加工、海关查验等增值服务。

3. 虚拟链

信息化是港口物流的基本特点。现代港口是一个重要的信息中心,汇集了大量的货源信息、技术信息、服务信息。港口物流必须是建立在港口物流信息平台基础上的高效虚拟供应链,供应链上的任何一环都能达到资源、信息共享,实现总体功能最优化的物流服务目标。

具体而言,通过港口物流信息平台形成四通八达的高速"虚拟供应链",能提高物流信息的搜集、处理和服务能力,缩短物流信息交换与作业时间;有助于发展电子商务,提供电子订舱、网上报关、报检、许可证申请、结算、交(退)税、虚拟银行等网上服务;依托"虚拟链",建设服务覆盖全球的"虚拟港"以扩大港口的腹地范围;"虚拟链"能够使港口物流供应链上的任何一环都能达到资源、信息共享,从而实现总体功能最优化的物流服务目标。

依托"虚拟链",预计未来10～20年,港口布局将出现以赤道环球航线中心港为核心的全球性港口网络,同时形成覆盖全球的"虚拟港"。

4. 智慧型港口

智慧型港口加大高科技在港口物流中的应用力度,使港口物流从传统的劳动密集型向技术密集型转变,逐步实现"传统港"向"智能港"的转变,实现物流运作方式的现代化,物流工艺合理化,物流设备自动化、电气化,全面提升港口物流的竞争力。例如,在福建厦门远海码头14号泊位,"泽春"轮的集装箱装载作业在有序地进行。然而,码头上却不见人影,计算机控制的桥吊、拖车24小时运行,自动化岸桥自动抓箱、放箱,来回装载集装箱的车子自动运行,这是我国首个拥有完全自主知识产权的全自动化码头——厦门海沧远海码头全自动化集装箱码头的无人作业场景。所有的集装箱装卸作业和堆存、翻箱作业等,均由机器自动完成,真正做到了全自动化。另外,青岛港全自动化集装箱码头、上海洋山四期全自动化集装箱码头已经投入运营,其中上海洋山四期全自动化集装箱码头是我国最大的拥有自主知识产权的自动化码头。

5. 港口物流向个性化和柔性化方向发展

港口的个性化,即能够制造出满足客户所需要的不同产品或服务,而物流服务的重要一点就是满足客户的个性化需求。利用自身的信息技术开发虚拟仓库系统,帮助客户减少仓储费用,提升客户供应链效率。

港口的柔性化就是要根据用户(货主和承运人)的需要,能及时有效地处理多货种、小批量、多票数、短周期的综合物流活动。德国的汉堡自由港为多家公司开展各种货物,特别是高价值商品的加工、包装、装配、分类、修理等作业;为货物代理人使用EDI通信方式,办理欧盟的海关手续。汉堡港共有上千家专业货运公司,提供快捷高效的公路货运服务,这些公司的服务范围遍及整个德国和欧洲其他地区,提供各种仓储、配送、进出口集装箱装拆箱和门到门服务。

6. 规模化

整合港口物流资源,降低物流成本,提高港口物流竞争力。运用行业整体优势、高效低成本运作为客户提供柔性化生产、标准化作业流程、一流的管理与信息手段的多元化服务，帮助客户实现规模化和集约化生产。鹿特丹港拥有欧洲最大的集装箱码头，提供多样化的集装箱运输形式。它的主要装卸过程由计算机控制，拥有专业化和规模化的物流中心。鹿特丹港还有规模庞大的地下管道网络，把大量石油及其产品以低成本的方式输往西欧。

7. 合作化

港口从事物流服务是一个庞大的系统工程，通过采取合作化的战略联盟方式，加强与港口腹地及国内外港口的合作与联动，从而提升其市场份额和竞争力。美国的洛杉矶港和其他港口开展广泛的合作与联盟，围绕着物流的特定服务，在生产企业建立起许多物流联盟，它们以提供有效的作业系统、把买方和卖方联系起来作为目的。如今联盟范围日益广泛，超越了传统业务范围，并扩展到国家和政府组织之间的作业领域。

8. 发展绿色物流

绿色物流又称环保物流，是未来物流发展的新趋势，是企业参与国际竞争的客观要求。它是为了使客户满意，连接绿色供给主体和绿色需求主体，克服空间和地理阻碍的快速有效的绿色商品与服务流动的经济管理活动过程，是与环境共生型的物流管理系统。目前厦门港已经被列入国家首批增量配电业务改革试点，港口企业取得配电资质，可向电厂直接购电，大幅降低试点范围内港区用电成本。在绿色发展上，盐田港坚持建设绿色低碳大港，绿色岸电可覆盖盐田港区 10 个 15 万～20 万吨级泊位，能够协助减排二氧化碳上百万吨，同时，新安装的 8 台电力与混合动力双驱动龙门吊能够协助一年减排二氧化碳约3 000 吨，7 个污水处理站每天可以处理上百吨污水。

9. 集装箱化趋势

集装箱运输是一种反映时代特点的现代化、集约化的运输方式，具有装卸快速、方便、安全、经济以及海陆空运输皆宜的优点。随着国际集装箱多式联运的开展，件杂货运输的集装箱化程度越来越高。据世界航运公会（World Shipping Council）公布的统计数据，依照集装箱吞吐量计算，世界十大集装箱港口都在亚洲国家。我国集装箱港口发展迅速，占世界十大集装箱港口中的七个，以上海港为首，2021 年吞吐集装箱 4 702.5 万TEU。

10. 港口中心城市强大的贸易、金融功能

港口城市的贸易业和金融业都是因港而兴的，同时城市贸易、金融业的兴盛又转化为一种强劲的功能直接支撑了港口物流的进一步发展，主要体现在：促进加工贸易业的发展，从而产生对港口物流的巨大需求，吸引国际物流企业来港集聚；为港口物流业基础设备（航道、码头、仓库、堆场、通信等）建设提供信贷、融资条件，并为远洋航运业的发展提供保险服务。因此可以说港口中心城市的贸易金融功能与港口物流发展两者之间是相辅相成的。作为国际集装箱大港所在的城市，中国香港、新加坡均是世界级的国际贸易中心和金融中心。

⊘ 复习思考题

1. 简述中华人民共和国成立以来的港口发展历史。
2. 简述世界航运业发展现状。
3. 简述世界港口发展趋势。

⊘ 课程思政案例

古代海上丝绸之路积累的"丝绸之路"精神

海上丝绸之路，是古代中国与外国交通贸易和文化交往的海上通道，也称"海上陶瓷之路"和"海上香料之路"，1913 年由法国的东方学家沙畹首次提及。海上丝绸之路萌芽于商周，发展于春秋战国，形成于秦汉，兴于唐宋，转变于明清，是已知最为古老的海上航线。中国海上丝绸之路主要由广州、泉州、宁波三个主港和其他支线港组成。中国海上丝绸之路分为东海航线和南海航线两条线路，其中主要以南海航线为中心。

南海航线，又称南海丝绸之路，起点主要是广州和泉州。南海丝绸之路从中国经中南半岛和南海诸国，穿过印度洋，进入红海，抵达东非和欧洲，途经 100 多个国家和地区，成为中国与外国贸易往来和文化交流的海上大通道，并推动了沿线各国的共同发展。

先秦时期，岭南先民在南海乃至南太平洋沿岸及其岛屿开辟了以陶瓷为纽带的交易圈。西汉时期，南方南越国与印度半岛之间海路已经开通。汉武帝灭南越国后凭借海路拓宽了海贸规模，这时"海上丝绸之路"兴起。《汉书·地理志》记载，其航线为：从徐闻（今广东徐闻县境内）、合浦（今广西合浦县境内）出发，经南海进入马来半岛、暹罗湾、孟加拉湾，到达印度半岛南部的黄支国和已程不国（今斯里兰卡）。这是可见的有关海上丝绸之路最早的文字记载。

海上丝绸之路开辟后，在隋唐以前，它只是陆上丝绸之路的一种补充形式。但到隋唐时期，由于西域战火不断，陆上丝绸之路被战争阻断。海上丝绸之路最终替代了陆上丝绸之路，成为我国对外交往的主要通道。唐代的"广州通海夷道"，是中国海上丝绸之路的最早叫法，是当时世界上最长的远洋航线，途经 100 多个国家和地区。

宋代造船技术和航海技术明显提高，指南针广泛应用于航海，中国商船的远航能力大为加强。随着中国南方的进一步开发和经济重心的南移，从广州、泉州、杭州等地出发的海上航路日益发达，越走越远，从南洋到阿拉伯海，甚至远达非洲东海岸。

元朝在经济上采用重商主义政策，鼓励海外贸易，同中国开展贸易的国家和地区已扩大到亚洲、非洲、欧洲、北美洲和南美洲，并制定了堪称中国历史上第一部系统性较强的外贸管理法则。

明代海上丝绸之路航线已扩展至全球，进入极盛时期。向西航行的郑和七下西洋，是明朝政府组织的大规模航海活动，曾到达亚洲、非洲 39 个国家和地区，这对后来达·伽马开辟欧洲到印度的地方航线，以及对麦哲伦的环球航行都具有先导作用。

东海航线，也叫"东方海上丝绸之路"。春秋战国时期，齐国在胶东半岛开辟了"循海岸水行"直通辽东半岛、朝鲜半岛、日本列岛直至东南亚的黄金通道。唐代，山东半岛和江浙沿海的中韩日海上贸易逐渐兴起。宋代，宁波成为中韩日海上贸易的主要港口。向东航行的"广州—拉丁美洲航线"（1575年），由广州起航，经澳门出海，至菲律宾马尼拉港，穿过海峡进入太平洋，东行至墨西哥西海岸。

明代广州的海上丝绸之路贸易比唐、宋两代获得更大的发展，形成了空前的全球性大循环贸易，并一直延续至鸦片战争前夕而不衰。

鸦片战争后，中国海权丧失，沿海口岸被迫开放，成为西方倾销商品的市场。从此，海上丝绸之路一蹶不振，进入了衰落期。这种状况贯穿整个民国时期，直至中华人民共和国成立前夕。

资料来源："一带一路"国际合作高峰论坛开幕式演讲，2017年5月14日。

CHAPTER 2

第2章

港口物流的基本规定

|学习目标|

1. 掌握港口物流的概念
2. 理解港口物流的基本特点
3. 了解港口物流的功能
4. 理解港口物流系统的构成

2.1 港口物流的概念

物流是为满足消费者需求而进行的让原材料、中间库存、最终产品及相关信息从起点到终点有效流动和存储的计划实施与控制管理的过程。从严格意义上说，港口物流并不是现代物流活动的一个基本类型，但是港口作为现代物流过程中的一个无可替代的重要节点，完成了整个物流系统中的许多基本服务和衍生的增值服务。

港口作为全球综合运输网络的节点，更确切地说是稀缺节点，其功能也在不断拓宽，并朝着全方位增值服务方向的现代物流发展。由于港口独特的地理位置以及在整个物流体系中的重要地位，因此港口物流作为一个独立的概念被提出。

港口物流是指以港口作为整个物流过程中的一个重要节点，依托在这个节点上所形成的服务平台所进行的物流活动；以全球性或区域性经济为中心，以技术、管理、信息生产为基础；以建设全程运输服务中心和商贸后勤基地为重点；将运输、仓储、装卸搬运、代理、包装加工、配送、信息处理等物流环节有机结合，形成完整的供应链，能为用户提供多功能、一体化的综合物流服务。

传统的港口物流主要是提供装卸、仓储、转运服务，随着现代物流的发展，港口物流的内涵和外延都发生了深刻的变化。现代的港口物流是指以建立货运中心、配送中心、物流信息中心和商品交易中心为目的，将运输、仓储、装卸、搬运、代理、包装加工、配送、信息处理等物流环节有机结合，形成完整的供应链，能为用户提供多功能一体化的综合物流服务。

港口物流活动一般具备三个最基本的要素，即流体、载体和流向。

流体是指经过港口的货物。港口物流的目的是实现货物从提供者向接受者的流动，在实现这一流动的过程中，有一部分货物需要储存在港口的库场中，这往往是实现有效流动的前提，但是所有储存在港口的货物都要经历装卸、搬运等过程来实现空间的移动。因此，总的来说，港内货物处于不断流动的状态。

载体是指流体借以流动的设施和设备。载体分成两类：一类是指基础设施，如航道、码头、港内道路、港池等；另一类是指直接载运流体的设备，如装卸机械、搬运设备等。港口物流载体的状况，尤其是物流基础设施的状况直接决定港口物流的质量、效率和效益。

流向是指港内流体从起点到终点的流动方向。物流的流向一般有四种：第一种为自然流向，是指由货物进出口的不同所决定的，根据合理路线安排的货物在港内搬运、装卸的物流方向，这是一种自然选择的流向；第二种是指定流向，例如，为了各港区任务的平衡，由港口管理机构人为地指定港内货物的流向；第三种是市场流向，即根据货主或承运人的意图指定货物在港内的流向，例如，由货主指定货物在某泊位上装卸；第四种是实际流向，是指在港内物流过程中实际发生的流向。

2.2 港口物流的基本特征

2.2.1 港口物流的特点

港口物流作为一种服务，由于其物流中心的独特的地理位置，故其发展具有一些自己的特点。

1. 港口物流的发展与腹地经济发展状况密切相关

港口作为现代物流业的中心，是国际物流链上的一个组成部分，依赖于整个现代物流发展的综合环境。对于港口物流而言，腹地经济的发展水平、规模以及该地区的人口密度都会直接影响港口物流的吞吐量。另外，腹地的交通运输体系是影响港口物流的另一个重要因素。港口已经成为城市不可分割的重要组成部分和新的增长点。世界上大多数城市都十分重视港口的发展，并制定以港兴城的发展战略，鼓励和扶持港口的发展，使港城关系更为密切。

2. 港口物流发展受国家政策和国际环境的影响

港口物流服务除了一般意义上的物流服务外，还会包括报关报检、海上救助和海事司法救济等特殊服务。国际政策往往在很大程度上决定了港口物流的发展水平，港口的经济同周边国家有着不可分割的关系，周边国家的经济发展水平、经济体制、开放政策和外交政策等一系列因素都会影响港口物流的规模。

3. 港口物流面临较其他物流更加激烈的直接竞争

随着国际贸易的迅速发展，航运竞争日趋激烈，船舶大型化、高速化和集装箱化成为不可改变的趋势，港口之间竞相发展物流中心，使港口物流之间的竞争日益激烈。港口面临的竞争不仅来自临近港口，还来自具有区域战略地位的国外港口。

第一，当今港口的竞争已从传统的腹地货源的竞争，转向以现代物流为特征、以吸引船公司和发展多式联运为重点、以信息服务和全程服务为主要手段的综合竞争，其核心是从货源转向物流。随着腹地内高速公路、铁路和内河航道运输网络的建设，传统的腹地概念已经被打破，物资的流动性、迁移性和蔓延性得到强化。同一区域内或邻近区域内的主要港口对货主和船公司来说已不存在距离上的优劣，而主要看各港口的服务，尤其是港口物流的水平。

第二，大的航运企业物流插足港口的竞争。在过去的十几年里，航运企业所面对的激烈竞争使航运企业较之港口更早地认识到开展现代物流的重要性，并花大力气拓展物流服务。国际上著名的航运大企业一般都是跨国大公司的全球物流承运人和代理人，因此航运企业，尤其是规模大的国际航运联盟选择将哪些港口作为其物流分拨基地，或作为其物流经过的口岸，对这些港口的兴衰至关重要。那些拥有优良的物流基础的港口将成为大的航运企业客户的首选。

4. 港口物流在国际物流链中居于中心地位

在现代物流发展中，港口有着诸多独特优势，在综合物流服务链中处于特殊的地位。港口物流中心具有不可替代的经济运输功能：港口是水陆运输的枢纽，又是水运货物的集散地、远洋运输的起点和终点。港口以其独特的"大进大出"的集疏运能力和较好的物流网络基础，成为现代物流业的主导和重点。国际贸易中 80% 以上的货运量靠海运完成，因而港口在整个运输链中总是最大量货物的集结点。港口是水陆两种运输方式衔接的唯一节点，港口的建设和服务水平的高低是整个物流链能否顺畅运转的关键。

经济一体化使港口在属地经济的重要性得到进一步加强，各地政府都重视对港口的投资，使港口一般都拥有比较先进的装卸设备、面积相当的堆场和仓库、先进的生产组织系统以及良好的集疏运条件，这些优势进一步为港口拓展物流服务奠定了良好的硬件基础。

5. 港口物流的发展体现了整个国家物流发展的总水平

港口由于其独特的地理优势以及比较完备的硬件设施，形成了既有的先天优势。港口汇集了大量的货主、航运企业、代理企业、零售商等，成为物流、人流、技术流、资金流的交汇中心。同腹地物流相比，港口物流的实践者比较容易接收到最先进的技术和管理理念。港口作为国际物流链的中心使这些先进的技术和管理理念通过物流链渗透到陆向腹地。由此可见，一个国家的港口物流发展水平在很大程度上决定了整个国家物流的发展水平。

6.港口物流具有集散效应

港口作为国际运输体系的节点,因国际货物的装卸和转运产生了装卸公司、船运公司和陆地运输公司;又因船舶的停靠产生了船舶燃料给养供给、船舶修理和海运保险;在货主和船公司之间还形成了无船承运人、货物代理和报关代理等中介公司;随着现代物流的形成和发展,围绕港口的新型企业则是以物流增值作业为特色的物流园区和物流中心。港口对一个地区或城市的对外开放和发展外向型经济起到了重要的作用。从国际上看,凡是发达的综合性港口,它所依托的城市的经济都很发达,且多是区域性、国际性的经济中心。

物流产值占 GDP 的比例越来越大,依托港口建立的发达物流体系,可以为区域经济的发展提供可靠的低成本物流支持,增强城市的辐射能力和影响力。港口物流的发展使港口周边聚集大量加工企业,进而变为临港加工区,成为区域经济的增长点。港口物流的发展给城市带来了大量的资金流、人流和信息流,为形成地区性的金融中心以及为旅游业、信息产业的发展创造了必不可少的条件。世界上许多城市都是凭借港口的优势发展成为世界工业中心和贸易中心的。

7.港口物流具有整合效应

全球经济一体化的趋势,促使港口物流必须向国际化、规模化、系统化方向发展,港口物流产业内部的整合,与陆域、航空物流的全方位的合作势在必行。同时,港口物流的服务功能也会凸显"一体化"的特点,实现进一步拓展。港口物流将充分依托港口腹地运输、拆装箱、包装、质量控制、库存管理等方面的服务以及货物在港口、海运及其他运输过程中的最佳物流解决方案等。

2.2.2　现代港口物流发展的特点

世界经济一体化和贸易自由化的进程加快,使物流的内涵正在逐渐扩大,物流的外延正在加快扩展形成国际物流。同传统的港口物流相比,现代港口物流具有国际化、多功能化、系统化、信息化和标准化等特点。

1.国际化——领域特征

国际贸易全球化、世界经济一体化趋势使港口的国际贸易的作用更加突出。多数港口主要从事国际物流服务,如配送中心对进口商品从代理报关业务、暂时储存、搬运和配送、必要的流通加工到送交消费者手中实现一条龙服务,甚至还包括接收订货、代收取资金等服务。

2.多功能化——职能特征

港口物流发展到集约阶段,向多功能化方向发展,形成一体化物流中心,提供仓储、运输、配货、配送和各种提高附加值的流通加工服务项目。

3.系统化——要素整合特征

港口物流将原本仓储、运输的单一功能扩展为仓储、运输、配送、包装、装卸、流通加工等多种功能。这些功能子系统通过统筹协调、合理规划,形成物流大系统,控制整个商品的流动，以达到利益最大或成本最小，同时满足用户需求不断变化的客观要求，更加有效地服务社会经济活动。

4. 信息化——运动特征

全球经济的一体化趋势，使商品与生产要素在全球范围内以空前的速度流动，电子数据转换技术与国际互联网等技术的应用，使物流效率得以提高，产品流动更加容易和迅速。信息化是港口物流发展的必由之路。

5. 标准化——国际特征

港口物流的国际性要求在物流过程中实现标准化，在商品包装、装卸搬运、流通加工、信息处理等过程中采用国际统一标准，以便参与到区域、全球物流大系统和物质经济循环中。

2.3　港口物流的功能

2.3.1　现代港口在物流系统中的地位和作用

现代港口既是货物海陆联运的枢纽，又是国际商品储存、集散的分拨中心，集物流服务中心、商务中心、信息服务中心和人员服务中心于一体。港口由传统的装卸运输业发展到现代化综合物流业，其功能有了很大的扩展。总体而言，港口在现代物流系统中的地位和作用有以下几个方面。

1. 综合物流链上的重要节点

传统港口的功能是货物装卸和转运，即货物通过各种运输工具转运到船舶上或从船舶转运到其他各种运输工具上，实现货物在空间位置上的有效转移，开始或完成水路运输的全过程。随着国际多式联运的发展与综合运输链的形成，现代国际港口已成为全球综合运输网络的节点，其功能将更为齐全。世界港口从其发展过程来看，历经了三代：海运货物的装卸和仓储中心—货物增值效应的服务中心—国际物流中心。现代港口作为国际物流中心，其功能在不断地以港口为中心向内陆扩展，为客户提供方便的运输、商业、工业和金融等服务。现代港口已成为世界重要的生产要素集结点、最大的货物集结点和重要的信息中心。

港口作为综合物流链上的一个重要节点，其功能特点与传统港口的功能特点有很大的差别。港口的角色已经由传统的承运人转向物流经营人，港口的竞争力不仅来自先进的硬件设施，更重要的是来自管理和综合服务水平。

2. 港口是全球生产要素的最佳结合点

由于港口具有天然的运输优势，因此世界许多港口都是"前港口、后工厂"的布局。世界上很多依赖进口原料和原油的大型企业大部分都建在港口地区，许多实力强大的企业也会选择港口作为其理想的发展之地。人们已认识到，要把两个国家之间有着巨大禀赋差异的生产要素以最有利的方式结合起来，港口往往是最合乎逻辑的选址。所以，世界主要港口基本上都是重要的工业基地。现代港口汇聚了大量的人力、物力、财力，充分发挥物流系统的整体功能，使各种资源都可以达到最大使用效率，达到"1+1 > 2"的效果，成为生产要素的最佳结合点。

3. 信息中心

在国际贸易中，港口一直是汇集不同运输方式的最大、最重要的节点。在港口地区落户的有货主、货运代理行、船东、船舶代理行、商品批发部、零售商、包装公司、陆上运输公司、海关、商品检验机构以及其他各种有关机构。随着地区国际贸易的发展，物流中心的计算机系统必须与上述单位的计算机系统联网，将有关商流、物流、装卸运输、仓储信息及时汇集到港口和物流中心，形成港口信息中心。

4. 提供增值服务

港口通过物流系统提供增值服务。从现代物流服务的内容来看，港口具有十分突出的区位优势。港口不但可提供货物中转、装卸和仓储等现代物流服务，还可利用其信息与通信以及互联网，为用户提供所需市场与决策信息。港口也是一个人员服务中心，提供贸易谈判条件、人才供应和海员服务等，并提供舒适的生活娱乐空间，强化港城一体化关系。现代港口通过其自身区位优势和由此衍生而来的诸多功能，可简化贸易和物流过程，使港口在现代物流节点上提供最少的间断和最大的增值。

对于各个港口来说，每个港口的作用并不都是一样的。除了港口所处的地理位置、自然条件及经济腹地具有的差异外，一个现代化的港口要发挥它应有的作用，还要求具有现代化的港口设施、高效的装卸设备、科学的生产组织和管理、优质的港口服务、良好的口岸政策与法律环境等。

2.3.2　港口的功能

1. 各代港口的划分

对现代港口功能发展最早做出区别划分的是 1992 年联合国贸易和发展会议在《港口的发展和改善港口的现代化管理和组织原则》的研究报告中第一次对港口功能代别、形成年代、主要货物、功能战略、活动范围、组织和生产特点等做出的明确阐述。这份研究报告把港口分为第一代港口、第二代港口、第三代港口。此后的 1999 年，联合国贸易和发展会议又提出了第四代港口的概念。

（1）第一代港口。第一代港口是指 20 世纪 50 年代以前的港口，港口的形成和发展是建立在第一次工业革命及第二次工业革命的基础上的。从整体上讲，当时整个国民经济是建立在重化工业的基础上的，世界工业资源分布及生产在全球的不均衡，决定了港口的主要功能在于集散大宗的散货（金属矿石、煤炭）与液体货物（原油及相关产品），成品及半成品在整个海运物流中的比重较小。散货及液体货物在海陆间的运输已完全实现了机械化，港口的规模主要依赖于腹地货物的丰歉。在这个时期，货物运输的特点是小批量、大运量，对货物运输的及时性要求并不是很高，依托于港口货物运输而产生的相关服务业的规模有限，而港口对于临海型工业的发展有着决定性的作用。

（2）第二代港口。第二代港口的兴起是在 20 世纪 50 年代以后，第三次工业革命的兴起。随着第二次世界大战的结束，西方国家进入了一个前所未有的快速发展时期，以微电子、生物工程、通信技术为标志的第三次工业革命对整个社会经济产生了深远的影响。随着高新技术产业的崛起，传统的重化工业在国民经济中的地位日渐衰落。而与此同时，西方国家内部的产业分工体系正在初步形成，由于经济发展的地区差异及政治原因，因此全球性的经济一体化尚未全面开始。在这一时期，世界海运的一个基本特点是全球海运的三大货物中散货及液体货物在经历了 20 世纪 50—70 年代的较快增长之后，出现了停滞，传统的重化工业的快速成长期已经结束。与此同时，生产的全球化使成品及半成品的全球运输需求增加，集装箱运输作为对杂货运输的一场革命，它对于包括港口在内的全球集装箱运输体系的革新产生了深远的影响，在海上枢纽港与支线港日渐分离的情况下，港口的内陆运输体系也形成了枢纽节点与支线节点相补充的运输网络体系，海陆联运在发达国家已初具规模，多式联运的硬件系统和软件系统已经建成，单纯地以吞吐量对港口进行简单评价的时代已经过去，集装箱吞吐量成为现代港口功能和地位的主要标志。

（3）第三代港口。20 世纪 80 年代以来，全球经济一体化的步伐加快，现代科学技术的发展及网络经济的崛起，对运输提出了更高的要求。它要求实现以满足客户的需求为出发点，进行从起点到终点的原材料、中间产品过程库存、最后产品和相关信息有效流动与储存的全程服务，也就是现代社会所要求的综合物流服务，综合物流时代的到来促进了现代港口从第二代向第三代的转变。联合国贸易和发展会议对于第三代港口的定义是：区域经济技术中心，高度现代化、商业化、信息化的国际贸易大港；以技术、管理、信息生产要素为基础，以建设全程运输服务中心和国际商贸后勤基地为重点，以自己所具有的综合优势发展成为经济中心，高度现代化、商业化、信息化的国际贸易大港。只有自然条件优越、港口吞吐量较大，有完善的金融、贸易、船舶代理、通信、信息等港口辅助支持系统，地处国际集装箱干线上的集装箱枢纽港才能发展成为国际第三代港口。

（4）第四代港口。第四代港口是指"物理空间上分离但是通过公共经营者或管理部门连接"的组织，即意味着新一代港口将超越原来运输枢纽中心、装卸服务中心及第三代港口的定义所提出的物流中心的概念。第四代港口能够提供灵活、敏捷、准时的服务功能。

20 世纪 90 年代到 2010 年左右，第四代港口是港航联盟与港际联盟的信息化、柔性化港口。这一代港口包括前三代港口的功能，并且其主要建立在港航之间的联盟与港际之间的联盟的基础上，处理的货物主要是大型化、高度信息化、网络化的，同时还应满足市场柔性需求，具有生产精细化、敏捷化的特点。其特征是：港航联盟与港际联盟以及一些港口运营商经营的码头正在形成网络；在构建无缝供应链时，港口与航运及其相关的物流活动之间的互动是非常重要的；港口的信息化、网络化、敏捷化使港口能够对市场需求做出敏捷的快速反应，满足客户提出的各种差异化、个性化的需求。具有大型化、深水化、专业化的航道与码头设施，密集的全球性国际直达干线，内外便捷连接全球的公共信息平台，是第四代港口最主要的特征。其处理的货物主要是集装箱，发展策略是港航联盟与港际联盟，生产特性是整合性物流，成败关键是决策、管理、推广、训练等软因素。第四代港口的典型代表是新加坡港务集团（PSA）和迪拜环球港务集团（DP World）。据初步统计，新加坡港务集团已在16个国家的28个港口项目中投资控股，拥有码头岸线长度达66千米，2021年集装箱吞吐量为9 150万TEU，吞吐量增长了6%；迪拜环球港务集团则参与31个国家的49个港口项目，是最年轻、成长最快的港口联盟之一。

2. 各代港口功能内涵

第一代港口是指1950年以前的港口，其功能为海运货物的转运、临时存储以及货物的收发等，港口只是海洋运输同内陆运输之间的一个接口；其特征是运输活动、贸易活动相分离，只是货物转移的一个场所；其功能是船岸之间的货物转移。第一代港口把自己作为一个独立地方，同当地政府，甚至是货运客户的合作关系都很少；港口中不同的业务彼此孤立；第一代港口主要负责转运杂货、散货。

第二代港口是指20世纪50—80年代的港口。这一代的港口除具有第一代港口的功能以外，还增加了运输装卸和为工商业服务的功能。其特征是：除了直接为客户提供货运、装卸服务以外，还提供工商业方面的相关服务；能以比较广阔的视野来考虑港口政策与发展战略，并采用比较先进的管理理念与管理方法；在港区范围内增加工业及服务设施；在运输和贸易之间形成伙伴关系，让货方尤其是大的货主在港区内建立货物处理设施；同当地有关方面建立比较密切的联系。

第三代港口是指20世纪八九十年代成为物流中心的港口。这一代港口除具有第一代港口、第二代港口的功能以外，还加强了与所在城市以及用户之间的联系，使港口的服务超出以往的界限，增添了运输、贸易的信息服务与货物的配送等综合服务，并成为物流中心。第三代港口有以下几个基本的功能和特点。

第一，第三代港口是国际海陆间物流通道的重要枢纽和节点。第三代港口的功能已实现了从单一货运生产到综合物流汇集，从传统货流到货流、商流、资金流、技术流、信息流全面大流通，运输方式也从车船换装到联合运输、联合经营，从传统装卸工艺到以国际集装箱门到门多式联运为主要特征的现代运输方式的转变，从一般的水陆交通枢纽发展到现代综合物流运输网络体系中的重要节点，它成为国际跨国集团在一定地域内的物流配送、运输、存储、包装、装卸、流通加工、分拨、物流信息处理等全方位与综合服务中心，成为连接世界生产与消费的中心环节，成为网络经济时代虚拟经济中的信息流、资金流与现实经济中的物流的交汇点。

第二，第三代港口作为高附加值物流的中转节点，以集装箱的多式联运为基础，日益成为区域乃至国际性的商务中心，为用户提供方便的运输、商务、保险、金融、信息服务。

第三，第三代港口作为物流中心必然带来大量与物流有关的生产和消费的信息，它有商品的批发商、零售商、货主、货运代理、船东、陆上运输公司、海关、商检等机构，同时港口以现代电子数据交换系统的增值服务网络为基础，能够发展成为区域性的信息中心。

第四，综合物流体系是以集装箱运输为基础的，在其形成和发展的过程中形成了枢纽节点与支线节点相分离的运输空间网络体系。第三代港口不仅是一个交通中心，也是一个区域的经济、商业、金融、信息等中心，各个国家和地区都希望把自己的港口建设成为世界级的集装箱枢纽港。

第四代港口在兼容第三代港口功能的基础上，作为供应链的一个环节，强调港口之间的互动以及港口与相关物流活动之间的互动，满足运输市场对港口差异化服务的需求，提供精细的作业和敏捷的服务，以形成柔性港口，促使与港口相关的供应链各环节之间的无缝连接。第四代港口在功能上具有以下特征。

第一，兼容第三代港口的功能。第四代港口功能的提升是在原有基础功能上的拓展，它没有取消原有功能，而是在新的水平上重新整合这些功能。与第一、第二、第三代港口不同，第四代港口已从强调自己是一个"中心"转变为更强调自己是供应链中的一个环节。这种转变的本质在于港口从"以我为中心"的角度开始转变，更关注自己在供应链中的角色。"中心"往往会造成物流在此集聚，并由此将物流在此暂时滞留看作一种合理的现象。而视港口为供应链中的一个环节，则强调实物和信息必须在此快速地流过。

第二，港口服务差异化。港口服务差异化是对当今的港口发展提出的严峻挑战。因为，到目前为止，港口发展所走的道路是标准化和规模化服务。标准化和规模化为港口作业带来了很大的便利，降低了港口的生产成本，但同时必然会增加整个物流的中间环节，以及延长货物的在途时间，减少了顾客的选择余地。港口的差异化服务则要求港口能够满足客户提出的各种要求，以及应对瞬息万变的市场需求。

第三，港口生产精细化。港口生产精细化是一个反映港口作业质量的概念，它与运输的精细化相一致。港口生产精细化是通过流程优化来实现的，即减少货物的在途时间，减少或消除不增值活动所消耗的成本，增加市场份额，缩短切换到新服务的时间，提高生产效率和增加港口收益等。

第四，港口反应敏捷化。港口反应敏捷化是一个反映港口对市场响应能力的概念，即港口应该能够对市场需求做出敏捷的反应，以满足客户提出的各种差异化需求，甚至这些需求可能是个性化的。敏捷化是第四代港口发展的高级阶段，它是在精细化的基础上逐步形成的港口运营模式；敏捷化要求对港口而言非常苛刻，但它又是非常具有竞争力的港口的能力。

3. 各代港口功能的归纳比较

由于时代、经济、政治环境的不同，各代港口都有各自的局限性，这是不可避免的。根据"港口服务销售和第三代港口的挑战"一文对现有各代港口的释义，可以发现它们有以下区别。

第一，各代港口的功能在不断优化，服务对象和内容不断增多。如20世纪60年代的第一代港口只具有一般货物流、客流运输方式的换装的单一功能；20世纪60年代后的第二代港口，开始具有部分流通功能（包括客流、资金流、信息流、技术流等）、相关产业功能（主要是临港工商产业）和城市社区功能；在此基础上，到20世纪80年代后开始出现第三代港口，功能再次扩展，具有世界全程运输服务中心和国际商贸后勤基地功能。

第二，各代港口发展的战略重点各有差异。第一代港口主要面向战后经济的恢复，第二代港口面向工业，第三代港口面向商业。这些不同的战略重点给国际经贸及港航运输物流系统带来了极为深刻的影响。

第三，各代港口发展空间不断延伸，发展的决定因素也各不相同。其服务方式由第一代单项服务"港到港"、第二代部分联运"点到点"到第三代的多式联运"门到门"。港口辐射能力、地位作用由一般的水陆交通枢纽和一般城市的依托港（第一代港口），发展到重要城市依托港、水陆交通枢纽与传统运输方式物流的分运中心（第二代港口），并相对于集装箱运输、散装船舶大型化和陆岛客 / 货滚装等快船运输等现代海上快速三大运输方式而言，成为区域能源保障中转枢纽港，综合物流分运、分拨、配销、信息等综合服务中心，集装箱运输干线基本港和国际深水中转枢纽港（第三代港口）。各代港口发展的决定性因素由资源与劳动（第一代港口）变为资源与资本（第二代港口），再变为技术与信息（第三代港口）。

联合国贸易和发展会议（1999）也曾对港口功能、发展策略提出不同的港口分类，如表 2-1 所示。

表 2-1　港口功能演进及差异

项目	第一代港口	第二代港口	第三代港口	第四代港口
发展时期	20 世纪 60 年代以前	20 世纪 60 年代以后	20 世纪 80 年代以后	20 世纪 90 年代以后
主要货物	大宗货	大宗散杂货	大宗及单位包装货	货柜
港口发展策略	保守的海陆运输模式的转换点	扩张的运输、工业和商业中心	商业、整合性运输及物流中心	港航合资及港际策略联盟
作业活动范围	（1）船 / 岸边的货物转换接口	（1）+（2）货物改装和当地产业活动	（1）+（2）+（3）货物和资讯合作配送，潜在的全面物流	（1）+（2）+（3）+不同国家的航港业结盟
组织特性	独立活动 非正式关系	港口和使用者关系紧密，港口区域外的活动松散	港市活动很少，不同运输联合及港市整合性的关系	地主港方式 民营化作业
生产特性	货物流通 低附加价值	货物流通与改包装，共同性服务增加附加价值	货物 / 信息流通，配送等多重服务，高附加价值	枢纽港和转运港，结合整合性物流
成功决定因素	劳动力 / 资本	资本	技术 / 专门知识	地主港功能 决策和规划 管制及监理 推广功能 港口训练

资料来源：联合国贸易和发展会议。

2.3.3　现代港口物流的基本功能

同传统港口物流功能相比，现代港口物流的基本功能正在从单一的装卸、仓储、运输等活动的基础上逐步地拓展和完善，向着效率更高、成本更低、服务更具人性化的目标发展。现代港口物流活动的功能主要包括以下几个方面。

1. 运输、中转功能

运输和中转是港口物流的首要功能。在现代港口物流活动中，运输是构成供应链服务的中心环节。运输功能主要体现在货物的集疏运上，方式包括公路运输、铁路运输、水路运输，以及不同运输方式之间的转运，是一种能对港口内外腹地提供辐射服务的运输网络。

2. 装卸搬运功能

装卸搬运是港口物流实现运输和中转等功能的必需活动。装卸搬运是影响货物流转速度的基本要素，专业化的装载、卸载、提升、运送、码垛等装卸搬运机械，可以提高装卸作业效率，减少作业对商品造成的损毁。

港口物流应以装卸为基础，真正使装卸活动满足物流的要求，以融入现代物流链中，只有首先将装卸活动融入现代物流链，才能够将更高级的、衍生的港口功能汇集成具有相当规模的物流链。

3. 加工、包装、分拣功能

加工一般分为流通加工和组装加工，前者是指粘贴标签，销售包装作业等，后者是指产品零部件的组装和满足客户个性化需求；包装分商品包装和运输包装，以及商品包装和运输包装的快速转换；分拣是指在货物合理存放的基础上完成客户的需求，进行快速分类。这些功能既能有效降低运输成本，又能减少装卸和运输过程中的包装损坏，还能保证上市商品的完整性和合格率。

4. 仓储、配送功能

仓储功能是指转运和库存的功能，具体是指各种运输方式转换的临时库存和为原材料、半成品提供的后勤储存与管理服务。由于经港口进出口的货物品类繁多，对仓储条件的需求也各不相同，因此，港口物流中心的仓储设施应齐全才能满足不同货物的要求。货物在物流过程中移动的次数越少，其完好率越高，损耗量越小，操作成本也越低。港口位于大船作业的最前沿，这无疑给货物的收发、存放、保管、分流带来最直观的效益，一般港口均有与其货种相配套的专业仓储设施和管理系统，能达到物流活动的合理化和专业化，这样促使用户从"自有型仓库"向"合作型仓库"转变，从满足于"自我服务"向社会化分工的专业服务方向转变。

配送功能在库存仓储、存货管理的基础上为企业生产提供后勤服务。港口物流服务中应有功能较强的配送系统，同时，由于港口物流的配送覆盖面广、运输路线长、业务复杂，因此需要配有相应的管理、调度系统。配送功能发生在运输和消费的交汇处，是港口物流体系末端的延伸。

货物配送不是一项纯粹的物资流通活动，而是与信息流通紧密结合在一起的活动，货物和信息虽然是两个相互独立的因素，但通过配送能够将两者联系在一起。而且，一些港口的配送中心开始越来越多地提供诸如包装、再包装、定价、贴标签、产品组装、修理、退货处理等典型服务，而不再是单纯地提供配送服务。

5. 信息处理功能

港口不仅是货物流通的中间环节，而且是信息流通的中间环节。以港口为基础的电子信息交流已从以前分散的、局限的流通发展成为高密度的信息流通方式，与其相关的是运输链上各程序的流水线处理。运输商、顾客、关税管理及其他有关方面通过电子数据转换，或者以互联网为基础的系统（开放的或者区域的）紧密联系在一起。这些系统提供有关货物运输状况、管理要求、收费等必要信息。目前港口信息中心的侧重点由内部局域网转向物流电子商务网，并与专门从事 EDI 服务的企业寻求在物流信息管理方面的合作，整合港口物流中心货物的信息流，为客户提供即时、便捷的信息服务。

信息处理已经成为港口进行物流运作必不可少的功能之一。港口物流要对大量的、不同品类的、不同客户的、不同流向的货物进行管理、仓储、加工、配送，需要有很强的信息处理能力。港口通过利用信息资源和通信设施以及 EDI 网络，为用户提供市场与决策信息，其中主要包括物流信息处理、贸易信息处理、金融信息处理和政务信息处理等。港口信息化程度越高，港口物流的效率就越高。

6. 保税性质的口岸功能

保税性质的口岸功能，即港口在区域或部分区域实现保税（海关监管）区的功能，并设有海关、检验检疫等监管机构，为客户提供方便的通关验放服务。

7. 其他服务功能

港口物流还应具备其他一些辅助功能，如接待船舶，船舶技术供应，燃料、淡水、一切船用必需品、船员食品的供应，集装箱的冲洗，引航，航次修理，天气恶劣时船舶的隐蔽、海难的救助等。

总而言之，在现代物流体系下发展起来的港口物流，已成为一种重要的物流形态。港口物流功能的实现不仅使现代港口起到简化贸易和物流过程的作用，而且巩固和提高了港口在国际多式联运与全球综合物流链中的地位及作用，进而为国民经济和世界经济的发展发挥更大的作用。

2.4 港口物流系统的构成

按照系统论的原理，物流活动本身也是一个系统。要实现港口物流系统的目标，保证向货物流动提供快速、全方位的物流支持，港口物流需要有完善、健全的港口物流网络体系。港口物流网络是由多个物流节点和它们之间的连线所构成的抽象网络。经济全球化的加强使物流企业参与国际竞争的生命力在于其网络优势。跨国物流企业优于国内物流企业的竞争力主要体现在海外客户、指定货源、全球网络经营和信息系统这四个方面，其中最核心和最根本的是其全球网络经营的优势，其他三个方面是由全球网络经营优势派生和发展的产物。

系统是由两个及两个以上的要素有机、有序、分层次地结合在一起的，其各环节状态是可观测的，整体状态是可控制的，整体机能大于要素机能简单相加的要素集合体。港口物流是一个复杂且巨大的系统工程。港口物流系统的基本要素包括一般要素、功能要素、支撑要素和物质基础要素。

2.4.1　港口物流系统的一般要素

港口物流系统的一般要素主要由劳动者、资金和物三方面构成。

第一，劳动者。它是现代物流系统的核心要素和第一要素。提高劳动者的素质，是建立一个合理化的港口物流系统并使它有效运转的根本。

第二，资金。交换是以货币为媒介的。实现交换的港口物流过程，实际上也是资金的运动过程。同时，港口物流服务本身也需要以货币为媒介，港口物流系统建设是资本投入的一大领域，离开资金这一要素，港口物流就不可能实现。

第三，物。物的要素首先包括港口物流系统的劳动对象，即各种实物，缺少此要素，港口物流系统便成了无本之木。此外，港口物流系统的物这一要素还包括劳动工具、劳动手段，如各种物流设施、工具、各种消耗材料（燃料、保护材料）等。

2.4.2　港口物流系统的功能要素

港口物流系统的功能要素指的是港口物流系统所具有的基本能力，这些基本能力有效地组合、联结在一起，形成了港口物流系统的总功能，由此便能合理、有效地实现港口物流系统的总目标，实现其自身的时间和空间效益，满足国际贸易活动和跨国公司经营的要求。

港口物流系统的功能要素一般认为有采购、包装、储存保管（仓储）、流通加工、商品检验和通关、装卸搬运、运输、信息等。如果从港口物流活动的实际工作环节来考察，那么港口物流也主要由上述八项具体工作构成。换句话说，港口物流能实现以上八项功能。这八大功能要素也相应地形成各自的子系统。

1. 港口物流采购子系统

随着港口物流管理内涵的日益拓展，采购功能在企业中变得越来越重要。要真正做到低成本、高效率地为企业港口物流服务，采购就需要涉及企业的各个部门。采购的功能是：选择企业各部门所需要的适当物料，从适当的来源（包括全球采购），以适当的价格、适当的送货方式（包括时间和地点）获取适当数量的原材料。

2. 港口物流包装子系统

杜邦定律（由美国杜邦公司提出）认为：63%的消费者是根据商品的包装进行购买的，国际市场和消费者是通过商品来认识企业的，而商品的商标和包装就是企业的面孔，它们反映了一个企业的综合科技文化水平。

在考虑商品包装设计和具体作业过程时，企业应把包装、储存、搬运和运输有机联系起来，统筹考虑，全面规划，实现现代港口物流系统所要求的"包、储、运一体化"，即从开始包装商品时就考虑储存的方便、运输的快速，以加速物流，减少物流费用，符合现代物流系统设计的各种要求。

3. 港口物流储存保管子系统

商品储存、保管是指商品在流通过程中处于一种或长或短的相对停滞状态，这种停滞是完全有必要的。因为，商品流通是一个由分散到集中，再由集中到分散的流通过程。国际贸易和跨国经营中的商品从生产厂家或供应部门被集中运送到装运港口，有时需临时存放一段时间，再装运出口，这是一个集和散的过程。它主要是在各国的保税区和保税仓库进行的，主要涉及各国保税制度和保税仓库建设等方面。

从物流角度看，应尽量减少储存时间和储存数量，加速货物和资金的周转，实现港口物流的高效率运转。

4. 港口物流流通加工子系统

流通加工是为了促进销售、提高物流效率和物资利用率，以及为维护产品的质量而采取的能使物资或商品发生一定的物理和化学及形状变化的加工过程。它可以确保进出口商品的质量达到要求。出口商品流通加工的重要作用是使商品更好地满足消费者的需要，不断地扩大出口。同时，它也是充分利用本国劳动力和部分加工能力、扩大就业机会的重要途径。

进出口商品流通加工的具体内容：一种是指装袋、贴标签、配装、挑选、混装、刷标记（刷"唛头"）等出口贸易商品服务；另一种是指生产性外延加工，如剪断、平整、套裁、打孔、折弯、拉拔、组装、改装、服装的检验和烫熨等。其中，后一种出口加工或流通加工，不仅能最大限度地满足客户的多元化需求，还可以实现货物的增值。

5. 港口物流商品检验和通关子系统

由于国际贸易和跨国经营具有投资大、风险高、周期长等特点，因此商品检验成为港口物流系统中的重要子系统。通过商品检验，可确定交货品质、数量和包装条件是否符合合同规定，如发现问题，也可分清责任，向有关方面索赔。在买卖合同中，一般都签订商品检验条款，其主要内容有检验时间与地点、检验机构与检验证明、检验标准与检验方法等。

另外，商品的出入境还须申请通关。报关手续通常包括申报、查验、征税和放行四个基本环节。例如，对于进口货物来说，当货物运抵进口国港口、车站或机场时，进口商或其代理人应向海关提交有关单证和填报由海关发出的表格。一般来说，除提交进口报关单、提单、商业发票或海关发票外，往往还要根据海关的特殊规定，提交原产地证明书、进口许可证或进口配额证明、品质证书和卫生检验证书等。当报关人员填写和提交有关单证后，海关按照海关法令与规定，查审核对有关单证，并查验货物，计算进口税额，结清进口税款，办完通关手续，准予货物结关放行。

6. 港口物流装卸搬运子系统

装卸搬运子系统主要包括对国际货物运输、保管、包装、流通加工等物流活动进行衔接活动，以及在保管等活动中为检验、维护、保养所进行的装卸活动。伴随装卸活动的小搬运，一般也包括在这一活动中。在港口物流活动中，装卸活动是频繁发生的，因而是产品损坏的重要原因。对装卸活动的管理，主要是确定最恰当的装卸方式，力求减少装卸次数，合理配置及使用装卸机具，以做到节能、省力、减少损失、加快速度，最终获得较好的经济效果。

7. 港口物流运输子系统

运输的作用是将商品使用价值进行空间移动，物流系统依靠运输作业克服商品生产地和需要地的空间距离阻隔，创造商品的空间效益。

国际货物运输是港口物流系统的核心。国际货物运输作业使商品在交易前提下，由卖方转移给买方。在非贸易物流过程中，运输作业将物品由发货人转移到收货人。这种国际货物运输具有路线长、环节多、涉及面广、手续繁杂、风险性大、时间性强、国际货物运输两段性和联合运输等特点。其中，所谓国际货物运输的两段性，是指国际货物运输的国内货物运输段（包括进口国、出口国）和国际货物运输段。

（1）国内货物运输段。出口货物的国内运输，是指出口商品由供货地运送到出运港（站、机场）的国内运输，是港口物流中不可缺少的重要环节。国内运输实现了出口货源从供货地集运到港口、车站或机场，使港口物流业务得以正常开展。进出口货物的国内运输工作涉及面广、环节多，要求各方面协同努力，组织好运输工作。注重货源、产品包装、加工、短途集运、国外到证、船期安排和铁路运输配车等各个环节的情况，力求做好车、船、货、港的有机衔接，确保出口货物运输任务的顺利完成，减少压港、压站等物流不畅的现象。

（2）国际货物运输段。国际（国外）货物运输段是国内运输的延伸和扩展，同时又是连接出口国和进口国货物运输的桥梁与纽带，是保证港口物流畅通的重要环节。出口货物被集运到港（站、机场），办完出关手续后直接装船发运，便开始国际段运输。有的需暂进港口仓库储存一段时间，等待有效泊位，或等有船后再出仓装船外运。国际货物运输段可以采用由出口国装运港直接到进口国目的港卸货的方式，也可以采用中转经过国际转运点，再运给用户的方式。

国际运输除了包括运输方式的选择、运输单据的处理外，还包括投保等相关问题。

在港口物流中，货物的交接要经过长途运输、装卸和存储等环节，在整个运输过程中，货物因遭遇自然灾害或意外事故而造成损失的可能性较大。为了转移货物在运输过程中的风险损失，货主、货运代理便需要办理货物运输保险和国际货运代理责任险。

8. 港口物流信息子系统

信息子系统的主要功能是采集、处理及传递港口物流和商流的信息情报。没有功能完善的信息系统，国际贸易和跨国经营将寸步难行。港口物流信息主要包括进出口单证的作业过程、支付方式信息、客户资料信息、市场行情信息和供求信息等。

我们应将上述各主要系统有机地联系起来，统筹考虑，全面规划。其中，运输及储存保管分别解决了供给者与需要者之间场所和时间的分离问题，运输是创造"空间效用"的主要功能要素，储存保管是创造"时间效用"的主要功能要素，因而在港口物流系统中，这两个要素处于主要功能要素的地位。港口物流主要通过国际货物的储存保管和国际运输实现其自身的时空效应，满足国际贸易的基本需要。

2.4.3　港口物流系统的支撑要素

港口物流系统的运行需要许多支撑手段，尤其是处于复杂的社会经济系统中，要确定港口物流系统的地位，要协调与其他系统的关系，这些要素就更加必不可少了。它们主要包括以下几个方面。

（1）体制和制度。物流系统的体制和制度决定了物流系统的结构、组织、领导与管理的方式。国家对其控制、指挥和管理的方式，是港口物流系统的重要保障。当前，许多国家运用减免税赋的方式鼓励民间资本投资建设物流中心等基础设施，创造开放透明的运输市场环境，放松管制，促进市场竞争等因素都促进了港口物流的发展。

（2）法律和规章。港口物流系统的运行，不可避免地涉及企业或人的权益问题，法律和规章一方面限制与规范物流系统的活动，使之与更大的系统相协调，另一方面给予保障。合同的执行、权益的划分、责任的确定、单证的国际流转都要用法律、规章来维系。各个国家和国际组织的有关贸易、物流方面的安排、法规、公约、协定、协议等也是港口物流系统正常运行的保障。

（3）行政和命令。港口物流系统和一般系统的不同之处在于，港口物流系统关系到国家的军事、经济命脉，所以，行政和命令等手段也常常是港口物流系统正常运转的重要支撑要素。

（4）标准化系统。它是保证港口物流各环节协调运行、保证港口物流系统与其他系统在技术上实现联结的重要支撑条件。

（5）国际信用手段。它为港口物流活动的支付与结算提供信用保障。

2.4.4　港口物流系统的物质基础要素

港口物流系统的建立和运行需要有大量的技术装备手段，这些手段的有机结合对港口物流系统的运行具有决定意义。这些要素对实现港口物流和某一方面的功能是必不可少的。具体而言，物质基础要素主要有以下五个方面。

（1）物流设施。它是组织港口物流系统运行的基础物质条件，包括物流站、场，物流中心、仓库，港口物流线路，建筑物，公路，铁路，口岸（如机场、港口、车站、通道）等。

（2）物流装备。它是保证港口物流系统运行的条件，包括仓库货架、进出库设备、加工设备、运输设备、装卸机械等。

（3）物流工具。它是港口物流系统运行的物质条件，包括包装工具、维护保养工具、办公设备等。

（4）信息技术及网络。它是掌握和传递港口物流信息的手段，根据所需信息水平的不同，信息技术与网络可分为通信设备及线路、传真设备、计算机及网络设备等。

（5）组织和管理。它是港口物流网络的"软件"，起着联结、调运、运筹、协调、指挥其他各要素以保障港口物流系统目的的实现等作用。

◎ 复习思考题

1. 简述港口物流的概念与特征。

2. 简述港口功能的演进。

3. 简述第三代港口的功能特点。

4. 简述第四代港口的功能特点。

5. 简述港口物流系统的构成。

6. 简述现代港口在物流系统中的地位和作用。

⊘ 课程思政案例

习近平总书记关心港口发展纪实

港口，在习近平总书记的心中，始终有着沉甸甸的分量。

在福建宁德任职时，习近平认为，沿海地区要想富，要先建港。20 世纪 80 年代末，习近平担任福建宁德地委书记时，在合理规划综合交通运输、海陆并举促进经济发展的施政构想中，就有着强烈的"港口意识"——开发三都澳，把它打造成一个通往全国沿海各主要港口、面向太平洋的国际性港口。经过近 30 年坚持不懈的努力，如今的三都澳港区，初具规模的专业化码头群和干支相连的公路交通网络实现了无缝衔接，闽东人民圆了"扬帆出海梦"。

在浙江任职时，习近平把港口作为全省发展海洋经济的引擎，紧紧抓住这一"牛鼻子"。2002 年，习近平调任浙江担任省委书记，他把目光投向相当于全省陆地面积 2.6 倍的蓝色海域，多次深入舟山群岛调研。他指出，"新世纪新阶段浙江经济进一步发展的天地在哪里？在海上！"他要求浙江要"争取发展成为海洋经济强省"。习近平力主推进宁波、舟山港一体化，建设舟山连岛工程，加快浙江省港口资源整合。2005 年 12 月 20 日，宁波—舟山港管委会挂牌。习近平在挂牌仪式上说，港口建设将是浙江省经济发展中的大手笔，港口建设的重点在宁波、舟山港一体化。实现宁波、舟山港一体化，有利于上海国际航运中心建设、促进中国沿海港口的良性互动。

在上海主政时，习近平把港口作为上海走向国际大舞台的支点，浓墨重彩。2007 年 8 月 28 日，上海市委举行常委学习会，研究上海国际航运中心建设。时任上海市委书记的习近平主持会议并讲话指出，今后五年是上海国际航运中心建设的关键时期，要继续大力推进基础设施建设，提高运营效能，推动航运服务业企业成群、产业成链、要素成市，提升上海在国际航运中的地位和作用。

习近平担任中共中央总书记后，在更广阔的视野上对港口进行谋篇布局。在推进供给侧结构性改革中，推动港口由分散竞争向区域协同合作发展，做大做强港口，服务"一带一路"建设。

2013 年 7 月 21 日，习近平总书记来到武汉考察，一下飞机就冒雨来到武汉新港阳逻集装箱港区。雨下得很大，积水没过了脚面。他卷起裤腿，打着雨伞，与职工们聊天，雨水打湿了衬衫。

习近平总书记指出，长江流域要加强合作，发挥内河航运作用，把全流域打造成黄金水道；推动长江经济带发展必须走生态优先、绿色发展之路，真正使黄金水道产生黄金效益。他还表示，长江航运发展不能只盯着国际市场和长三角地区，一定要向内延伸到整个流域，调整航运组织形式也是赢得发展的一大途径，不能单靠增加投入，这和调整经济结构是一个概念。

习近平总书记明确提出港口要做好"四个一流",为"一带一路"建设服务好。

2016年1月4日,习近平总书记专程到重庆市正在建设的第三代现代化内河港口、国家级铁路公路水路多式联运综合交通枢纽——果园港考察。他认真听取长江上游航运中心建设、现代化港口群布局、铁路公路水路联运、渝新欧国际铁路开行等情况介绍。

总书记看到果园港区设施齐备,已初具规模,称"这里大有希望",同时寄语果园港区的建设者、管理者要把港口建设好、管理好、运营好,以一流的设施、一流的技术、一流的管理、一流的服务,为长江经济带发展服务好,为"一带一路"建设服务好,为深入推进西部大开发服务好。

"加强合作""绿色发展""调整组织形式",习近平总书记的指示切中要害,对全国港口的发展有很强的针对性,推动我国港口行业走上集约发展之路。

交通运输部和地方各级党委、政府深刻领会习近平总书记的重要指示精神,积极促进港口资源整合、港口间互动联合、港产城深度融合,加快推进港口枢纽化、集约化、现代化发展。

在港口供给侧结构性改革的推动下,我国沿海已经形成环渤海、长三角、东南沿海、珠三角和西南沿海5个现代化港口群,基本建成了包括集装箱、煤炭、石油、铁矿石、粮食、商品汽车、陆岛滚装和旅客运输等在内的综合性、立体式运输系统。

港口发展始终是习近平总书记考察、关注的重点之一。在习近平总书记关于"一带一路"建设的指示精神指引下,各级党委和政府以及交通运输部门建设港口,经略航线,打造港口"朋友圈",推动基础设施互联互通,港口这一"一带一路"上的重要支点必将联动世界,书写出海上丝绸之路新篇章。

2017年4月19日,距离"一带一路"国际合作高峰论坛召开只有不到一个月时间,习近平总书记冒雨考察了广西北海市合浦县汉代文化博物馆和铁山港。

这一考察,蕴含着特殊的意义。合浦是古代海上丝绸之路在中国大陆海岸线最西端的起点,在2 100多年前就成为中外通商往来的重要门户。据《汉书·地理志》记载,汉武帝刘彻曾派人从徐闻(今广东徐闻)、合浦(今广西北海)港出海,经过日南郡(今越南)沿海岸线西行,到达黄支国(今印度境内)、已不程国(今斯里兰卡),随船带去的主要有丝绸、黄金等物;这些丝绸再通过印度转销到中亚、西亚和地中海各国。这是关于海上丝绸之路最早的文字记载。

如今的合浦博物馆里,陶器、青铜器、金银器、水晶玛瑙、琥珀松石……一件件当地出土的文物,见证了合浦作为海上丝绸之路早期始发港的历史。

铁山港码头上,吊车高耸。习近平总书记同码头职工们亲切交谈。他强调,我们常说要想富先修路,在沿海地区要想富也要先建港。他提出打造"向海经济",指出北海具有古代海上丝绸之路的历史底蕴,我们现在要写好新世纪海上丝路新篇章。

资料来源:石光辉.书写新世纪海上丝绸之路新篇章:习近平总书记关心港口发展纪实[N].人民日报,2017-07-06.

第 3 章

CHAPTER 3

现代物流与港口发展

| 学习目标 |

1. 了解港口与经济、港口与城市之间的关系
2. 理解经济与物流、港口与物流之间的关系
3. 具备结合所学知识对相关案例进行分析的技能

3.1 港口与经济

港口是经济全球化过程中十分宝贵的战略性资源，是在全球范围内调动资源的物流平台；是促进国民经济发展、优化产业布局、保持国民经济高速增长、提高国家竞争力的重要基础；是我国进一步扩大对外开放、发展外向型经济，实施利用国内外两个市场和两种资源战略、保证国民经济和国防安全的基本保障；是国家推动东部地区率先实现现代化、带动中西部地区经济协调发展、实现西部大开发战略的重要依托；是国家综合运输体系的重要枢纽，是国内外物流、商流、信息流、资金流汇集的关键节点。

港口是货主、船东、第三方物流服务商等的聚集地，也是银行、保险、商检、船检、海关等服务部门的驻足地，这里的物流、商流、资金流、信息流集中。因此，应充分利用现代港口在资金、人才、信息等方面的优势，发挥其对区域经济、国民经济的驱动作用。

3.1.1　现代港口对区域经济发展的作用

港口不仅为经济的发展提供了原材料和产成品的物流服务，而且港口本身也是吸纳产业集聚的理想场所，并且它逐步发展成为区域经济的增长极。其原因有如下几个方面。

1. 港口发达的物流功能

港口是一个国家对外经济交往的门户，是原材料和中间产品进口以及产成品出口的重要通道。经济的快速发展对港口物流的发展起到了很大的推动作用，港口物流功能越来越发达、完善，对信息处理能力的要求也越来越高。港口发达、完善的物流功能，一方面在很大程度上推动了国际贸易的发展，另一方面也带动了区域经济的发展。

2. 较低的物流运作成本

港口吞吐量大、物流功能发达，这就决定了与其他运输方式相比，通过港口进行海运的成本较低。目前，90% 以上的世界贸易主要是通过远洋运输来完成的，港口在整个国际贸易中有着不可或缺的作用。

3. 丰富的劳动力资源

城因港而生，港口的发展推动着城市发展的进程。从世界范围来看，港口城市因交通便利、生活条件较好成了居民居住的重要场所，吸引着大量创业者和外来务工者的进入，这在很大程度上为区域经济的发展提供了大量的劳动力资源。

3.1.2　现代港口对国民经济发展的作用

现代港口推动着国民经济的发展，在整个国民经济发展中的作用也表现得越来越突出。现代港口对国民经济发展的作用主要体现在以下五个方面。

1. 驱动作用

港口通过各种运输方式激活了国内外的产销联系。运输网相当于分布在国民经济机体中的"血管"，港口相当于"心脏"，它的不断"跳动"，驱动了腹地资源的开发，促进了落后地区经济的发展，扩大了原料供应范围和市场规模，推动了社会生产和消费的发展。

2. 辐射作用

港口通过运输网的展开，不仅沟通了国内外的腹地，而且为从产到销这一过程提供了方便的运输条件，因此，对"双向"腹地、"两个市场"产生强烈的辐射作用。几乎所有国家在工业化过程中，都伴随着一个交通运输发展的高潮。所以，一些经济大国往往也是港口大国和航运大国，港口在经济发展过程中起着不可替代的作用。港口还是经济、贸易、市场的信息中心。如何发挥信息的辐射作用，将成为第三代港口经济增长的关键。

3. 凝聚作用

各个国家资源禀赋的差异客观上带动了国际贸易的发展，港口作为国内外商品的重要集聚地，起着连接国内和国外两个市场、汇聚国内和国外两种资源的重要作用。港口为不同生产要素在空间与时间上的结合提供了可能和方便，使产品在国际市场上取得了巨大的成本优势。利用港口的凝聚作用，形成港口工业区或临港工业经济区，这既为国际贸易的发展提供了良好的基础和条件，又推动了港口城市、区域经济乃至整个国民经济的发展。

4. 保证作用

港口与运输业一样作为社会生产的必要条件，是保证国民经济建设和国内外贸易正常进行的重要环节。在通常情况下，可以说没有运输业就不能进行生产活动，没有港口就难以进行海运贸易。尤其是随着现代化大生产的发展和生产的社会化、世界经济一体化的加强，各地区之间的经济联系与贸易关系更加广泛和密切，这就需要为原料、燃料、半成品、产成品的及时安全的运输、中转、仓储、分拨、加工等提供保证。港口作为海陆运输的连接点，内外联系的窗口与平台，持续不断地为产销双方提供服务，保证了社会生产和产品销售的持续进行。

5. 调节作用

港口既是不同运输方式的结合点，也是市场的结合点。在运输系统中，一方面，港口通过仓储功能调节不同运输方式之间的衔接；另一方面，物流分拨使各种运输方式都能发挥作用。在商贸系统中，港口既是运输市场的所在地，又为商业、贸易提供良好的市场环境。第三代港口都把商品展销、贸易洽谈、商务服务等活动作为港口的新功能。另外，港口担负着商品分拨的任务，发达的现代化港口可以减少车、船及货物在港口的积压，缩短车、船及商品的在港时间，减少运力及物资储备，从而减少了车、船及商品在流通过程中的数量，大大节省了固定资金和流动奖金。

3.2 港口与城市

城市是现代文明的标志，城市发展水平集中体现了一国的综合国力和国际竞争力。港口城市是一种独特的城市类型，在整个城市体系中占据极其重要的地位。法国地理学家格特曼提出的当今世界著名的六个大都市带（如美国东北部大都市带、日本太平洋沿岸大都市带等）大多是依托国际性港口群发展起来并且依托国际性港口进行国际交往的。这些城市在世界经济和本国发展中发挥着举足轻重的作用。从港口城市发展的进程来看，港口和城市历来呈现互动发展的关系：港口是城市对外开放的门户，城市是港口繁荣与发展的载体。依港兴城和以城促港是世界公认的城市与港口发展的一般规律。

3.2.1 港城关系的演变进程

港口的发展与城市的发展密切相关。"建港兴城，城以港兴，港为城用，港以城兴，港城相长，衰荣共济"，正是港城关系的总结。纵观世界港口与港口城市，从空间关系到产业结构发展都存在着阶段性互动特征，其演变关系大致可以分为以下四个阶段，如图 3-1 所示。

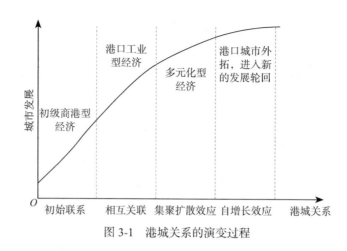

图 3-1　港城关系的演变过程

1. 初始联系

此阶段的港城联系源于港口的基本功能——运输中转功能，进而诱发产生港口产业，形成初级商港型经济发展阶段。这一阶段，港口的区位优势起着决定性作用，城市对港口有很强的依赖性。

2. 相互关联

港口的发展带动了与港口中转运输相关的海运代理、金融、保险等第三产业的发展，进一步增强了对城市的影响。同时，城市工业和商业的迅速发展，铁路、公路等集疏运方式的完善，也促进了港口规模的扩大。以港口关联产业发展为纽带，港口与城市在空间形态上相互融合，港口与城市开始走向一体化，进入发展的第二阶段——港口工业型经济发展阶段。这时以港口工业的形成为标志，港口城市完成了从简单地服务于港口到积极地利用港口的转变，港口城市与港口互动实现共同发展。

3. 集聚扩散效应

随着港口功能的多样化发展，即从传统的装卸发展成为集装卸、工业、客运、旅游、综合物流于一体的综合性港口。港口的快速发展以及港口城市基础设施条件的改善，吸引了与港口无直接关系的产业在港口城市的集聚，港口产业链不断延长，持续吸引关联产业在港口城市集聚，形成强大的临港产业群，并辐射扩散到周边区域，带动区域经济的发展，港口城市产业辐射能力已经超出了城市的范围。随着港口城市产业体系渐趋完善，港口城市进入多元型经济发展阶段，城市经济将形成除港口经济以外的新的经济增长点。但此时，城市的发展仍然以港口为中心，并逐步成为区域经济发展的龙头。

4. 自增长效应

随着城市产业结构的优化升级和多元化产业的形成与发展，其继续发展将主要源于自身规模循环和累积。在港口城市进入多元化经济发展阶段以后，港口经济就成为其经济的一个组成部分，主导地位将逐渐失去，港口城市的发展在很大程度上将取决于多元化产业发展及城市经济的自增长效应。

一般情况下，港城关系在经历上述四个阶段的发展后会出现两种趋势：其一，城市经济发展推动港口继续发展，但港口对城市经济发展的主导作用已大为弱化，随着全球经济一体化趋势的加强，港城关系新一轮发展势头初现；其二，港城关系分离，城市继续发展，而港口发展逐步停滞，甚至衰败，威尼斯和伦敦就是典型的例子，即港口衰败但城市成功转型继续兴旺。

3.2.2　港口与城市的互动关系

1. 城市与港口相互依存

港口城市有一个很重要的特征：港口、产业、城市发展三者紧密关联。以港口为中心的综合交通体系的开发和建设，带动相关的物流等产业的兴起和发展；临港工业及相关产业的兴起，促进了港口的繁荣，加速了城市的形成和发展；城市作为载体，为产业发展提供物质基础和空间载体。

2. 港口是城市经济运转的关键

由于港口对外交通的便利和廉价的水路运输，因此对外交通功能在港口城市诸多功能中占首要地位。港口城市是连接海陆两个方面的空间枢纽，能通过海陆交通网络，吸纳和聚集国内外各种资源，直接参与国际分工，使港口城市成为物资中转集散地，从而使城市产业的发展更具有先发优势，经济发展速度更快，经济实力更强。

3. 临港工业在城市经济结构中占有较高比重

港口作为综合运输网络的结合部，以港口自身为中心，带动与之相关的各种运输方式和其他相关产业（如水运、陆运、仓储业、加工业、代理业、金融服务业等）的发展，形成一个有机、有序的产业系统，共同构成港口城市的经济基础。与港口有关工业的发展推动了港口城市经济的增长，随着港口地位的进一步加强，临港工业对城市经济的贡献也会越来越大，临港工业在城市经济结构中所占的比重将会进一步提高。

4. 港口区域的规划是城市规划布局中的重要组成部分

岸线及水域合理且有效利用，对城市发展起着某种决定性的作用。因此，港口区域的规划成为港口城市规划的重要内容，如何实现港口和城市的空间协调变得尤为重要。

3.2.3　港口对城市发展的影响

港口因素对港口城市的形成有重要的影响。除政治因素外，我国城市的产生和起源，多是由于地理区位突出，逐渐从无到有、从小到大发展起来的。其中，海港作为地理位置的重要类型之一，对我国许多城市的形成和发展具有重大的甚至是决定性的影响。港口城市的发展史就是一部"城以港兴"的历史。

1. 港口对城市经济发展的影响

港口的形成和对外贸易的发展是港口城市形成的先行条件。港口具有创建和发展大都市的得天独厚的优越条件，能通过海陆交通网络，在世界范围内吸纳和集聚各种生产要素，直接参与国际分工和国际贸易。与非港口地区相比，港口地区具有优越的交通区位，大范围、大规模的集散功能，这些优势有助于拓展市场，促进运输规模经济和聚集效益的实现，引起企业、产业以及人口纷纷向港口聚集，城市用地规模快速扩展，城市经济总量快速增加。

许多港口城市的发展历史，都验证了港口区位优势在城市创建中的决定性作用：先形成了港口，发展了海运，随后对外贸易兴起，在此基础上城市经济日趋发达，城市用地规模快速扩展，城市规模日益扩大；同时，港口及相关临港工业的发展，引起城市经济一系列的连锁反应，增加了城市基本和非基本部门的就业机会，吸引人口向城市聚集，城市人口的迅速增加和城市基础设施的快速扩展，使城市规模达到更高水平。

2. 港口对城市形态扩展的影响

城市形态的演变受政治、经济、文化等多种因素共同作用，其中，经济条件始终是根本的决定性因素。经济发展引起了城市人口的增加和城市基础设施的扩展，这必定促使城市用地向外扩张。城市由内向外扩展，一般都是沿交通干线延伸。作为港口城市主要的交通方式，港口与城市外部形态的变迁密切相关，对城市内部空间组合起着主导作用：港口条件决定了港口城市的空间结构及其外部轮廓形态。由于较高的经济性，河道水系沿岸交通便捷的地方最先成为市区，港口城市沿轴的发展获得最佳的建设效益。社会经济的发展使原来的港口位置、规模等条件越来越不适应城市的发展。

城市的扩展、城市形态的演化必须通过港口位置迁移、规模扩展来实现。最初，河口港城市一般在交通方便的河口上段形成。随着经济的发展、港口规模的扩大、城市用地的向外扩展，城市形态发展为单一集中型。运输技术的发展、船舶大型化以及老港区发展限制因素的增多，使港口被迫向河流下游推移，再从入海口沿海岸向海岛推移，形成河口港、海岸港或海岛港。相应地，城市用地也随着港口的推移向入海口、海岸或海岛方向发展，形成与港口功能相适应的群组城市形态。

3. 港口对城市基础设施建设的影响

城市基础设施是为企业生产和居民生活提供基本条件、保障城市生存和发展的各种工程及其服务的总称。它包括工程性基础设施和社会性基础设施两大类。工程性基础设施是指能源系统、给排水系统、交通系统、通信系统、环境系统、防灾系统等工程设施。社会性基础设施是指行政管理、文化教育、医疗卫生、商业服务、金融保险、社会福利等设施。港口本身属于港口城市最重要的交通基础设施之一，在港口城市对外交往中起着关键作用。

加强城市基础设施建设，为城市企业和居民提供理想的生产环境与生活环境是城市政府的职责之一。城市基础设施建设需要大量资金，而对于以港口为发展中心的港口城市来说，港口是城市基础设施建设的资金来源，因为港口不断地与其外部环境进行产品和劳务的交换。产品和劳务的流通使港口城市的收入增加，收入的一部分成为城市政府的财政收入；收入的另一部分用于扩大港口规模和发展临港工业，从而让港口继续为城市获取更多的收入。港口在此过程中的作用是为城市基础设施的不断改善提供资金，使城市功能日趋丰富和完善。同时，城市基础设施的建设又要着眼于港口及港航产业的需求。各种交通方式与港口相互衔接，形成集中与疏散港口吞吐货物服务的集疏运系统。集疏运系统由铁路、公路、城市道路及相应的交接站场组成，为旅客和货物完成全程运输提供重要的基础设施与衔接场所，是港口与广大腹地相互联系的通道，是港口赖以生存与发展的主要外部条件。任何现代化港口只有具备完善与畅通的集疏运系统，才能成为综合交通运输网中真正意义上的水陆交通枢纽，从而促进港口发挥最大的潜力。集疏运系统的建设有赖于城市以及区域基础设施的建设和完善。

4. 港口对城市社会发展的影响

港口及相关产业的发展是城市社会发展的催化剂，推动了港口城市社会发展。首先，港口及相关产业的发展，为城市公共事业和城市财政收入提供了资金来源。港口及相关产业创造的税收，为城市交通、环境、水电等基础设施的建设提供了资金；同时，城市公共文化设施和市政公共设施也逐步完善，如学校、图书馆等得到发展，使城市更加适宜创业和居住。其次，港口及相关产业的发展，为城市创造了大量的就业机会，利于城市社会安定。作为重要的基础设施，港口能集聚生产要素，给城市带来新的投资、新的产业和新的贸易，从而为城市创造了大量的就业机会。

港口开发提升了城市投资环境，促生了城市特色社会文化。港口是港口城市对外开放的门户和对外交通的主要通道，是城市正常运作的重要物质前提和必要条件，对城市环境和城市形象有着积极的影响。内外联系的便捷经济性，增强了港口城市对外资的吸引力，加快了外向型经济发展的步伐。港口的长期发展，塑造了与其港口区位密不可分的独特的城市人文环境。港口文化具有通达性和开放性的特征，港口城市的人普遍重商务实。悠久的对外贸易历史，使港口城市易于形成浓郁的传统经商意识，以商为业、以商为荣成为人们普遍的价值取向。

3.2.4　城市对港口发展的影响

城市是港口正常运转和蓬勃发展的物质基础。城市的管理服务功能、政策机制和良好的文化氛围，为港口发展提供了必需的环境保障，同时，城市的发展又促进了港口功能的提升。

1. 城市对港口发展的要素支持

港口的成长与腹地经济状况密切相关。腹地经济越发达，对外经济联系越频繁，对港口的运输需求越大，由此推动港口规模扩大和结构演进。腹地城市经济规模的扩大，为港口生产带来源源不断的新动力。作为对外开放主要门户的沿海港口，腹地城市经济的发展对其发展起到了更强的促进作用。港口城市是港口最直接的经济腹地，港口城市的经济发展状况在港口货物输出中得到显著体现，它是港口转运货物的重要来源。城市工业经济的发展和城市工业品竞争力的提高，使港口的货物吞吐量不断增加，货物种类不断发生变化。随着运输货物种类和数量的不断增多，港口运输货物由一般散杂货物向集装箱专业化方向发展，运输效率大幅提高，港口经济效益得到提升。

2. 城市对港口发展提供经济、政策支持

港口促进城市经济发展的同时，城市的发展又为港口的发展提供支持。港口的发展离

不开人力资源、土地、集疏运等硬件设施，也不能缺少金融和贸易等软件环境。这些港口发展必需的软硬件环境，必须依托于港口城市。港口城市拥有港口运作发展所必需的各种人力资源，并为港口及港航产业的发展提供土地，同时集疏运交通体系的建设也是港口城市为港口提供的一项重要服务。港口城市现代服务业的发展为港口转运和贸易营造了良好的外部环境，对提高港口的竞争力具有重要作用。中国香港是亚太地区的国际经济中心，具备良好的金融贸易环境和健全的管理体制，经过多年发展，香港货柜班轮航线密集，在港口服务、金融结算、通关服务等方面具有优势，这是形成香港港口核心竞争力的重要因素。

港口对外的各种联系都离不开港口城市的组织、协调与服务。若要建设和发展港口，就要"规划先行"。一个港口要建设、要发展，首先要通过规划来确定港口的地位，明确港口发展的方向，严格按照港口规划来指导港口的建设和发展。港口城市对港口的管理功能主要通过制定各种政策来体现。比如制定港口发展规划，对港口布局和港口功能进行定位；通过完善集疏运体系和经济互补等各种形式，加强港口与腹地的经济联系，扩大港口的辐射范围。实行更为开放的经济政策，积极推进自由港政策；加强港口设施、装卸设备等硬件的建设等，提升港口的竞争力。厦门、漳州、广州、深圳等港口的建设发展，无不验证着"规划先行"的道理。城市的管理和规划突出了港区功能，优化了港口布局，有利于实现港口的规模化、专业化经营，发挥港口的最大效益。

3. 城市发展对港区功能的提升

城市规模随着经济发展日益扩大，同时，港口的发展导致港口规模扩张。然而，很多城市的中心建在港区附近，港中有城，城中有港。社会经济的发展，造成老港区与城市发展的矛盾日益突出。一方面，随着经济的发展，港口用地大量增加，城市土地更为珍贵，城市土地价格节节攀升。滨海沿河岸线的土地被老化的港口设施占用完毕，成为城市中心更新的障碍。另一方面，港在城中，导致港区狭窄零散，交通不便，发展空间狭小；港口货物的运输也给城市交通带来很大的压力，码头和临港工业的发展又破坏了城市的生态环境，影响了城市形象。

因此，将老码头移出城区或者进行改造，重新进行结构和功能调整就成为两者协调发展的关键。老港区的移出或改造，增加了用于发展高效率第三产业的土地资源，提高了城市土地利用效率，也提高了港口运作效率，老港区功能得到调整、改造、开发和转换，港口整体素质全面提升，促进了港口及整个港航产业的可持续发展。老港区的功能转换，也为新港区的建设筹措了资金，节省了投资，港口布局同时得到优化。

城市经济的发展也对港口的功能战略、服务范围、生产特点和地位作用产生重要影响。以港口城市为依托，港口逐渐由人流、物流的单一运输功能，拓展为具有集运输功能、物流业、临港工业和现代服务业等港口配套服务业为一体的复合功能，从而逐步形成面向海洋的，以信息化、生态化为主的综合流通枢纽和海洋经济基地。许多现代港口已从一般基础产业发展到多元功能产业，并且向社会经济各系统进行全方位辐射，有效地提高了地区产业整体的竞争实力。

3.2.5　我国港城互动发展的主要特征

1. 港口与城市关系存在多样性

根据港口货运功能的不同，港口与所在城市及内陆腹地的关系可分为三类：第一类是通过型海陆联运型港口（如秦皇岛港）；第二类是临海产业、与加工业相关的港口（多数港口）；第三类是货物水水中转型港口（如舟山、马迹山、岙山等铁矿石、原油中转港）。

第二类港口与所在城市关系密切，或是加工制造业聚集于城市，或是服务于城市和腹地的临港基础工业，与城市生产、生活具有密切的关系。我国港城关系发展的主要特征，如图 3-2 所示。

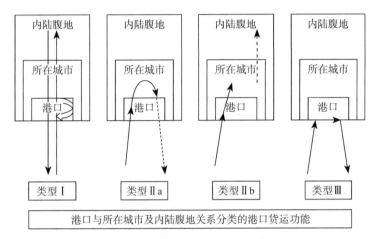

图 3-2　我国港城关系发展的主要特征

2. 港城经济互动发展具有不均衡性

由于地理位置的不同以及港口和城市发展存在差异，因此形成了我国沿海港口城市港城互动发展的不均衡性。

港城互动发展大致划分为三类：第一类是上海市，已经初步进入了港口城市自增长阶段；第二类是宁波、深圳、广州、天津、青岛、大连等城市，处于港城集聚效应阶段；第三类是福州、厦门、珠海、防城港、日照等城市，处于港口工业型经济发展阶段。

3. 我国港口城市的发展具有趋同性趋势

目前，沿海港口都采取在港区内开辟临港产业区，重点引进和布局与港口相关的产业，以港口为依托，发展临港工业、保税区和加工区，形成带动城市经济互动发展的模式。这种趋同现象还体现在临港工业的发展类型上，尤其是在同一区域的港口发展上更为明显，需要各港口城市深入研究自身的特点，有针对性地发展具有特色和优势的临港产业，实行差异化和互补式发展。

3.3　经济与物流

港口作为水陆运输的连接点，在交通运输网中起着极其重要的作用。港口物流一直被看成是地区经济的增长点。世界银行的专家做过测算:修建一个集装箱码头,地区经济获得 92% 的利益,剩下的 8% 才属于码头和轮船公司。因此,拥有强大的港口,对于一座城市发展现代物流业,提升竞争力而言,将起到"一港带全局"的"放大效应"。

3.3.1 物流与区域经济发展

区域经济是一种聚集经济,是人流、商流、资金流等各种生产要素聚集在一起的规模化生产,以生产的批量化和连续性为特征。但是,聚集不是目的,要素的聚集是为了商品的扩散。如果没有发达的商业贸易做保障,生产的大量产品就会堆积在狭小的空间里,商品的价值和使用价值都难以实现,区域经济的基本运转就会中断。因此,在区域经济发展进程中,合理的物流系统起着决定性的作用。

1. 降低运行成本,改变区域经济增长方式

物流之所以能够显著降低交易成本,主要原因在于:物流的主体是由诸多节点和线路组成的网络体系。以点状松散存在的要素组成物流网络后,原来点和点、要素和要素之间偶然的、随机的关系随之变成网络成员之间稳定的、紧密的联系。一个结构稳定、高效运作的物流网络,不仅可以减少组成要素之间的磨损和交易成本,减少用户使用网络资源和要素的成本,还可以放大各要素的功能,提高要素和整个网络的收益。

另外,物流对降低交易成本所做的贡献还可以从对交易过程和交易主体行为的考察中得到进一步的证实。一方面,从交易的全过程来看,物流的发展有助于物流合作伙伴之间在交易过程中减少相关交易费用。由于物流合作伙伴之间经常沟通与合作,因此搜寻交易对象信息方面的费用大为降低,通过提供个性化物流服务建立起来的信任和承诺,可以减少各种运作风险,即便在服务过程中产生冲突,也会因为合同时效的长期性而通过协商加以解决,从而避免仲裁、法律诉讼等行为所产生的费用。另一方面,从交易主体行为来看,物流的发展将促使合作伙伴之间的"组织学习",从而提高双方对不确定性环境的认知能力,减少因交易主体的"有限理性"而产生的交易费用;物流联盟企业之间的长期合作将在很大程度上抑制交易双方之间的机会主义行为,这使交易双方有关机会主义的交易费用有望控制在最低限度。

2. 形成新的产业形态,优化区域产业结构

根据产业结构发展演进规律,区域产业结构的发展方向是合理化和高度化。产业结构合理化是以第三产业的发展水平来衡量的。产业结构高度化是第一产业向第二产业、第三产业升级演进,由劳动密集型产业向资本、技术密集型产业演进。

物流业属于第三产业,是现代经济分工和专业化高度发展的产物。物流业的发展将对第三产业的发展起到促进作用。发达国家的实践还表明,物流业的发展推动了当地经济的发展,既解决了当地的就业问题,又增加了税收,促进了其他行业的发展。此外,物流业的发展将进一步带来商流、资金流、信息流、技术流的集聚,以及交通运输业、商贸业、金融业、信息业和旅游业等多种产业的发展,这些都是第三产业发展的新利润增长点,是第三产业的重要组成部分。因此,物流业的发展有利于带动整个第三产业的发展,使第一产业、第二产业、第三产业之间的结构更趋合理。

3. 促进以城市为中心的区域市场的形成和发展

现代物流对于以城市为中心的区域市场的形成和发展的促进作用表现为：促进以城市为中心的区域经济的形成，促进以城市为中心的区域经济结构的合理布局和协调发展，有利于以城市为中心的经济区吸引外资，有利于以城市为中心的网络化的大城区市场体系的建立，有利于解决城市的交通问题，有利于城市的整体规划，有利于减少物流对城市环境的种种不利影响。经济学家魏杰认为，国际上，物流产业被认为是国民经济发展的动脉和基础产业，其发展程度成为衡量一国现代化程度和综合国力的重要标志之一，被喻为经济发展的加速器。有学者还认为物流业水平的高低是体现综合国力的重要标志，因为从物流成本在 GDP 中所占比重可以看出，物流业越发达，物流成本就越低，物流总成本占 GDP 的比重也会越低，欧美发达国家的物流成本在 GDP 中的比重只有 10% 左右。

3.3.2 现代物流与国民经济发展

随着世界经济的持续发展和科学技术的突飞猛进，现代物流作为现代经济的重要组成部分和工业化进程中最为经济合理的综合服务模式，正在全球范围内得以迅速发展。中国是一个发展中大国，由于经济基础薄弱、发展不平衡，形成了诸多对物流合理化不利的外部条件，但是社会主义市场经济体制的建立和改革开放政策的实施为物流的发展提供了保证。物流现代化将是我国社会主义现代化的重要组成部分。

1. 物流发展水平成为一个国家综合国力的重要体现

2022 年社会物流总费用 17.8 万亿元，占 GDP 的 14.7%，比上年提高 0.1%。国家经济贸易委员会（国务院原组成部门）提供的资料显示，全社会流通费用每降低 1%，就可以节约 178 亿元。现代物流理论中的杠杆原理显示，物流费用每降低 2%，企业利润将提高 1 倍。物流系统的价值在不断地被挖掘，物流不仅对企业有特别的意义，而且对一个国家的经济发展也起着非常重要的作用。物流运作和管理水平以及信息化程度的高低，与一个国家经济发展水平有着直接的关系，在某种程度上看，物流发展水平的高低直接体现着一个国家的综合国力的强弱。

2. 现代物流的发展促进了产业结构的优化

现代物流业是一个关联度很高的新兴产业，物流业的发展将会带动相关的信息业、旅游业、餐饮业、金融业等的发展。物流业属于第三产业，物流业的发展将会增加第三产业的收入，提高第三产业在整个产业结构中的比重，同时物流业的发展也会促使第一产业、第二产业降低成本，提高经济效益，从而达到降低整个社会经济运行成本、优化产业结构的目的。

3. 现代物流的发展能提高经济运行的质量和效益

高效、畅通的物流系统使企业的产品和服务更贴近用户，库存更合理，流通和生产成本更低，物资周转时间更短，流动资金占用更少，资金使用效率更高，从而更有效地提高宏观经济运行质量和效益，实现国民经济增长方式的转变。

4. 物流对国民生产总值有巨大的贡献率

物流产业对国民生产总值的贡献率，可通过物流产业所创造的产值占国民生产总值的比例来衡量。从国外物流产业实现的产值来看，这一比例越大，产业的贡献就越大。一个国家或地区物流产业的产值占国民生产总值比重的高低，与该国的商品与服务的市场化程度以及中间需求率有关。商品与服务的市场化程度越高，中间需求率越高，物流产业对国民生产总值的贡献就越大。物流产业对国民生产总值的贡献率也是衡量一国经济市场化程度的重要指标。

3.4 港口与物流

随着全球运输服务进入综合物流时代，港口在社会经济发展中的作用和地位发生了深刻的变化。港口作为全球综合运输网络中的主要环节，其功能已由传统的装卸货物的转运地向综合物流中心转变，港口开展物流服务已成为港口未来发展道路上的必然趋势。因此，目前世界上包括中国港口在内的各大港口都加快了港口物流的发展，并将港口物流业的快速、可持续性的发展作为港口未来发展的重中之重和保持港口竞争力最有效的方法。

3.4.1 港口发展现代物流的优势

1. 港口是综合物流供应链的龙头

现代港口作为物流分拨配送中心，不但负责储存、分拣、理货、分放、倒装、分装、装卸搬运、加工送货等工作，还负责整个供应链的情报工作。因此，港口在整个供应链管理中占据非常重要的地位，它是保证整个供应链持续运作的一个非常关键的环节。

2. 港口是最重要的汇集中心

对国际贸易来说，港口作为国际物流链中的技术节点，是船舶、航海、内陆运输、通信、经济、技术的汇集点。现代港口已从纯粹的运输中心，经由配送中心向物流中心发展。随着国际多式联运与全球综合物流服务的发展，现代港口作为全球运输网络的节点，将朝着全方位的增值服务方向发展，成为商品流、资金流、技术流与信息流的汇集中心。

3. 港口是综合物流供应链中最大的货物集结点

港口是水陆运输的枢纽，是水运货物的集散地，是远洋运输的起点和终点。综合物流不仅在海上形成了枢纽港的分离，而且在陆地上形成了以港口为端点、以内陆的物流中心为集散点、以不同运输方式的多式联运为运输通道的内陆网络体系。因此，港口也是最大的货物集结点。

4. 港口具有良好的硬件设施

一般较大型的港口都拥有比较先进的装卸设备、面积较大的堆场或仓库以及良好的集疏运系统。这些硬件设施为港口从事物流服务奠定了良好的基础。正是因为港口拥有较好的硬件设施条件，物流服务与港口服务在业务功能上才具有相继性。

5. 港口集结大量的信息

港口是不同运输方式汇集的最大、最重要的节点。在港口地区落户的有货主、货运代理行、船东、船舶代理行、商品批发部、零售商、包装公司、陆上运输公司、海关、商检机构及其他有关机构，它们以不同的方式发布自己的信息，这些信息在港口的辐射范围内汇集与传递，是其他企业难以比拟的。随着信息技术和信息传播的不断进步，信息将更快地在港口集结，这也会吸引更多的机构和企业汇集于港口。

6. 港口配置资源的能力突出

经济的发展离不开各种资源，而资源在空间分布上存在着不均衡性。这种不均衡性使港口在产品市场和要素市场上进行资源配置的作用日益突出。

港口通过运输网的展开，不仅沟通了国内外的经济腹地，还提供了方便的运输条件，产生了强烈的辐射作用，带动了落后地区经济的发展，扩大了原材料供应范围和市场规模，推动了社会生产，刺激了消费。

总之，港口为本地区参与全球竞争提供了高效、便捷的通道，发挥着市场配置资源的基础性作用，使各种资源运输成本降低，同时还可以降低区域经济发展中的交易成本，形成良好的发展环境，增强本区域的竞争优势。

3.4.2　港口物流对经济的贡献

港口物流对经济的贡献可以分为直接经济贡献、间接经济贡献和社会效益。港口是一个生产部门，有其自身的生产效益，但它又是一个特殊形态的生产部门，与社会经济各个部门有着极其密切的联系，它的社会经济效益大大超过了自身的生产效益。

1. 港口物流对经济的直接贡献

港口物流对经济的直接贡献主要是指港口生产直接获得的经济效益。港口是国民经济和地区经济的一部分，与其他行业一样，港口也产生国内生产总值、国民收入，港口还产生就业机会、税收。因此可以用货运与客运周转量以及国民生产总值的增加值等指标来衡量直接贡献。

首先，港口物流的发展将直接推动本区域的基础设施建设。据世界银行的研究显示，一个区域的总产出受道路、机场和港口等基础设施的影响显著，区域经济发展与公共基础设施之间存在一个正相关关系。港口经济的发展直接导致社会对道路、港口等公共设施需求的增加，同时港口经济的发展可以吸引大量外来投资，推动有关基础设施及相关配套设施建设，这将进一步促进城市建设与经济发展的良性互动。

其次，港口经济可以带动关联行业的发展。港口的发展一方面需要仓储、运输、物流、加工、贸易、金融、保险、代理、信息、口岸等相关服务的支持，另一方面也会极大带动这些产业的发展。港口已经成为城市贸易发展、制造业繁荣的重要支撑点。目前，沿海地区成为我国现代制造业最发达、服务业最繁荣的区域，直接推动了整个国家经济的发展。

最后，港口物流的发展促进了对外经济联系。港口物流的发展、港口基础设施的改善、货物运输能力的提高将有力地推动外向型经济的发展。港口物流已成为贸易发展、制造业繁荣的重要支撑点。港口物流直接推动了整个国民经济的发展，加强了我国经济与世界经济的联系，提高了我国在国际分工中的战略地位。

2. 港口物流对经济的间接贡献

港口物流的间接经济贡献是指为直接经济活动提供劳务与产品的组织和公司所产生的效益，也是指由于港口的生产和发展促进或带动了其他部门的发展而产生的那部分效益。它包括：促进了以港口生产为中间产品的其他部门的发展而带来的经济效益；带动了港口生产所需产品的生产部门的发展而带来的经济效益；由于港口发展使货物得以及时运送而获得的生产效益与市场效益，以及由于港口发展减少了客运时间而创造的时间价值；增加就业人员及就业人员工资而带来的消费的增长，从而促进了经济的增长等。也就是说，港口除了核心活动以外，还有部分扩展经济活动，正是这部分活动产生了港口的间接经济影响。这部分活动中的典型活动就是贸易活动、临港工业活动以及基于港口的物流活动。

3. 社会效益

港口社会效益是指港口发展对促进地区繁荣产生的巨大推动作用。它包括：由于港口的发展提高了当地的运送能力、资源开发能力，促进了商品交流，带来经济结构的变化和经济的迅速发展；由于港口发展吸引了投资，带来地区的繁荣；由于港口发展吸引了投资，带来当地税收的增加；由于港口发展吸引了投资而使腹地或使港口周围地价的大幅度上升；由于增加就业所增加的社会稳定与吸引外来人口而带来的文化、习俗、观念等方面的变化。这部分效益一般是难以量化的，但对地区的发展具有其他部门不可替代的深远影响。

◎ 复习思考题

1. 港口对经济发展的作用有哪些？
2. 简述港口与城市的互动关系。
3. 简述我国港城关系的主要特征。
4. 简述港口对城市形态扩展的影响。
5. 简述由港口发展现代物流的优势。
6. 论述港口物流对经济的贡献。

◎ 案例分析

鹿特丹港口物流经济

鹿特丹因港而兴、因港而富、因港而著名。鹿特丹市为荷兰最大的工业城市、第二大城市，素有"欧洲门户"之称，也是人们公认的新欧亚大陆桥的西端桥头堡。

1. 概况

鹿特丹是一座位于马斯河沿岸的城市，市内河道很多，是一个典型的港城一体化城市。鹿特丹港区是该市的主体，城市市区面积200多千米^2，港区面积100多千米^2。如今，在鹿特丹港工作的职工有 5.6 万人，间接依靠它生存的有 31.5 万人，而鹿特丹市区人口仅 57 万人，包括周围卫星城的人口共有 102.4 万人。鹿特丹港为居住在离港口半径约 500 千米的约 1.6 亿位客户提供服务。鹿特丹港位于荷兰西南沿海莱茵河和默兹河两大河流入海口的三角洲上，西依北海，东溯莱茵河、多瑙河，可通至里海，鹿特丹港处在世界上最繁忙的大西洋海上运输线和莱茵河水系运输线的交接口，是典型的河口港，但兼有海港和河港的特点。

鹿特丹始建于 13 世纪末，当时它仅是一个渔业港镇。到了 16 世纪，随着西欧海上运输和对外贸易的开辟，鹿特丹的城市建设逐步发展，在泥沼地上挖掘出了许多港口，为对外交通和贸易奠定了基础，从而发展成为荷兰第二大商港。20 世纪初，鹿特丹一跃成为荷兰第一大港，成为欧洲与亚洲、非洲、北美洲间繁忙的过境运输港口。后来，随着欧洲经济复兴和共同市场的建立，鹿特丹港凭借其优越的地理位置得到迅速发展。1961 年，港口货物吞吐量首次超过纽约港（1.8 亿吨），成为世界货运第一大港。此后 40 多年一直保持世界第一大港的地位。2003 年，新加坡港货物吞吐量首次超过鹿特丹港；2004 年，上海港货物吞吐量又超过鹿特丹港。

2. 发展经验

鹿特丹港在形成港口城市主题文化之后，城市的产业资源与产业链随着港口业的发展出现了上下游延伸和聚合的趋势。

（1）扩展临港工业链条，构建临港工业体系。自 21 世纪以来，鹿特丹在独有的地理位置上合理有序地发展港口工业，促进了港口产业的开拓和港口产业链的形成。作为荷兰的工业中心，鹿特丹享有港口运输的便利，成为世界重要的炼油和化工工业基地，主要工业门类包括炼油、造船、石油化工、钢铁、食品和机械制造等。作为产业链的延伸，为了更好地利用港口的运输与原料资源，鹿特丹港成为炼油和化工工业的重要基地。鹿特丹的大型炼油厂，其炼油能力占荷兰总炼油能力的一半以上，是世界三大炼油中心之一。

（2）成立港务中心，发展港口物流。在港口物流发展方面，鹿特丹港走在前列。早在 20 世纪 80 年代末期，鹿特丹港务当局就率先把兴建物流设施当作自己的重要任务之一，使鹿特丹港发展成为当今世界上最重要的物流中心之一。鹿特丹港也充分认识到根据航运和市场发展，与时俱进发展港口的重要性，以每年投资上亿欧元的速度为港口"扩容"。2022 年，鹿特丹港在新项目上总共投资了约 30 亿欧元，大部分资金投向了能源转型板块。同时，鹿特丹港在发展过程中对土地的需求愈发突出。2023 年 4 月，鹿特丹港宣布了一个码头扩建项目，项目耗资 10 亿欧元。

当鹿特丹港发展到饱和时期时，政府通过贯彻物流理念，成立港务中心，发展包括物流所需的一切技术手段，从而带动了鹿特丹以及整个荷兰经济的发展。由此可见，港口物流的发展势必对港口城市及其所在区域的相关产业和经济的发展起到积极的带动作用，荷兰政府从鹿特丹的港口物流发展中获取了丰厚的回报。

（3）注重港口规划，力促港城一体化。鹿特丹港提出了港口及其支持区域的功能与发展的六大目标：多功能港口、可持续港口、知识港口、快速安全港口、有魅力港口和干净港口。这些发展目标要在更大空间范围内布置相应的港口设施，要把城市港口转变为集港口活动、住房、就业、休闲娱乐和商务于一体的都市活力区域。

（4）依托港口辐射效应，发展高层次第三产业。依托港口的巨大辐射效应，鹿特丹旅游业十分发达，拥有港口、博物馆及其他众多观光景点。战后，鹿特丹人在修复被毁坏建筑的基础上，发展出了与港口文化相适应的新建筑形态。最具影响力的是185米高、被称为"欧洲桅杆"的高塔，人站在塔顶可鸟瞰全市，每年来此游览的参观者逾30万人。城市周围的风车区等著名旅游景点，都因港口城市主题文化与旅游业的融合吸引了大量的游客。

鹿特丹之所以可以成为世界名城，还在于其用文化的概念促进了港口经济的繁荣，把文化和产业结合起来，从而成为欧洲乃至世界首屈一指的港口之都，打造出了世界级的港口文化。凭借港口文化带来的巨大客流量和品牌凝聚力，鹿特丹经常组织大型文化体育活动。其中，最重要的是世界港口节。自21世纪90年代以来，每年9月鹿特丹都会举办一次世界港口节。在港口节期间，鹿特丹会举办世界港口、海运、物流等方面的专业国际会议和学术讨论会、展览会，举办各种海洋、港口和物流文化娱乐活动，吸引成千上万的企业公司员工、专家学者和游客来参加。每届港口节都给鹿特丹带来了巨大的经济收益和社会效益。

思考题

1. 鹿特丹港对周边经济产生了哪些影响？
2. 对我国港口而言，鹿特丹港的发展经验有哪些值得借鉴之处？

◎ 课程思政案例

宁波港沿着总书记擘画的蓝图执着前行

21世纪以来，世界制造中心和贸易中心逐渐向中国转移，这为港口的繁荣带来了长期利好。

习近平总书记提出的宁波、舟山港的一体化战略，早就预料到了宁波港大发展后泊位不够用的问题。

从"宁波舟山港"名称启用，到宁波舟山港集团揭牌成立，实现以资产为纽带的港口实质性一体化，宁波舟山港沿着总书记亲自擘画的蓝图，从大港迈向了强港。

金塘港区大浦口集装箱码头，是两港合作开发的首个码头。10多年前，这里还是荒凉的芦苇地，现在大浦口码头年集装箱吞吐量已超过100万TEU。

300多公里深水岸线、19个港区、600多个生产性泊位，使得宁波舟山港能够在更大范围内统筹岸线资源和港口运营。不仅如此，宁波舟山港还加快与长江沿线和省内港口的合作。

早在10年前，宁波港股份有限公司就通过股权收购形式，实现了对嘉兴乍浦港一期、二期码头的控股经营。随后，又与江苏南京、太仓等长三角城市港口进行合资经营。

2002—2008年，宁波港集装箱运输年均复合增长率超过40%，并于2008年实现年集装箱吞吐量首次突破1 000万TEU，跻身世界集装箱港口前十强。

2011年，宁波市出台《宁波市加快打造国际强港行动纲要》，提出加快由交通运输港向贸易物流港转变，由世界大港向国际强港转变。

2016年9月，由原宁波港集团、原舟山港集团整合组建的宁波舟山港集团有限公司揭牌，宁波舟山港开启了以资产为纽带的实质性一体化。随后，在实现宁波舟山港一体化运营基础上，嘉兴港、温州港、台州港和义乌国际陆港等相关港口资产的整合也相继完成。

自 2013 年习近平总书记提出"一带一路"倡议以来，宁波舟山港紧紧抓住这一历史机遇，不断扩展集疏运网络。目前，已与"一带一路"沿线近 20 个港口缔结友好港，开辟航线 90 余条，年集装箱运量超 1 000 万 TEU；海铁联运业务覆盖全国 14 个省份 36 个市，并延伸至中亚、北亚和东欧国家。

在中国 18 000 公里的海岸线上，深水港码头越来越多，港口之间的竞争更加激烈。站在改革开放 40 周年的节点，宁波正在对标世界一流，努力把宁波舟山港打造为国际枢纽港。

尽管宁波港深水岸线多，码头资源丰富，但有时泊位也会面临捉襟见肘的状况。"建立在港、货、航三方平衡基础上的最佳利用率是 60%，而目前穿山港区却高出了 16 个百分点。"2017 年，穿山港区集装箱码头吞吐量首次突破 1 000 万 TEU，成为全球第三个"千万级"单体集装箱码头。

做强港航服务业，让"酒肉穿肠过"成为历史。宁波市率先推出了衡量国际航运和贸易市场行情的综合指数——海上丝路指数，国际物流配送、航运保险等高端港航服务项目加快落地。

把握港口城市发展演变普遍规律，推动港城同频共振、协调发展。近几年，宁波市临港产业坚持"绿色发展"底色，加快智能化改造步伐，促进港产城深度融合，实现了绿色环保和经济发展的"双赢"。

春水浩浩，百舸争流。举目远眺，东方大港满眼春。

资料来源：俞永均.40 年印迹：潮起东海岸！感受宁波这座东方大港的沧桑巨变 [N].宁波日报，2018-09-10.

中国港口物流现状分析

|学习目标|

1. 了解我国沿海五大港口群的布局形态
2. 了解我国港口物流存在的问题与对策
3. 了解我国沿海港口的集疏运系统

4.1 我国沿海港口布局形态

4.1.1 我国沿海港口布局

　　港口作为交通运输枢纽、水陆联运的咽喉，通常是铁路、公路、水路和管道几种运输方式的汇集点。港口通过能力受到与其连接的各种运输方式能力的制约，反过来港口通过能力也影响与其连接的各种运输方式能力的发挥。我国海岸线总计达 33 200 千米，其中大陆海岸线长约 18 400 千米，岛屿海岸线长约 14 000 千米，长江南京以下岸线长约 800 千米。我国又是一个岛屿众多的国家，拥有大小岛屿 6 500 多个。江河众多，内河流域面积在 100 千米^2 以上的共有 5 700 多条，总长约 430 000 千米，因此发展水运和建设港口[⊖]的条件十分优越。

　　目前，中国沿海已形成与经济发展和产业布局相适应的，布局合理、层次清晰、功能

　　⊖　本章主要介绍的是中国内地的港口。

明确的港口布局形态。

我国已经基本建立了主要港口、地区性重要港口和其他一般港口三个层次的港口体系。全国沿海布局规划了主要港口，其中还划分了 8 个区域性枢纽港口，24 个地区性重要港口，其余为一般港口。

目前，中国沿海已经初步形成了与经济发展和产业布局相适应、分工和功能较为明确的五大区域港口群：环渤海港口群、长江三角洲港口群、珠江三角洲港口群、东南沿海港口群和西南沿海港口群。五大港口群作为区域性的运输组织中心的地位正在形成，已初步形成以港口为中心的煤炭、原油、矿石和集装箱等运输系统，并为支持中国扩大对外开放发挥了重大的作用。

1. 五大区域港口群

基于我国港口建设与发展现状，以及对未来的预期，《全国沿海港口布局规划》指出，我国沿海港口主要为环渤海、长江三角洲、东南沿海、珠江三角洲和西南沿海五个港口群体。全国沿海港口布局规划是最高层面的港口规划，在现有港口布局的基础上，研究和确定沿海港口的合理分布，引导港口协调发展，合理利用和保护港口岸线资源，通过港口的集约化发展来提高港口资源的利用率，为经济社会的协调、可持续发展提供水路交通保障。

全国沿海港口布局如下。

一是环渤海地区港口群，由辽宁、河北和山东各省以及天津市的沿海港口群组成。辽宁沿海港口群以大连东北亚国际航运中心和营口港为主，由丹东港、锦州港等港口组成，主要服务于东北三省和内蒙古东部地区；津冀沿海港口群以天津北方国际航运中心和秦皇岛港为主，由唐山港、黄骅港等港口组成，主要服务于京津、华北及其西向延伸的部分地区；山东沿海港口群由以青岛港、烟台港、日照港为主及威海港等港口组成，主要服务于山东半岛及其西向延伸的部分地区。

二是长江三角洲地区港口群，依托上海国际航运中心，以上海港、宁波港、连云港港为主，充分发挥舟山港、温州港、南京港、镇江港、南通港、苏州港等沿海和长江下游地区港口的作用，服务于长江三角洲以及长江沿线地区。

三是东南沿海地区港口群，由厦门港、福州港、湄洲湾港、泉州港 4 个港口组成，形成以厦门港、福州港为主要港口，湄洲湾港、泉州港为地区性重要港口的分层次布局，规划建设 11 个重点发展港区，作为全省沿海港口服务临港产业和腹地经济发展的战略支撑，服务于福建省以及江西省等内陆省份部分地区的经济社会发展和对台"三通"的需要。

四是珠江三角洲地区港口群，由粤东和珠江三角洲地区的港口组成。此港口群以广州港、深圳港、珠海港、汕头港为主，相应发展汕尾港、惠州港、虎门港、茂名港、阳江港等港口，服务于华南、西南部分地区，加强了广东省和内陆地区与港澳地区的交流。

五是西南沿海地区港口群，由粤西、广西沿海和海南省的港口组成。此港口群以湛江港、防城港、海口港为主，相应发展北海港、钦州港、洋浦港、八所港、三亚港等港口，服务于开发西部地区，为海南省的扩大与岛外的物资交流提供运输保障。

2. 八大运输系统

《全国沿海港口布局规划》还确定了涉及国计民生的八个主要运输货种的合理运输系统布局方案,方案不仅考虑了港口自身的运输规律性,还重点考虑了与其他运输方式的有效衔接。其主要包括煤炭、石油、铁矿石、集装箱、粮食、商品汽车、陆岛滚装、旅客等八大运输系统。

煤炭运输系统,由北方沿海的秦皇岛港、唐山港(含曹妃甸港区)、天津港、黄骅港、青岛港、日照港、连云港港等七大装船港以及华东、华南等沿海地区电力企业的专用卸船码头和公用港区煤炭转运设施组成。

石油运输系统,依托石化企业布点,由20万~30万吨级专业化的进口原油卸船码头和二程中转储运设施以及成品油、天然气中转储运设施组成,并满足国家石油储备要求。

铁矿石运输系统,将临近钢铁企业布点或与钢铁企业的调整布局相适应,由20万~30万吨级高效、专业化的进口铁矿石卸船码头和二程接卸中转设施组成。

集装箱运输系统,逐步形成三个层次港口相结合的格局。环渤海地区以大连港、天津港、青岛港为干线港;长江三角洲地区以上海港、宁波港和苏州港为干线港;东南沿海地区以厦门港为干线港;珠江三角洲地区继续保持香港国际航运中心的地位,以深圳港、广州港为干线港;沿海其他港口开展支线或辅助运输。

粮食运输系统,形成与我国粮食主要流出区、流入区的地理分布相适应,与粮食流通、储备、物流通道相配套,规模化、集约化、专业化运营发展的粮食运输系统。

商品汽车运输系统,形成依托汽车产业布局和内外贸汽车进出口口岸,专业化、便捷的商品汽车运输系统。

陆岛滚装运输系统,以大陆、岛屿间滚装运输为重点,适应沿海岛屿社会经济协调发展的需要。

旅客运输系统,将形成以人为本、安全、舒适、便捷的旅客运输系统。

4.1.2 五大港口群集装箱运输发展情况

在环渤海地区5 800千米的海岸线上有数十个港口,其中亿吨级大港有大连港、天津港、青岛港、秦皇岛港、日照港等。2019年[⊖]1—12月,环渤海港口群共完成货物吞吐量41.27亿吨,同比减少1.6%,集装箱吞吐量为7 049万TEU,同比增长3.1%。2019年12月,完成货物吞吐量3.52亿吨,环比上涨1.2%,完成集装箱吞吐量568万TEU,环比下降5.4%,降幅明显。

长江三角洲地区港口群集装箱运输布局以上海港、宁波港、苏州港为干线港,包括南京港、南通港、镇江港等长江下游港口共同组成的上海国际航运中心集装箱运输系统,相应布局连云港港、嘉兴港、温州港、台州港等支线和辅助港口。2019年1—12月,长江三

⊖ 受2020—2023年的新冠疫情影响,这段时间的相关数据不能有效展现相关港口群的发展情况,因此选用了2019年的相关数据。

角洲地区港口群共完成货物吞吐量约 49.6 亿吨，同比增长 12%，集装箱吞吐量为 9 335 万 TEU，同比增长 4.4%。2019 年 12 月，长江三角洲地区港口群吞吐量较上月有所提升，货物吞吐量完成 4.31 亿吨，环比上升 1%，集装箱吞吐量为 712 万 TEU，环比下降 6.9%。

作为全国沿海港口布局中不可或缺的重要组成部分，近年来东南沿海港口群充分发挥港口深水岸线资源优势，以集装箱、陆岛运输和海峡间对台客货运输为重点，逐渐将港口资源优势转化为更大的经济优势，为建设海峡西岸经济区做出了重要贡献。东南沿海港口群全部集中于港口岸线资源丰富、优良深水港湾众多的福建省，由厦门港、福州港、泉州港、莆田港、漳州港等港口组成。近年来，该港口群的集装箱运输发展稳健。2019 年 1—12 月，东南沿海港口群共完成货物吞吐量约 5.94 亿吨，同比增长 11.3%，集装箱吞吐为 2 537 万 TEU，同比增长 4.8%。2019 年 12 月，东南沿海港口群货物吞吐量完成 0.49 亿吨，环比下降 5.9%，集装箱吞吐量完成 212 万 TEU，环比上升 2.7%。

珠江三角洲经济圈内的集装箱港口格局与众不同，竞争最充分，最接近市场本意。经过十余年的稳步发展，珠江三角洲的集装箱港口已初步具备了以香港国际航运中心、深圳区域性航运中心和广州港等众多城市港口为补充的集装箱港口群。在激烈的市场竞争环境下，各集装箱港口顺应市场变化规律，在经营上突出分工与合作，并将两者相结合，将是珠江三角洲地区各港口今后发展趋势的总体特点。2019 年 1—12 月，珠江三角洲港口群共完成货物吞吐量约 18.32 亿吨，同比增加 10.8%，集装箱吞吐量为 5 969 万 TEU，同比增长 4.0%。2019 年 12 月，珠江三角洲港口群货物吞吐量为 1.58 亿吨，环比上升 8.0%；集装箱吞吐量为 573 万 TEU，环比上升 1.5%。

西南沿海港口群由粤西、广西沿海和海南省的港口组成。虽然该港口群集装箱运输起步较晚，但近年来发展势头锐不可当。由于背靠腹地深广、资源富集、发展潜力巨大的广西、贵州、云南、四川、重庆、西藏，又面向不断升温的东盟经济圈，因此集装箱运输有着巨大的发展空间。随着西南沿海港口集装箱及港口的快速发展，港口已成为中国与东盟开展经济贸易交流的"黄金通道"。2019 年 1—12 月，西南沿海港口群共完成货物吞吐量约 4.94 亿吨，同比降低 4.05%，集装箱吞吐量为 616 万 TEU，同比增长 65.9%。2019 年 12 月，西南沿海港口群货物吞吐量为 0.49 亿吨，环比下降 2.2%，集装箱吞吐量为 70 万 TEU，环比下降 1.2%。

4.2 沿海主要港口情况简介

1. 大连港

大连港地理坐标为 121°39′17″E，38°5′44″N，位居西北太平洋的中枢，是正在兴起的东北亚经济圈的中心，是该区域进入太平洋，面向世界的海上门户。大连港位于辽东半岛南端的大连湾内，港阔水深，冬季不冻，万吨货轮畅通无阻，自然条件非常优越，大连是哈大线的终点，以东北三省为经济腹地，是东北的门户，是东北地区最重要的综合性外贸口岸，是转运远东、南亚、北美、欧洲货物最便捷的港口。

大连港集团已与世界上近 200 个国家和地区的超过 300 个港口建立了海上经贸航运往来关系，开辟了近百条集装箱国际航线，已成为中国主要集装箱海铁联运和海上中转港口之一。大连港拥有中国最大、最先进的 30 万吨级原油码头和 30 万吨级矿石码头，大连港新港是国内自有储罐储量最大的港口，大连港矿石码头拥有中国效率最高的卸船机和装车系统。大窑湾港区是国家重点建设的四大国际深水中转港之一。大连港是东北亚油品转运中心，主要从事原油、成品油和液体化工产品的装卸与储运，可停靠 30 万吨级油轮，装卸效率每小时达 1.2 万吨，港区储油罐容量达 300 余万立方米，年综合通过能力 5 600 万吨以上。大连港是亚洲最先进的散装液体化工产品转运基地，是中国最大的海上客 / 车滚装运输港口。2021 年，大连港货物吞吐量 3.15 亿吨，集装箱吞吐量 367 万 TEU。

2. 营口港

营口港位于环渤海经济圈与东北经济区的交界点，是距东北三省及内蒙古东部腹地最近的出海口，其陆路运输成本较周边港口相对较低，具有非常明显的区位优势，也是中国东北地区最便捷的出海口之一。

现辖港区包括营口、鲅鱼圈、仙人岛、盘锦、海洋红、石河、柳条沟等港区，核心港区鲅鱼圈陆域面积 20 多千米^2，共有包括集装箱、滚装汽车、煤炭、粮食、矿石、大件设备、成品油及液体化工品和原油 8 个专用码头在内的 60 多个生产泊位，集装箱码头可停靠第五代集装箱船。营口港已同超过 50 个国家和地区的港口建立了航运业务关系。每周两班往返于营口港和韩国仁川港之间的豪华邮轮"紫丁香"号，开辟了营口港第一条国际客运航线。营口港交通便捷，沈大高速、哈大公路沿港区而行，长大铁路直通码头前沿。面对东北经济下行压力等不利因素，营口港积极推动企业转型发展，2021 年，营口港货物吞吐量 2.29 亿吨，集装箱吞吐量 521 万 TEU。

3. 秦皇岛港

位于渤海岸边的秦皇岛港，北依燕山，东有万里长城入海处老龙头，西有风景秀丽的北戴河，港阔水深，风平浪小，一年四季不冻不淤，是我国北方的一座天然良港。地理坐标为 119°36′26″E，39°54′24″N；最大潮差 2.45 米，最小潮差 0.11 米。

秦皇岛港紧抓"一带一路"倡议带来的新机遇，依托区位优势，坚持"客户至上、服务为本"，不断提高装卸作业效率和质量，促进了外贸业务的快速发展。秦皇岛港深化港口供给侧结构性改革，不断提高发展质量和运行效率，开展智能化服务，大力推进"互联网＋"与港口产业深度融合，完善视频系统及堆场数字化管理，实现生产过程透明化；开通秦皇岛港"产运需"衔接网络平台，改进配煤系统，推行精准配煤等。2021 年，秦皇岛港货物吞吐量为 2.01 亿吨，与 2020 年基本持平；集装箱吞吐量 64.13 万 TEU，同比增长 3.1%。

4. 天津港

天津港地处渤海湾西端，位于海河下游及其入海口处，地理坐标为 117°42′05″E，38°59′08″N，是环渤海中与华北、西北等内陆地区距离最短的港口，处于京津冀城市群和环渤海经济圈的交汇点上，是首都北京的海上门户，是中国北方重要的综合性港口和对外贸易口岸。

天津港是在淤泥质浅滩上挖海建港、吹填造陆而建成的世界航道等级最高的人工深水港。天津港主航道水深已达 21 米，可满足 30 万吨级原油船舶和国际上最先进的集装箱船进出港。

2013 年，天津港货物吞吐量首次突破 5 亿吨，集装箱吞吐量首次突破 1 300 万 TEU，成为中国北方第一个 5 亿吨港口。2014 年 1 月 1 日，中国第一条人工开挖的复式航道在天津港正式通航。被列为天津市重点建设工程之一的天津港南疆 27 号通用码头工程在 2016 年开工建设。该项目对实现天津港"北矿南移"战略和"东高端、南优质、北提升"总体布局及功能定位发挥了重要作用，提升了对外服务能力。2021 年，天津港货物吞吐量 5.29 亿吨，比 2020 年增加 5.3%；集装箱吞吐量 2 027 万 TEU，比 2020 年增加 10.4%。天津港集装箱吞吐量首次突破 2 000 万 TEU，增速持续保持世界前十大港口首位。

5. 烟台港

烟台港地理坐标为 121°23′46.9″E，37°32′51.8″N，位于山东半岛北侧、芝罘湾内，隔海与辽东半岛相望。烟台港始建于 1861 年，港北由芝罘岛与市区相连，形成天然屏障。港区水域面积 867.4 千米^2，水深域阔，不冻不淤。扼守渤海湾口，隔海与辽东半岛相望，与日本、韩国一衣带水，位于东北亚国际经济圈的核心地带，是中国沿海南北大通道（同江至三亚）的重要枢纽和贯通日韩至欧洲新欧亚大陆桥的重要节点。

烟台港的港区包括芝罘湾港区、西港区、龙口港区、蓬莱港区等港区。2007 年，货物吞吐量首次突破亿吨，成为全国沿海第 11 个亿吨大港。2009 年 9 月，烟台保税港区获国务院正式批复，成为全国第 13 个国家级保税港区。烟台港被列为国家 26 个沿海主要港口、12 个邮轮始发港和国家"一带一路"倡议确定重点建设的 15 个港口之一，西港区被列为我国综合运输体系的重要枢纽。2016 年 8 月 18 日，烟台港至东南亚汽车滚装运输航线正式开通，这是中国第一条滚装外贸自营航线。2021 年，烟台港货物吞吐量 4.23 亿吨，比 2020 年增加 6.0%；集装箱吞吐量 365 万 TEU，比 2020 年增加 10.3%。

6. 青岛港

青岛港地理坐标为 120°19′05″E，36°04′N。最大潮差 4.50 米，最小潮差 0.25 米。青岛港位于山东半岛南岸的胶州湾内，港内水域宽深，四季通航，港湾口小腹大，是我国著名的优良港口。港阔水深，不淤不冻，自然条件十分优越，是著名的天然良港。青岛港始建于 1892 年，是国家特大型港口。青岛港航道平均水深 12.3 米，泊位水深 15 米。另外，青岛港位于亚欧、亚美和亚澳三大国际主航线上，海上交通方便，是我国沿黄流域最大的出海口，太平洋西海岸重要的枢纽港。

青岛港的港区包括青岛老港区、黄岛油港区、前湾新港区和董家口港区等港区。各港区码头均有铁路相连，环胶州湾高等级公路与济青高速公路相接，腹地除山东外，还承担着华北对外运输任务。青岛港是晋中煤炭和胜利油田原油的主要输出港，也是我国的大型集装箱运输港口。

青岛港可以装卸目前世界上最大型的超巴拿马型集装箱船舶，可以全天候停靠第六代及以上大型集装箱船舶。2017 年 5 月 11 日，青岛港建成并投产了具有自主知识产权的全自动化集装箱码头。自运营以来,码头平均作业效率达30自然箱/小时以上,全面超越传统人工码头,比全球同类码头单机平均效率高出50%。该码头主要从事集装箱、煤炭、原油、铁矿、粮食等进出口货物的装卸服务和国际国内客运服务。青岛港与世界上130多个国家和地区的近500个港口有贸易往来,被国务院明确定位为现代化的综合性大港和东北亚国际航运枢纽港。集装箱装卸效率、铁矿石卸船效率始终处于世界一流水平。

自2020年货物吞吐量首次超越新加坡港跃居全球第5,集装箱吞吐量超越釜山港成为全球第6后,青岛港在2021年持续发力,密开航线,推进港口集疏运,装卸效率屡次打破世界纪录。

2021年,青岛港货物吞吐量6.3亿吨,同比增长4.3%,排名全国第4;集装箱吞吐量2 371万TEU,同比增长7.8%,排名全国第5。

7. 连云港港

连云港港地处中国沿海中部的海州湾西南岸、江苏省的东北端,地理坐标为119°27′E、34°44′N(主要港区),位于长江三角洲最北端。它位于太平洋西海岸、中国黄海之滨,与韩国、日本等国家主要港口相距在500海里的近洋扇面内。港口为横贯中国东西的铁路大动脉陇海兰新铁路的东部终点港,被誉为新亚欧大陆桥东桥头堡和新丝绸之路东端起点,是中国中西部地区最便捷、最经济的出海口。最大潮差5米,最小潮差0.01米。航道7万吨级,水深11.5米,7万~10万吨级船舶可乘潮进出作业。连云港港主港区由马腰港区、庙岭港区、墟沟港区、旗台港区组成,现正在主港区的南北两翼新建灌河港区、徐圩港区和赣榆港区。连云港港是一个初具规模,大中小泊位配套,散杂货、集装箱并举,运输功能齐全,内外贸兼顾,以外贸运输为主的综合性国际贸易运输枢纽港。现为我国沿海主枢纽港和能源外运的重要口岸之一,以腹地内集装箱运输为主并成为亚欧大陆间国际集装箱水陆联运的重要中转港口,集商贸、仓储、保税、信息等服务于一体的综合性大型沿海商港。

2021年,连云港货物吞吐量2.77亿吨,同比增长9.62%,其中外贸货物吞吐量完成1.38亿吨,同比增长4.05%;集装箱吞吐量503.49万TEU,同比增长4.8%。

8. 上海港

上海港位于我国大陆海岸线中部,长江三角洲沿海与长江交汇处,地理坐标为121°29′E、31°14′N。上海港位于长江东西运输通道与海上南北运输通道的交汇点,是中国沿海的主要枢纽港,是中国对外开放、参与国际经济大循环的重要口岸。以上海港为中心,北起连云港港,南至温州港,西溯南京港,已形成了规模大、功能全、辐射广的长江三角洲港口群,在我国东部经济发展中具有重要的战略意义。上海市99%的外贸物资经由上海港进出,每年完成的外贸吞吐量占全国沿海主要港口的20%左右。上海港是我国内地首个也是唯一的一个国际航运中心,是长三角地区乃至全国经济贸易、金融及航运的引擎。

2021年,上海港集装箱吞吐量实现逆势上扬,在2020年完成4 350万TEU集装箱吞吐量的基础上,进一步实现大幅跨越,跃升至4 700万TEU,连续12年居全球第一。2021年,上海港在外贸集装箱方面突破3 200万TEU,同比上涨3%;在内贸集装箱方面,突破630万TEU,同比上涨2.3%。2021年,上海港完成货物吞吐量7.69亿吨,比2020

年增加 8.0%。图 4-1 表明了上海港集装箱发展的情况。

图 4-1　上海港集装箱发展情况

9. 宁波港

宁波港由多个港区组成，部分港区的地理坐标分别为：宁波港区 121°33′24″E，29°52′54″N；镇海港区 121°43′00″E，29°52′00″N；北仑港区 121°51′05″E，29°56′8.6″N。宁波港地处我国大陆海岸线中部，在南北和长江"T"形结构的交汇点上，是我国著名的深水良港。宁波港自然条件得天独厚，内外辐射便捷，向外直接面向东亚及整个环太平洋地区。宁波港的进港航道水深在 18.2 米以上，25 万～30 万吨船舶可候潮进出港，可开发的深水岸线达120 千米以上，具有广阔的开发建设前景。北仑港区北面以舟山群岛为天然屏障，在北仑港区建码头无须修建防浪堤，投资少、效益高，且深水岸线后方陆域宽阔，对发展港口堆存、仓储和滨海工业极为有利。

宁波港由北仑港区、镇海港区、宁波港区、大榭港区、穿山港区组成，是一个集内河港、河口港和海港于一体的多功能、综合性的现代化深水大港。现有生产性泊位超过300 个，其中万吨级以上深水泊位超过 50 个。已与世界上 100 多个国家和地区的 600 多个港口通航。2012 年 3 月，国务院批复同意开放宁波港梅山港区。2013 年，宁波舟山港全年货物吞吐量达到 8.09 亿吨，首次超越上海港，位居世界第一。2021 年，宁波舟山港年货物吞吐量 12.24 亿吨，同比增长 4.4%，连续 13 年位居全球第一；集装箱吞吐量3 108 万 TEU，同比增长 8.2%，继续位居全球第三。宁波舟山港年集装箱吞吐量首破3 000 万 TEU，成为继上海港、新加坡港后，全球第三个跻身"超 3 000 万 TEU 俱乐部"的港口。

10. 厦门港

厦门港开港于 1842 年，地处福建省东南的厦门市和漳州市，位于九龙江入海口，面向东海，濒临台湾海峡，与台湾、澎湖列岛隔水相望，为我国东南海疆之要津，入闽之门户。厦门港包括厦门市和漳州市的多个港区，自然海岸线总长约 899 千米，规划形成码头岸线总长约 94 千米，主要港口资源分布在环厦门湾和环东山湾。厦门港具有港阔、水深、不冻、少雾、少淤、避风条件好等优点，万吨巨轮不受潮水影响，可以随时进出，是中国东南沿海的一个天然良港。

厦门港是我国东南沿海重要的天然深水良港，自然条件优越，地理坐标为 118°04'E，24°27'N。港湾外围，大小金门等岛屿为厦门港形成一道天然屏障，港内水域宽阔、水深浪小、不冻少淤。厦门港历史悠久，是我国主要对台口岸，也是我国发展最快的港口之一。随着厦门市"以港立市"战略的实施，港口生产建设不断发展，港口规模日益扩大。厦门港已成为一个以外贸运输和临海工业为主，兼有旅游、客运、国际中转、过境贸易、商贸等多功能，配套设施较齐全的国家大型港口，被国家确立为沿海主要港口和八大集装箱干线港之一。

2006 年 1 月 1 日，厦门湾内港口体制一体化整合，由新组建的厦门港口管理局统一管理厦门湾内的东渡、海沧、嵩屿、刘五店、客运、招银、后石、石码八大港区。2010 年 8 月 31 日，漳州港的古雷港区、东山港区、云霄港区、诏安港区并入厦门港。2013 年，厦门、漳州港口一体化整合完成，厦门港进入新阶段，整合后的厦门港由东渡、海沧、翔安、招银、后石、石码、古雷、东山、云霄和诏安等港区组成。2021 年，厦门港货物吞吐量 2.275 亿吨，增长 9.64%；水运周转量 2 572.8 亿吨公里，增长 10.06%；船舶运力规模首次突破 400 万载重吨（404.66 万载重吨），增长 11.57%。2021 年，厦门港集装箱吞吐量达到 1 205 万 TEU，增长 5.62%，突破新关口、再创历史新高。

11. 广州港

广州港地理坐标为 113°36'E，23°06'N，地处我国外向型经济最活跃的珠江三角洲地区中心。港区分布在广州、东莞、中山、珠海等城市的珠江沿岸或水域，从珠江口进港，依次为虎门港区、新沙港区、黄埔港区和广州内港港区。

从 3 世纪 30 年代开始广州港就成为海上丝绸之路的主港，唐宋时期成为中国第一大港，是世界著名的东方大港。明清两代，广州成为中国唯一的对外贸易大港，是世界海上交通史上唯一一个 2 000 多年长盛不衰的大港，可以被称为"历久不衰的海上丝绸之路东方发源地"。

改革开放以来，社会经济飞速发展使广州港发展成为国家综合运输体系的重要枢纽和华南地区对外贸易的重要口岸。广州港主要从事石油、煤炭、粮食、化肥、钢材、矿石、集装箱等货物装卸（包括码头、锚地过驳）和仓储、货物保税业务以及国内外货物代理与船舶代理；代办中转、代理客运；国内外船舶进出港引航、水路货物和旅客运输、物流服务。

作为一份以新形势下全面深化改革，扩大开放为背景的重要文件，国务院印发的《中国（广东）自由贸易试验区总体方案》支持广州形成国际航运中心、物流中心、贸易中心和金融服务体系融合发展格局。具体包括启动航运物流集聚区规划建设，建设南沙邮轮母港、南沙港铁路，试点"启运港"退税，推进跨境电子商务试点，建设国际大宗商品交易中心，试点汽车平行进口等多项工作。

2021 年，广州港集装箱吞吐量 2 447 万 TEU，同比增长 5.6%；货物吞吐量 6.5 亿吨，同比增长 6.4%。

12. 深圳港

深圳港位于广东省珠江三角洲南部，珠江入海口，伶仃洋东岸，毗邻香港。深圳全市 260 千米的海岸线被九龙半岛分割为东西两大部分。西部港区位于珠江入海口，伶仃洋东岸，水深港阔，天然屏障良好。南距香港 20 海里，北至广州 60 海里，经珠江水系可与珠江三角洲水网地区各市、县相连，经香港龙鼓水道可达国内沿海及世界各地港口。东部港区位于大鹏湾内，湾内水深 12～14 米，海面开阔，风平浪静，是华南地区优良的天然港湾。

深圳紧抓国家实施"一带一路"倡议的发展机遇，努力构建功能完备的国际航运枢纽，支撑引领城市经济社会发展，港口各项工作取得了突破性进展。同时，深圳积极优化集疏运体系，着力推进"组合港－绿色港口链工作"，引导货主采用水路和铁路等更为环保的运输方式。2021 年，深圳港集装箱吞吐量创历史新高位，达 2 877 万 TEU，同比增长 8.4%，居全球第 4。在全球港口绩效指数排名中，深圳港两大集装箱港区排名前 10，其中赤湾港区排名第 3。2021 年，深圳港货物吞吐量达 2.78 亿吨，比 2020 年增加 5%。

13. 湛江港

湛江港位于我国广东省雷州半岛东北部的广州湾内，地理坐标为 110°24′38″E，21°11′55″N。其素以天然深水良港著称，港湾周围岛屿环绕，形成天然屏障，港内水深浪静，水域广阔。湛江港依托的湛江市居于粤、桂、琼沿海的中心位置，东临南海，南望海南岛，西靠北部湾，北倚大西南，是我国西南、华南地区货物进出的主要通道，也是中国大陆通往东南亚、非洲、欧洲等国家和地区航程最短的港口，现已与世界 100 多个国家和地区通航。

2021 年，湛江港货物吞吐量年累计突破 2.5 亿吨，同比增长 12.1%；集装箱吞吐量年累计突破 135 万 TEU，同比增长 12.5%。

4.3 我国港口物流的现状及存在的问题

4.3.1 我国港口物流现状

港口物流行业属于国民经济基础产业，是一个国家对外开放最前沿的窗口，是沟通经贸往来的重要枢纽。自 1978 年改革开放以来，受益于中国整体经济的高速增长，我国港口的建设数量、规模、吞吐能力以惊人的速度增长，在全球港口货物吞吐量和集装箱吞吐量排名前十的港口中，中国港口占有七席。我国已成为港口大国和集装箱运输大国，港口货物吞吐量和集装箱吞吐量连续 10 多年位居世界第一。近年来，我国港口大型化、专业化水平明显提高，通过能力显著提升，为国民经济发展提供了有力支撑。

中华人民共和国成立以来，经过 70 多年的发展，我国已建成布局合理、层次分明、功能齐全、河海兼顾、优势互补、配套设施完善、现代化程度较高的港口体系。我国已成为港口大国、航运大国和集装箱运输大国。

1. 我国港口货物吞吐量和集装箱吞吐量增长快

我国港口货物吞吐量和集装箱吞吐量连续 10 多年保持世界第一。

首先，港口货物吞吐总量和外贸货物吞吐量稳步提高，其中外贸货物吞吐量与对外贸易发展相一致，成为港口货物吞吐量增长的主要亮点。中华人民共和国成立初期，我国港口货物吞吐量仅有 1 000 万吨，2021 年我国港口货物吞吐量为 155.5 亿吨，同比增长 6.8%（见图 4-2）；港口集装箱货物吞吐量为 2.83 亿 TEU，同比增长 7%。2021 年的货物吞吐量中，外贸货物吞吐量为 46.97 亿吨，相比 2020 年的 44.96 亿吨，增长了 4.5%。2021 年，全国共有 45 个港口货物吞吐量突破亿吨。货物吞吐量排名前十的港口分别为：宁波舟山港（第 1 名）、上海港（第 2 名）、唐山港（第 3 名）、广州港（第 4 名）、青岛港（第 5 名）、苏州港（第 6 名）、日照港（第 7 名）、天津港（第 8 名）、烟台港（第 9 名）、北部湾港（第 10 名）（见表 4-1）。

表 4-1　2021 年我国港口货物吞吐量前 10 名排序

名次	港口	吞吐量 / 万吨	与 2020 年同比增长 / %
1	宁波舟山港	122 405	4.4
2	上海港	76 970	8.0
3	唐山港	72 240	2.8
4	广州港	65 130	6.4
5	青岛港	63 029	4.3
6	苏州港（内河）	56 590	2.1
7	日照港	54 117	9.1
8	天津港	52 594	5.3
9	烟台港	42 337	6.0
10	北部湾港	35 822	21.2

资料来源：数据源于交通运输部，其中货物吞吐量为沿海数据与内河数据的加总。

其次，集装箱吞吐量及增速显著提升。国内港口集装箱发展成为港口物流的主要增长点，港口集装箱运输已经彻底改变了过去以到周边国家和我国香港地区中转为主的局面，成为带动世界集装箱吞吐量增长的主要力量。

2017—2021 年我国港口货物吞吐量及集装箱货物吞吐量走势如图 4-2 所示。

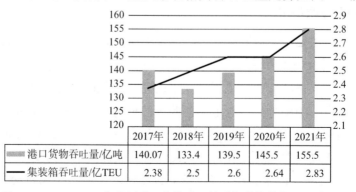

	2017年	2018年	2019年	2020年	2021年
港口货物吞吐量/亿吨	140.07	133.4	139.5	145.5	155.5
集装箱吞吐量/亿TEU	2.38	2.5	2.6	2.64	2.83

图 4-2　2017—2021 年我国港口货物吞吐量及集装箱货物吞吐量走势

资料来源：交通运输部。

　　根据我国交通运输部发布的数据来看，2021年全国港口完成集装箱吞吐量2.83亿TEU，同比增长7%，比2020年增加了约2 000万TEU。而全国港口集装箱吞吐量前20强名单也随之出炉。2021年，我国港口集装箱吞吐量前10名分别为：上海港（第1名）、宁波舟山港（第2名）、深圳港（第3名）、广州港（第4名）、青岛港（第5名）、天津港（第6名）、厦门港（第7名）、苏州港（第8名）、北部湾港（第9名）、营口港（第10名）。与2020年相比，前10名中增速最快的是苏州港（29%），北部湾港排名从第11名上升至第9名，成功跻身前10名；营口港排名下降1名，位居第10名（见表4-2）。

表 4-2　2021 年我国港口集装箱吞吐量前 10 名排序

名次	港口	吞吐量 / 万 TEU	与 2020 年同比增长 / %
1	上海港	4 703	8.1
2	宁波舟山港	3 108	8.2
3	深圳港	2 877	8.4
4	广州港	2 447	5.6
5	青岛港	2 371	7.8
6	天津港	2 027	10.4
7	厦门港	1 205	5.6
8	苏州港（内河）	811	29.0
9	北部湾港	601	19.0
10	营口港	521	−7.8

资料来源：交通运输部。

2. 港口基础设施建设取得显著成效

　　大型化、深水化、专业化港口基础设施建设取得显著成效，可持续发展能力明显增强。煤炭、石油、矿石、集装箱四大货类码头布局进一步完善，主要港口航道等级在10万吨级以上，专业化码头和航道条件适应了当今国际航运船舶的大型化发展。2021年末全国港口生产用码头泊位20 867个，比上年末减少1 275个。其中，沿海港口生产用码头泊位5 419个，减少42个；内河港口生产用码头泊位15 448个，减少1 233个。2021年末全国港口万吨级及以上泊位2 659个，比上年末增加67个。从分布结构看，沿海港口万吨级及以上泊位2 207个，增加69个；内河港口万吨级及以上泊位452个，减少2个（见表4-3）。从用途结构看，专业化万吨级及以上泊位1 427个，增加56个；通用散货万吨级及以上泊位596个，增加4个；通用件杂货泊位421个，增加6个（见表4-4）。

表 4-3　2021 年末全国港口万吨级及以上泊位数量

泊位吨级	全国港口 / 个	比上年增加 / 个	沿海港口 / 个	比上年增加 / 个	内河港口 / 个	比上年增加 / 个
合计	2 659	67	2 207	69	452	−2
1～3 万吨级（不含 3 万）	875	10	687	15	188	−5
3～5 万吨级（不含 5 万）	447	10	321	8	126	2
5～10 万吨级（不含 10 万）	874	24	748	23	126	1
10 万吨级及以上	463	23	451	23	12	0

资料来源：交通运输部，《2021 年交通运输行业发展统计公报》。

表 4-4　2021 年末全国港口万吨级及以上泊位构成（按主要用途划分）

（单位：个）

泊位用途	2021 年	2020 年	比上年增加
专业化泊位	1 427	1 371	56
集装箱泊位	361	354	7
煤炭泊位	272	265	7
金属矿石泊位	85	85	0
原油泊位	93	87	6
成品油泊位	146	147	−1
液体化工泊位	270	239	31
散装粮食泊位	38	39	−1
通用散货泊位	596	592	4
通用件杂货泊位	421	415	6

资料来源：交通运输部，《2021 年交通运输行业发展统计公报》。

2021 年末，全国拥有水上运输船舶 12.59 万艘，比上年末下降 0.7%，其中净载重量 28 432.63 万吨，增长 5.1%；载客量 85.78 万客位，下降 0.3%；集装箱箱位 288.43 万 TEU，下降 1.6%。

3. 临港产业积聚

为了适应国际航运市场船舶大型化、专业化发展的要求，国内港口运输逐步向大型、综合性港口积聚，沿海以枢纽港口为骨干、大中小港口合理分工和重要货种运输系统合理配置的港口布局已初步形成，港口规模得到扩大，区域性作用日趋突出。特别是港口建设和运营的市场化程度不断提高，沿海港口建设投资主体多元化的格局已经形成。

临港产业积聚的局面也逐步形成，以港口为依托的石化、钢铁等产业向沿海积聚的局面正在形成，发展速度加快。同时，临港产业的加速发展，也有效带动了港口需求的增长，两者相辅相成、互动发展，构成沿海港口发展的主要特征。

4. 形成了专业化、高效运输系统，货物吞吐量结构合理

从货类布局来看，我国已初步形成了煤炭、石油、矿石和集装箱四大货物的专业化、高效运输系统。比如，以北方沿海秦皇岛港、唐山港、天津港、黄骅港、青岛港、日照港、连云港港 7 港为主的煤炭装船港与华东、华南沿海公用和企业专用煤炭卸船码头为主构成的"北煤南运"煤炭运输系统，以大连港、天津港、青岛港、南京港、宁波舟山港、泉州港、惠州港、茂名港、湛江港等港口 5 万～30 万吨级泊位构成的沿海原油运输系统，由大连港、营口港、青岛港、上海港、宁波舟山港、湛江港等港口 10 万～30 万吨级泊位构成的铁矿石运输系统，由以大连港、天津港、青岛港、上海港、宁波舟山港、厦门港、深圳港、广州港等 8 港为干线港，相应支线及辅助港组成的集装箱运输系统。特别在煤炭、石油、铁矿石和集装箱等重要物资运输方面，国内港口作为一个中转枢纽，发挥着运输组织与区域辐射的作用。

全国港口完成货物吞吐量 155.45 亿吨，比上年增长 6.8%。其中，内河港口完成 55.73 亿吨，增长 9.9%；沿海港口完成 99.73 亿吨，增长 5.2%。完成集装箱铁水联运量 754 万 TEU，增长 9.8%（见表 4-5）。

表 4-5 2021 年全国港口按内外贸及主要货类分类的货物吞吐量

类别	自年初累计	比上年增长 / %
货物吞吐量 / 亿吨	155.45	6.8
按内外贸分		
外贸 / 亿吨	46.97	4.5
内贸 / 亿吨	108.48	7.9
按主要货类分		
其中：煤炭及制品 / 亿吨	28.31	10.8
石油、天然气及制品 / 亿吨	13.16	0.5
金属矿石 / 亿吨	23.99	2.5
集装箱 / 亿 TEU	2.83	7.0
内河 / 亿 TEU	0.33	11.3
沿海 / 亿 TEU	2.49	6.4

资料来源：交通运输部，《2021 年交通运输行业发展统计公报》。

5. 港口管理体制逐步健全

2001 年 10 月 8 日，《关于深化中央直属和双重领导港口管理体制改革的意见》出台，关键在于政企分开，建立现代企业制度。2003 年出台的《中华人民共和国港口法》标志着我国港口管理步入了依法行政、依法治港，港口管理迅速与国际接轨的历史新阶段。2006 年 9 月，交通部为进一步优化沿海港口布局，合理有序开发和利用港口岸线资源，加强国家对港口规划和建设的管理，颁布了《全国沿海港口布局规划》，标志着中国沿海港口建设与发展进入了新的发展阶段。同时，港口下放、区港联动和港口体制改革，推动了港口发展的新一轮热潮。各地方政府抓住机遇，纷纷提出了以港兴市的发展战略。

4.3.2 我国港口物流存在的问题

从发展现状来看，我国港口物流基本上还处在起步阶段，与国外先进的现代物流相比还存在一定差距。主要表现在以下几个方面。

1. 国际化、市场化、现代化程度相对较低

近年来，我国现代物流业发展很快，但总体水平还有进一步提升的空间，还不能适应国民经济发展的需要。目前，发达国家社会物流费用与 GDP 的比率一般为 9% ~ 10%，而我国 2022 年社会物流总费用与 GDP 的比率为 14.7%，比 2021 年同期提高 0.1%，比一些发达国家要稍高一些。也就是说，这个比率每降低 1%，就等于创造 2 800 亿元的经济效益。可见，我国物流业发展与发达国家还有一定差距，潜力很大。港口物流也不例外，其规模普遍较小，业务单一，规模经济性较差。港口运输成本、仓储成本、管理成本均达不到国际港口的先进水平。物流基础设施薄弱，有些虽建造了成本较高的现代化仓库，购买了大量的物流处理设备，但这些设施与市场需求存在较大差距，特别是集疏运配套设施建设不能充分适应现代物流发展的需要。

2. 港口的集疏运有待提升，结构性矛盾比较突出

这方面的差距主要有以下几个。一是港口的集疏运网络与发达国家相比还有很大差距。发

达国家集装箱铁路运输占全国铁路货运量的比重为30%～50%，而我国在2020年达到20%左右。2021年，我国铁路货运总发送量完成37.26亿吨，比上年增加1.45亿吨，增长4.0%。其中，集装箱发送量比上年增长23.5%。2021年开行中欧班列1.5万列，发送货物146万TEU。发达国家海铁联运的比重为20%～40%，而我国集装箱铁水联运比例不足5%，多式联运比重每提高1%，可以降低物流总费用约0.9%。我国港口深水航道和后方集疏运系统建设也相对滞后，目前疏港铁路通过能力不足的状况已经严重影响部分港口的正常生产，公路和内河航道难以满足需求，严重制约了港口的进一步发展。特别是国家实施西部大开发、中部地区崛起工作，经济发展加速，对外经济交流加快发展，相应要求扩大港口集疏运能力，进一步加剧了主要港口集疏运能力紧张状况。二是深水航道、大型码头不足，已不能满足船舶大型化发展的需要。

3. 信息化服务水平较低

虽然我国沿海港口和大型港口的信息化投入较高，但是信息化服务水平不高，难以满足客户需求，特别是国际客户需求。港口物流信息系统的功能在港口物流所涉及的相关行业部门中缺乏协调性和共享性。2023年3月，中国九大主要港口船舶平均在港停时、在泊停时分别为1.44天、0.87天。

4. 港口间发展缺乏协调性，联盟程度低

这种现象主要体现在以下方面：一是部分港口建设存在贪大和盲目铺摊子的现象，新增产能未能有效消化，有一定的产能过剩；二是交通运输布局和港口分工之间尚未形成相互支持，同时在政策促进港口合理分工方面也存在力度不够的问题；三是部分港口之间缺乏沟通和联系，不能及时互相了解最新的港口物流知识和理念，限制了自身的发展，也降低了区域整体物流实力，减弱了竞争力。

5. 港口物流的专业人才匮乏

港口物流的专业人才引进空间较大，部分从业者缺乏现代物流意识，这也导致了专业化物流服务方式受限，物流企业的经营管理水平有待提高。与此同时，部分港口的管理层对现代物流的认知程度有待进一步提高。

6. 可持续发展的理念需要贯彻

港口行业以供给侧结构性改革为主线，全面深化重点领域改革，在区域一体化改革发展等方面持续发力，国内沿海港口在平安绿色智慧港口方面进行了卓有成效的实践。2017年，交通运输部办公厅印发了《关于加强港口危险货物储罐安全管理的意见》等多份加强安全工作的文件，同时深入开展港口危险货物作业安全专项治理。同年7月，交通运输部办公厅印发了《港口岸电布局方案》，提出着力推进已建集装箱、客滚、邮轮、大型客运和干散货5类专业化泊位的岸电设施改造，并积极推进靠港船舶使用岸电。2021年2月，国务院发布了《关于加快建立健全绿色低碳循环发展经济体系的指导意见》，提出积极打造绿色航道、绿色港口。但是，中国港口资源总量相对不充裕和分布不均衡，随着多年来港口的加快发展，港建资源，特别是不可再生的深水岸线资源日渐短缺，资源利用和港口布局理念需要开辟新思路。目前，少数港口出现污染排放，危险化学品安全隐患，安全应急体系建设滞后等问题。保证港口可持续发展已经成为中国港口发展面临的重要问题，需要在资源利用方式、港口布局理念等方面开辟新的思路。

4.4 港口发展战略

1. 发展原则

发展前提：统筹规划、合理布局原则。

发展外在动力：积极与国际接轨原则。

发展关键：科技兴港原则。

发展手段：市场导向、政府规划扶持、企业运作原则。

2. 战略目标定位

目标定位的基本要求：从实际出发，具有现实性和前瞻性；有主有次、重点突出；相互衔接、相互协调。

总体战略目标定位：保证物畅其流、快捷准时、经济合理，实现社会化、专业化。

3. 战略重点

（1）建设一流强港。继续完善港口布局，继续推进港口设施结构优化。积极向上下游延伸产业链，提升发展能力和服务品质。加快国际航运中心、自贸港区建设，积极发展航运金融、航运保险、国际贸易、大众商品交易等。

（2）推进港口转型升级。推进优势港口企业跨区域投资经营；推进区域内港口公共资源优化整合；试点推进港口管理资源的调整与整合。加大科技创新和应用，提高信息化在港口生产、管理等领域的应用，建设智慧港口。继续推进"无水港"网络化布局；积极开展全程物流、供应链物流；发展冷链、汽车、化工等专业物流。创新服务新领域，发展商贸服务业、邮轮运输业、"互联网＋"新业态。引导产业集聚集群发展，打造产业基地。

（3）完善集疏运体系。港口集疏运系统是与港口相互衔接、主要为集中与疏散港口吞吐货物服务的交通运输系统，由铁路、公路、城市道路及相应的交接站场组成；是港口与广大腹地相互联系的通道；是港口赖以生存与发展的主要外部条件。

港口集疏运交通体系基本框架如图4-3所示。

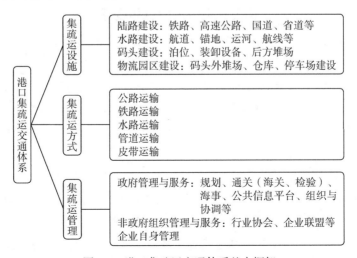

图4-3 港口集疏运交通体系基本框架

加强集疏运体系规划编制。按照"强化铁路、完善公路、发展内河"的思路，完善港口集疏运体系规划；加大铁路集疏运设施建设，加强与中国国家铁路集团有限公司协调，重点推进大宗干散货港区和规模化集装箱港区铁路集疏运通道及场站建设，推进"港站一体化"；完善公路集疏运体系，继续推进重要港区疏港公路建设，为受城市交通制约较大的重要港区建立客货分离的集疏运公路体系。

（4）深化国际交流与合作。鼓励我国港口与国际港口加强合作，特别是与海上丝绸之路沿线港口的深度合作，在更高层次上参与国际港口的交流与合作；实施"走出去"战略。鼓励优势航运、港口企业对外投资和跨国经营，构建战略支点和国际化服务网络，培育具有较强国际竞争力、跨国经营的品牌海运企业、港口运营商及物流经营商。

（5）强化绿色环保。在规划、设计、施工、生产等全领域实施绿色、安全标准；全面节约和高效利用资源，审慎开发新港区；实施严格的环境保护制度，分阶段、有序推进珠江三角洲、长江三角洲、环渤海（京津冀）三个船舶大气污染物控制区建设，加大粉尘综合防治，协同推进污染物接收处理设施建设，推广船舶使用岸电和清洁能源应用，强化安全应急体系建设。

⊘ 复习思考题

1. 简述我国沿海港口群的布局。
2. 简述我国八大运输系统。
3. 分析我国港口物流的现状。
4. 结合案例分析某个港口的发展策略。
5. 论述我国港口物流发展战略。

⊘ 课程思政案例

钩沉：上海港的百年变迁

上海港地处中国18 000千米大陆海岸线的中部，是一个世界级的大港口，100多年来发生过沧桑巨变。

鸦片战争以后，上海被开辟为五个通商口岸之一。1843年11月17日，上海正式开港，对外开放。上海港一开放，资本主义国家的船舶就不断涌来。到1858年，进港口的外籍船舶已达754艘。外国船只横行不法，罪行累累。英国商船带头不向清政府的海关交纳关税，其他国家的商船也有样学样，自由进出上海港，不交关税。

因洋船停泊区没有明确的管理机构和制度，黄浦江上外轮横行，致使航道堵塞，撞船事故频发。英国、美国、丹麦等国领事提名，胁迫上海道台同意，于1851年9月底任命美国人贝莱士为上海港首任港务长，相当于现在的港务监督长，管理港内的船只，维护港内秩序。也巧，贝莱士刚上任就遇到一艘英国商船违反港章停泊，他打算行使港务长职权，对违章的英国商船进行罚款。英国领事带头反对，其他国家的领事和船主也一道起哄，要求撤换贝莱士。被任命的第二年，贝莱士就离任了。之后，上海当局又陆续任用了好几个外籍港务长，直到抗日战争胜利。

码头的泊位、仓库和堆场是港口的重要设施，其中，深水泊位是列强争夺的"肥肉"，资本主义国家利用特权瓜分，巧取豪夺。20世纪30年代，英国、日本、美国在上海拥有的码头，占全港总长度的67.1%。列强的欺凌、抗日战争和内战使上海港萧条萎缩，货物吞吐量急剧下降。1949年，上海港的货物吞吐量仅194万吨，只是1931年货物吞吐量的1/7。

中华人民共和国成立后，上海是全国的经济贸易中心，上海港经过三年恢复，生产迅速发展，1952年，货物吞吐量达到560万吨。

1973—1978年，上海港新建和改建24个泊位，占全港泊位的近1/4。1978年，上海港货物吞吐量为7955万吨。

党的十一届三中全会后，上海港生机一片。建成宝山、龙吴、外高桥、罗泾、朱家门等多个大型新港，还投资近百亿元，新建几十个泊位，改造和扩建近百个老泊位，增加吞吐能力几千万吨。上海港的扩建改建大大加快了港口的现代化步伐，让老码头转变为大型专业化码头，适应煤炭、粮食、化肥、木材、矿石的运输业务，满足了全国主要地区货物运输的需要。

集装箱运输是当今世界新型、便捷的运输方式。上海港从1979年起，开辟了首条集装箱航线。自1985年以来，共新建、改建了数十个集装箱泊位，使集装箱吞吐量增加了数百倍。1978年，上海港集装箱吞吐量0.8万TEU；2000年，集装箱吞吐量500万TEU；2011年集装箱吞吐量实现3000万TEU；2017年，上海港集装箱吞吐量突破4000万TEU。这不仅巩固了世界集装箱第一大港的地位，更体现了我国航运事业突飞猛进的发展。

上海港集装箱运输的迅猛发展，也得益于洋山深水港的建立，它改写了上海没有15米深度以上深水航道和深水码头、泊位的历史。它的国际班轮航线遍及全球各主要航区，为确立上海的东北亚国际航运中心地位，推进我国由航运大国向航运强国迈进创造了条件。

上海洋山深水港位于杭州湾口外的崎岖列岛，面积25千米^2，由小洋山岛域、东海大桥、洋山保税港区组成，于2005年12月开港，业务由上海国际港务（集团）股份有限公司管理，从2002年到2020年分四期建设。截至2018年，洋山港已成为全球最大的智能集装箱码头。2019年，它被评为第二届优秀海洋工程。洋山港距上海市南汇芦潮港大约32千米，距国际航线仅45海里，是距上海最近的深水良港，已成为上海国际航运中心的新坐标。

2019年7月20日凌晨2时30分，世界上最大的集装箱船"地中海古尔松"号安全靠泊洋山深水港。这条船长399.9米，宽61.5米，载重量22万吨，在洋山港卸下2000多个集装箱。上海港又创造了新纪录。

回顾上海港的历史，让人感慨：国弱、城弱、港弱，国兴、城兴、港兴，100多年来，上海港由屈辱凋零到繁荣昌盛，也从一个侧面见证了中华民族从苦难到兴旺。

资料来源：澎湃新闻。

世界典型港口物流发展状况

5.1 世界主要航线与交通要道

5.1.1 世界主要航线

1. 北大西洋航线

西欧与北欧（鹿特丹、汉堡、伦敦、哥本哈根、圣彼得堡；斯德哥尔摩、奥斯陆等）—北大西洋—北美洲东岸（纽约、魁北克市等）、北美洲南岸（新奥尔良，途经佛罗里达海峡）。

2. 亚欧航线（即苏伊士运河航线）

东亚（横滨、上海、香港等，途经台湾海峡、巴士海峡等）、东南亚（新加坡、马尼拉等）—马六甲海峡—印度洋（科伦坡、孟买、加尔各答、卡拉奇等）—曼德海峡（亚丁湾）—红海—苏伊士运河（亚历山大）—地中海（突尼斯、热那亚）—直布罗陀海峡—英吉利（多佛尔）海峡—西欧各国。

3. 好望角航线

西亚（阿巴丹等，途经霍尔木兹海峡）、东亚、东南亚、南亚—印度洋—东非（达累斯萨拉姆）—莫桑比克海峡—好望角（开普敦）—大西洋—西非（达喀尔）—西欧。载重量在25万吨以上的巨轮无法通过苏伊士运河，需绕过非洲南端的好望角。

4. 北太平洋航线

亚洲东部、东南部—太平洋—北美洲西海岸（旧金山、洛杉矶、温哥华、西雅图等），是亚洲同北美洲各国间的国际贸易航线，随着东亚经济的发展，这条航线上的贸易量不断增加。

5. 巴拿马运河航线

北美洲东海岸—巴拿马运河（巴拿马城）—北美洲西海岸各港口，是沟通大西洋和太平洋的捷径，对美国东西海岸的联络具有重要意义。

6. 南太平洋航线

亚太地区（悉尼、惠灵顿）—太平洋（火奴鲁鲁）—南美洲西海岸（利马、瓦尔帕莱索等）往来的通道。

7. 南大西洋航线

西欧—大西洋—南美洲东海岸（里约热内卢、布宜诺斯艾利斯等）的海上通道。

8. 北冰洋航线

东亚（符拉迪沃斯托克）—太平洋—白令海峡—北冰洋—北欧（摩尔曼斯克）—大西洋—西欧。

其中，前四条航线是世界上比较繁忙的航线。北大西洋航线是世界上最繁忙的海上运输路线。好望角航线是石油运量最大的航线，被称为西方国家的"海上生命线"。

5.1.2 世界主要海峡与运河

1. 直布罗陀海峡

直布罗陀海峡位于西班牙最南端和非洲摩洛哥北部之间，东西长约58千米，连接沟通地中海与大西洋。地中海沿岸国家如果想要进入大西洋与非洲和美洲国家进行贸易，直布罗陀海峡是必经之路。

2. 土耳其海峡

土耳其海峡，顾名思义，此海峡完全在土耳其境内，海峡两岸分别是亚洲的小亚细亚半岛和欧洲的巴尔干半岛，同时还是亚洲和欧洲的分界线，连接着黑海和地中海。海峡中间部分被称为马尔马拉海，是世界上最小的海。海峡两头对接黑海那端的是博斯普鲁斯海峡，对接地中海那端为达达尼尔海峡。

土耳其海峡是黑海沿岸国家，如乌克兰、保加利亚、罗马尼亚、格鲁吉亚对外贸易的必经之路，每年给土耳其赚了不少外汇。

3. 霍尔木兹海峡

霍尔木兹海峡是从波斯湾到阿拉伯海的最窄处，绝对的黄金水道，因为世界上一半的石油都在波斯湾，而霍尔木兹海峡就是波斯湾通往世界其他地方的唯一出口，大油轮都需要从此经过。

4. 马六甲海峡

马六甲海峡位于苏门答腊岛和马来半岛之间，连接中国南海和印度洋，是东亚国家和东南亚国家邮轮的必经之路，也承载着大部分海上贸易，战略位置十分重要。现如今它归马来西亚、新加坡和印度尼西亚共管。当然最受益的当属处于核心位置的新加坡，马来西亚也在着手建立皇京港。

5. 巴拿马运河

巴拿马运河位于中美洲巴拿马境内，正好把巴拿马切成两段，连接大西洋和太平洋，是北美洲和南美洲的分界线，这大大缩短了美国东海岸到西海岸的距离。1914年，该运河由美国承建，也是由美国人控制的。1999年，巴拿马人通过不懈努力收回运河全部主权，和其他海峡一样，也是一个日进万金的交通要道。

6. 苏伊士运河

苏伊士运河在埃及境内，是亚洲和非洲的分界线，于1869年正式通航，由法国承建，最后被英国人控制了大半个世纪。1956年，埃及总统纳赛尔宣布苏伊士运河收归国有，彻底摆脱了英国殖民者的控制。

苏伊士运河的位置非常重要，不仅沟通了地中海和红海，而且也沟通了大西洋和印度洋。苏伊士运河每年给埃及带来了巨额利益，但近些年由于海盗活动，影响了苏伊士运河一部分的收入。

5.1.3　中国主要海运航线

中国已是世界第一货物贸易大国，高度依赖海洋通道。中国贸易货物运输总量的85%是通过海上运输完成的。世界航运市场19%的大宗货物运往中国，22%的出口集装箱来自中国。中国商船队的航迹遍布世界1 200多个港口。

中国国际贸易的海洋航线主要有四条。

向东到太平洋东岸，沿途至日本、北美洲东西海岸、中美洲和南美洲东西海岸。

向南至大洋洲，沿线包括马来西亚、菲律宾、印度尼西亚等东南亚国家。

向北至朝鲜，俄罗斯远东地区。

向西至地中海、黑海、波罗的海和大西洋等欧洲沿岸地区，或至中东及非洲地区。

5.1.4　"一带一路"倡议

"一带一路"是"丝绸之路经济带"和"21世纪海上丝绸之路"的简称，2013年9月和10月，中国国家主席习近平先后提出共建"丝绸之路经济带"和"21世纪海上丝绸之路"的合作倡议。2015年3月28日，国家发展和改革委员会、外交部、商务部联合发布了《推动共建丝绸之路经济带和21世纪海上丝绸之路的愿景与行动》。

由图 5-1 可知，"一带一路"国家的 GDP 占全球 GDP 的 34%，人口占全球人口的 67%，它将充分依靠中国与有关国家既有的双多边机制，借助既有的、行之有效的区域合作平台。"一带一路"倡议旨在借用古代丝绸之路的历史符号，高举和平发展的旗帜，积极发展与沿线国家的经济合作伙伴关系，共同打造政治互信、经济融合、文化包容的利益共同体、命运共同体和责任共同体。

图 5-1 "一带一路"国家的重要性

资料来源：国家信息中心"一带一路"大数据中心，大连瀚闻资讯有限公司。

海上丝绸之路从中国东南沿海出发，经过中南半岛和南海诸国，穿过印度洋，进入红海，抵达东非和欧洲，成为中国与外国贸易往来和文化交流的海上大通道，并推动了沿线各国的共同发展。

截至 2022 年底，我国已与 151 个国家、32 个国际组织签署 200 多份共建"一带一路"的合作文件。共建"一带一路"结出累累硕果，基础设施互联互通按下快进键，双边贸易合作不断深化。共建"一带一路"坚持以"六廊六路多国多港"为基本框架，构建以新亚欧大陆桥等经济走廊为引领，以中欧班列、陆海新通道等大通道和信息高速路为骨架，以铁路、港口、管网等为依托的互联互通网络，完善陆、海、天、网"四位一体"布局，打通了我国中西部地区联通世界的通道。截至 2023 年 9 月，中欧班列累计开行 7.7 万列、运送货物 731 万 TEU、货值达 3 400 亿美元，通达欧洲 25 个国家 217 个城市，为中外数万家企业带来了商机，为沿线数亿民众送去了实惠。2013—2022 年，我国与"一带一路"沿线国家进出口总值从 6.46 万亿元增长至 13.83 万亿元，年均增长 8.6%，占同期我国外贸总值的比重从 25% 提升至 32.9%。自 2013 年"一带一路"倡议提出以来，我国与"一带一路"沿线国家贸易往来日益紧密。据海关统计，2022 年我国对"一带一路"沿线国家进出口 13.83 万亿元，增长 19.4%，较同期我国外贸整体增速高出 11.7 个百分点。其中，出口 7.89 万亿元，增长 20%；进口 5.94 万亿元，增长 18.7%。

在习近平总书记的亲自谋划、亲自部署、亲自推动下，共建"一带一路"从夯基垒台、立柱架梁到落地生根、持久发展，走出了一条高质量建设的光明大道，取得实打实、沉甸甸的成就。世界银行发布的一份评估报告指出，到 2030 年，共建"一带一路"有望帮助760 万人摆脱极端贫困，帮助 3 200 万人摆脱中度贫困，成为人类的"减贫之路""增长之路""共同进步与繁荣之路"。

5.2　世界主要港口物流的基本情况

1. 鹿特丹港

鹿特丹港位于莱茵河与马斯河河口的三角洲，西依北海，东溯莱茵河、多瑙河，可通至里海，处于北海航运要冲，扼西欧内陆出海咽喉，濒临世界海运最繁忙的多佛尔海峡，自鹿特丹可方便出海，并经莱茵河与有关运河、高速公路、铁路、石油管线连接西欧陆上运输网，通往包括西欧、中欧和东欧部分地区在内的广大欧洲腹地，是国际水陆空重要的交通枢纽，有"欧洲门户"之称。自 20 世纪 60 年代以来，鹿特丹港一直是世界上货物吞吐量最大的港口，是欧洲最大的集装箱港口，也是西欧的商品集散中心。

鹿特丹港位于荷兰西南部北海沿岸，是典型的海洋性气候区，冬暖夏凉，7 月平均气温 18 ～ 19℃，1 月平均气温 2 ～ 3℃，全年平均降雨量约 700 毫米，港口四季不冻，长年畅通无阻。鹿特丹港港区面积 100 多千米^2，海轮码头岸线长 56 千米，江轮码头岸线长33.6 千米，总泊位 656 个，航道最大水深 22 米。鹿特丹港共分 7 个港区，40 多个港池，码头岸线总长 37 千米，可以停靠 54.5 万吨级的特大油轮。起重设备齐全，大小作业船只500 余艘。1947—1974 年，鹿特丹在新水道建成了博特莱克港、欧罗港、马斯弗拉克特港3 个大港区。这 3 个大港区构成了鹿特丹港的主体。

鹿特丹港基础设施建设完善，码头运作快捷高效，能够很好地适应港口经济的发展。它有着各种装卸设备，例如岸吊、门吊、可移式吊、全旋转浮吊、集装箱吊、桥吊、散货装卸机、跨运车、叉车、拖车及滚装设施等。这些装卸设备既可进行吊上吊下作业，也可进行滚上滚下作业。在自动化的控制下，装卸效率很高。

鹿特丹港不仅是荷兰的国际贸易门户，而且是整个欧洲的物资流通基地，对整个欧洲的经济发展起着十分巨大的作用。美国和日本向欧洲出口的大量货物都经过鹿特丹中转。德国经过鹿特丹的进出口货物几乎超过了其国内港口的总吞吐量。鹿特丹内陆交通干线极为发达，通过高速公路网可进行国际的汽车长途运输，在以鹿特丹为中心，半径为 500 千米的范围内，用 24 小时便可将货物运至目的地。该范围包括荷兰全部领土、比利时全部领土、包括巴黎在内的法国北半部、德国的北部等。从鹿特丹到欧洲各大城市之间有定期的集装箱列车，可进行铁路、公路间的集装箱联运。鹿特丹还可以莱茵河和马斯河为中心，利用向四面八方延伸的内河水路网进行驳船运输。

鹿特丹港还可以提供完善的存储和疏运设施，有着运作经验丰富的保税区和配送园区。鹿特丹保税仓库和货物分拨配送中心对这些货物进行储运与再加工，提高货物的附加值，然后通过多种运输方式将货物运往其他地方。鹿特丹港还拥有完善的海关设施、优惠的税收政策，保税仓库区域内企业在海关允许下可进行任何层次的加工。港区和各个工业区内的物流配送基地可以为集装箱货物提供最完善的各种增值服务，海关提供 24 小时通关服务、先存储后报关、以公司账册管理及存货数据取代海关查验，企业可以选择适合的通关程序，运作十分便利。

2021 年，鹿特丹港的货物总吞吐量达到 4.69 亿吨，与 2020 年的 4.37 亿吨相比增长 7.3%。干散货达到 7 871 万吨，较 2020 年增长 23.4%，较 2019 年增长 5.6%；液体散货为 2.05 亿吨，较 2020 年增长 6.6%，但比 2019 年下降 3.1%；集装箱表现尤其出色，达到创纪录的 1 530 万 TEU，较 2020 年增长 6.6%，较 2019 年增长 3.3%。

2. 安特卫普港

安特卫普港位于比利时北部沿海斯海尔德河下游右岸，有两条河底隧道相通，西距北海约 70 千米，东临阿尔贝特运河直通马斯河，是比利时最大的海港。安特卫普于 13 世纪建城，1460 年成为欧洲第一个商业城市，并成为欧洲北部的商业和交通中心；16 世纪成为欧洲最繁荣的商业港口城市；18 世纪成为比利时最大的工业中心和海上贸易中心，并且是欧洲重要的货物中转港。2022 年 4 月 28 日，安特卫普港与泽布吕赫港合并为"安特卫普－布鲁日港"。比利时超过 50% 的海上贸易经过安特卫普港。现在安特卫普港已经发展成为欧洲第二大港，并且是世界著名的亿吨大港之一。

安特卫普港属温带海洋性气候，盛行西北风，冬季潮湿多雾，夏季凉爽，年平均气温最低的 1 月为 4℃左右，最高的 7 月约 18℃。全年平均降雨量为 750 ～ 9 000 毫米，斯海尔德河的潮差为 4.2 ～ 4.5 米。码头泊位分布在挖入式港池内，港池之间由运河连通，并且用船闸将港池与斯海尔德河隔开，这样就能克服潮汐的影响，适宜货物的装卸和配载。

安特卫普港是超过 10 条国际铁路线的终点，是世界著名的铁路港，大多数码头都有铁路线。为了进一步提高铁路货运能力，安特卫普港大力发展组合火车、穿梭火车以及多式联运。

安特卫普港以港区工业高度集中著称于世。目前港内工业区面积达 3 134 万米^2。它是比利时第二大工业中心，主要工业有炼油、化学、汽车、钢铁、有色冶炼、机械、造船等。港口腹地广阔，腹地包括法国北部、阿尔萨斯地区、洛林地区、卢森堡、萨尔地区、巴塞尔地区、莱茵河－美因河流域、鲁尔地区、荷兰的林堡省和北布拉班特省。距离更远的地区，如意大利北部和法国的罗讷河－阿尔卑斯山地区，也在其影响范围之内。半径 500 千米以内，安特卫普港拥有 18 000 万顾客群。许多跨国化学品公司都在安特卫普港设立主要的工厂，使港口成为欧洲最大的化学品集聚地。例如，巴斯夫、拜耳、默沙东、日本可乐丽、日本触媒等。英力士、拜耳和默沙东等公司提供可以立即给料的共址设施、物流和其他设施。安特卫普港拥有大约 3 500 家国际贸易公司和 300 多家货代公司，使安特卫普港都是国际运输，而且一半是转口运输。

为了加强对船舶和货物的管理、监控与引导，提高航运速度和港口业务效率，安特卫普港建立了两套电子数据交换系统：一套是港务局的"安特卫普港信息控制系统"(APICS)，用来引导港内和海运航道上的船舶航行，以及编制船舶抵离港计划和掌握国际海运危险品申报；另一套是"安特卫普港电子数据交换系统"（SEAGHA），由私营行业建立，主要用于企业之间进行数据和信息交换。这两个系统不仅可以互联互通，还可以与其他电子数据交换网互相连通，例如与比利时海关使用的系统、比利时铁路公司使用的"中央计算机系统"相互连接，实现数据共享。港务局还建立了独立的网站。依靠现代化的信息控制和电子数据交换系统，安特卫普港大大提高了工作效率和物流效益。

安特卫普港由5个深海集装箱码头组成，每个港口都有三联式通道，其生产率在欧洲最高，平均每台起重机每小时可起吊40台集装箱。2021年，由于集装箱运输中断，远洋船舶不定期停靠，安特卫普港的集装箱运输量达1 202万TEU，与2020年持平。传统散货是该港口表现最好的部分，由于钢铁吞吐量的强劲增长，该部分增长了74%。滚装货物增加了15%，而干散货增加了15%。在吨位方面，货物总吞吐量增长4%，达到2.4亿吨，略高于2019年。

3. 汉堡港

汉堡港始建于1189年，迄今有800多年的历史，是欧洲历史最悠久的港口之一，位于德国西北部的汉堡市内，易北河下游右岸，距易北河流入北海的入海口76千米，濒临黑尔戈兰湾内，通海主航道水深13～16米，港区水域深广，素有"德国通向世界的门户"之称，是德国最重要的海港和最大的外贸过境地。汉堡港的集装箱转运量仅次于鹿特丹港，是德国第一大港、欧洲第二大集装箱港，也是世界著名的亿吨大港之一。

该港属温带海洋性气候，全年多偏西风，温和湿润，冬雨较多。年平均气温最低为零下4℃（1月），最高为20℃（7月）；全年平均降雨量约800毫米；平均潮差2.8米。该港是一个深入内陆100多千米的内河港口，总港区面积为7 399万米²，其中陆地面积为4 331万米²，水域面积为3 068万米²。已使用的面积中，陆地为3 412万米²，自由港为1 671万米²，另外港口可供扩建的面积为919万米²，是一个集河港、海港和自由港为一体的市内港口。作为内河港口的汉堡港有别于其他海港，那就是它位于欧盟和欧洲自由贸易联盟的欧洲市场的中心位置，因而使它既是内河港，又是欧洲最重要的中转海港，还是德国重要的铁路和航空枢纽。汉堡港处于欧洲南北和东西航线的交汇点，由于其毗邻欧洲市场，且有纵深的腹地，因此成为该地区最佳的货物配送和物流集散点，是近年欧洲北部地区吞吐量增长最快的港口。目前，汉堡港已发展成为德国、波罗的海地区、东欧和中国及远东地区各类货物运输的主要枢纽港与物流中心，它的服务区域已覆盖中欧、东欧、北欧和俄罗斯等地区。

深入内陆的汉堡港作为欧洲重要的中转港，具有广阔、迅速的特点，可较便捷地到达内陆各个国家。汉堡港与若干条通往欧洲内陆的高速公路干线相连，通往德国本土和欧洲各地的交通四通八达，铁路通达汉堡港的每个集装箱码头和散货码头。汉堡港有定期和支线航班往返于北欧、东欧和欧洲其他国家的港口，提供遍及整个地域的航运支线服务。在地处波罗的海沿岸的德国支线港——吕贝克港的配合下，汉堡港已成为北欧地区远洋货运的枢纽港。汉堡港具有完善和发达的内河运输网络，通过易北河可连接德国的主要城市以及捷克首都布拉格。汉堡港主要进口货物为煤、木材、矿石、原油、棉花、粮谷、水果、羊毛、烟叶、菜油、冰肉、蛋白、橡胶、咖啡、可可及杂货等，出口货物主要有焦炭、水泥、钢铁、机器及零件、车辆、电气用品、石油、人造肥料、糖、盐、粮食、瓷器、玻璃器皿、纸张及化工品等。

汉堡港拥有欧洲一流的港口情报系统——数据通信系统（DAKOSY）。该系统不仅可以在港内进行数据交换，而且可以用于各种运输手段之间的协作，是货主选择最佳运输方案的手段。这个系统的覆盖范围已经超出了汉堡港，并将汉堡港与腹地的物流链进行了联网。高效、信息化的港口管理方式大大提高了港口的运作效率，增强了港口的竞争力。

汉堡港借助其港口综合区位优势、便捷的运输条件、良好的港口基础设施和发达的临港工业建立了综合物流中心，发展现代物流。港口当局不仅鼓励码头装卸、运输、石化、钢铁以及储运代理等数以万计的公司来港区及周围开发利用码头，设立保税库，发展港口服务业，而且按照物流内在经济规律，开展港口、航方与货主之间的合作，实现双方或多方共同投资建设港口设施，特别是建设集装箱和大型装卸设备以及支持系统。如汉堡港口储运股份公司与不来梅港口储运股份公司就合建合营了 Eurogate 集装箱码头。由于合作者提供优惠政策和各种优质服务，因此在港口定居落户的企业（加工、服务、贸易、运输）较多，稳定了港口货源与收入，并形成了利益共同体，达到了双赢互利的效果。

2021 年，汉堡港完成集装箱吞吐量 870 万 TEU，较 2020 年增长 1.9%。中国是汉堡港主要的海上集装箱装卸合作伙伴之一，装卸货物 190 万 TEU。紧随其后的是美国，其集装箱吞吐量为 45.9 万 TEU。

4. 纽约 / 新泽西港

纽约 / 新泽西港位于美国东北部哈德逊河河口，东临大西洋，是美国最大的海港，也是世界最大海港之一。该港包括三部分：纽约、新泽西、纽瓦克，分属纽约和新泽西两个州的辖区，包括纽约市区及河边市属区域。1921 年 4 月 30 日成立纽约港务局来管理两州共同的港区，1972 年正式更名为纽约 / 新泽西港务局以更好地体现其作为两州共同的管理机构的作用。

该港属温带大陆性气候，7 月平均气温 25℃，最高曾达 38℃，1 月平均气温为 0℃，最低达 -7℃。冬季不冻，有时有浓雾，全年平均降雨量约 1 000 毫米，平均潮差为 1.4 米。该港有两条主要航道：一条是哈德逊河口外南面的恩布娄斯航道，长 16 千米，宽 610 米，维护深度 13.72 米，由南方或东方进港的船舶经这条航道进入纽约湾驶往各个港区；另一条是长岛海峡和东河，由北方进港的船舶经过这条航道。哈德逊河入海口的狭水道，水深 30 多米，东河水道大部分河段水深在 18 米以上，最深处近 33 米。

纽约 / 新泽西港的经济腹地实力雄厚，1825 年大湖区的伊利运河的开通和铁路的增多，使纽约港得到了迅速发展，成为大湖流域重要的出入门户，它是美国最大的交通枢纽，是两条横贯美国东西大陆桥的桥头堡，即北太平洋铁路（东起纽约，西至西雅图），联合太平洋铁路（东起纽约西至旧金山）。纽约还是全美最大的工商业和世界金融中心，很多发达国家的大型跨国公司，如埃克森美孚、美国电话电报公司、德士古公司等的总部均设在纽约。市内的华尔街是美国金融的统治中心。纽约的工业发达，服装、印刷和化妆品等部门均居全国首位，其次有机器制造、石油加工、电气、金属制品、食品加工、军火、皮革及重型化工等。纽约/新泽西港对外贸易总值约占全国的40%。港口与纽瓦克、肯尼迪国际机场相距约20千米，有定期航班飞往世界各地。

凭借地处美国东部重要商业消费圈中心的优势，纽约/新泽西港在巨大的经济贸易活动驱动下，不断加大、加快港口建设改造的投资力度。该港新辟了数条亚洲至纽约/新泽西港的全水路班轮航线，还增加了远东和东南亚至美国东部的航线，其中有些航线经过巴拿马运河至美国东部，有些航线通过苏伊士运河至美国东部。这些新增航线主要出口的货物为废金属、钢材、机械、纸张、有机化学制品、废纸、纺织废料及杂货等，进口的主要货物有车辆、木材、塑料、橡胶、酒精、咖啡、香蕉、蔬菜、碳化氢、纺织品、服装及畜产品等。

纽约/新泽西港目前是世界第十九大港口，在2021年处理了899万TEU，而2020年的集装箱吞吐量为759万TEU。

5.3　世界典型港口的管理模式

伴随着港口的发展历程，港口的经营管理模式也在逐渐转变。

5.3.1　港口管理模式的比较分析

目前，港口管理模式可以划分为四大类。

（1）公共服务港。公共部门不仅投资、维护和管理港口基础设施与所有经营性设施，而且是港口具体业务的直接经营者。典型港口是1997年港口改革前的新加坡港。

（2）设备港。公共部门负责投资、维护和管理港口基础设施与所有经营性设施，而私人部门通过租赁大型的经营设施和设备来从事港口生产性业务。典型港口包括法国的马赛港。

（3）地主港。公共部门负责港口规划和投资港口基础设施，把港口经营权出让给私人部门，并收取特许经营费和租赁费。通常，私人部门在获得特许权后，长期租用港口土地、基础设施并自行配备经营所需的所有岸上设施，提供港口经营服务。典型港口包括鹿特丹港、安特卫普港、纽约/新泽西港等。

（4）私人服务港。政府部门除了保留规制职能外，完全退出港口领域。私人部门投资和拥有包括港口土地、基础设施和经营性设施在内的全部港口资产，并完全按照私人部门的商业目标进行港口经营。典型港口包括英国和新西兰的部分港口。

在上述四种主要的港口管理模式中，公共服务港可以被看作港口管理的传统模式，是港口民营化改革的现实起点和初始状态。私人服务港作为另一个极端，过分削弱了政府部门本应在港口产业中发挥的作用，在实践中也出现了不少问题。设备港模式没能恰当区分和界定港口设施的经济属性，只能算作一种特殊情况，适用范围有限。地主港模式对政府和私人部门在港口产业的作用定位比较符合经济理论的要求，便于利用双方的优势。

5.3.2　世界典型港口的管理模式

目前，世界港口管理模式主要可分为四种：私人企业经营管理模式、政府机构和国有企业经营管理模式、政府机构或国有企业和私营企业共同经营管理模式、混合管理模式。

1. 私人企业经营管理模式

世界上完全由私人经营管理的港口并不多，比较具有代表性的是香港。香港所有的集装箱码头都遵循自由港政策，港口设施由私人投资建设，私人企业经营管理。私人企业经营管理的港口最主要的特点是经营管理市场化、效率高。私人企业经营管理模式的形成有其特殊的历史背景，并与港口所在地发达的私人经济分不开。香港私营企业的业务经营极少受到行政干预，并且可以自由定价。香港港口经营的特点表现在使私营企业的商业技巧得到淋漓尽致的发挥，并减少许多不必要的流程。因此，香港以其高效率和可靠性，吸引大批航运公司为其长期顾客，成为现今世界上最繁忙的集装箱港口之一。但与此同时，私营企业的投资方式对香港港口进行长期、大规模的战略发展有所制约。

2. 政府机构和国有企业经营管理模式

完全由政府机构、国有企业经营管理（也称国有经营模式）的港口在总体上也不占多数，尤其是在欧美和亚洲比较发达的国家中，这种模式相对较少。由于在这种模式下的港口属于国家，港口的投资建设和经营管理也都是由政府机构与国有企业进行的，因此不管是在发达国家还是在发展中国家，国有港口经营都存在投资浪费、服务质量不高、效率低下等问题。其结果是一方面增加了政府财政负担，另一方面也影响了港口竞争力。国有经营的弊端主要有三个：其一是港口基础设施服务不存在竞争，尤其是港口内部同一服务类型的各部门间无竞争可言；其二是提供服务的港口企业缺少自主的经营权和财产权，一方面被迫以低于成本的价格提供服务，另一方面造成了港口企业不能很好地对其工作负责；其三是港口设施的使用者可能因国家无偿投资，而要求拥有更多的设施，以致造成设施资源浪费。由于港口国有经营存在种种弊端，因此，采用该管理模式的许多港口已经或正在进行改革，逐步向由私人企业或股份制企业参与经营管理的港口管理模式发展。

3. 政府机构或国有企业和私营企业共同经营管理模式

世界上由政府机构或国有企业和私营企业共同经营管理港口的模式最为普遍。近年来，有相当多国家的港口管理模式正在由政府机构、国有企业经营管理的模式转向由政府机构或国有企业和私营企业共同经营管理的模式，这种趋势被称为港口的商业化或民营化。民营化的特点是打破由国家或政府经营的单一港口管理模式，减少国家在港口经营管理中的直接参与。目前，日本、新加坡等国的港口经营都属于这种模式。以日本港口经营为例，日本的港口由政府、私人共同参与管理。一方面，日本政府非常重视港口的社会公益性，把港口看作国家和地区发展的核心，强调把港口开发建设纳入国家和地区经济发展的总体规划之中，明确政府在港口建设中的投资责任，确保国家对港口的所有权；强调地方政府对港口的管理权，注重以地方经济的发展来保证总体国民经济的发展水平。另一方面，日本政府又强调企业的独立经营权，港口管理机构被禁止妨碍和干涉私营企业的正常业务活动，不允许经营与私营企业相竞争的业务，港口管理机构也被禁止在设施利用、港口经营管理等方面对任意一方给予歧视性待遇，政府仅通过法律、财税等手段对港口经营企业进行宏观指导与调控。这种多方共同经营管理模式，给日本港口带来了巨大的经营效益，增强了企业的服务意识，降低了经营成本和提高了经营效率，在一定程度上加强了日本港口在国际航运中的地位。

4. 混合管理模式

这种模式的典型代表是美国。美国是土地私有化国家，但海岸线的土地资源属于联邦政府，由联邦政府交由州政府发展港口。州政府成立港务局统一管理和经营港口，或下放给县、市管理。联邦政府并不直接参与港口经营，但由海岸警备队出面负责航道疏浚，州或郡、市的港务局配合其工作，如帮助寻找并确定航道清淤物倾倒地。美国港口运作有三种商业模式，分别是地主港模式（landlord seaport）、运营港模式（operator seaport）和这两者的结合模式（combination of landlord/operator seaport）。美国有 34 个公共港口属地主港模式，其中包括长滩、洛杉矶、纽约 / 新泽西、新奥尔良、迈阿密等。这种模式的特点是，基础设施建成后，主要工程的融资通过专门机构进行，港口作为债券发行人承担债务，承租码头的运营商向港务局支付租金，自负盈亏。运营港模式是港务局自己购买码头运营设备，雇用员工直接经营的，波士顿等 11 个港口实行这种模式。实行两者的结合模式的有休斯敦、波特兰等 11 个港口。

5.3.3　总结国外港口管理模式，地主港模式效果凸显

通过对上述国外典型港口管理模式的分析，我们很容易发现地主港模式已经成为较多港口的管理模式。实践证明该模式可以达到理想的营运效果，因而其成功经验值得我国借鉴。

1. 地主港模式的内容和优点

地主港模式是政府委托特许经营机构代表国家拥有港区及后方一定范围的土地、岸线及基础设施的产权，对该范围内的土地、岸线、航道等进行统一开发，并以租赁方式把港口码头租给国内外港口经营企业或船公司经营，实行产权和经营权分离，特许经营机构收取一定租金，用于港口建设的滚动发展。港口当局不以营利为目的，不参与市场竞争，而是通过规划和建设来实施政府对港口的管理职能。码头的土地或租金收入全部用于港口基础设施的再建设，通过土地运作实行滚动开发。地主型港口可分为政府管理的港口和公共企业管理的港口两种：一种是政府管理部门管理的地主型港口，如美国的港口，德国的国有港，荷兰、比利时、瑞典、芬兰、丹麦等国的港口大都采用这种模式；另一种是以公司制形式管理的地主型港口，如德国的租赁港、俄罗斯和东欧国家的港口等，具有代表性的是波兰的港口管理模式。

地主港模式的优点主要包括：第一，确立了港口基础设施建设的固定融资渠道，从而有利于保障港口的可持续发展；第二，适应国际港口管理的发展趋势，港口实行民营化、

国际化，便于国际物流的进出口操作；第三，港口经营者可以摆脱官僚作风的约束，形成相对自由的商务环境，对港口用户的需求反应快捷；第四，与港口相关的各类资源也可通过市场运作来整合，通过资本嫁接、企业并购等方式，促进邻近港口资源、临港产业资源、综合交通资源甚至境外港航资源的整合，从而减少重复投资，促进港口能力的充分利用；第五，采用地主港模式后，港口除了能够提供快速运输和可靠的货物中转外，还将形成一个沿物流链运行的复杂的服务网络，这种组织形式也为几乎所有的船舶及码头运营商增加了在港内相互竞争的可能性；第六，可以为港口发展带来重要战略合作伙伴，这些伙伴往往是大型物流企业、航运企业、货主和著名码头经营公司。

2. 地主港模式的经济学解释

在现代的全球性港口中，从事增值服务的人员数量远远超过单纯从事传统装卸作业的码头工人，而从事货物增值服务带来的收益也远比在码头岸边从事装卸作业多得多。除此之外，港口物流服务范围不仅仅局限在港区内部，还延伸到周边的地区和城市，比如组织内陆运输、外贸货物的金融服务或是海上保险等活动。以德国汉堡港为例，大约1.4万份工作直接或间接地依赖港口，占据整个城市工作机会的15%，而从事与港口工作有关的人员中只有不到1/3的人员的工作地点在港区范围内。所以，港口对多种商务活动乃至整个城市或地区的经济利益起着至关重要的作用。在这种情况下就存在是把港口单纯作为一个商业实体（使之完全私营化）还是把港口作为一个区域经济的引擎这两种利益上的矛盾。比如，尽管货物装卸为许多经济交易提供基础活动，但港口用稀缺的土地资源去做房地产经营可能比用这部分土地从事货物装卸活动获得更大的商业利益。为了能够充分考虑地区福利，有关部门便可在地主港概念下将港口设施的发展和管理作为一种公共任务来考虑，并兼顾上述两个目标。

港口对于周边邻近地区的经济发展具有很大的促进作用，正外部性十分显著。港口的作用不仅体现在运输方面，而且会成为区域经济的重要"增长极"。港口特有的经济功能和社会功能，能吸引各种生产要素向港口周边集聚，刺激周围土地的高密度开发。这将使周边土地、房产升值，并促进相关产业发展。但是，港口很难向这些获利者索取回报以阻止其效果外溢。虽然港口投资具有国土开发功能，但常常出现这样的情况，即一方面港口投资面临资金约束，另一方面社会其他成员却在无偿享受地价上涨所带来的收益。针对这一问题，地主港模式的设计可以予以解决。在地主港模式下，土地增值的收益将几乎不再溢出至社会其他成员。由于港务当局拥有周边土地的开发使用权，所以一部分外部效益将转化成港务当局的收入。由此可以发现，地主港模式的经济学本质正是外部效益的内部化。

3. 地主港模式的经验

位于欧洲西北部的国际性港口——鹿特丹港、安特卫普港、汉堡港和不来梅港在争夺交叉的内陆腹地方面竞争得十分激烈。同时，值得引起注意的是它们的基本组织结构非常相似，都是建立在公私伙伴关系下的地主港模式。在地主港模式下，港口当局的主要职能只包括几个方面：为港口发展建立法律框架和指导，提供港口公共基础设施，管理和出租自有土地等。货物装卸、存储等经营业务由私营公司运作。

地主港模式对政府和私人部门在港口产业作用的定位符合经济理论的要求，利于整合双方的优势，并与港口民营化具有内在一致性，所以已经成为国际主流的港口运作模式。地主港模式在中国港口有广阔的应用前景，需要从土地资源的控制等方面采取具体策略。

国外的经验表明，采取地主港模式不仅可以满足港口企业的发展需求，还能最大限度地发挥土地的作用。人们所熟知的纽约/新泽西港务局就管理经营着港口周围大量的土地，而比利时的安特卫普港则占据了安特卫普市约2/3的面积。水路运输是五种现代运输方式之一，在综合运输体系中发挥着重要作用，特别是在外贸运输中占有主导性地位，完成约90%的外贸货运量。港口作为水路运输的必备基础设施，成为国民经济的基础产业。鉴于其战略意义和特殊的经济性质，港口产业曾经长期由公共部门提供，并受政府部门的严格监管。但是自20世纪70年代以来，自由主义经济思想重新盛行，从而使大规模的民营化运动开始席卷世界港口部门。就我国的情况而言，港口所占用的土地远远没有达到外国的水平，但要让地方政府为港口提供支持仍然需要港口企业和港口管理部门付出努力，特别是让人们更加深刻地认识到港口在区域经济崛起中的地位和功能。

5.4 世界典型港口的物流经营发展模式

5.4.1 鹿特丹港的物流发展模式

鹿特丹港的物流发展模式是一种较典型的地主型物流中心模式。在这种模式下，港口管理局拥有较大的经营管理自主权和土地使用权，主要负责港口地区的码头设施、临港工业以及其他设施的用地管理，但其只负责管理与提供基础设施和配套服务，自身不直接参与物流中心的经营，物流中心一旦建成后，管理局将有重点地选择业务经营良好、信誉度高的物流企业加入，使其参与供应链管理。这种管理模式代表着当今世界港口物流发展的一大方向。具体来说，鹿特丹港物流发展主要有以下几个特点。

1. 政府统一规划、建设和管理，企业自主经营

港区基础设施和土地岸线的所有权归鹿特丹市政府所有，鹿特丹港务管理局对港区内的土地、码头、航道和其他设施统一开发，建设港口和工业园区，实施高效、安全、便捷的船务运输管理。港务管理局以租赁的方式将港口交由私营企业经营，参与经营的私人企业只需投资码头上部分的机械设备、库场和其他配套设施。港区与物流中心实行一体化管理，鹿特丹港的各项服务设施充分为物流中心的发展提供便利，同时物流中心的发展又进一步促进港口自身和区域经济的发展，做到了政府与企业间在港口物流经营运作过程中相互促进，协调发展。

2. 港口信息化、现代化建设完善，运作效率高

鹿特丹港现代化配套设施完备，从码头、堆场到水陆空交通运输网以及各种支持保障系统都非常完善，拥有电子数据交换系统和自动化导航系统，港口管理设备和操作手段高度现代化。鹿特丹港运用国际较先进的码头操作系统（TOS），以合理计划码头的集装箱，减少翻箱。港口以前的信号指挥调度已发展成为现在的无线电、雷达和计算机系统自动控制。经过多年的发展，鹿特丹港的港口物流业已经形成了专业化、信息化、现代化的格局。今后，鹿特丹码头信息化建设的发展趋势是：按照系统预设规则进行自动配载，选取优化方案；动态调动拖车，选择离作业箱距离最近的设备执行装卸任务，以实现最优路径；按照预设策略和规则选择最优位置的集装箱等。港口物流的发展具备了先进的优势，鹿特丹港成了世界港口物流发展的"风向标"。以提高信息技术管理水平为例，鹿特丹港的汽车码头安装了汽车识别与定位系统，通过安装在汽车上的芯片及天线，可准确地掌握每辆汽车的位置，从而为汽车存储与装运节省成本，提高效率。

3. 物流中心专业化、规模大，增值服务程度高

鹿特丹港的成功主要在于其充分利用有限的港口资源建立和发展物流园区。鹿特丹港原有埃姆斯哈文（Eemhaven）物流中心和博特莱克物流中心，其中埃姆斯哈文物流中心面积为 50 万米^2，主要提供大宗产品如木材、钢材等的储存和配送服务；博特莱克物流中心面积为 87 万米^2，是石油、化工产品专业配送中心。后因港区扩展的需要，又在入海口处建立了马斯弗拉克特物流中心，面积达 125 万米^2。这些物流中心均有与码头连接的专用运输通道，提供物流运作的必要设备，采用最先进的信息技术，并提供增值服务以及海关的现场办公服务。物流中心的配送园区是许多大企业在欧洲建立的配送中心，也是小企业可靠的物流服务商。许多大企业在配送园区设有大型物流服务中心，对到岸的货物进行组装、贴牌、重新包装、修理、存储等。许多货物就是在这里进行"增值"后，被运往欧洲大陆。除此之外，港区还有炼油厂、炼铁厂，分别对到岸的原材料进行加工升级。鹿特丹港不仅仅是一个货物中转站，还是一个名副其实的货物"增值中心"。

4. 与港口后方工业形成物流链

港口发展物流的关键在于港口能否成为现代物流链上不可或缺的一环，而不至于被现代物流链排斥在外。因此，港口就要把组织和开发物流链作为其生产与经营的主要任务。港口工业已经成为鹿特丹港经济的重要组成部分。鹿特丹港已成为炼油和化工业的重要基地，全球著名炼油及化工企业，如壳牌、埃克森美孚、科威特石油公司都在鹿特丹港落足。食品工业是另一个非常重要的工业，存储、加工以及运输公司全集中在港区，像联合利华、可口可乐等是其中的一些代表。鹿特丹港务管理局的传统任务是，发展、建设、管理并经营港口和工业园区，实施高效、安全、便捷的船务运输管理。面对新的挑战，鹿特丹港务管理局扮演着一个商业企业的合作伙伴的角色，对物流链进行了战略性投资，以巩固鹿特丹港和工业园区的世界领先地位。

5. 灵活的港口管理模式，不断创新的管理机制

面对新的挑战，鹿特丹港务管理局正由传统的管理者向商业合作伙伴角色转变，对物流进行战略整合和规划投资，以巩固与加强鹿特丹港和工业园区的地位。一方面大力开发内陆码头建设和完善腹地交通网，另一方面积极参与物流服务和其他类型的港口产业投资建设，发挥产业互补效益。鹿特丹港务管理局与马来西亚婆罗洲沙巴省一家棕榈油产业集

团签订了一份谅解备忘录，共同发展沙巴东岸拉哈达图港口与综合工业园区。港务管理局旗下的鹿特丹枢纽港控股公司还参与了"捷克及斯洛伐克铁路码头""欧洲环境技术中心"的回收再生中心项目。鹿特丹港务管理局还不断进行功能调整，由先前的港务管理功能向物流链管理功能转变，继续扩大港口区域，尝试使用近海运输、驳船和铁路等方式来促进对物流专家的教育与培训，建设信息港，发展增值物流。

5.4.2　安特卫普港的物流发展模式

简单来讲，安特卫普港的物流发展模式属于共同出资型物流中心，即多方合资经营港口物流中心。这种模式通常是以港口为依托，联合数家水陆运输企业，或者以股份制形式组成现代物流中心，成为装卸、仓储、运输、配送、信息处理的综合体，开展一条龙、门到门、架到架的综合性服务。这种模式的优点是一方面可以解决港口资金缺乏的困境；另一方面通过与国内外先进的物流企业进行合作，更快地了解和掌握国际现代物流中心的经营与管理技术以及运作方式。具体来说，安特卫普港的物流发展模式主要有以下几个特点。

1. 政府转变管理方式

安特卫普港原来是由市政府直接进行管理的，负责制定港口规划建设目标和发展方向。后来，港务局按照比利时的法律进行体制改革，变成由市政府完全控股的公共法人。港务局独立经营核算、规划和管理整个港区，在人事、财务和管理决策方面拥有更多的自主权。港务局按税务法向国家和地方政府交税以及向市政府上缴利润。在政府的管理方式转变的情况下，安特卫普港为跨国企业在该国设立协调中心、配销中心及服务中心，提供多项奖励与优惠税率，使许多跨国企业在安特卫普港设立售后服务和财务协调中心、配送及服务中心、地区总部等机构。而且，港务局与私营企业共同投资。港务局主要投资港口基础建设、物流信息系统建设，而私营企业经营港口的物流、土地开发和海运业务。政府还为港口未来的发展预留了大批用地，用于发展配送中心业务、货物仓储、企业发展用地等。

2. 注重物流增值服务

目前，欧洲的生产企业与物流企业合作的方式是：生产企业只管两头，即生产与销售，其他业务全部交给物流企业；物流企业负责生产与销售之外的全部业务。这在比利时安特卫普港表现得也很明显。在安特卫普港，我们发现物流企业所从事的服务不限于运输和仓储，而是向两头延伸的；其物流收入不限于传统的运输、仓储服务，更多的来自增值服务。例如，汽车物流公司不仅提供汽车运输、仓储服务，而且承担货代、质检、初级组装、添加润滑剂、表面修复等服务项目。增值服务发展对于安特卫普港的企业来说越来越重要，一般所增加的物流增值服务价值可占其总营业收入的 25% 左右。

3. 完善的港口系统

经过与欧洲各著名港口的竞争，安特卫普港从中学习和借鉴了很多经验，初步形成了港口系统，主要包括以下三个系统。

（1）港口物流硬件系统：港口硬件设备、码头堆场设备、运输配送设备、仓储设备、集散货物设备、信息系统设备。如安特卫普港拥有汽车、钢材、煤炭、水果、粮食、木材、化肥、纸张、集装箱等专业码头，备有各式仓库和专用设备，建有炼油、化工、石化、汽车装备和船舶修理等工业开发区。

（2）港口物流管理系统：生产监控、信息处理、软件配置、业务运作。如安特卫普港的电子数据交换系统。

（3）港口物流环境系统：运输交通系统，港口区位条件（港口优势、港口水文条件、港口泊位）、政策条件、产业链条件。如安特卫普港与世界上100多个国家和地区建立了贸易关系，拥有300多条班轮航线与世界上800多个港口相连，水运与密集的以高速公路、铁路为核心的陆运相衔接，形成完善的交通运输网络。

4. 推动港口产业升级

安特卫普港区内建有工业开发区，大力发展临港工业，不仅增加了港口的吞吐量，而且降低了工业企业的成本，提升了港口功能。安特卫普港对比利时的经济贡献起着举足轻重的作用。

5.4.3　香港港的物流发展模式

香港港[⊖]的港区有：葵青、香港仔、青山（屯门）、长洲、吉澳、流浮山、西贡、沙头角、深井、银矿湾、赤柱（东）、赤柱（西）、大澳、大埔、塔门和维多利亚。其中维多利亚港区最大，条件最好，其平均超过10米深的港内航道，使大型远洋货轮可随时进入码头和装卸区，为世界各地船舶提供了方便又安全的停泊地。与此相匹配的是，香港港还拥有优良的港口设施和高效的作业流程，港口管理先进。香港港的货物装卸作业素以高效著称，货柜船在港内的周转时间平均约为10小时。香港港可同时容纳上百艘船舶靠泊并进行装卸作业。2021年，香港港全年的港口货物吞吐量较2020年全年下跌14.3%，为21 370万吨。2021年，香港港集装箱吞吐量1 779万TEU，世界排名第10。

香港港港口物流的发展主要得益于以下几个方面的因素。第一，香港特区政府的大力扶持。香港特区政府一直非常重视物流业的发展，很早就提出要把香港建成国际及地区首选的运输及物流枢纽中心，并成立了物流发展督导委员会和香港物流发展局。第二，优良的港口物流基础设施。香港港是世界最大的集装箱港口，其港口设备堪称世界一流，其物流业运作的速度和效率也是首屈一指的。第三，高效的配套服务。依靠健全的法律制度和凭借香港国际金融中心的地位，香港特区政府及相关机构可为客户提供金融、保险等一系列物流服务以及快捷高效的海关通关服务。这些软环境建设为香港港港口物流的持续发展提供了必要保证。第四，重视人才。香港特区政府培养了一批一流的港口物流操作管理人才，提高了港口物流从业人员的素质，从而保证了优良的人员服务。第五，以内地尤其是经济发达的珠江三角洲为腹地，依托内地，连接欧美，面向东南亚，重点做好中转货运物流。

⊖　因为香港港的国际化程度较高，所以在第 5.4 节做相关介绍。

香港港口的物流发展模式归结起来属于独立型物流中心模式，即由港口企业自行组织专业化物流中心，利用港口的设施、人力和上下游业务关系开展物流业务。这种模式的物流中心注重建立港与港、口岸与口岸之间的沟通管道，通常是以港口为连接点，建立企业、城市、区域乃至全国性的现代物流服务网络体系，使其从单一的装卸运输及仓储等分段服务，向原材料、产成品及消费全程的物流服务转变，同时通过加强港口货代、船代等方面的服务功能，建立能提供一条龙服务的完善服务网络。下面以葵青港为例介绍香港港物流发展模式，其主要有以下几个方面的特点。

（1）物流企业行业相关度高。物流企业行业相关度高，实行"一条龙"经营和"一体化"服务。以葵青港内的亚洲货柜物流中心为例，其充分利用了港口各项资源和设施，与海关等有关各方合作，为企业提供包括腹地运输、拆装箱、报关、报验、包装、质量控制、库存管理、订货处理和开具发票等在内的"一体化"物流服务。

（2）围绕主业提供多种增值服务。其包括充分利用国际金融中心的有利条件为企业提供金融、保险等方面的服务，提供货物在港口、海运及其他运输过程中的最佳物流解决方案以及其他各项餐饮、休闲、娱乐等辅助性增值服务。

（3）物流自动化水平高。以香港国际货柜集装箱堆场为例，其堆场的活动均以自动化系统进行计划、协调和监督，自动化系统存有每个货柜的详细资料，提供多种查询、报告及分析工具，协助管理货柜储存。自动化系统与"资讯交换服务"和闸口程序自动化系统连通，具有显示堆场三维地图的特别功能，能随时提供码头上数万个集装箱的准确位置。通过这些先进技术，缩短了船只靠泊的时间，加快了货柜车在码头的周转，并能对客户的特殊要求做出弹性处理。

（4）物流信息化水平高。香港港使用港口交通管理系统，其控制中心包括多个跟踪船舶用的操纵终端，它们存有《劳氏日报》所收集的上万艘船舶的情报信息。政府和船舶代理行所提供的情报信息也能存入各自船舶的信息中。港口物流的信息化除了体现在对现有系统的数字化升级之外，更重要的是通过改善业务流程，提供统一的服务，从而提高港口的国际竞争力。这就需要现代港口物流构建综合性信息系统，整合复杂且重复的进出港手续，使其变成标准化文件，充分利用相关信息技术实行线上线下一体化管理。

（5）规划建设高增值物流园区。鉴于物流设施与港口发展的关系密切，香港特区政府在《如何加强香港作为全球及区域首选的亚洲区运输及物流枢纽地位研究》中提出，在机场或港口后方规划建设增值物流园。增值物流园不仅提供一般的仓储服务，而且提供各种物流增值服务、时间必须准确的货物处理服务及电子商贸服务。

5.4.4　新加坡港的物流发展模式

新加坡港的物流发展模式具有供应链型物流中心和联合型物流中心两种模式的特点。供应链型物流中心是由港口物流企业与航运物流企业共同组成物流中心，这种模式是利用各自在供应链不同部位的优势，分工合作，共同投资组成紧密型物流集团或由同一个大型集团公司同时经营航运与物流两个供应链环节。联合型物流中心则是由港口与保税区，或者与所在城市共同组建的物流中心。

新加坡 2021 年集装箱吞吐量创新高，达 3 750 万 TEU，比 2020 年增加 1.63%；货运量增加 1.4%，达 5.99 亿吨。

新加坡港的物流发展模式主要有以下特点。

（1）执行自由港政策，政府直接投资建设港口设施。鉴于新加坡港对整个国民经济的重要作用和战略意义，新加坡政府一直坚持对港口进行直接投资，而且投资力度很大，使港口规划和建设始终处于世界前列，进而保证了新加坡港在国际航运中的优势地位。此外，新加坡港执行自由港政策，并采取各种优惠措施，如开辟大面积的保税区，对中转货物减免仓储费、装卸搬运费和货物管理费等，以吸引世界各国船公司，进一步巩固其国际航运中心地位。

（2）物流分工明确，实行集约化经营。新加坡港区设有巴西班让、三巴旺码头和岌巴配送园三个配送中心。岌巴配送园设于保税区内，主要提供拆拼箱、仓储、运输以及货物取样、测量、贴牌、包装等服务，设施先进齐全，园区内的网络系统可以使货主实时了解货物在集装箱堆场内的存放情况，是港区内最便捷的集装箱配送中心。三巴旺码头为散货分拨中心，主要处理汽车、重型设备、钢材等货物。巴西班让则为专业汽车转运中心。除此之外，该港的裕廊物流中心也是一个超现代化的物流中心，其顾客包括索尼、沃尔沃、戴尔等国际大型企业。

（3）物流运作与管理高度现代化。新加坡港充分利用高新技术进行物流运作和管理，拥有自动识别系统、电子闸系统、全自动化桥式吊机等各项现代化装备，此外还有方便快捷的电子数据交换系统。目前该港的两个网络系统，即贸易网和海港网，已成为政府部门、航运公司、货运代理和船东之间有效的、无纸化的沟通渠道，能使各项信息畅通无阻、实时地到达有关各方，从而大大提高物流运转效率和优化物流管理。

（4）积极培育港口物流链。新加坡港非常注重临港工业的发展，始终坚持把港口发展与腹地工业发展相结合，这样一方面港口物流能为工业提供专业、高效的物流服务，提高工业发展水平，进而带动整个区域经济的发展，实现"港兴城兴"；另一方面腹地工业和城市的发展繁荣又会进一步促进港口的发展与经营效益的提高。也正因如此，新加坡港一直致力于将港区建设与吸引外资相结合，将一些临港土地和泊位提供给跨国公司作为专用中转基地使用，鼓励大的跨国企业在港区建设物流中心、配送中心等，同时大力发展石油、化工、造船等临港工业，积极培育港口物流链。

（5）物流服务形式多样。以新加坡港务集团为例，作为世界知名的港口集团，除了经营港口码头等主要业务外，还提供包括 IT、物流、供应链解决方案和海运等多种增值服务，如为客户提供集装箱管理服务，利用自身的 IT 开发了虚拟仓库系统，帮助客户提高仓储的响应速度和减少费用，提升客户供应链效率。同时还致力于为客户提供物流解决方案，协助客户简化物流程序，提高生产效率，降低成本，具体包括三个方面：一是解决客户在海港操作时的物流需求；二是为客户提供项目管理服务，协助客户实施用于海运货物的物流管理系统；三是协助客户实施物品流通管理系统。

5.5 世界典型港口物流发展的启示

世界典型港口物流发展状况及经营管理模式对我国港口物流的发展具有以下启示。

5.5.1 加强政府政策引导,充分发挥政府的宏观指导与协调作用

在港口物流的发展中,政府始终扮演着重要角色。现代港口物流的发展离不开政府与企业的互相配合和共同协作。政府通过政策引导、体制建设等手段,积极为我国港口物流的发展提供良好的宏观环境。首先,把握国际集装箱运输与国际多式联运的发展趋势,对港口进行正确定位,制定港口物流发展政策,实现国土、财税、工商、城管等各个管理工作、环节的有机结合和有效衔接。其次,调整优化港口结构,重视各部门之间的协作,促进物流联盟的形成,提供高质量的综合物流服务。最后,政府与企业合作整合港口现有资源,增强基础设施能力,整合港口现有的条件,对港口的配套设施进行技术改造,完善港口集疏运设施,合理安排作业流程,提高设备利用率,增强港口通过能力,缩短船舶货物在港停留时间;加强包括集装箱码头数量、装卸能力、码头堆场、航道水深等在内的港口基础设施建设,为物流服务供应商提供大型现代化仓库,为客户创造"零仓储"。

港口管理体制改革的目的是解除"政企合一"体制对码头装卸企业的束缚,为港口企业的发展创造良好的政策环境和市场环境。企业是物流的实施主体,政府是行业发展的规划者、政策法规的制定者、港口基础设施的重要投资者和物流企业发展各项配套服务的提供者。纽约/新泽西港的特点是港务局只负责建设和管理码头,不直接参与码头装卸作业,港口作业完全由专业公司租赁港务局的码头经营。这种做法有利于港务局从港口发展的角度,以公共的观点对港口进行行业管理和宏观调控,同时发挥专业公司经营港口的高效性,有利于建立完善的航运市场体系,充分发挥市场机制对资源配置的基础性作用,以便进一步促进港口的发展,给当地的经济、就业、税收和稳定等带来更多的益处;政府在注重港口产生的直接经济效益的同时,更注重其对社会产生的间接经济效益。这种模式对于我国改革港口经营管理方式有着重要的借鉴意义。

港口的生产作业如引航、锚泊及装卸是系统工程,必须对有关过程实行统一调度指挥,以保证港口的正常生产秩序和生产安全,提高港口的生产和管理效率。同时,对整个港区进行统一规划建设,有利于岸线资源的充分合理利用,提升整个港口的建设管理水平。原纽约港和新泽西港,分别位于哈德逊河两岸,在合并前,由纽约州和新泽西州两州政府分别管理。进入 20 世纪后,随着货物吞吐量的急剧增加,交通压力越来越大,两港分割管理模式的弊端日益凸显,两州政府都意识到无休止的冲突只会浪费港口的潜能。为解决长期以来两州争夺港口和航道管理权的矛盾,1921 年,经美国国会批准,纽约港和新泽西港合并成立了纽约/新泽西港务局,统一负责纽约和新泽西州的港政管理工作。它们的合并充分说明了统一设置港政管理机构的必要性。

港口主要是为所在城市和腹地地区经济发展提供服务的,如果港口下放给地方,其港口管理则应视为城市管理的一部分,港口预算应纳入城市预算中,至于港口采取何种经营

方式（租赁经营、资产承包经营等），由地方政府根据自身特点自行确定。通过地方政府投资港口基础设施，再辅之以优惠政策，对外进行招商引资，最终把港口建设成为以港区为核心的工业生产、加工和商品分配、运输中心。

港政与港企分开，港口下放地方，基础设施国有化，码头经营民间化，符合我国经济体制改革的方向。政府职能重在宏观调控，重在对交通运输与港口基础设施建设的规划、投资上，使之与国民经济发展相适应，充分发挥港口为社会服务的功能。码头经营民间化，使同一港区的不同经营人、不同地区的港口经营人既能联合，又能开展合理竞争，这样有利于进一步拓宽港口服务功能，提高服务水平，更有利于国有资产的充分利用。

5.5.2　加强港口信息化、标准化建设，提高港口物流运作经营效率

我国港口物流发展应当利用条码技术、数据库技术、电子订货系统（electronic ordering system，EOS）、电子数据交换、快速反应（quick response，QR）及有效的客户反馈（effective customer response，ECR）、企业资源计划（enterprise resource planning，ERP）等信息技术，建立覆盖港区生产流通和仓储运输企业的网络平台，使港口具备物流信息港的功能，实现各企业、客户和有关管理机构的信息充分互联，形成港口与港口、港口与海关、港口与货主、港口与承运商相连接的有机整体；尽快建立与国际物流标准相一致的物流国家标准体系，在物流管理术语、物流安全管理技术系统、集装技术系统、物流成本核算方法、物流单证体系、商品信息编码体系、物流管理信息平台以及物流基础设施建设等方面提高标准化程度，做到商品包装规格化、系列化，物流信息条码化，装卸、运输、储存作业集装单元化，托盘、集装箱、卡车车厢尺寸标准化。只有做到了港口物流运作的信息化和标准化，港区经营运作才能充分协调与通畅，从而提高运作效率。

5.5.3　科学合理地进行港口物流发展定位

1. 建设各有特色的港口物流，拓宽港口物流服务功能

任何一个港口的经营目标和市场定位都不相同，物流服务的范围和重点也不一致。我国港口必须因港制宜地建设各有特色的港口物流。比如，枢纽港可以充分利用自己的技术和实力优势，向物流中心方向发展，使其具备物流集散，货物存储、分拨、配送物流服务和市场交易，信息管理，服务咨询及增值性服务等功能；中小型港口则应根据业务范围，选择与大型港口联营等方式找准物流服务的切入点。港口物流服务分为三个层次：一是以货物装卸为主的核心服务；二是在特定的货场完成货物装卸、运输、堆码、储存的辅助服务；三是向货主提供优质、便捷的货物交接的延伸服务。我国港口必须通过提供多元化服务来挖掘"第三利润源泉"，开发包装、流通加工、储运、配送、免税自由贸易等物流功能，提供融资、报关、商检、货物保险、风险规避、信息交流、专业人员培训等增值服务，提高综合物流效率。

2. 现代港口物流向全方位、一体化方向发展

全方位主要体现在港口物流中心围绕主业提供多种形式的增值服务，包括提供各种金

融、保险服务，提供货物在港口、海运及其他运输过程中的最佳物流解决方案，提供公正验货以及餐饮、休闲娱乐、各项零售服务等。一体化主要体现在物流企业内部的一体化，即物流企业将码头装卸、堆场、仓储、运输、包装等各个环节的单一经济活动集中为"一条龙"经营，为客户提供"一体化"服务。现代港口物流的发展除了需要对传统装卸业务进行改造和深化外，还要求在港区内或毗邻港区建立相应的配送园区、货物深加工等各项服务区，从而有效地对来自全球的运输链的各个环节加以整合，使之成为无缝对接的整体；同时还要求走港区联动之路，把港口经济与以提供零关税和优惠待遇为基本特征的自由贸易区或保税区的功能加以配套，使之在发展中互相依存、紧密配合、互相促进，从而成为息息相关的利益共同体，实现共同发展。

5.5.4　加强与班轮公司的合作，大力发展集装箱业务

班轮公司由于受营运成本、集装箱运量增长速度、运输安全性及追求规模效益等因素的影响，对集装箱船舶大型化的追求日趋强劲，投入营运的超大型集装箱船舶数量与日俱增。集装箱船舶的大型化要求更深的港口航道、更大的泊位，并对港口物流产生深远的影响。这种趋势促进港口仓储的功能分化；对物流企业的生产能力和效益提出新的要求；要求港口后勤物流系统有更大的仓储面积，以及先进的自动化、信息化的操作系统，以提高作业的准确性和效率；促进了码头、船公司的合作，班轮公司与码头合作、投资港口物流等正成为一种发展趋势。

5.5.5　注重加强港口物流专业人才建设

我国港口物流方面的专业经营管理人才相对缺乏，不利于发展港口综合物流服务产业。因此，必须采用多种途径培养和引进具有良好货物与货运知识、掌握现代物流经营管理技术方法尤其是电子信息技术的物流经营管理专业人才；构建港口物流人才培养的新体系。构建多层次、多样化的港口物流教育和人才培养体系，加强师资队伍建设和人才培养体系，优化课程体系，加强实践训练，使教学内容做到实用化、综合化和国际化，适应现代化港口物流的竞争和发展；制定港口物流人才培养新标准，规范物流人才知识结构和能力结构；创建港口物流人才培养新模式，重视实际问题解决能力、动手操作能力的培养，做到既懂理论知识又善于实践操作，全面提高港口物流人才的综合素质。

5.5.6　要从我国的实际情况出发，建设有中国特色的保税区

在保税区初建阶段，一方面要注意吸取国外的有益经验，另一方面要紧密结合我国的国情和沿海开放的实际，逐步走出一条有中国特色的保税区发展道路。要认真总结保税区起步阶段的经验，加强宏观指导，避免急于求成和盲目发展；要根据我国现阶段经济发展的主要任务和实际，逐步完善和发展保税区的功能；要借鉴国外的经验，不断改进我国关于保税区管理的方式和手段，发展贸易、仓储、加工、金融服务和国际中转功能。

5.5.7　海关监管方式应向着更简便、手续更简化的方向努力

海关监管指导思想应是通过监管促进经济发展。海关应本着方便企业，改进监管方式，采用开放式管理，利用计算机通信进行单证管理，改变现行物理检查办法的原则，做到管而不"死"，"活"而不乱，创造一个更宽松的国际贸易环境。

5.5.8　重视研究港口与城市发展的关系

汉堡、鹿特丹和安特卫普等城市都是依托港口贸易发展起来的，港、市融为一体，互相促进。港口的发展提高了城市的现代化和国际化水平，并以港口物流为基础，逐步发展成为万商云集的国际贸易中心城市。城市的发展又增强了港口的实力，使之在世界航运激烈的竞争中始终保持领先的地位。

5.5.9　调整港口管理模式

港口物流管理模式的演进如下。

1. 港口从单一功能管理到供应链管理

从港口功能发展可以看出，港口的管理越来越倾向于供应链方式的管理。第一代港口功能定位为纯粹的"运输中心"，主要提供船舶的停靠以及海运货物的装卸、转运和仓储等单一功能上的管理服务。第二代港口功能定位为"运输中心＋服务中心"，除了提供货物的装卸、仓储等外，还增加了工业、商业活动的管理和经营。第三代港口功能定位为"国际物流中心"，除了作为海运的必经通道在国际贸易中继续保持有形商品的强大集散功能，并进一步提高有形商品的集散效率之外，还具有集有形商品、技术、资本、信息的集散于一体的物流供应链管理。注重把产品生产和流通过程中所涉及的原材料供应商、生产商、批发商、零售商以及最终消费者组成一条可以控制成本的供应链。

2. 港口从贸易壁垒管理向自由贸易区管理

1776 年 3 月，"现代经济学之父"亚当·斯密的《国富论》一经出版，就注定会改变世界的港口发展，他所提倡的"消除贸易关税"和"自由贸易"虽然到现在没有完全实现，但是，港口"保税仓库——保税区——保税港——区港联动"的变化使得各国逐渐消除了部分贸易壁垒。世界上有 600 多个自由贸易港或保税港区，并且有香港港、新加坡港、亚丁港、贝鲁特港、汉堡港、巴拿马港等 20 多个自由贸易港口，荷兰的鹿特丹港则被称为"比自由港还自由"的港口。

3. 港口从港区管理到腹地管理

世界港口的发展，从最早的港口业务的处理和管理逐渐发展成为对腹地的直接或间接管理。如上海港地处长江三角洲沿海与长江交汇处，以上海港为中心，北起连云港港、南至温州港，西溯南京港，已形成了规模大、功能全、辐射广的长江三角洲港口群，从而形成了三个层次的腹地管理层：第一层次的腹地管理是对上海港及其相邻港口及整个长江流域与陇海、浙赣铁路沿线地区的物流管理；第二层次的腹地管理是对上海港及其相邻港口交叉的腹地——江苏、浙江、安徽和江西的管理；第三层次的腹地管理，也是对上海港直

接的腹地——上海市的管理。

在行政上，我国以地方为主的港口一方面承担着对国有资产的管理，另一方面又承担了港口基础设施投资、还贷、付息的沉重负担；在经营上，自主权相对不足，普通货种面临着地方港口、股份制港口、私营小码头的强力争夺，重点货物、原油、油制品、化工原料、危险品等也同样面临竞争威胁。虽然国有港口拥有良好的设备和工艺系统，但由于企业负担过重，致使单位装卸成本过高，价格缺乏竞争优势，有些往往为了保住货源不流失，亏本也得经营。要选择行之有效的港口管理模式，可以借鉴世界典型港口的管理模式。首先，把港口发展摆在战略位置；其次，注重港口产业升级；最后，注重港口建设和营运理念，确立"安全＋健康＋环保＋质量"的建设和营运理念。

⊘ 复习思考题

1. 简述地主港模式的内容和优点。
2. 简述鹿特丹港的物流发展模式。
3. 简述安特卫普港的物流发展模式。
4. 简述新加坡港的物流发展模式。
5. 简述世界典型港口物流的发展对我国的启示。
6. 简述香港港的物流经营模式的特点。
7. 论述世界港口物流管理模式的演进及其对我国的启示。

⊘ 课程思政案例

习近平总书记推动建设的几个"一带一路"工程

1. 希腊比雷埃夫斯港

比雷埃夫斯港位于希腊雅典西南约10千米，自古就是希腊重要的港口，是通往欧洲的"南大门"，在其两千多年的历史里命运几经波折。

2016年8月，中国远洋运输集团成功收购比雷埃夫斯港务局67%的股权，接管经营比雷埃夫斯港口有限公司。中国远洋运输集团积极应对原有不利局面，多管齐下，稳定运营、拓展市场、提升服务、降低成本。2017年5月13日，习近平主席在北京会见来华出席首届"一带一路"国际合作高峰论坛的希腊时任总理齐普拉斯时表示"中希双方应该着力将比雷埃夫斯港打造成地中海地区重要的集装箱中转港、海陆联运桥头堡、国际物流分拨中心，为中欧陆海快线以及'一带一路'建设发挥重要支点作用"。

经过多年努力，港口终于扭亏为盈，吞吐能力不断增长，一跃成为地中海第一大港，集装箱吞吐量在世界排名中从2010年的第93位大幅提升到2020年的第25位，成为全球发展最快的集装箱港口之一。

2. 科伦坡港

2014年9月17日，习近平主席在斯里兰卡总统拉贾帕克萨陪同下，考察中斯重要合作项目——科伦坡港南集装箱码头并出席港口城开工仪式。习近平要求中方建设者同斯方一起建设好这个 21 世纪海上丝绸之路重要枢纽。

海面上喷沙船拉响汽笛,喷起金沙,挖土机将砂石推入海中,人们以海港独特的庆祝方式,期盼古老的"东方十字路口"科伦坡港在 21 世纪海上丝绸之路建设中再放异彩。

在习近平主席和斯里兰卡领导人的共同推动下,2016 年,由中国招商局集团建设、管理、运营的科伦坡港南集装箱码头吞吐量突破 200 万 TEU,成为整个南亚区域港口行列的新亮点。由中国交通建设集团承建的港口城将拓展科伦坡市发展空间,拉动投资和就业,助力斯里兰卡建设 21 世纪海上丝绸之路重要节点。

3. 瓜达尔港

巴基斯坦瓜达尔港濒临阿拉伯海,靠近霍尔木兹海峡,是难得的深水良港。在习近平主席的亲自推动下,2014 年 2 月,瓜达尔港被列为促进中巴"一带一路"合作的旗舰项目。2017 年,中国企业克服困难,修复和完善了瓜达尔港港口生产作业能力,积极推进配套设施建设。瓜达尔港建设日渐完善,商业吸引力与日俱增,成为巴基斯坦国家振兴的重要希望。

4. 中欧班列

中欧班列是由中国国家铁路集团有限公司组织、运行于欧亚大陆(中国与欧洲)的陆路集装箱国际联运列车。

截至 2022 年 1 月 29 日,中欧班列累计开行突破 5 万列、运送货物超 455 万 TEU、货值达 2 400 亿美元,通达欧洲 23 个国家 180 个城市,为中外数万家企业带来了商机,为沿线数亿民众送去了实惠。图 5-2 为中欧班列历年开行数。

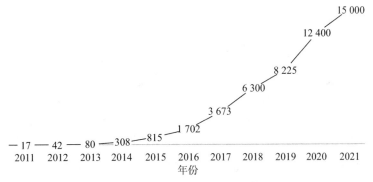

图 5-2　中欧班列历年开行数

资料来源:交通运输部。

2021 年,中欧班列开行数量实现增长,全年开行 1.5 万列、同比增长 22%,运送货物 146 万 TEU、同比增长 29%,为确保国际产业链与供应链稳定畅通、构建新发展格局做出积极贡献。

近年来,新冠疫情导致全球重要港口拥堵和延误,在亚欧货运市场的大量需求和全球航运受阻的背景下,中欧班列安全、稳定、高效的运输优势进一步凸显。铁路部门不断完善国内外协调机制,提高口岸通过能力,加强运输组织,提升运营效率,为畅通中欧贸易往来持续发挥战略通道作用。中欧班列已成为当前国际物流陆路运输的"黄金通道",助推中国经济迈入高质量发展快车道。

资料来源:《人民日报》,2017 年 7 月 6 日;人民网,2022 年 1 月 29 日。

第6章

港口物流设施与设备

| 学习目标 |

1. 了解港口物流设施
2. 了解集装箱码头主要装卸机械
3. 掌握影响港口装卸设备选型的主要因素

现代港口除应具备良好的自然地理条件外，还必须要具备良好的设施和设备。港口设施是船舶进出和停靠以及港口进行物流生产活动的必要条件。

现代港口物流生产活动是通过港口及相关系统展开的，其主要物质技术基础包括港口设施设备、生产组织管理系统、港口信息管理系统、口岸管理系统等硬件装备和软件系统。

6.1 港口物流设施

港口物流设施是指港口内为港口生产和经营而建造与设置的人工构造物及有关设备，按我国目前的有关规定，分为港口基础性设施和港口经营性设施（见图6-1）。

港口基础性设施主要提供船舶进出港、船舶靠泊、旅客上下船以及与此有关的服务。按目前国际和国内惯例，通常包括港口水域设施、系船设施、交通和配套设施、信息网络设施。

港口经营性设施主要提供货物装卸、存储等生产经营及其有关服务，包括装卸设施和港口库场。

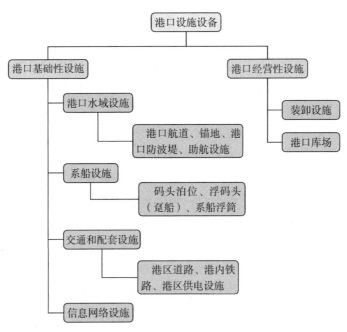

图 6-1　港口设施设备

港口包括水域和陆域两大组成部分。水域是供船舶航行、运转、锚泊、停泊装卸使用的，要求有适当的深度和面积，水流平缓，水面稳静；陆域是供旅客上下船，货物装卸、堆存和转载使用的，要求有适当的高程、岸线长度和纵深，并配有仓库、堆场、铁路、公路、装卸机械和各种必要的附属设备。

6.1.1　港口水域设施

港口水域设施是指港界线以内的水域面积，主要包括锚地、航道、航标、回转水域、港池、防波堤。

1. 锚地

锚地是供船舶抛锚候潮、等候泊位、避风、办理进出口手续、接受船舶检查或过驳装卸等停泊的水域。有防波堤掩护的海港，把口门以外的锚地称为港外锚地，它的作用是供船舶抛锚停泊等待检疫、引航和乘潮进港；口门以内的锚地称为港内锚地，其作用是供船舶避风停泊、等待靠岸及离港、进行水上由船转船的货物装卸。河港锚地还供船舶进行解队和编队作业。

2. 航道

航道是船舶进出港的航行通道。有防波堤掩护的海港，同样以防波堤为界，把航道分为港外航道和港内航道。航道一般设在天然水深良好，泥沙回淤量小，不受横风、横流和冰凌等因素干扰的水域中。航道必须有足够的水深和宽度。航道水深需满足设计标准船型的满载吃水要求，有的港口由于天然水深即可满足这一要求，而大多数港口由于航道天然水深不足或有局部浅滩，需进行人工疏浚和整治。

在工程量大、整治比较困难的条件下，航道水深一般按大型船舶乘潮进出港的原则确定；在工程量不大或船舶航行密度较大的情况下，航道水深可按随时进出港的原则确定。河港的航道水深同样应保证标准设计船型的安全通过。航道的宽度可根据船舶通航的频繁程度分别采用单向航道和双向航道。在航行密度比较小的情况下，为了减小挖方量和泥沙回淤量，经过技术经济比较后，可考虑采用单向航道。一般大中型港口都采用双向航道。

3. 航标

为了保证进出港船舶的航行安全，每个港口、航线附近的海岸均有各种助航设施。航标的主要功能是为航行船舶提供定位信息；提供碍航物及其他航行警告信息；根据交通规则指示航行；指示特殊区域，如锚地、测量作业区、禁区等，即定位、警告、交通指示和指示特殊区域四方面功能。

按照设置地点，航标可分为沿海航标与内河航标。沿海航标建立在沿海和河口地段，引导船舶沿海航行以及进出港口与航行。它分为固定航标和水上浮动航标两种。固定航标设在岛屿、礁石、海岸，包括灯塔、灯桩、立标；水上浮动航标是浮在水面上，用锚或沉锤、链牢固地系留在预定海床上的标志，包括灯船与浮标。内河航标是设在江、河、湖泊、水库航道上的助航标志，用以标示内河航道的方向、界限与碍航物，为船舶航行指示安全航道。它由航行标志、信号标志和专用标志三类组成。按照工作原理分类，有视觉航标、音响航标与无线电航标。

4. 回转水域

回转水域是为船舶在靠离码头、进出港口需要转头或改向时而设置的水域，又称转头水域。其大小与船舶尺度、转头方向、水流和风速风向等因素有关。一般设在口门和码头泊位之间，以方便船舶作业。在内河港口，为方便控制，船舶逆流靠离岸。当船舶从上游驶向顺岸码头时，先调头，再靠岸；当船舶离开码头驶向下游时，需要逆流离岸，然后再调头行驶。为此，顺岸码头前水域要有足够的宽度供船舶调头使用。

5. 港池

供船舶靠泊、系缆和进行装卸作业使用的直接与码头相连的水域称为港池。对突堤式码头而言，码头从岸边伸入水域中，突堤与突堤之间的水域即为港池；对顺岸式码头而言，港池是指在码头前供船舶进行靠离岸作业所使用的水域，一般不得占用主航道。港池内水域要求不受风浪和水流的影响，以便为船舶提供一个平稳的水域条件供船舶安全作业。另外，要求港池有足够的水域面积，使船舶能方便地靠岸和离岸，必要时可在外档进行水上装卸作业。港池大小可根据船舶尺度、靠离码头的方式、水流和强风的影响及转头区的布置等因素确定。

6. 防波堤

船舶装卸作业需要水面平稳，避免船舶颠簸。在天然掩护不足的地点建港，需要建设防波堤，用以围护足够的水域防止波浪、海流等侵蚀。

图 6-2 是港口图，根据该图可大致了解上述设施的位置。

图 6-2　港口图

6.1.2　港口陆域

港界线以内的陆域面积称为港口陆域。其主要包括码头和泊位、仓库和堆场、港口铁路、港口道路、装卸和运输机械及港口生产辅助设备。某集装箱码头布局如图 6-3 所示。

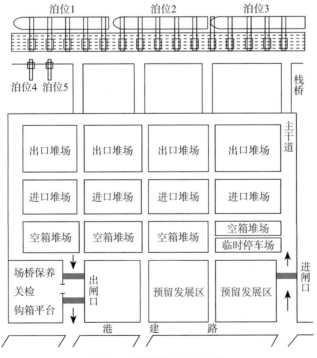

图 6-3　某集装箱码头布局

1. 码头和泊位

码头是停靠船舶、上下旅客和装卸货物的场所。港口水域和陆域的交接线称为码头前沿线或码头岸线，它是港口的生产岸线和生产活动的中心。一艘船停靠在码头上，它所占用的码头岸线长度称为泊位。

青岛港码头的布局如图 6-4 所示。

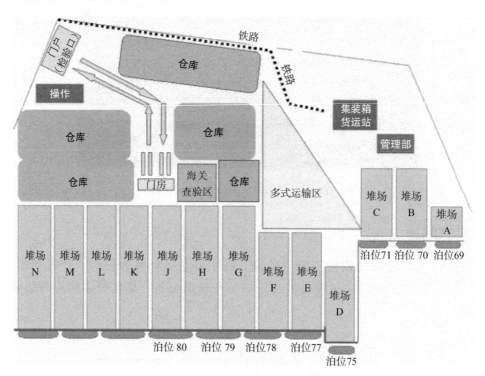

图 6-4　青岛港码头的布局

港口码头按用途可分为：客运码头、货运码头、军用码头、轮渡码头、工作船码头、修造船码头等。其中，货运码头又可分为：件杂货码头、散货码头、油码头、滚装码头、集装箱码头、多用途码头等。

港口码头按装卸货物种类可分为专业化码头和综合性码头：专业化码头使用的机械设备专业性强、劳动生产率高，适用于装卸货种比较单一、运量大、货源稳定的港口；综合性码头则可为多种货物的装卸服务。

港口码头按平面布置可分为顺岸式码头、突堤式码头、墩式码头。

港口码头按断面形式可分为直立式码头、斜坡式码头、半斜坡式码头、浮动式码头。

港口码头按结构形式可分为重力（砌块、沉箱）式码头、板桩（框架）式码头、高桩板梁式码头等。

2. 仓库和堆场

由于受运输组织、货流季节性变化和气象因素的影响，运输车辆和船舶往往难以做到同时抵港，即使同时抵港，两者的单元载货量相差悬殊，不可能实现全部货物的直接换装作业，港口需要设置一定容量的仓库和堆场，作为车船不能完全对口的缓冲。另外，港口是车船换装的地方，也是货物的集散地。出口货物需要在港口聚集，成批等候装船；进口货物需要检查、分类或包装，等候散发转运。港口必须具有足够容量的仓库与堆场，以保证港口的吞吐能力。因此，港口的仓库和堆场就是指为保证货物换装作业的正常进行，防止进出口货物灭失、损坏而提供的对货物进行临时或短期存放保管的建筑物（见图6-5）。其主要作用是便于货物储存、集运，有利于车、船的紧密衔接，保证货运质量，提高港口通过能力。

图 6-5　仓库和堆场

按仓库所在位置分为前方仓库和后方仓库。前方仓库位于码头的前沿地带，用于临时存储准备装船与从船上卸下的货物；后方仓库用于较长期存储货物，位于离码头较远处。按结构与用途将港口仓库划分为普通仓库和特种仓库（筒仓、油罐等）。普通仓库用于堆放杂货，有的也用于堆放粮食或化肥等散装货物。筒仓主要用于存储散装水泥与粮食等；油罐主要用于存储油类等液体货物，随着海上油田的开采，还出现了大型海上油库。

由码头线至第一排仓库（或堆场）前缘线之间的场地，称为码头前沿作业区，它是货物装卸、转运和临时堆存的场所，一般设有装卸和运输设备，还可供流动运输车辆操作运行及使用。客运任务较多的港口要设置客运码头，码头上建有客运站，供旅客候船休息。

3. 港口铁路

由于我国海港集中在东部沿海，腹地纵深大，因此铁路运输是货物集疏的重要手段。完整的港口铁路应包括港口车站、分区车场、码头和库场的装卸线，以及连接各部分的港口铁路区间正线、联络线和连接线等。港口车站负责港口列车到发、交接、车辆编解集结；分区车场负责管辖范围内码头与库场的车组到发、编组及取送；港口铁路区间正线用于连接铁路接轨站与港口车站；装卸线承担货物的装卸作业；联络线连接分区车场与港口车站；连接线连接分车场与装卸线。

4. 港口道路

港口道路可分为港内道路与港外道路。港内道路由于要通行载货汽车与流动机械，因而对道路的轮压、车宽、纵坡与转弯半径等方面都有特殊要求（见图 6-6）。港内道路行车速度较低，一般为 15 千米 / 小时左右。港外道路是港区与城市道路和公路相连接的通道。若通行一般的运输车辆，其功能及技术条件就与普通道路相同。

图 6-6 港口道路

5. 装卸和运输机械

港口装卸和运输机械是指用来完成船舶与车辆的装卸，库场货物的堆码、拆垛以及舱内、车内、库内装卸作业的各种起重运输机械。港口装卸和运输机械的种类很多，可分为港口起重机械、港口连续输送机械、装卸搬运机械和港口专用机械四大类。要使各类机械都能充分发挥作用，必须进行合理的选择配置和管理使用。装卸和运输机械如图 6-7 所示。

图 6-7 装卸和运输机械

6. 港口生产辅助设备

为保证港口完成水陆联运任务，在港口陆域上还设有各种生产辅助设备。其主要包括：给排水设施，供电、照明、通信及导航系统，办公楼，流动机械库，机械修理厂，候工室等生产辅助建筑以及燃料供应站、工作船基地等。

港口既是水陆运输工具的衔接点和货物、旅客的集散地，又是由为车、船、货、客提供服务的各种工程建筑物和设备组成的综合体。港口的水域、陆域的各自组成部分，构成了港口生产的四大作业系统，即船舶航行作业系统、装卸作业系统、储存作业系统和集疏运作业系统。

船舶航行作业系统包括港内外航道、锚地、港池和船舶转头水域，以及船舶通信、导航等设施；装卸作业系统包括码头和水上作业锚地以及装卸运输机械设备；储存作业系统包括仓库、堆场和库场机械设备；集疏运作业系统包括铁路、道路、管道和内河水网等。这四大作业系统均有各自的生产能力，只有实现了它们的协调配合，才能形成港口的综合生产能力——港口通过能力。如果其中任何一个环节发生"瓶颈"现象，都将抑制港口通过能力的充分发挥。因此，港口的生产营运就是不断地实施科学管理和扩大规模，使港口的各作业系统由原来的不平衡达到一个新的平衡，以取得最佳的经济效益。

6.2　海港码头及其平面设置

6.2.1　码头规模的确定

码头是港口生产的中心。泊位数是一个港口可同时停靠码头进行装卸作业的船舶数量，是港口的主要规模衡量指标之一。港口其他设施的规模一般均与码头泊位数配套或相互协调。因此，确定码头规模是确定港口规模的主要内容之一。

码头规模包含泊位停船吨级和泊位数两个指标。泊位停船吨级主要取决于货种、航线运距和吞吐量。一般情况下，运距越长、船舶吨位越大，单吨运输成本越低。泊位数还取决于码头装卸效率和船舶周转量（1年间到港的船舶数量）。

对于专业化大宗散货泊位的停船吨级，其经济营运船型可粗略地用单吨运输成本和必要运费率两个指标来选择，同时考虑航运市场运力分布和运价变化的一般规律。

船舶周转量除了与吞吐量有关外，还取决于船舶在本港的平均装卸量，这里很容易误解，船舶在港的货物装卸量和船型吨级一定都存在着直接关系。就班轮而言，除始发港和目的港占船舶载重量的比重较大外，沿途各港的装卸量与船型大小的关系并不是十分密切。如集装箱干线班轮挂靠各港的装卸量可从300～500TEU到1 000～1 500TEU不等。如果船舶在码头平均装卸量小，则船舶周转量大，因而船舶占用泊位时间中非生产性的辅助作业时间长，从而影响泊位吞吐能力。

泊位停船吨级是指所能停泊的标准吨级的船舶，但在实际营运中停泊船舶是多样的，如1.5万吨级多用途泊位，它可能接待相当多万吨级及万吨级以下的船舶，这都是降低泊位吞吐能力的因素。泊位装卸效率随系统水平的不同可以有很大的差别，在规划阶段也难以精确确定。所有这些因素都影响泊位的实际吞吐能力。

在规划阶段，泊位的通过能力可参考表6-1中的数据。所需泊位数 S 的计算如下。

$$S = \frac{码头年作业量}{一个泊位年通过能力} = \frac{Q}{P_t}$$

通常应根据装卸系统设计，选择适当系数、指标，以较精确地估算 P_t 来确定泊位数：

$$P_t = \frac{T_y \cdot G}{\dfrac{t_z}{24 - \sum t} + \dfrac{t_f}{24}} \cdot \rho$$

式中　T_y——泊位营运年数；

　　　t_z——装卸一艘设计船型所需时间（时）；

　　　P_t——设计的船效率（吨 / 时），按运量、货种、船舶性能、作业线数量和管理等因素综合考虑；

　　　G——设计船型在本港的装卸量；

　　　t_f——船舶的辅助作业、技术作业时间以及船舶靠离泊位时间之和（时）。船舶靠离泊位间隔时间同航道、锚地、泊位前水域及港作业方式等条件有关，一般为1～2小时；

　　　$\sum t$——昼夜非生产时间之和（时），包括工间休息、吃饭及交接班时间，应根据本港实际情况而定，对集装箱泊位不宜超过1小时；

　　　ρ——泊位利用率，选用规范数据。

表 6-1　泊位通过能力

泊位种类	停船吨级	流向	通过能力 / 万吨	备注
多用途	5 000 吨	装·卸	20～30	以杂货为主，当集装箱超过1万TEU时，可提高20%～30%
		装·卸	30～40	以散杂货为主
	15 000 吨	装·卸	40～50	以件货为主，当集装箱超过1万TEU时，可提高10%～20%
		装·卸	50～60	以散杂货为主
集装箱	1 500～2 100TEU	装·卸	2（15～18）万 TEU	2个泊位、4台装卸桥
	4 300～6 000TEU	装·卸	2×30 万 TEU	2个泊位、6台装卸桥
成品油	3 000 吨	装·卸	50～70	
	3 万吨	装·卸	400～500	
	6 万～8 万吨	装·卸	600～700	
原油	5 万吨	装·卸	500～600	
	25 万～28 万吨	装·卸	1 700～2 000	
矿石	15 万～18 万吨	卸	1 200～1 300	2 台卸船机
粮食	3 万吨	卸	150～200	采用大船是为降低单吨运输成本
		装	300～350	
	8 万～12 万吨	卸	500～700	
煤	5 万吨	卸	300～400	门座抓斗起重机三四台
		装	800～1 000	装船机 6 000 吨 / 时、串联翻车机

6.2.2 码头泊位尺度的确定

这里所指的泊位就是一艘设计船型停靠码头时所占用的空间,即所占用的码头岸线长度(泊位长度)、码头前水域宽度(泊位宽度)和相应的水深(泊位水深)。

泊位长度主要取决于船舶长度和安全系缆的要求,而码头岸线长度取决于所要求的泊位数和每个泊位的长度。港口的码头岸线长度是港口规模的重要标志之一,表明了它能同时容纳并进行装卸作业的船舶数量。

泊位长度一般由船长和船与船之间的必要间隔所构成。确定间隔要考虑系缆要求,船舶靠离安全、方便,一个泊位的装卸作业对相邻泊位作业互不妨碍以及装卸机械检修方便等因素。

1. 单个泊位

整个码头线只布置一个泊位。此时泊位长度主要取决于首尾缆的系缆角度和长度(见图 6-8)。表 6-2 是泊位长度确定取值表。

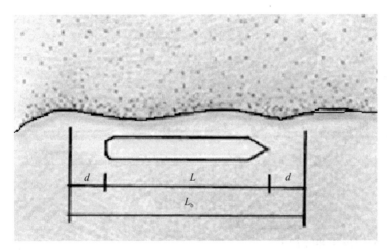

图 6-8 单个泊位的长度

表 6-2 泊位长度确定取值表

L / 米	>40	41 ~ 85	86 ~ 150	151 ~ 200	201 ~ 230	>230
d / 米	5	8 ~ 10	12 ~ 15	18 ~ 20	22 ~ 25	30

一个泊位长度:

$$L_b = L + 2d$$

式中 L——设计船长(米)。

该公式适用于有掩护的水域泊位长度的计算。系泊在开敞式码头的船舶,其受力较有掩护水域复杂,除系缆角度适宜外,缆绳应有足够长度以吸收船舶动能,减少系船力。

一般泊位长度:

$$L_b = (1.4 \sim 1.5) L$$

当开敞式码头为油码头时,多系墩式结构由作业平台、靠船墩和系缆墩组成,通常布置两个靠船墩，其间距宜在船体平直段，故两墩间距常布置为（0.3～0.4）L。

2.连续设置多泊位

连续设置多泊位的端部泊位，其一侧相当于单个泊位，如图6-9所示。由于相邻泊位允许交叉带缆和出现压缆现象，故表中d值可满足系缆要求。泊位长度L_b：

$$端部泊位\ L_b = L + 1.5d$$
$$中间泊位\ L_b = L + d$$

实践表明，对于这样的间距，如果一个泊位有船，相邻泊位进行靠离作业，基本上可满足互不影响的要求。

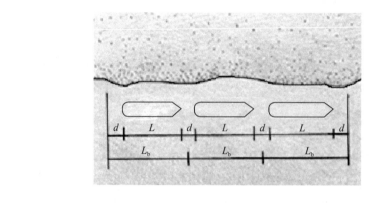

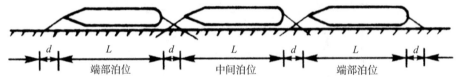

图6-9 连续设置多泊位的长度

6.2.3 海港码头的平面设置

海港总平面设计应贯彻节约岸线、节约用地、节约能源和安全生产的方针，保护环境，合理利用资源，防治污染。平面布置应以港口发展规划为基础，合理利用自然条件，远近结合和合理分区，并应留有综合开发的余地。各类码头的布置既应避免相互干扰，也应相对集中，以便于综合利用港口设施和集疏运系统（见图6-10）。

码头平面布置图应标示的主要内容有：码头大门、办公场所、进港道路、港区道路、港区堆场（根据货物类别分区堆放）、装卸机具、停车位置、码头前沿布置（岸线范围、泊位分布及趸船位置）、码头周界、场内其他设施及水域、陆域相关建构筑物等（见图6-11）。

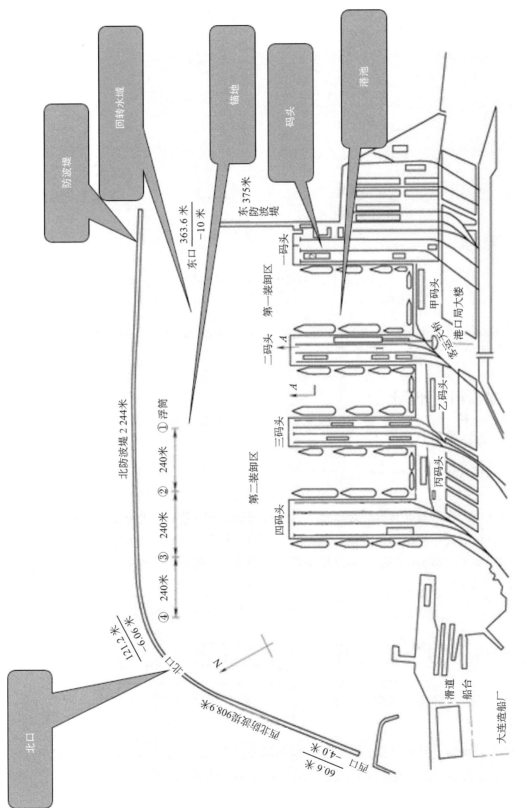

图 6-10　大连港港码头的平面设置

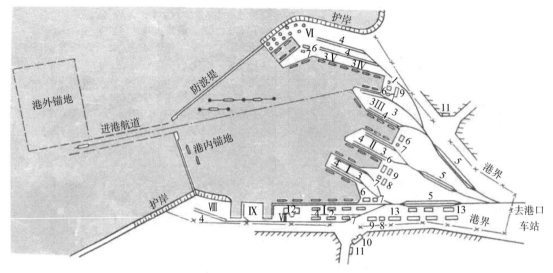

图 6-11　海港码头平面设置图及其标识

Ⅰ—件杂货码头　Ⅱ—木材码头　Ⅲ—矿石码头　Ⅳ—煤炭码头　Ⅴ—矿物建筑材料码头　Ⅵ—石油码头　Ⅶ—客运码头　Ⅷ—工作船码头及航修站　Ⅸ—工程维修基地

1—导航标志　2—港口仓库　3—露天货场　4—铁路装卸线　5—铁路分区调车场　6—作业区办公室　7—作业区工人休息室　8—工具库房　9—车库　10—港口管理局　11—警卫室　12—客运站　13—储存仓库

6.3　集装箱装卸机械

6.3.1　集装箱吊具

1. 固定式吊具

（1）直接吊装式吊具。它是起吊 20 英尺[⊖]或 40 英尺集装箱的专用吊具，直接挂在起升钢丝绳上。在吊具上装设的液压装置通过旋锁机构转动旋锁，与集装箱的角配件连接或松脱。这种吊具结构简单、重量最轻，但只适用于起吊一定尺寸的集装箱。如果起吊不同尺寸的集装箱，须更换吊具，不仅要花费较长的时间，而且使用起来也不方便，直接吊装式吊具如图 6-12 所示。

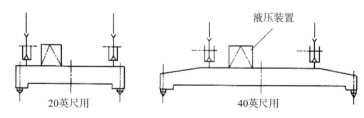

图 6-12　直接吊装式吊具

（2）可更换式吊具（吊梁式吊具）。它是将专门制作的吊梁悬挂在起升钢丝绳上，根据起吊集装箱的需要来更换与吊梁连接的 20 英尺或 40 英尺集装箱专用吊具，液压装置分别装

⊖　1 英尺 = 0.304 8 米。

设在专用吊具上。虽然这种专用吊具比直接吊装式吊具方便，但增加了重量（见图 6-13）。

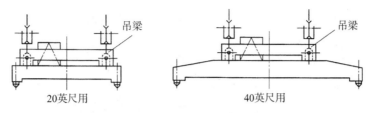

图 6-13 可更换式吊具

2. 组合式吊具

它是一种由两种不同规格的吊具组合在一起并可快速装拆的吊具。组合式吊具的主吊具用于 20 英尺集装箱，装有液压装置，通过旋锁机构转动旋锁。当需要起吊 40 英尺集装箱时，则通过旋锁机构与 40 英尺集装箱专用吊具相连接，其旋锁机构由主吊具的液压装置驱动。这种吊具构造较简单、故障少，拆装和维修保养较方便，对于集装箱跨运车等流动装卸机械比较适用（见图 6-14）。

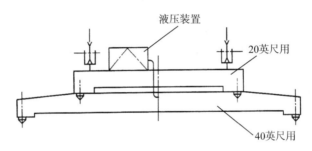

图 6-14 组合式吊具

3. 伸缩式吊具

伸缩式吊具如图 6-15 所示，它具有伸缩架，因而能适应不同规格集装箱的吊运。吊具的伸缩在司机室内通过液压机构操纵。变换吊具的时间只需 20 分钟左右，动作迅速平稳，但结构较复杂，自重也较大，约为 10 吨。伸缩式吊具是目前集装箱起重机采用最为广泛的一种吊具，特别是对岸边集装箱起重机和龙门起重机这类码头前沿与堆场的装卸机械更为合适。

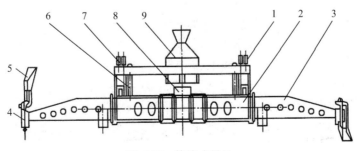

图 6-15 伸缩式吊具

1—上架 2—底架 3—伸缩架 4—旋锁驱动装置 5—导向装置 6—吊具前后倾斜装置 7—吊具滑轮 8—油泵驱动装置和油箱 9—电缆存储器

6.3.2 岸边集装箱起重机

岸边集装箱起重机是集装箱码头前沿进行集装箱船舶装卸作业的专用机械（见图6-16）。

图6-16 岸边集装箱起重机

它是由前后两片门框和拉杆组成的门架，沿着与岸边平行的轨道行走，桥架支承在门架上，行走小车沿着桥架上的轨道往返于水陆两侧吊运集装箱，进行装船和卸船作业。为了便于船舶靠离码头，桥架伸出码头前沿的伸臂部分可俯仰，以便集装箱起重机移动时与船舶的上层建筑不发生碰撞。岸边集装箱起重机具有起升机构、小车运行机构、前大梁俯仰机构和大车运行机构以及集装箱专用吊具和其他辅助设备。高速型岸边集装箱起重机还有吊具减摇装置等。

1. 岸边集装箱起重机的结构种类

（1）按门架结构分类。岸边集装箱起重机早期门架结构为A型，随后出现了H型门架。A型门架造型美观，不易碰到船舶上层建筑，整机重量较轻。但经过实际使用，H型门架比A型门架具有更多优点，如高度较低、焊接工艺性好、制造拼装容易，因而现在越来越多地采用H型门架。有的制造厂家曾尝试保持A型门架不易碰船的优点，采用AH型门架，终因制造拼装复杂而未能推广（见图6-17）。

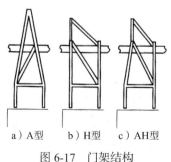

a）A型　　b）H型　　c）AH型

图6-17 门架结构

（2）按前大梁结构分类。为避让船舶或当岸边集装箱起重机不作业时，一般前大梁必须仰起或缩进海侧门框内。因此根据前大梁避让船舶方式的不同，前伸梁分为俯仰式、折叠式和滑梁式（见图6-18）。

2. 主要技术参数

（1）起重量。岸边集装箱起重机的起重量习惯上取额定起重量与吊具重量之和，即额定起重量不包括集装箱吊具在内。故额定起重量一般由所起吊的集装箱的最大重量来决定，对于国际标准40英尺集装箱按其最大总重量取30.5吨。

目前，世界各国岸边集装箱起重机普遍采用伸缩式吊具，其重量一般约为10吨。随着结构的不断改进，有的伸缩式吊具的重量已减

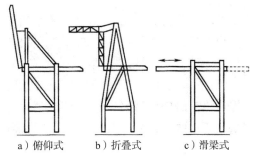

图6-18　前大梁结构种类

轻到8～8.5吨。据统计，目前世界上各种岸边集装箱起重机中，70%以上的起重量取40.5吨和37.5吨。

（2）尺寸参数。

1）起升高度：根据船舶型深、吃水、潮差和船上集装箱的装载情况来定，要求在轻载高水位时，能装卸三层集装箱并能堆高到四层；在满载低水位时，能吊到舱底最下一层集装箱。按3万吨级船型和码头前沿水位差为2米的条件计算，所得的起升高度约为37米，故目前世界各国设计制造的岸边集装箱起重机的起升高度大多取轨面以上25米，轨面以下12米。

2）外伸距：岸边集装箱起重机海侧轨道中心线向外至吊具铅垂中心线之间的最大水平距离。其确定是根据船宽并考虑在甲板上堆放四层集装箱、在船舶横倾向外倾斜3°时，仍能吊走甲板上外舷侧最上层的集装箱。以3万吨级船型为例，计算所得的外伸距约为35米。

3）内伸距：岸边集装箱起重机陆侧轨道中心线向内至吊具铅垂中心线之间的最大水平距离。为了保证船舶装卸效率，在码头前沿水平搬运机械来不及搬运的情况下，内伸距就可起到一定的缓冲作用。此外，考虑到起重机要把舱盖板吊放到内伸距离范围内和起重机陆侧不同的供电方式对内伸距的要求，内伸距取7～11米。

4）轨距：岸边集装箱起重机两轨道中心线之间的水平距离。轨距的确定应使起重机具有足够的稳定性和考虑到由于轨距的变化给起重机轮压带来的影响。同时，要考虑码头前沿的装卸工艺方式。通常要求起重机轨距范围内能临时堆放三列集装箱并允许跨运车能自由进出搬运这些集装箱。由于集装箱装卸一般不进行车船直接换装，故可不考虑铺设铁路线的尺寸要求。综上所述，轨距可取16米，宽轨型取26米。

5）门架净空高度：装卸桥的横梁最低点到轨道面之间的距离。参数取决于门架下通过流动搬运机械的高度，即门架与地面之间的垂直距离。门架净空高度决于门架下通过的流动搬运机械的外形高度，主要考虑能通过跨运车，并留出0.8～1米的安全间隙。如果门梁横架下净空高度至少10米，能保证堆码三层集装箱的跨运车通过（外形高度约为9米），则门架净空高度可取26米。

6）基距：同一轨道上两个主支承中心线之间的距离。门框内的空间应能通过40英尺集装箱、大型舱盖板并考虑到集装箱在装卸过程中可能产生的摆动，两边须留有一定的间隙，则门框内的有效宽度应约为16米。

（3）工作速度。工作速度的选定应满足装卸生产率的要求并对各机构的工作速度进行合理的分配。虽然提高升降和小车运行速度对缩短装卸工作时间意义较大，但在速度分配时还要尽量使之与电动机的容量规格相匹配。此外，起重机工作速度的提高会增加吊具的摇摆，使集装箱对位更加困难，对位时间相应增加，故应同时考虑减摇等相应的技术措施，否则效果不佳。

1）起升速度。通常设计满载和空载两种速度，空载起升速度高于满载速度一倍以上。普通型岸边集装箱起重机相应的设计生产率约为20 TEU/时；高速型岸边集装箱起重机的生产率为30～35TEU/时。

2）小车运行速度。岸边集装箱起重机的小车行走距离一般都在40米左右，小车行走时间约占整个工作循环时间的25%左右。因此，提高小车行走速度对缩短工作循环时间，提高生产率是很有意义的。但是，小车行走速度的提高将会增加吊具的摇摆和司机的疲劳，因此必须有良好的减摇装置。普通型岸边集装箱起重机小车行走速度为120～150米/分，高速型岸边集装箱起重机约为150米/分。根据实际使用情况，小车行走速度在140米/分以上时须装有吊具减摇装置。

3）大车运行速度。移动大车的目的是调整作业位置，因此，对大车运行速度并不要求很快，一般为25～45米/分。

6.3.3　堆场作业机械

1. 集装箱正面吊运机

码头集装箱堆场包括堆场与前沿主装卸机械之间集装箱的水平运输；集装箱货场、中转站的装卸与堆码；铁路场站的集装箱集散点。

集装箱正面吊运机换装吊钩后，可作为轮胎式起重机使用。个别场合里，也可换装木材抓斗作为木材装卸机械使用。

（1）集装箱正面吊运机的分类。集装箱正面吊运机按作业对象的不同可以分为两类。①重箱正面吊运机：主要对重载货物的集装箱进行作业，一般可以堆码四五层集装箱（见图6-19）。②空箱正面吊运机：仅对空集装箱进行作业，一般可以堆码七八层集装箱，最高到10层（见图6-20）。

（2）主要技术参数。

1）起重量（额定起重量）：最小工作幅度

图6-19　重箱正面吊运机

下吊具能够吊起的最大集装箱质量。集装箱正面吊运机的额定起重量一般为 36 吨、40 吨、41 吨、42 吨、45 吨等。空箱正面吊运机的额定起重量一般为 6 ～ 10 吨。

图 6-20　空箱正面吊运机

2）起升高度：即堆码高度，一般为 4 层箱高，如按 8 英尺 6 英寸（即 2.591 米）箱高来考虑，再加上一定的安全高度，故起升高度一般为 11 米左右。当要求堆 5 层箱高时，起升高度应不小于 12.955 米，一般为 13 米左右。安全高度是指在正常工作情况下，吊具转锁下端距最高层集装箱上平面的最大高度，一般不小于 300 毫米。

3）工作幅度：集装箱正面吊运机通常能跨一排箱作业。在对第一排集装箱作业时，前轮外沿离集装箱的距离为 700 毫米左右，工作幅度最小应距前轮外沿 2 米。在对第二排集装箱作业时，前轮外沿离第一排集装箱的距离为 500 毫米左右，工作幅度最小应距离前轮外沿 4.1 米。过两排集装箱对第三排集装箱作业时，最小工作幅度应大于 6 200 毫米。

4）外形尺寸：集装箱正面吊运机主要用在货场作业，要求能适应狭小的场地条件，因此对通过性能要求较高，需要控制车身宽度和长度。另外，还要考虑整机的稳定性和车架受力情况。吊运机车身高度一般控制在 4 400 毫米以内，宽度控制在 4 200 毫米以内，最大轴距为 5 500 毫米左右，车体带臂架时长度为 7 500 ～ 8 000 毫米。

5）转弯半径：吊运机在集装箱货场中作业，一般要求能在 7.5 米左右的直角通道上转弯。吊运 20 英尺集装箱时，能在 9.7 米的通道内 90° 转向，要求转弯半径在 8.50 米以下，一般取 8 米左右。

6）行驶速度：集装箱正面吊运机的运行距离一般在 40 ～ 50 米较为合理。

2. 集装箱龙门起重机

（1）轨道式集装箱龙门起重机。轨道式集装箱龙门起重机是集装箱货场进行装卸、堆码集装箱的专用机械。在集装箱专用码头上，岸边集装箱起重机将集装箱从船上卸到码头前沿的挂车上，拖到堆场，用轨道式集装箱龙门起重机进行装卸堆码作业，或者相反。集装箱专用码头货场上的轨道式集装箱龙门起重机的工作速度应与码头前沿岸边集装箱起重机的生产率相适应，以保证码头前沿不停顿地进行船舶装卸作业。

对于标准集装箱码头，在1个泊位配备2台岸边集装箱起重机的情况下，货场一般配备3台跨度为30～60米的轨道式集装箱龙门起重机，其中2台供前方船舶装卸作业用，1台供后方进箱和提箱用。

轨道式集装箱龙门起重机由两片双悬臂的门架组成，两侧门腿用下横梁连接，两侧悬臂用上横梁连接，门架通过大车运行机构在地面铺设的轨道上行走。在港口多采用双梁箱形焊接结构的轨道式集装箱龙门起重机，个别采用L形单梁箱形焊接结构。

轨道式集装箱龙门起重机较轮胎式集装箱龙门起重机跨度大、堆码层数多，可以充分利用堆场面积，提高堆场的堆存能力，结构较为简单，操作容易，维修方便，有利于实现自动化控制。

（2）轮胎式集装箱龙门起重机。轮胎式集装箱龙门起重机也是集装箱货场装卸、堆码集装箱的专用机械，由前后两片门框和底梁组成门架，支承在橡胶充气轮胎上，以便在货场上行走，而装有集装箱吊具的行走小车沿着门框横梁上的轨道行走，用以装卸底盘车和进行堆码作业（见图6-21）。

图 6-21　轮胎式集装箱龙门起重机

轮胎式集装箱龙门起重机主要有起升、小车行走、大车运行机构，并设有吊具回转装置和减摇装置。回转装置使吊具能在水平面内小范围回转（通常为±5°），以便吊具对准集装箱锁孔。减摇装置则要在前后左右两方向上衰减吊具和集装箱的摆动。

轮胎式集装箱龙门起重机在货场上只能直线行走，为了使轮胎式集装箱龙门起重机能从一个堆场转移到另外一个堆场工作，需要装设转向装置，有定轴转向和90°直角转向两种方式。

目前，我国港口集装箱码头使用的轮胎式集装箱龙门起重机的主要技术参数如表6-3所示。

表 6-3　我国港口集装箱码头使用的轮胎式集装箱龙门起重机的主要技术参数

主要技术参数	型号及设计制造单位			
	LMJ40 上海港机厂	LMJ40B 上海港机厂	日本三井造船公司	日本日立制作所
起重量/吨	40.5	40.5	40.5	40.5
额定起重量/吨	30.5	30.5	30.5	30.5
跨距/米	23.47	23.47	23.47	23.47
起升高度/米	12.22	12.22	12.22	12.22
基距/米	6.4	6.4	6.4	6.4

（续）

主要技术参数		型号及设计制造单位			
		LMJ40 上海港机厂	LMJ40B 上海港机厂	日本三井造船公司	日本日立制作所
起升速度 /（米 / 分）	满载	12	13.5	15	13.5
	空载	24	27	35	27
小车运行速度		50	65	70	70
大车运行速度 /（米 / 分）	满载	25	25		25
	空载	120	130	90	130
运行轮数 / 个		8	8	8	8
最大轮压 / kN		250	250	240	240
自重 / 吨		122.5	114		
使用港口		天津、上海、青岛港	天津、上海、青岛港	天津、上海港	天津、广州港

3.集装箱跨运车

（1）集装箱跨运车的用途。集装箱跨运车是一种应用于集装箱码头和集装箱中转站堆场的集装箱专用装卸机械，其作用是实现集装箱的水平搬运、堆码及对集装箱半挂车进行装卸作业。它以门形车架跨在集装箱上，由装有集装箱吊具的液压升降系统吊起集装箱以进行搬运，并可将集装箱堆码两三层高。此外，还可用跨运车将集装箱装在集装箱底盘车上，同时也可将集装箱从底盘车上卸下。

集装箱跨运车在完成搬运、堆码和装卸作业时，其作业循环通常是：空车运行——加紧或锁紧集装箱——吊起——重车运行——对正箱位——卸下重箱或堆码——空车返回。因此，它比轮胎式集装箱龙门起重机具有更大的机动性。

（2）集装箱跨运车的组成。集装箱跨运车由门形跨架、起升机构、动力及传动系统及其他辅助设备组成。集装箱跨运车如图 6-22 所示。

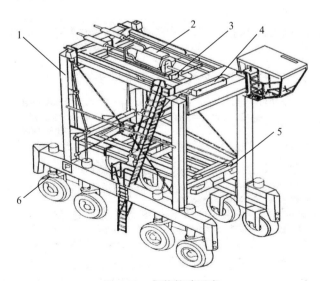

图 6-22 集装箱跨运车

1—车架 2—动力及传动系统 3—液压系统 4—电控系统 5—吊具与升降系统 6—转向、行驶和制动系统

1）门形跨架：分为前跨架和后车架两部分。前跨架一般采用管形结构，为起升机构

提升架的支承与导轨，后车架为箱形结构，作为动力设备、司机室以及其他辅助设备的支承。前跨架和后车架焊为一体，即成为门形跨架。

2）起升机构：由提升架及其升降油缸和吊具组成。集装箱跨运车所用吊具具有特殊的吊挂装置，可实现平移、（水平）偏转及回转调整动作。其参数范围为：平移距离 ±300 毫米，（水平）偏转角 ±6°。吊具的类型有固定式和可伸缩式两种，后者为目前常用形式，起重量（吊具下）为 30.5 ～ 40 吨。

3）动力及传动系统：跨运车的发动机和由发动机到起重装置与行走装置的传动机构。

4）转向和制动系统：集装箱跨运车的转向系统通常采用全部车轮转向（每个车轮的轮毂中都装有制动器）和全液压操纵的转向装置，以减小整机的转弯半径和操纵力。

5）行驶系统：包括车轮和悬挂装置。集装箱跨运车一般有 4 ～ 8 个车轮。集装箱跨运车的悬挂装置为行走车轮与车架下横梁之间的弹性连接装置，用来缓冲整机在不平整道路上行驶时产生的冲击载荷，以改善运行性能。

6）液压系统及电气控制系统：集装箱跨运车液压系统的功能是为各主要工作机构提供必需的驱动与控制，是整机工作的重要系统，主要包括吊具及升降、转向等液压回路，并实现相应的作业要求。电气控制系统的功能是对各工作机构起控制、驱动（尤其对电传动系统）作用以及安全保护、照明等。

（3）主要技术参数。

1）起重量。集装箱跨运车的起重量是指其吊具下的额定起吊质量，代表了整机的吊重能力。其值通常为 30.5 吨、35 吨和 40.5 吨等（符合 ISO 标准规定的相应集装箱的最大质量）。集装箱跨运车允许集装箱中货物的偏载，通常取 10% 的偏心载荷。

2）升降速度和行驶速度。集装箱跨运车的升降速度是指其吊具在吊箱满载及空载条件下的升降速度，一般为 10 米 / 分。

集装箱跨运车的行驶速度是指整机在吊箱满载或空载情况下的直线行驶速度，其最大值一般在 20 千米 / 时内。

3）堆码和通过集装箱的层数（高度）。堆码和通过集装箱的层数（高度）是集装箱跨运车起升吊箱和搬运的空间作业能力。堆码层数（高度）是指整机吊具下最大起升 / 放置集装箱的层数（高度）。通过层数是指整机空载行走时可跨越通过的最大堆箱层数（高度）。目前，集装箱跨运车的堆码和通过集装箱层数一般为三四层，也有两层的。

4）宽度尺寸。集装箱跨运车的宽度尺寸是指其整机外形最大宽度和跨内最小宽度。由于集装箱跨运车是跨越在集装箱行列之上进行行驶作业的，所以其宽度尺寸将影响到集装箱堆码间距、堆场利用率及装卸安全等。跨内最小宽度一般在 3.5 米左右，整机外形最大宽度在 4.5 米左右。

5）转弯半径及通道宽度。集装箱跨运车的转弯半径通常是指其外轮廓（包括吊箱）的最小转弯半径，它是衡量集装箱跨运车作业机动性的一个重要指标。目前，集装箱跨运车的外轮廓最小转弯半径一般在 12 米左右。通道宽度是指跨运车在堆场进行堆码作业时两列集装箱之间的间距，通常取 22 ～ 25 米。

6.4 影响港口装卸设备选型的主要因素

装卸工艺和装卸机械化系统是两个关系密切但又互不相同的概念。装卸工艺是指货物装卸的方法，装卸机械化系统则是用来实现装卸工作机械化的各种装卸机械及辅助设备的集成。例如，在件货装卸时，门座起重机可以和叉式装卸车配合组成一个装卸机械化系统，但同一个"门座起重机－叉式装卸车"系统可以有几个不同的装卸工艺方案：成组运输、成组装卸及堆存、散件装卸。

但必须指出的是，现代化的装卸工艺是以先进的装卸机械化系统为基础的，而且装卸机械化系统一经采用，更换比较困难，因此必须根据港口的具体营运状况和自然条件合理地设计机械化系统，特别要注意构成装卸机械化系统主体的装卸设备类型的选择。影响装卸机械设备类型选择的因素大体包括货物、运载工具、自然条件、港口建筑物、运输组织和竞争对手等几个方面。

6.4.1 货物方面

表 6-4 是对不同货类所使用的设备的举例，不同的货物类型在装卸工艺中可让典型设备也有很大的差异。

表 6-4 不同货类所使用的设备举例表

货类	在装卸工艺中可使用的典型设备
集装箱	岸壁式装卸桥、堆场轮胎式龙门起重机
杂货	门机、船舶吊杆
木材	门机、堆场龙门起重机、木材抓斗
干散货	移动式卸船机、堆场轮式堆取料机
散粮	吸粮机、夹皮带机、斗式提升机
液体货	输送管道

货物方面要考虑的因素包括：货物特性、吞吐量、货物流向、货物的始发地和目的地、订解约日期与装货准备完成日期。

1. 货物特性

货物特性在以下几个方面影响着机械设备的选择。

（1）货物的尺寸、重量、容重、形状和包装形式影响起重量的选择。例如件货组的大小往往受舱口尺寸、构成货组的方便性和货物在运输及保管时的稳定性等条件制约，因此对积载因数大的"轻泡货"来说，选择起重量过大的起重机就会因起重量得不到充分利用而影响经济效果。

（2）货物品种的多样性要求机械具有通用性和灵活性，要求能同时从船舶和车辆装卸多个品种的货物，要求库场内有众多的货堆。在分票多、货堆小的时候往往会影响货堆的高度，以及库场面积和机械堆高性能的充分利用。

（3）货堆的脆弱性和包装的牢固性影响装卸方法与货堆高度，要求港口在装卸货物时选用最少"接头"的输送机系统，避免采用刮运或抛掷的原理来运移货物。受震易坏的货物，如收音机等不能用滑板装卸，焦炭不宜用抛射式平舱机，怕压的件货在库内堆存时要用货架。

（4）货物的冻结性和凝结性对设备的有效应用具有重大影响，如果设计时考虑不周，有时甚至使整个设备无法使用。例如，盐、化肥散运时会因凝结而结壳；煤炭、矿石在冬季运输时会冻结，而且水分越大，越易冻结。由于冻结的货物不能自流，故影响底开门车和露天地下坑道的有效应用。为了使货物不冻，或使已冻的货物松碎，需要根据不同情况对散货进行脱水、加防冻剂、加热、用机械松碎等处理。

（5）货物的磨损性和腐蚀性会加速机件的损坏，因此需要特别的防护与维修。

（6）货物的易燃、易爆、扬尘性特性要求在设计装卸机械化系统时要从安全、环保的角度采取有效措施。

此外，在设计机械化系统时，设计人员还应考虑因特定货物引起的某些辅助作业设备的需要，如干燥、净化、精选、粉碎、分票、选材、称量、计数等设备。

2. 吞吐量

吞吐量的大小关系到是否需要设置专业化泊位和采用专业化机械。港口的专业化生产是社会化大生产的产物，也是现代化大工业发展的客观规律和基本特性。专业化生产取得良好的经济效果，关键因素是要具备一定的产量。如果产量不足，专业化生产反而会因设备利用不足而提高成本。同理，吞吐量也关系到机械设备应具有的生产能力，从而影响到所需配备的机械设备的类型和数量。当吞吐量大时，应设置生产能力较高的机械设备以获得较高的港口通过能力；当吞吐量很小时，最好采用构造简单、造价低廉又能保持相当生产能力的机械化系统。对生产任务受季节性影响大的货物而言，则要考虑泊位在空闲季节的充分利用问题。

3. 货物流向

货物流向是影响机械设备选择的又一个重要因素，水运货物是经铁路还是水路转运，是双向货流还是单向货流，货物是全部需要经过库场还是有很大比重直接换装，这些因素对机械设备选择都有很大的影响。

双向货流要求机械在装船与卸船的两个方向（船—岸和岸—船）都能进行工作，在这方面起重机系统较输送机系统更优越。

货物是否经过仓库对机械化系统也有重大影响。货物完全不经过仓库，当然可以使机械化系统简单、经济，但是促使货物经过仓库的原因有很多。例如，货物的特殊要求（木材的分类和加工，件货的分票，谷物的精选、干燥和熏蒸等），水陆同时装卸的货物品种不同，各种运输方式的工作期不一致，水陆运输工具未能同时到港以及它们的载重量相差悬殊等。而且船舶装卸效率越高，组织直接换装越困难。

除此之外，货物方面还要考虑流量、流向的稳定程度，因为这些关系到是否适宜采用专业化装卸设备。

4. 货物的始发地和目的地

货物始发地与目的地的不同涉及港口水深、装卸作业条件、港口使用费水平、港口间的计费距离、航次作业时间的长短以及是否需要通过运河、航线上是否有加油港及当地的油价等众多影响航线成本与营运经济效益的因素。显然，港口及航线条件好者因船舶经营者能以较低的成本获得较好的效益，其运费率亦应低于条件差者。这样有利于吸引更多的托运人。

货物目的地的不同，还可能影响到后续航次的再承运或再出租的机会以及期望运价和租金的高低。显然，具有再承运与再出租机会的港口，更能吸引优质航运公司青睐，进而优先获得航线挂靠港的资格。

货物始发地及目的地的不同，影响着两地集疏运条件的差别。显然，两地集疏运条件好的港口更能吸引货主。他们从全程运输角度衡量利益得失，必定乐意选择。即使水运段的运价或租金较高也乐意接受，否则，即使水运段运价或租金较低也会舍弃。

5. 订解约日期与装货准备完成日期

订解约日期不同，当时的市场外部条件显然会有较大的差异，市场供需情况会有不同，故订约日期和解约日期会影响运费或租金的高低。

订约日期的不同对即期市场的运费及租金的影响尤为明显，当前运费或租金的高低明显由当时的行情而定；至于解约的行情如何，则要凭经营者的能力和经验进行判断与预测。可以肯定，解约期的市场行情必定会影响订约期的运费或租金的水平。

此外，合同期的长短不同，显然也影响着运价或租金的高低。众所周知，由长期的运输合同或租船合同洽商的运价或租金通常要低于短期合同。

装货准备完成日期通常反映了托运人或承租人对所需船舶的急需程度。若托运人或租船人希望能将货物早日装船，则很难找到合适的承运人或出租人，他们必定愿意付出较高的运费或租金，而船方也必定会采取一些能满足托运人或租船人要求的措施，如加快装卸速度或加快空航船舶的船速，以尽快赶来装货等，并为此而付出一定的代价，故双方洽商的运费或租金一定偏高。

6.4.2 运载工具方面

运载工具主要包括船舶和车辆两个方面。

1. 船舶类型

泊位长度主要由船长决定，船宽关系到岸上机械的臂幅。船舷及上层建筑的高度决定起重机门架及输送机栈桥的高度和岸上机械具备升降式或伸缩式悬臂的必要性。舱口数影响岸上机械的数量，舱口尺寸影响作业方法和装卸效率，舱口面积与货舱面积之间比例的大小影响舱内作业效率，而舱内作业往往成为限制装卸效率的主要因素。船舱结构（舱内是否有支柱、隔板、轴隧，二层舱舱口围板是否平正，二层舱的高度如何等）影响舱内机械的采用。舱口位于上层建筑内的客货船要求采用特殊的装卸方法。在进行机械化系统的技术经济指标计算时，传统上根据设计任务中提供的设计代表船型，但工艺上往往不能满足于设计代表船型。一般来说，专业化的车型和船型有利于采用专用机械，也有利于提高装卸效率。但由于我国车船类型比较复杂，存在着各种车船类型到港作业的可能性，因此设计机械化系统时通常需要考虑一定的灵活性。

2. 车辆类型

关于车辆类型，除特定的情况（如用自卸车运散货）外，我国目前还很少用某一种车型装运一种货物。因此，除有特殊要求者外，一般只需了解是否有棚车或有篷货车装运散货的情况。

6.4.3　自然条件方面

自然条件对于机械设备的影响主要在水位和潮汐、地质和地形以及气象条件等方面。

1. 水位和潮汐

我国海港的潮差一般不大，内河港口的水位差则很不相同，有的港口变化较小，有的则变化很大。水位变化过大会使直立式码头的造价昂贵，使水工建筑投资增加；在斜坡式码头条件下，船舶与岸线相对位置变化很大，要求机械化系统能够灵活适应，既要保证高水位，又要保证低水位时的车辆与船舶装卸作业。

如需要地下建筑物，则须了解地下水位高度。地下水位高的港口在建造地下坑道时会增加施工方面的困难，影响地下坑道的经济合理性。

水流方向决定着船舶靠码头的首尾方向。在某些情况下，水流方向对工艺布置也会有影响。

2. 地质和地形

地质条件对码头形式、结构、造价及机械设备的选用都有重大影响。例如，在土质不好的条件下安装重型机械或建造高大的储货仓和油罐会遇到技术上的困难。即使技术问题可以解决，但是地基处理的费用将大大增加，从而影响设计系统的经济性。在土质太坚硬（如钢渣填土）的条件下，挖掘工程量太大的机械化系统会给施工造成困难。在设计工艺方案时，应尽量利用原有地形条件，根据高站台、低货位、滑溜化等原则，利用货物的位能进行货物装卸。

3. 气象条件

在经常下雨的港口，为解决雨天装卸问题，应研制和安装防雨的设备。北方港口要防止货物在严寒季节冻结，为此应采取相应的措施。冬季要封冻的港口，应考虑冰凌对码头和机械设备的影响。

6.4.4　港口建筑物方面

港口建筑物对机械设备的影响主要在岸壁形式和码头结构、库场类型及位置、铁路和公路与码头的相对位置三个方面。

1. 岸壁形式和码头结构

岸壁形式有三种：直立式、混合式和斜坡式。混合式中又因其直立段的位置而分为半斜坡式和半直立式。

直立式岸壁造价高于混合式岸壁，混合式岸壁造价又高于斜坡式岸壁。直立式岸壁和斜坡式岸壁造价的差额随着高度的增加而显著增加。在地质条件不好时造价差额更大，因为地质条件对斜坡式岸壁的影响远较直立式岸壁小。

海船泊位一般用直立式岸壁，因为如用斜坡式岸壁或混合式岸壁，船舶吊杆和起重机都会因海船吃水深，船岸间距离大而难以作业。但散货专业泊位常用斜坡式岸壁和混合式岸壁。除岸壁形式外，码头本身结构的强固程度对机械的选择也有巨大影响。我国港口的旧码头一般承载能力小，在这些码头上使用重型机械设备就非常困难。在分析和设计我国港口旧码头上的机械化系统时，专业人员对这方面的情况必须予以注意。

2. 库场类型及位置

库场地面的允许负荷和平坦程度、仓库的高度、支柱的多少、库门的尺寸等都影响着流动机械类型的选择。库场的平面尺寸和形状影响到某种特定情况下选择某种类型的机械是否恰当。库场和码头的相对位置决定着货物的搬运距离，影响着各种流动机械的使用效果。

3. 铁路和公路与码头的相对位置

铁路线与地面的高度差影响着流动机械的应用。铁路线和公路与码头平面相对位置对机械设备的选择也有影响。机械化系统的设计要尽可能避免陆上运输工具对装卸工作的干扰。

6.4.5　运输组织方面

车船运输组织的特点是选择装卸机械类型，这是决定工艺方案的又一重要因素。例如，有的港口船舶要候潮进出港，因而船舶作业时间和装卸船机械的生产率与潮汐的周期相联系。

同理，铁路的成组编解或整列到发等运输组织方面的要求都要考虑到。除以上所述的条件外，还要注意港口作业频繁、对生产率要求高等特点，同时机型选择还受到我国港机生产和维修水平的制约。

6.4.6　竞争对手方面

在市场经济条件下，竞争对手的多少，他们实力的大小以及自己在市场地位中的实力，对于运费率或租金的高低影响极大。前面提到在垄断市场条件下，运费或租金比较稳定，而在竞争对手众多的自由竞争条件下，强者通过操纵运费或租金等手段来击败弱者，其中压价的竞争手段尤为普遍。

在运输市场中，不仅涉及不同的航运经营者（承租人或出租人）之间的竞争，还涉及航运经营者与其他运输方式经营者之间的竞争，他们各自通过调整运费和租金的高低来保证自己能够取得尽可能大的货运份额。多种形式之间的竞争还导致对折扣水准的调整。

6.4.7　其他因素

其他因素包括有关法规的约束和影响，同其他经营人订立协议的约束和影响，同货主集团或贸易集团的关系以及预期的汇率变动的影响等。

众所周知，航运业尤其是国际航运业已越来越受到各国政府的干预和保护，故政府的各种措施都会影响到运费或租金的水平。例如，越来越多的政府对其某些航线的运费加以控制或施加影响；某些国家的营运补贴有助于降低运费，以鼓励与对手进行竞争等。

在某些竞争激烈又势均力敌的特定范围内，众多的竞争者为防止彼此之间因竞争带来经济损失，往往进行协商，在签约成交之前达成统一的运费标准等。

另外，有些货主集团或贸易集团为保护其成员的利益，往往限制其成员接受不适当的运费或租金，以抵制航运经营者的任意减价活动等。

在汇率波动幅度较大的时期，航运经营者为避免汇率风险所造成的经济损失，往往要在制定运费和租金时加以考虑，或在合同附则中补充特别规定等。

🔲 案例 厦门远海集装箱码头有限公司设施设备

厦门远海集装箱码头有限公司（XOCT）于 2008 年 11 月正式成立，注册资本 18.13 亿元，总投资 51.82 亿元，由中远海运港口有限公司和厦门海沧投资集团有限公司合资设立，其中中远海运港口有限公司占股 70%，厦门海沧投资集团占股 30%。厦门远海集装箱码头有限公司位于我国东南沿海、台湾海峡西岸，九龙江河口北岸、厦门自贸区海沧保税港区西区。

公司主要投资、建设、经营厦门海沧港区 13# ～ 17# 五个泊位，其中 14# ～ 17# 泊位设计集装箱吞吐能力为 260 万 TEU/ 年，13# 泊位（含三个 5 000DWT 级内港池泊位）设计散杂货吞吐能力为 370 万吨 / 年。集装箱泊位岸线长度 1 508 米，陆域纵深 810 米。进港航道全长约 42 千米，航道基准水深 14 米，满足 20 万吨级大型集装箱船舶的靠泊条件。项目占地面积 122.24 万米^2，计划分两期实施，码头前沿至后方 572 米，86.26 万米^2 为第一期，其余 35.98 万米^2 为第二期。厦门远海码头是一个规模巨大、设备精良、政策开放度高的集装箱专用码头（见表 6-5）。

表 6-5 厦门远海集装箱码头有限公司设施设备情况

设备	总数量 /（台 / 个）	已经配备 /（台 / 个）	规格
桥吊	20	12	吊具下 65 吨，吊钩下 78 吨，外伸距 65/70 米，起吊高度 44/46 米
场桥	60	36	吊具下 40.5 吨，"堆五过六"
正面吊	2	2	吊具下 45 吨
空箱堆高机	5	5	可堆放至七层，起吊能力 9 吨
ABB 操作模拟系统	1	1	全仿真司机操作培训系统，提高司机操作技能和操作效率
电控培训系统	1	1	ABB/SIEMENS 工程技术电控培训系统，提高设备的可靠性
冷藏箱插座	1 176	1 176	—
自动导航运载车	18	18	额定荷载 65 吨，行驶速度 6 米 / 秒
集装箱转运平台	16	8	额定荷载 65 吨

资料来源：http://www.coscoyh.com.cn/AboutUs.aspx?id=53.

✐ 复习思考题

1. 简述港口物流设施的分类。

2. 如何确定泊位长度？

3. 简述岸边集装箱起重机的技术参数。

4. 简述影响港口装卸设备选型的主要因素。

第 7 章

CHAPTER 7

港口物流生产及统计指标体系

1. 熟悉港口物流生产过程
2. 了解港口生产计划
3. 了解港口物流生产调度的内容
4. 掌握港口吞吐量、集装箱吞吐量指标

7.1 港口物流生产过程

7.1.1 港口物流基本生产过程

港口物流主要是围绕船舶和货物展开服务的，因此港口物流生产过程是随货物和船舶在港口的流向而进行的。船舶流向是指从船舶抵港，靠上码头，进行卸船、装船作业，一直到离开港口的过程。货物流向是指从港口经营人与委托人签订港口业务合同起，货物进入港区，储存或集装，完成装船作业，船舶驶离码头；或反向，船舶抵港停靠码头，完成卸船作业，货物进入库场储存，货主提货的整个过程。当然，完整的港口物流业务还包括口岸管理、费用核算、事故处理等服务工作。

港口物流的生产过程主要包括生产准备过程、基本生产过程、辅助生产过程和生产服务过程四个方面（见图 7-1）。

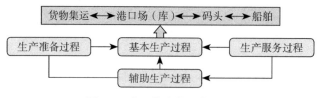

图 7-1 港口物流的生产过程

1. 生产准备过程

生产准备过程是指港口在基本生产活动之前所进行的全部技术准备和组织准备工作。该过程主要包括编制装卸作业计划，并根据计划进行货物操作过程、装卸工艺、装卸地点、库场和接运工具的确定与准备，装卸机械和工属具的准备以及货运文件的准备。这些工作是确保基本生产过程顺利进行的前提。

2. 基本生产过程

基本生产过程即货物在港口的装卸搬运过程，或称换装过程，是指货物从进港到离港所进行的全部作业的综合。它是由一个或一个以上操作过程所组成的。基本生产过程包括：卸船、装船过程，卸车、装车过程，库场作业过程以及港内运输等（见图 7-2）。

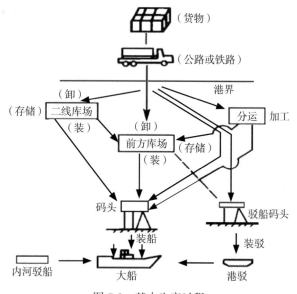

图 7-2 基本生产过程

3. 辅助生产过程

辅助生产过程是保证基本生产过程正常进行所必需的各种辅助性生产活动。如装卸机械的维修与保养、装卸工属具的维护与保养、港口设施的维修和动力供应等，此外如装船前、卸船后对码头及库场的整理等。

4. 生产服务过程

生产服务过程是保证基本生产过程和辅助生产过程所进行的各种服务过程。其为基本生产服务的有理货业务、仓储业务和计量业务等；为船舶服务的有技术供应、生活必需品供应、燃料供应、淡水供应、船舶检验和修理与压舱污水处理等；为货主服务的有货物鉴定、检验、包装等。此外，还有集装箱的清洗与检修、集装箱的固定、港内垃圾和污水处理等。各种生产服务活动是港口生产活动中不可缺少的组成部分。

在组织生产过程中，既要组织好基本生产过程，也要组织好其他三个过程。特别值得注意的是，在组织生产过程中，不但要注意物质（即设备、机械）的组织，而且要抓好信息的组织工作。在港口生产过程中，由于信息流通不畅而经常引起生产的中断。例如，船舶积载图未能在船舶到港前收到，港口无法提前准备，外贸出口货虽已抵港，但由于手续尚未完备而不得不"退关"。

7.1.2　港口物流生产特点

港口物流生产活动主要是指以港口为核心的生产活动。港口物流生产具有复杂性，变化因素多，主要表现为如下三个特点。

1. 港口物流生产过程的高度连续性和比例性

由于港口要昼夜不间断地进行装卸作业，所以要求港口生产的各环节、各工序之间在时间和空间上都要紧密衔接，具有连续不间断作业的能力。同时要求码头、船舶、货物保持一定的比例，码头、机械的能力能适应货物运输装卸的要求，港口内部各环节的能力具有合理比例性。若港口生产各工序中的一个环节中断作业，这种连续性和比例性被破坏，就可能造成效率的降低、生产的减缓，甚至会造成港口压货压港，生产难以进行。

2. 港口物流生产的复杂性和协作性

港口生产是多工种、多环节的联合作业，不仅涉及装卸工人、机械司机、库场管理人员、理货人员、机电修理工和生产调度人员等，还涉及港口外部众多的货主以及铁路、海关、商检等部门和有关人员。港口生产涉及面广、内外协作关系多的特点，决定了港口生产活动的复杂性和协作性，要求港口在对港内生产各环节进行协调的同时，努力加强与港外的横向联系，及时把握信息，做好与外部有关方面的协调。

3. 港口生产的不平衡性

由于客观上受到货物到港在时间、种类和数量的不平衡，以及港口内部生产薄弱环节的影响，所以造成港口生产活动的不平衡性。这种不平衡性在工作上表现为忙闲不均：货少时，设备和人力利用率低，不能充分发挥作用；货多时，设备、人力不够用，造成船舶排队，压货压港，运力浪费。因此港口生产组织的一个重要内容就是保证港口生产有节奏地均衡进行。

7.2　港口物流生产计划与作业计划

港口生产计划和调度是港口物流生产活动的保障。港口生产统计指标反映了港口物流生产活动的规模与能力、效果与质量的水平。

港口物流生产涉及面广，既涉及港口内部的各个生产环节、水上运输和其他运输方式，又涉及国民经济各部门。要完成一次港口物流生产作业，必须要涉及船舶、货物、港口内的各种装卸机械设备、各种作业人员和各种运输车辆的衔接，如果要把这些复杂的技术设备和人员组织在一起，协调地进行港口生产，就必须进行严格的计划管理。另外，港口的规模越大，对计划管理的要求越高；港口的航线越多，涉及的面越广，对计划管理的要求也越严格。因此，对于港口企业来说，从整体上要服从国家的计划指导，从内部则要对自身的全部生产经营活动实行计划管理。

所谓计划管理就是通过对计划的编制、执行和控制，来组织、协调港口的生产经营活动，以保证完成企业的生产任务，从而获得自身的良好经济效益，实现企业的经营方针和经营目标。港口生产的计划管理是通过港口的计划管理体系来实现的，一个港口的计划管理体系，是港口企业经营思想、经营目标、经营决策、经营方针和策略的具体化，是企业全体职工的行动纲领。

7.2.1　港口年度生产计划

港口年度生产计划是港口计划管理体系的重要组成部分。它为基本建设、劳动工资、物资供应、财务成本等各项计划的编制与执行提供了依据，是港口进行计划管理的基础。

港口年度生产计划包括港口货物吞吐量计划、年度装卸工作计划、集装箱运输量计划、机械运用计划、堆存工作计划和驳运工作计划等。以下着重介绍港口货物吞吐量计划和年度装卸工作计划。

在编制年度生产计划时，相关人员应努力提高计划的质量，使生产计划能反映国民经济对港口生产的要求，并充分利用港口能力，尽可能多地完成货物装卸任务，以提高社会综合效益和企业经济效益。

1. 港口货物吞吐量计划

港口货物吞吐量是指在计划期内经由水运运进、运出港区范围并经过装卸的货物数量。它是衡量港口生产任务大小的主要数量指标，也是计算港口劳动生产率、财务收入的主要依据。计划中规定的主要内容有分货种、分流向、分航线的货物吞吐量和旅客发送量。货物吞吐量的货类构成及其主要流向，反映了对外贸易的情况，港口的腹地及地区之间的经济联系，也反映了港口在国内外港口物流中的地位和作用。因此，要掌握和预测计划期内货物吞吐量的变化情况，必须要尽可能多地了解本地区对外贸易情况，港口腹地经济发展和其他与港口有关的经济联系。

编制港口货物吞吐量计划，实际上是拟订港口企业管理的具体方案和年度奋斗目标，因此在编制过程中要按照计划编制的程序和要求细致地做工作，要做到两个结合，四个平衡。

（1）两个结合是上下结合，即上级的有关要求、规定与本港区的实际情况相结合；长短结合，即编制的年度计划要与港口的长远计划相结合。

（2）四个平衡主要包括：①港口吞吐任务与港口通过能力相平衡；②港口通过能力与船舶运力相平衡；③港口货物的集疏运与港口的车、船换装能力相平衡；④内、外贸货物的任务和装卸能力相平衡。

港口货物吞吐量计划编制后，企业必须要发动全体职工，结合本单位的具体情况，提出确保完成计划的措施。在执行计划过程中，要定期进行检查和分析，保证计划按要求完成。一般经过大约半年时间，一些客观因素会有所变化。如果计划确实需要调整或变更，那么可以按管理权限履行报批手续，但不得自行修改。

2. 年度装卸工作计划

装卸工作计划的基本任务是根据港口货物吞吐量计划，对港口装卸作业进行合理安排，确定企业为保证港口吞吐量计划的完成，其各方面工作应达到的水平。该工作计划包括拟订各类货物的装卸操作方案，计算操作量，确定劳动力需要量、机械化程度以及车、船在港停留时间等。

港口年度装卸工作计划，由港口计划部门或调度部门编制，包含的计划指标较多，各港口也不尽相同。它的主要指标有按自然吨或吞吐量计算的生产任务，有按操作吨计算的装卸工作量及一系列反映装卸效率及港口生产要素利用程度的指标等。

7.2.2　港口生产作业计划

港口生产作业计划是港口企业生产计划的具体化，是为了保证年度生产计划的完成而制订的。它主要包括港口月度生产计划和旬度作业计划、港口昼夜分班作业计划、单船作业计划。

生产作业计划是指导企业组织日常生产活动的具体行动计划，是保证企业有秩序地进行均衡生产的重要手段，是动员和组织港口全体职工完成或超额完成生产任务的工具，是企业全面计划管理的重要组成部分。

生产作业计划把港口的生产计划落实到装卸公司、装卸队直至装卸班组和工人，使企业的每一环节、每一队组、每日每班都有明确的目标，有利于调动广大职工的积极性，便于对生产进行组织、协调和控制。

通过生产作业计划，不仅可以合理地使用和调配装卸机械与人力，而且可以挖掘企业内部的生产潜力，避免出现装卸生产时松时紧、前松后紧等状况，以保证港口生产均衡地、有节奏地进行。

正确地编制和执行生产作业计划，就可促使企业的各项管理工作做得更加细致和具体，有利于企业不断提高管理水平，并取得良好的经济效益。

1. 港口月度生产计划和旬度作业计划

（1）港口月度生产计划。必须强调指出，港口月度生产计划对港口企业是非常重要的。它既是编制港口月度生产方案和其他作业计划的依据，也是年度计划与具体作业计划之间承上启下的纽带。只有在确定了月度生产计划后，才能使港口与航运、铁路、货主之间建立起严密的协作关系，有效地形成一个有机的体系，共同努力完成货物吞吐量计划。它在整个港口物流生产组织过程中具有极其重要的作用。港口企业一般在月底下达下月港口月度生产计划。月度生产计划又分为月度吞吐量计划和月度装卸工作计划。

1）港口月度吞吐量计划。港口月度吞吐量计划由计划部门同调度部门及货运商务部门，根据月度货物托运计划、月度外贸进出口船货计划（外轮到港计划）、各航运单位的船舶运力材料，以及港口码头、库场、机械设备、集疏运能力等资料，经综合平衡后编制。港口月度吞吐量计划的指标主要是货物吞吐量和集装箱吞吐量（即标准箱箱量）。

2）港口月度装卸工作计划。港口月度装卸工作计划是港口为保证完成月度吞吐量计划任务而对港口装卸作业所做的计划安排，为了确保企业吞吐量的完成，要求各方面工作应达到相应的水平。港口月度装卸工作计划由港口计划部门或调度部门编制。

（2）港口旬度作业计划。港口旬度作业计划是月度生产计划的具体化，是保证月度生产计划完成的重要手段。其特点是比月度生产计划更具体，基本上确定了船舶的装卸货种、数量、流向及靠泊的码头泊位等。它的主要指标有装卸自然吨、码头作业的吞吐量、货运量、客运量、船舶平均在港停泊天数等。

2. 港口昼夜分班作业计划

港口生产部门根据船舶到港的具体计划和时间表，即各船舶代理公司汇总并报送港务局生产调度部门的"五日船期表"，按各港区作业分工和生产情况，编制船舶分码头的靠泊计划。各港区根据计划船期、船舶积载情况、货物的转接运情况以及港区的机械、劳动力出勤和仓库堆场的能力编制的港口昼夜分班作业计划进行调度。

港口昼夜分班作业计划规定了昼夜内的港口生产作业，不仅规定了该港区昼夜及每工班的工作任务、工作量，还规定了生产的组织方法，以及各种机械设备与劳动力的合理使用。它是港区生产调度部门进行生产组织和指挥的依据，是对港区 24 小时不间断生产的具体安排。在昼夜分班作业计划中，要根据装卸生产的现状和进度，对船舶作业的装卸顺序、作业地点、操作方法等做出明确规定，而且对使用的机械以及人力配备等都要做出合理安排。鉴于港区生产具有多环节、多工序、涉及面广、工艺复杂和情况多变等特点，因此，编制并执行昼夜分班作业计划就显得更为重要。

3. 单船作业计划

港口装卸生产作业的主要服务对象是车、船、货。完成生产任务的好坏取决于每一艘船舶的作业质量。要做好港口生产管理和完成生产任务，就必须从基础抓起，即从单船的装卸作业抓起，只有单船作业做好了，全港的生产才有保证。单船作业是港口作业的基本部分，是港口装卸生产的基础，因而港口装卸生产计划的基础是单船作业计划。

在制订单船作业计划时，相关人员要详细规定船舶必须在港进行的全部作业项目、作业程序和作业时间。

装卸作业是单船作业计划的主要内容，应按装卸作业计划的要求做出安排，做到合理配置装卸作业线的能力和组织平行作业等。

船舶技术作业，包括船舶的靠离码头，补充淡水、燃料、船用备品以及各项技术作业。

船舶辅助作业，包括开关舱、洗舱、熏舱、办理货运文件、装卸作业的准备和结束后的整理工作等。

单船作业计划把船舶装卸及其他项目有机地衔接起来，便于检查与该船在港完成装卸有关的一切作业情况，组织有关部门按单船作业进程的要求协作配合，从而缩短船舶在港停泊时间，加速车、船和货物周转。

各港的单船作业计划及其所要求的内容不尽相同。

7.3 港口生产调度

1. 港口生产调度工作

港口生产调度工作是港口作业计划工作的重要组成部分。它是保证企业作业计划实现而进行的一系列检查、督促、联系、协调、指挥和部署工作的总称。

由于水上运输具有点多、线长、面广、流动分散、受自然因素影响大等特点，港航生产的时间性强，许多业务具有涉外性，因此为对船舶运行和港口装卸及转运实行集中统一指挥，交通和港航单位均应建立、健全和强化水运生产调度指挥机构。港口生产的调度部门的基本任务是：以客货运输为中心，编制并执行水运生产计划，经济合理地利用港口、船舶的设备能力，做好与有关部门的合作工作，加速车、船、货周转，努力完成客货运任务，提高港口经济效益。

生产调度和生产控制是现代化大生产发展的客观要求，是实现港口企业与港口有关单位的联系、持续均衡生产、协调各生产环节的有力保证，是组织实现物流生产作业计划的重要手段，是提高企业经济效益的有效组织技术措施。港口调度作为港口生产的指挥系统，就是为了实现上述目的，对港口范围内的生产活动进行统一指挥、部署、安排、检查和督促，充分利用港口企业的人力、物力和财力，实现以最少的投入获得最大的产出。

在港口物流系统中，生产调度系统对生产活动的重要意义集中体现在以下方面。

（1）生产调度是贯彻执行国家运输政策，协调、平衡和处理港口内部与外部有关生产活动之间关系的部门。

（2）生产调度是港口生产指挥的中心，是各级领导管理生产的参谋和主要助手，是对港口生产活动实行集中统一指挥的强有力的工具。它要对企业生产过程从空间到时间进行组织，同时还要对整个生产布局、生产动态、生产进程进行部署、指挥和控制。

（3）生产调度是企业实行计划管理的不可缺少的重要环节，是贯彻执行生产作业计划的保证和补充。它具体实施港区的生产工作计划，对港区人力、机械设备进行安排，组织港内各个环节的生产能力，做好生产能力与装卸任务的平衡，协调各种运输工具的衔接，掌握和检查装卸作业的进度，解决装卸生产过程中出现的各种问题，保证整个港口生产均衡且有节奏地进行。

2. 港口生产调度工作的职责和要求

（1）港口生产调度工作的职责。港口生产调度指挥系统应在局长（或经理）的领导下，负责全港日常装卸生产的组织工作，其主要职责有以下几个方面。

根据上级主管部门下达的运输任务，审核并平衡港口码头的吞吐量计划，具体编制月度、旬度和昼夜生产作业计划，并组织全面完成计划任务。

按照装卸工艺方案，合理安排劳力、机械、泊位、库场及其设备，充分发挥和扩大港口通过能力，努力缩短车、船在港停留时间。

根据货流、货种和车船到港的变化情况，注意调整各港区的作业安排，组织均衡生产，保证装卸作业安全，提高货运质量。

掌握车船装卸进度和货物集中情况，联系铁路、航运和物资部门，做好车、船、货的衔接。

对于重点航线、重点船舶、重点舱口、重要物资（如危险品）、成套设备等，要编制合理的装卸工艺方案，并组织实施，确保完成。

检查安全生产及运输质量，分析存在的问题，提出改进措施。

负责联系有关运输船舶的燃物料、淡水、伙食用品等各项供应和船舶临时修理工作

（船籍港除外）。

负责向调度会议汇报安全、生产、装卸与货运质量情况和存在的问题，监督检查生产决议的执行情况。

负责日常生产快速统计和生产日报表的编制工作。

按旬、月做出调度工作小结，总结推广先进经验，不断提高调度工作水平。

组织合理运输，按计划组织货物的集疏运，合理使用库场，努力扩大库场的通过能力。

外贸港口企业要求通过外代，每天将旬计划内的外贸船舶靠泊、执行和预计离港的动态告知有关轮船公司。

（2）港口生产调度工作的要求。港口生产调度工作的总要求是，依据生产调度计划，根据港区内外各种情况的变化，科学合理地调节并配置各生产要素，使港区生产持续均衡地进行。要做好调度工作，必须要掌握好调度工作的几个特性。

1）计划性。计划是调度工作的基础和依据，在港口日常生产活动中，昼夜生产作业计划是调度工作的主要依据。在昼夜生产作业计划指导下，调度要围绕作业计划的目标，编制好当班作业计划，并督促和检查计划的执行，灵活机动地做好调度工作，保证港区生产作业计划的完成。

2）集中性。港口调度部门是代表港区领导对港口装卸生产活动进行统一指挥的"司令部"。调度工作的集中性，是对港区生产经营活动统一领导和正常进行的保证。因此，凡是港区领导对生产的指示和调度做的决定，均由调度部门集中统一布置下达，也统一由调度部门组织实施。

3）及时性。对港口生产来说，时间是非常重要的因素。无论是船舶在港停泊时间的缩短，执行效率的提高，还是生产环节的衔接和工时的利用，都充分体现了时间观念。因此港口调度工作要注重及时性，及时发现问题，及时反馈信息，出现问题时能够尽快解决。

4）经常性。港口装卸生产是一项昼夜连续工作的生产活动，港口生产的变化要由调度部门进行协调和平衡。要随时检查和掌握各个生产环节的生产进度、装卸机械的运转情况、劳动力的配置以及安全操作与质量。要按照生产计划，及时采取各种有效的措施保持生产活动的连续进行。调度工作的经常性实际上就是与生产活动不可分离的联系和协调。

5）预见性。港口装卸生产影响因素多，情况变化快，因此对生产中可能产生的情况或问题要有预见性，并事先有所准备，考虑好有效的应急措施，当问题发生时能及时有效地予以解决。要做到有预见性，就要依靠以往不断积累的实践经验，掌握装卸生产的客观规律，全面了解影响装卸生产正常进行的各种信息。有了预见性，才能使调度工作打主动仗，而不致成为"消防队"。

7.4　港口生产统计指标

从运输、存储条件和装卸工艺的角度考虑，货物可分为三大类：件杂货、干散货和液体货。

（1）件杂货。凡成件运输和保管的货物，不论有无包装，都可称件杂货。它们的形式、形状、大小及重量各不相同，种类繁多。包装货常见的有袋装、捆装、箱装、桶装、篓装和罐装等。无包装的大宗零散件货，如金属及其制品、木材等；单个大件货，如机械设备、金属构件等。件杂货由于单件重量小，故影响装卸设备的生产率。为了提高装卸效率，件杂货可用网络、绳扣、货板等成组工具，提高装卸单元的重量，使零散的、单件的件货组装成比较统一的成组件货，成组工具随货运转，成组件一般每件重 1.5 ～ 3 吨。

（2）干散货。这种货物包括散装谷物、煤炭、矿石、散装水泥、矿物性建筑材料及化学性质比较稳定的块状或粒状货物。常见的散装谷物有小麦、玉米、大米、大豆等。煤炭是一种大宗散货，种类繁多。矿石种类很多，大宗运输的有铁矿石、磷矿石、锰矿石等。矿物性建筑材料有沙、碎石、石材等。干散货通常是大宗的，因此常为其设置专用码头。

（3）液体货。这种货物包括石油、石油产品、植物油和液化气等。大量通过港口的原油和成品油，属于易燃液体。

为了进行港口管理和研究货运量发展，将上述三大类货物按货物属性，按相近的货物归类，以便于进行统计分析。目前，我国将运量大的货物统一规定为煤炭、石油、金属矿石、钢铁、矿建材料、水泥、木材、非金属矿石、化肥及农药、盐、粮食、其他等 12 类作为统计货物运输量构成的主要货种。国外统计货类：大分类（9 种）、中分类（17 种）、细分类（56 种）。

7.4.1 吞吐量统计指标

1. 吞吐量

货物吞吐量是一年间经由水运输出、输入港区并经过装卸作业的货物总量。其包括邮件及办理托运手续的行李、包裹，以及补给船舶的燃料、物料和淡水。计算单位为"吨或TEU"。

当货物由水转陆，或由陆转水时，装卸量计为 1 吨吞吐量；当货物由水转水（如江海联运船转船）时，1 吨装卸量计为 2 吨吞吐量，货物水转水如图 7-3 所示。

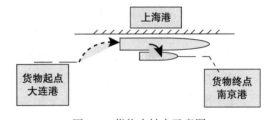

港区范围是指各港口港章中规定的或经港口当地政府机关划定的港口陆域、水域范围。

图 7-3 货物水转水示意图

2. 集装箱吞吐量

集装量吞吐量是吞吐量的一部分。集装箱吞吐量现在基本是按国际标准集装箱统计的，计算单位为 TEU，也可以以吨为单位来计算。

一个标准 20 英尺集装箱计为 1 个 TEU，其他箱型按各自的换算系数折合成 TEU 进行统计。国际标准集装箱换算系数的计算公式：

$$换算系数 = 集装箱自然长度英尺 / 20 英尺$$

因此，一个标准 40 英尺集装箱计 2 个 TEU，一个标准 45 英尺集装箱计 2.25 个 TEU。按重量吨统计时，集装箱应视为货物的外包装箱，不论空箱或重箱，箱的自重一并纳入吞吐量的计算中。

3. 吞吐量统计方法

（1）吞吐量的计算方法包括以下几种。

自本港装船运出港区的货（箱）计算一次出口吞吐量。

由水运运进港区卸下的货（箱）计算一次进口吞吐量。

由水运运进港区，经装卸又由水运运出港区的转口货（箱）。不论是船到船直接转口，或是经过库场后再装船转口，均分别按进口卸船和出口装船，各计算一次吞吐量。

补给国内外运输船舶的燃料、物料和淡水，计算为出口吞吐量。

由水运运进港区的建港物资、人防物资和防汛物资，并在港内消耗的（包括港用机械、设备等），计算为进口吞吐量。

由水运运进、运出港区的邮件、行李、包裹，分别按进口或出口计算吞吐量。

（2）吞吐量统计的截止时间。港口货物吞吐量统计，一律以统计期（月、季、年）末最后一天的18时整为截止时间。

（3）吞吐量统计分组。

1）按进、出口可分为进口吞吐量、出口吞吐量。

进口吞吐量是指经由水运运进港区范围并经装卸的货（箱）数量。

出口吞吐量是指经由水运运出港区范围并经装卸的货（箱）数量。

2）按贸易性质可分为外贸吞吐量、内贸吞吐量。

外贸吞吐量是指我国与其他国家及地区之间贸易往来运进运出港口并经装卸的货（箱）数量，包括在我国港口中转的转口贸易货（箱）数量。

内贸吞吐量是指我国国内贸易运进运出港口并经装卸的货（箱）数量。

3）按航线可分为国际航线和国内航线。

国际航线，在航线挂靠港中，有国外港口的航线，又分为近洋航线和远洋航线。

国内航线，在航线挂靠港中，只有国内港口的航线，分沿海航线和内河航线。

4）按货物流向（目的港）可分为七大洲及其国家（地区）。

5）按承运船舶的船籍可分为国轮和外轮。

6）按承运船舶的船型可分为全集装箱船、半集装箱船、捎带船等。

7）按装卸货物的作业地点可分为码头泊位、浮筒等，其中码头泊位要逐个分别统计。

8）按装卸货物的作业方式可分为直接经岸、水上过驳。

9）按承运船舶的班期可分为定期船（班轮）和不定期船。

（4）吞吐量统计的原始资料。港口货物吞吐量统计的原始资料是货物运单、货物交接单和昼夜计划表等。

7.4.2　装卸工作统计指标

1. 装卸自然吨

装卸自然吨是指进出港区并经过装卸的货物数量，一吨货物从进港到出港（包括进港后不再出港，在港内消耗的物资，如建港物资等），不论经过几次操作，均只计算一个装卸自然吨。

装卸自然吨和吞吐量都是港口装卸工作的主要指标，它与吞吐量之间的主要差别是对于水运中转的货物而言，在港口进行换装作业时，每个装卸自然吨计算为两个吞吐吨，而水陆中转则计算为一个吞吐吨。由于装卸自然吨不随货物流程的变化而改变数值，因此常被用来作为计算港口装卸成本的计量单位。

2. 操作量

经过操作过程（即每个箭头表示的作业）的货物数量叫作操作量，它的计算单位是操作吨，是反映装卸工作量的主要指标。一吨货物从进港起到出港止，不管经过多少次操作，只计算一吨装卸量（亦称自然吨）。

在一个既定的操作过程中，一吨货物不论经过几组工人或多少装卸机械的操作，也不论运输距离的远近，是否有辅助作业，均只计算一个操作量。

3. 操作系数

操作系数是指货物操作量与装卸自然吨的比值。它用于测定每吨（箱）货物在本港区内的平均操作次数。

$$操作系数 = 操作量 / 装卸自然吨$$

4. 装卸工时效率

装卸工时效率是指装卸工人、司机等直接作业人员平均每人工作一小时完成的货物操作量。

$$装卸工时效率 = 与装卸工时数相对应的操作量 / 装卸工时数$$

5. 装卸工日产量

装卸工日产量是指装卸工人、司机等直接作业人员平均每个装卸工日完成的装卸货物量。

$$装卸工日产量 = 操作量 / 装卸实际工日数$$

7.4.3 船舶停时及在港作业指标

组织船舶装卸作业的主要依据是船舶配积载图。船舶装卸作业组织的主要任务是在确保人身安全、船与装卸机械不受损坏、货物完整无损的条件下，最大限度地缩短船舶在港装卸停泊时间。

船舶停时是船舶在港停留时间的简称，是指运输船舶自进港直到离港的时间段。压缩运输工具在港的停留时间，对航方来说，加速了船舶周转，提高了船舶的运输能力；对港方来说，加速了泊位运转，提高了港口通过能力，对双方都具有重大的经济效益。

该类指标反映了各类运输船舶在港停泊时间的构成及其停时原因，为港口计划管理工作提供资料和依据，为确定港口通过能力提供科学依据。

1. 指标定义和计算方法

（1）船舶停泊艘次数，是指报告期内在港停泊船舶艘次的累计数。一艘船舶从进港时起至出港时止，不论单装、单卸或又装又卸双重作业，不论是否移泊或移泊次数多少，均只计一次船舶停泊艘次，计算单位为"艘次"。

（2）平均船时量，是指在港停泊船舶，平均每艘船每小时所装卸的吨（箱）数，计算单位为"吨或 TEU/ 艘时"。

$$平均船时量 = 船舶装卸货物吨（箱）数 / 船舶作业船时总和$$

船舶平均每次在港停时、平均船时量这两项指标受船型变化影响大，故按船型分组计算更为合理。也有统计平均舱时量，反映在港装卸的船舶平均每一舱口一小时所装卸的货物吨数。

（3）装卸作业吨（箱）数，是指报告期内在港作业船舶实际装卸货（箱）数量的累计数，计算单位为"吨或 TEU"。

（4）停泊船舶定额吨（箱位）数，是指报告期内在港停泊船舶的定额吨（箱位）数之和。一艘船舶从进港时起至出港时止，不论单装、单卸或又装又卸双重作业，不论是否移泊或移泊次数多少，均只计一次停泊船舶定额吨（箱位）数，计算单位为"吨或 TEU"。

（5）作业船舶定额吨（箱位）数，是指报告期内在港作业船舶的定额吨（箱位）数之和。一艘船舶在港单装、单卸按一个作业船舶定额吨（箱位）数计算，又装又卸双重作业按两个作业船舶定额吨（箱位）数计算，计算单位为"吨或 TEU"。

（6）船舶停泊总艘时，是指报告期内船舶在港停泊时间的总和。它由生产性停时、非生产性停时、自然因素停时三部分组成，计算单位为"艘时或艘天"，统计时以小时为单位，然后除以 24 折算为艘天。

（7）非生产性停泊所占比重，是指船舶在港停泊时间中，非生产性停泊时间所占的比重，以百分比表示。

$$非生产性停泊所占比重（\%）= \frac{非生产性停泊时间总艘时数}{船舶停泊的总艘时数} \times 100\%$$

该指标一般反映了港口对船舶装卸作业各环节衔接与组织的水平，也有统计港方原因停泊时间所占比重，其意义类似。

（8）班轮航次数，是指报告期内定期船舶的航次累计数。各定期航线的航次计算应以公布的班期为准，计算单位为"航次"。

（9）准班发航航次数，是指在报告期内定期航线船的航次中，按公布的班期准班发航的航次数。

（10）作业船舶舱位利用率，是指报告期内作业船舶装卸作业吨（箱）数与作业船舶定额吨（箱位）数之比。它综合反映了船舶负载能力的平均利用情况，计算单位为"%"。

$$作业船舶舱位利用率（\%）= \frac{作业船舶装卸作业吨（箱）数}{作业船舶定额吨（箱位）数} \times 100\%$$

（11）船舶平均每次在港停时，是指船舶从进港时起至离港时止，平均每艘船在港停泊天数，计算单位为"天 / 艘次"。

$$船舶平均每次在港停时（天 / 艘次）= 船舶停泊总艘天 / 船舶停泊总艘次数$$

2. 船舶统计范围及具体规定

船舶在港停时所考核和统计的范围是在港务局管辖的码头、浮筒、锚地上进行装卸货物，其载重定额在 500 吨以上的运输船舶，但不包括路过以及来港避风且未装卸货物的船舶。

船舶在港停时的计量单位为："艘时"或"艘天"。

船舶在港停时的截止时间，一律以月、季、年的最后一天的 18 点整为截止时间。凡是 18 点整以前装卸完毕，且已发航的船舶，统计在本报告期内。18 点整以前虽然已经装卸完毕，但尚未发航的船舶，则不统计在本报告期内。这与吞吐量的统计口径相一致。

船舶在港停时的起讫时间按以下规定计算。

（1）外贸船舶。从船舶进港联检结束，办妥进港手续时起，至装卸货物完毕，办妥交接手续，出港联检结束，离开码头或锚地、浮筒时止。

（2）内贸船舶。船舶进港直接靠码头的，从靠好码头时起到装卸货物完毕离开码头时止；船舶进港先在锚地或浮筒停泊的，从在锚地、浮筒泊妥时起，至装卸货物完毕离开锚地、浮筒时止。

在港停泊处于非营运状态的船舶停泊时间不做统计。如重载进港，卸货完毕后转入停航封存、修理或报废拆除的船舶，其在港停泊时间统计到卸货完毕时为止。在港待命的船舶、新增船舶以及停航启封、修理完工重新投入营运的船舶，其在港停时以接到下一航次的装货通知时起算。在装卸时间以外进行清洗锅炉及航次检修的时间，不计为在港停泊时间。

7.4.4　生产率的概念

1. 散货卸船起重机的生产率

散货卸船起重机的生产率可分为理论平均生产率、理论最大生产率、实际作业生产率等几种。

理论平均生产率是指在抓斗满载的情况下，以规定的速度和加速度，由平均水位和满载船舶中心线交点，按一定的几何曲线计算所得。在装卸工艺的设计中，卸货第一阶段的卸船起重机生产率即为理论平均生产率。

理论最大生产率是指在抓斗满载的情况下，以规定的速度和加速度，由最高水位和满载船舶的货物表面最有利于卸货的位置，按一定的几何曲线计算所得。在装卸工艺的设计中，与散货卸船起重机衔接的搬运机械设备（如皮带机、皮带秤等）的生产率均应与理论最大生产率相适应。在具体计算时，为简化步骤，常按理论平均生产率增加 15% ～ 20% 的比例计算。

实际作业生产率是指不包括舱底作业等辅助作业的散货卸船起重机实际达到的生产率。

2. 件杂货装卸船起重机的生产率

件杂货装卸船起重机的生产率也可分为理论平均生产率、理论最大生产率等几种，但与散货装卸船起重机不同的是，它没有明显的清舱作业和满舱作业之分，所以在实际应用时，因为件杂货货种的复杂性，往往要以各货种理论平均生产率为基础，求得综合平均生产率作为计算其他项目的基础。

3. 多台机械联合多线作业的生产率

在多台机械联合多线作业时，要考虑机械的相互干扰。一般情况下，当两台起重机在同一舱作业时，机械效率平均每台下降20%。当一台起重机和一船吊在同一舱作业时，其中一台船吊的生产效率下降25%。

7.4.5 港口通过能力计算

1. 港口通过能力的概念

港口通过能力是指港口在一定时期（年、月、日）内，在一定的技术装备和劳动组织条件下，所能装卸货物的最大数量。港口通过能力可分为理论通过能力、营运通过能力。

港口理论通过能力也就是港口饱和通过能力或最大通过能力。它是港口本身所固有的生产能力，不考虑港口生产经营经济效益时所能达到的最大能力。其定义是：港口在一定时期（通常一年）内，在既定的港口设施、劳动力和生产组织与管理水平的条件下，最大限度地利用港口各生产要素所能装卸的一定结构的货物的自然吨数。

港口通过能力标志着港口通过货物的综合能力，包括航行作业系统、装卸作业系统、存储分运作业系统、集疏运系统和信息与商务系统的通过能力，任何一个作业系统发生"瓶颈"现象，都将抑制港口的通过能力。5个系统能力的平衡往往是相对的，而不平衡是绝对的。港口规划和营运管理，就是要不断通过技术改造、管理科学和固定资产投资建设，使5个作业系统不断获得新的平衡和协调，不断扩大港口的通过能力。吞吐量是港口主要营运指标之一，也是反映港口规模的指标。

港口营运通过能力也就是港口的实际通过能力，它是港口编制生产计划和进行综合平衡的依据。其定义是：在一定时期（通常是一年）内，在既定的港口设施、劳动生产率和生产组织与管理水平的条件下，港口各生产要素在得到合理利用时所能装卸的一定结构的货物的自然吨数。所谓"合理利用"是指在经济效益最好时的利用程度。

2. 集装箱专用码头每百米岸线年通过能力的确定

（1）集装箱专用码头每百米岸线年通过能力计算的基本依据。集装箱专用码头每百米岸线年通过能力计算的基本依据是参考集装箱码头的经营状况、管理水平、库场条件和集装箱码头大门、口岸条件等因素对在每百米集装箱岸线上配备的集装箱装卸桥的装卸能力加以修正而得到的。

（2）集装箱专用码头每百米岸线年通过能力。集装箱专用码头每百米岸线年通过能力可按下式计算：

$$P_t = \eta n P K_1 T_y t_g A_p (1-K_2)(1-K_3)$$

式中　P_t ——集装箱专用码头每百米岸线年通过能力（TEU）；

　　　η ——集装箱专用码头每百米岸线年通过能力修正系数，一般可取 0.5 ～ 1.0；

　　　n ——每百米岸线配备的集装箱装卸桥台数；

　　　P ——集装箱专用码头配备的集装箱装卸桥设计台时效率（自然箱/时）；

T_y——码头年营运天数，根据各港历史情况、水文条件、气象资料等取值，一般取330～350天；

t_g——昼夜装卸作业时间（时），一般取24小时，不少于22小时；

A_p——装卸桥利用率基数（%），取值见表7-1；

K_1——集装箱标准箱折算系数，$K_1 = 1 + K$，K为40英尺集装箱所占比例，取值见表7-1；

K_2——装卸桥同时作业干扰系数（%），取值如表7-1所示；

K_3——装卸船作业倒箱率（%），包括开关舱盖，取值如表7-1所示。

表7-1　衡量集装箱专用码头每百米岸线年通过能力的主要技术参数

主要技术参数	码头分级				
	A型集装箱码头	B型集装箱码头	C型集装箱码头	D型集装箱码头	E型集装箱码头
装卸桥利用率基数 A_p（%）	0.6	0.6	0.65	0.7	0.7
集装箱标准箱折算系数 K_1	1.4～1.6	1.4～1.7	1.5～1.7	1.5～1.7	1.6～1.8
装卸桥同时作业干扰系数 K_2（%）	0～1	1～3	2～4	3～4	3～5
装卸船作业倒箱率 K_3（%）	0～3	1～5	2～6	3～7	3～8

（3）集装箱专用码头每百米岸线年通过能力修正系数。集装箱专用码头每百米岸线年通过能力修正系数建议采用以下的专家评价方法。

$$\eta = 0.2B_1 + 0.2B_2 + 0.15B_3 + 0.2B_4 + 0.1B_5 + 0.15B_6$$

其中$B_1 \sim B_6$为集装箱专用码头每百米岸线年通过能力影响因素的大小（取值方法见表7-2）。

表7-2　集装箱专用码头每百米岸线年通过能力影响因素的取值方法

指标名称	比重	评价标准				
		差	较差	一般	较好	好
经营环境 B_1	0.2	好：腹地广阔，货源丰富，周边码头竞争小，B_1取100% 较好：腹地较广阔，货源较丰富，周边码头竞争较小，B_1取90% 一般：货源量一般，周边码头偶有竞争，B_1取75% 较差：腹地较少，货源较缺乏，周边码头竞争较激烈，B_1取60% 差：腹地有限，货源缺乏，周边码头竞争激烈，B_1取50%				
管理水平 B_2	0.2	好：信息化水平高，装卸及配载水平高，装卸工人能有效执行任务，B_2取100% 较好：信息化水平较高，装卸及配载水平较高，装卸工人能以较高水平执行任务，B_2取90% 一般：信息化水平一般，装卸及配载水平一般，装卸工人能基本有效执行任务，B_2取75% 较差：信息化水平较低，装卸及配载水平较低，装卸工人能以较低水平执行任务，B_2取60% 差：信息化水平极低，装卸及配载水平低，装卸工人不能有效执行任务，B_2取50%				
库场条件 B_3	0.15	好：库场面积满足该泊位通过能力的要求，集装箱在堆场平均库存时间小于3天，B_3取100% 较好：库场面积较好地满足该泊位通过能力的要求，集装箱在堆场平均库存时间3～5天，B_3取90% 一般：库场面积基本满足该泊位通过能力的要求，集装箱在堆场平均库存时间5～8天，B_3取75% 较差：库场面积较难满足该泊位通过能力的要求，集装箱在堆场平均库存时间8～12天，B_3取60% 差：库场面积严重不满足该泊位通过能力的要求，集装箱在堆场平均库存时间在12天以上，B_3取50%				

（续）

指标名称	比重	评价标准				
		差	较差	一般	较好	好
集疏运条件 B_4	0.2	好：集疏运系统通畅，集疏运能力强，B_4 取 100% 较好：集疏运系统较通畅，集疏运能力较强，B_4 取 90% 一般：集疏运系统一般，集疏运能力一般，B_4 取 75% 较差：集疏运系统较堵塞，集疏运能力较差，B_4 取 60% 差：集疏运系统堵塞，集疏运能力弱，B_4 取 50%				
大门条件 B_5	0.1	好：大门采用先进技术，交通顺畅，无拥堵状况，B_5 取 100% 较好：大门交通较好，集卡通过较顺畅，B_5 取 90% 一般：大门交通一般，集卡基本可以顺畅通过，B_5 取 75% 较差：大门交通较堵塞，集卡经常不能顺畅通过，B_5 取 60% 差：大门交通堵塞，集卡通过不顺畅，B_5 取 50%				
口岸环境 B_6	0.15	好：集装箱货物通关速度快，B_6 取 100% 较好：集装箱货物通关速度较快，B_6 取 90% 一般：集装箱货物通关速度一般，B_6 取 75% 较差：集装箱货物通关速度较慢，B_6 取 60% 差：集装箱货物通关速度慢，不能及时清关，B_6 取 50%				

7.4.6　港口腹地

研究港口腹地的变化和吞吐量可能产生的增减，是港口营运最基础的分析工作，也是确定港口发展规划的主要依据。

港口腹地是指有物资（或旅客）经过某港运输的地区。在图 7-4 中，A 地区的货物经 P 港到 Q 港至 B 地区，A 地区是 P 港的腹地，也称为后方腹地，B 地区称为 P 港的前方腹地，一般腹地均指前者。前方腹地是一个广义的概念，在港口规划中要注意到主要航线的他端港口的营运和限制条件，以便于掌握可能的发展趋势。世界上港口之间有着息息相关的协作关系，在本港装上的货物，要在另一港口卸下来，所以这里借用前方腹地的概念，以引起规划者在规划工作中注意研究他端港口的条件。

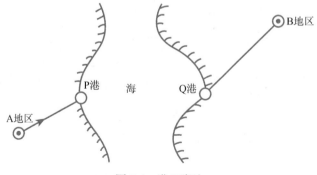

图 7-4　港口腹地

后方腹地按运输性质可分为两类：直接腹地是指直接为港口所在地区的生产、消费服务，而在运输上又不需要中转运输的地区，如武汉供应上海的钢材，对上海港来说，武汉是上海港的直接腹地；中转腹地是指货物的中转联运腹地，如四川蜜柑在上海港由江船装至海船后，再运往大连，四川就是上海港的中转腹地。

腹地越宽广，经济越发达，货源就越充足。因此，腹地的扩大与缩小是港口营运的核心问题。扩大港口的吸引半径，争取更大的腹地是港口发展的生命力，因此分析港口腹地范围是与港口规划中的港址选择、港口性质的掌握、规模及发展阶段的确定等重要内容紧密相连的。货流总是向费用少、运输时间短的港口流动。腹地划分在理论上是个线性规划问题，即以货物至港口的最低费用为目标函数的优化问题。

⊘ 复习思考题

1. 简述港口物流的基本生产过程。

2. 简述港口物流的生产特点。

3. 简述编制港口货物吞吐量计划的原则。

⊘ 名词解释

吞吐量　集装箱吞吐量　港口通过能力

第8章

CHAPTER 8

港口装卸工艺

|学习目标|

1. 理解港口装卸工艺的概念
2. 了解港口装卸工艺设计
3. 掌握集装箱装卸工艺

8.1　港口装卸工艺概述

工艺，是指在社会生产中改变劳动对象所采取的方法。在制造业中指的是加工方法；在港口企业中，港口装卸工艺是指在港口实现货物从一种运载工具（或库场）到另一种运载工具（或库场）的空间位移的方法和程序。工艺是达到目的的一种手段，工艺的效用是在整个生产过程中表现出来的。

8.1.1　港口装卸工艺的性质、内容与作用

1. 港口装卸工艺的性质

运输业所从事的是物质在空间上的位移。港口的主要任务是货物装卸和储存。对港口来说，装卸工艺就是港口的生产方法。研究装卸工艺，就是分析和改进装卸方法，使通过港口的物流更经济、更合理，从而达到安全、优质、高效、低成本地完成装卸任务的目的。

装卸工艺是港口生产的基础，属于工业工程学的范畴。工业工程学着重研究以生产流水线为中心的整个企业的现场管理，其追求的目标在于杜绝生产中的一切浪费，提高劳动生产率，降低成本。正因为如此，加强科学管理必须从工艺管理开始重视。由于工艺对货物装卸、搬运、堆存提出了安全、质量、效率、经济的全方位的要求，因此实现工艺规范化既是现场管理的基本要求，也是文明生产的主要内容。

装卸工艺分析与劳动定额、激励制度等结合起来，又是劳动管理的重要内容。先进的装卸工艺，合理的劳动定额，能激发工人劳动热情的激励制度，这三者的有机结合是提高劳动生产率的重要手段。劳动定额必须在先进的装卸工艺的基础上制定，而先进的装卸工艺必须通过合理的劳动定额与能激发工人劳动热情的激励制度才能得到巩固和提高。

装卸工艺现代化是港口现代化的关键，是提高劳动生产率和内涵式扩大再生产的主要手段。因此，改进装卸工艺往往是港口挖潜、革新、改造的主要目标。

作为研究方法，合理化的装卸工艺既是一门技术性学科，也是一门管理艺术，它与组织及经济密切相关，甚至在某些方面工艺本身就包含着组织和经济的因素。例如，工艺合理化的重要原则之一，是作业线各环节的生产率要互相协调。而要实现这个原则，必然要考虑各环节的配工和配机问题，这也就包含了生产组织的因素。又如，工艺方案总是要和一定的经济指标相联系，根据这些经济指标，才可以从众多方案中筛选出最优的方案。可见，装卸工艺又是与经济紧密联系在一起的。

2. 装卸工艺过程及其组成

装卸工艺过程是指货物从进港到出港所进行的全部作业的综合，它由一个或一个以上的操作过程组成。货物经过港口换装，有直接换装和间接换装两种方式。直接换装是指货物由船上卸下直接装上车辆或船舶，不再进入库场，或者按相反程序进行组织的装卸工艺过程。直接换装是只经一次操作（一个操作过程）即可完成全部装卸过程的作业方式，也叫直取作业。例如，"车⟷船"，即卸车装船或卸船装车。间接换装是经两次以上操作才能完成换装过程的作业方式，例如，"船⟷库场⟷船"。间接换装是指货物先从船上卸入库场经过短期堆存，再由库场装上车辆或船舶，或者按相反程序进行组织的装卸工艺过程。任何一个工艺过程都由下列基本要素构成：货物工艺、设备、能源、控制。

装卸工艺过程的实现既包括装卸作业的操作方法、作业顺序，也包括作业技术标准和规范以及维护工艺纪律的生产组织程序。它是货物从一种运输工具换装到另一种运输工具上所完成的换装作业过程。在港口，常见的装卸工艺过程有以下几种。

- 车⟷库场⟷船
- 船⟷驳船⟷车
- 车⟷库场⟷车⟷船
- 车⟷船
- 船⟷船（海船、江船、驳船）
- 库场⟷库场

港口装卸操作过程中的主要工序有以下几个方面。

　　舱底作业工序包括装船和卸船时在舱内的摘挂钩、拆码货组、拆码垛及平舱、清舱等全部作业。

　　起落舱作业工序包括装船和卸船时船舱到岸、岸到船舱、船舱到车辆、车辆到船舱以及船舱到船舱的作业。

　　搬运作业工序包括码头、库场、车辆间的搬运作业。

　　车内作业工序包括装卸车时的上下搬动、拆码货组、车内的拆码垛作业。

　　库内作业工序包括库场内的拆码垛、拆码货组、供喂料作业。

　　为了研究和分析,对装卸工艺过程还可以划分为若干个相互平行的单纯过程。

- 操作过程:货物位移的基本过程。
- 劳动过程:这是由装卸工人参加装卸工艺过程决定的,研究工人在各环节的劳动强度。
- 机械运行过程:研究各种机械的运行规律。
- 工属具的循环周转过程:研究装卸工属具的运用状况、周转过程。

3. 港口装卸工艺的主要内容

　　在港口,装卸工艺工作主要包括两个方面:港口日常装卸工艺工作和港口装卸工艺设计工作。

　　(1)港口日常装卸工艺工作。这一工作以港口现有的工艺系统与装卸设备为基础,通过挖掘潜能、技术创新和有效的组织,合理运用现有的人力、物力,以达到安全、优质、高效、低消耗地完成港口装卸任务的目的。这是港口内涵式扩大再生产能力的工作,具体包括:工属具的改进和创新、装卸工艺线的再设计、作业线的改进、工程心理学的研究;装卸作业技术标准的制定与修改。除此之外,港口日常装卸工艺工作还包括货物在运输工作与库场内的堆码方式,各种辅助作业的完成方法等。

　　(2)港口装卸工艺设计工作。港口装卸工艺设计属于外延的扩大再生产范畴,是港口工程设计的一个重要组成部分。装卸工艺设计往往对港口工程设计的其他环节提出设计要求,对整个设计起到总揽全局的约束作用。装卸工艺设计是港口规划发展中的主要决策内容之一。在设计装卸工艺方案时,必须根据货物的种类、流向、流量、包装、理化性质等因素,以及车型、船型、码头交接形式、港口的自然条件、运输组织等方面的具体情况,拟订一系列可供比较的、有价值的方案,并经过详尽的分析和比较,找出一个较为合理而且可行的方案。

　　从上述两个方面内容可知,港口装卸工艺主要涉及以下几个方面的内容:装卸机械设备类型的选择、吊货工属具的设计、工艺流程的合理化、货物在运输工具和库场上的合理配置与堆码、驾驶员和工人的先进操作方法、工艺规程的制定和修改。

4. 装卸工艺的作用

　　(1)装卸工艺是港口生产的方法。港口编制作业计划,采取相应的对策和组织现场装卸生产,都要以一个事先研究和编制的装卸工艺方案为依据。在研究和制定装卸工艺中,对所需配置的人力和机械,使用什么装卸工具,以及采取怎样的工艺流程和操作方法,甚至连各个工序之间能力的平衡，都要经过科学的分析与计算。否则，会降低装卸效率，影响生产定额的完成。

（2）装卸工艺是港口建设设计和选用装卸机械机型的重要依据。要规划一个港口和建造一个码头，在货种和靠泊船型确定以后，首先考虑采用什么样的装卸工艺方案，这不仅影响今后的生产规程，更是港口日常装卸得以正常进行的基本条件，同时也涉及如何最大限度地发挥港口（泊位）的经济效益等问题。

（3）装卸工艺是提高港口装卸效益的组织工作的基础和技术保证。不同的工艺方案体现了不同的生产水平。比如，采用专业化方式装卸比采用非专业化方式效率高等。港口装卸工艺的选择直接决定了港口企业的装卸效益。

（4）装卸工艺是保证生产安全质量的基础。任何装卸过程都必须具有完整合理的装卸工艺规程，它是通过对人、机、货物、方法、环境五大因素的控制要求来达到目的的。所以，按装卸工艺规程来操作，一般就可确保生产的安全质量。

8.1.2 港口装卸工艺现场组织和管理

1. 港口企业装卸工艺的部门设置

目前我国各港口的装卸工艺工作的归口部门主要有以下几个方面。

（1）归入生产调度部门，如专设工艺编制人员等。这种设置有利于现场装卸工艺的安排，对现场工艺要求反应较快，主要强调装卸工艺的管理因素，但是工艺人员不易稳定。

（2）归入机电等技术部门，这是目前的主流做法。这种安排强调了装卸工艺与机械设备之间的关系，注重装卸工艺的技术因素。

（3）归入规划建设部门。这种安排强调的是装卸工艺在港口规划和建设中的重要作用。

（4）仍然保留单独的装卸工艺部门，但目前较少。

2. 工艺人员的主要职责

工艺人员的主要职责大体包括以下内容：

（1）分析和改进现有工艺，设计新的生产方法；

（2）制定装卸和堆存标准；

（3）指导难作业货物（如重、大件货物）的装卸；

（4）设计、制造、试验、改进吊货工属具；

（5）提出非标准港口装卸搬运机械的设计任务书；

（6）规划港口泊位的专业化；

（7）编制月度机械化作业方案；

（8）汇编装卸作业技术标准（工艺卡）和吊货工属具图集；

（9）按照相应的装卸作业技术标准制订单船作业计划；

（10）与人力资源部门协作共同修订劳动定额；

（11）总结和推广工艺方面的先进经验；

（12）培训工人使用新的操作方法，目前有一些新的操作方法的培训可采用模拟操作的方法。

3. 装卸作业技术标准

装卸作业技术标准，又称工艺卡，是港口推行先进工艺、实施工艺管理、监督工艺纪律、核定劳动定额的重要手段。装卸作业技术标准有两种类型：一类是规范型，它反映港口已经在实行的工艺流程；另一类是实验型，适用于初次到港口的货物，并用来在营运条件下检验新设计的工艺。

装卸作业技术标准一般应包含以下内容：

（1）港名和公司名；

（2）卡别（规范型或实验型）；

（3）货名及包装；

（4）货物特性（如块度、容度、件重、规格等）；

（5）运输工具类型；

（6）操作过程；

（7）货物装卸方案；

（8）装卸机械和吊货工属具及其他工属具的名称、负荷、数量；

（9）作业线各环节配备的工人数；

（10）作业线主要技术经济指标（作业线生产率和每个工人的工班产量、机械化操作的比重等）；

（11）对舱内、码头上、车内、库场内作业组织的简单描述；

（12）用图、照片或文字对货组、货垛、车内堆装方法的要求予以说明；

（13）涉及货物特性的安全注意事项；

（14）装卸作业技术标准由港口企业分管工艺或安全技术的负责人签署颁布。

装卸作业技术标准汇编中还可以列入港车船类型和安全技术规程等资料。随着新机型、新吊货工属具的出现和运输工具、作业条件的变化，装卸作业技术标准要经常进行修订。

8.1.3 港口装卸工艺合理化原则

国内外港口生产实践表明，合理的港口装卸工艺应该符合一些基本的原则。揭示这些原理将有助于人们去解释为什么一种工艺要比另一种工艺合理。原则的存在无疑将激励人们对现行生产方法进行不断深入的分析和思考，其结果将促进设备和人力更好地被利用。

1. 安全质量原则

安全质量原则是指在港口生产过程中，防止货物损坏和出现差错，保护人员的生命，以及设备、设施的正常运行。

没有安全不可能有经济高效的生产；运输业不生产新的产品，任何质量事故都意味着对港口企业、货主、国家和地区经济造成损害，甚至影响国家信誉。

尽管人人都认为安全是必要的，但很多人并不能始终在生产中保持安全意识。港口货物装卸，特别是船舶作业，潜伏着很大的不安全因素。管理人员和工人必须坚决贯彻"安全质量第一"的方针，认真执行有关的安全质量操作规定。

在质量方面，港口装卸工艺的设计和安排必须保证货物的搬运与储存质量。从全面质量要求来看，上道工序还应满足下道工序的需要，装货港要考虑卸货港的要求。质量是企业信誉所在，必须高度重视。当然，在强调质量的同时也应指出，任何质量都和费用的支出联系在一起。装卸和堆存标准的确定要实事求是，防止形式主义。避免过剩质量是工业上提高劳动生产率、降低生产成本的重要措施之一。

2. 充分利用机械设备原则

充分利用机械设备原则是指对于劳动强度大，工作条件差，搬运、装卸频率高，动作重复的环节，尽可能采用有效的机械化作业方式。

由于港口装卸作业的劳动强度很大，因此，用机械代替人力从事装卸作业具有特别重要的意义。装卸工作机械化不仅是减轻体力劳动繁重程度的根本途径，同时也是保证作业安全、提高劳动生产率的重要手段。随着教育的普及和文化程度的提高，年轻一代的装卸工人越来越不能忍受落后的体力装卸方式，作为港口现代化的重要标志之一的装卸作业机械化将有力地推动港口生产走向新阶段，提高装卸工人的社会地位，稳定装卸工人队伍，促进港口繁荣。

3. 专业化原则和适应性原则

专业化原则是指尽可能采用专门的工艺、专用的设备进行货物的装卸、搬运和储存。专业化是社会化大生产的产物，是现代化大工业发展的客观规律和基本特征。从世界范围来说，由于海运生产规模的急剧扩大，为了寻求更大的经济效益，海运生产的专业化有了更深入的发展。运输船舶发展出集装箱船、滚装船、油船、矿石船、液化气船等多种专用船型。港口装卸工艺的专业化程度也大大提高了。

适应性原则是指采用的工艺方案或者装卸设备应尽可能地满足运用于不同种类的货物的装卸作业要求。当设备的适应性增强的时候，它的应用范围就可以相应地扩大，使用比较方便。适应性原则对港口装卸设备来说，具有重要意义。因为港口装卸的货种杂、变化多，采用适应性强的设备便于应付各种各样的变化情况，但这条原则又不能盲目滥用，因为这条原则是和专业化原则相对立的。

究竟是采用专业化设备有利，还是采用适应性强的设备有利，关键在于对货物和车船类型等作业条件，以及未来变化的可能进行调查和预测，对经济效益做出科学的评估。在此基础上，高层管理人员凭借其本身的经验和智慧做出决策。

4. 高效作业原则

高效作业原则是指装卸工艺的设计应保证船舶和车辆的装卸能力得到充分的发挥，以缩短车船的在港停留时间。

港口装卸工艺的重要特点之一是，不仅要使货物在港口的换装最经济，而且要尽力缩短运输工具在港口的停留时间。因此，在货运量一定的情况下，要以较低的库场机械生产率保证较高的车船装卸效率。在实现同样作业需求的前提下，尽可能采用工序数少的作业方案。协调好作业线各环节，平衡前后工序的作业能力。充分利用人、机作业时间，减少可能出现的空闲时间，避免装卸工艺的中断。在设计路线时，尽量走直线，缩短货物位移的空间和时间。在堆场方面，应充分利用库场允许的空间高度，发挥最大的堆存能力。尽可能使用安全、简便的工具，以提高装卸、搬运的作业效率。

5. 标准化原则

标准化原则是指在选择港口装卸工艺方案以及装卸设备时，应尽可能采用标准化的成熟方案和设备系列以及标准化的货物单元。

设备标准化是符合经济原则的，可以大大减少备件的数量，提高维修人员的技术熟练程度和维修质量，降低维修费用，当前我国港口存在机型杂的严重问题，迫切需要根据标准化原则进行调整和整顿。

便于维修固然是设备需要标准化的重要原因，而当把运输作为系统来看时，标准化具有更重要、更深远的意义。标准化是专业化协作必不可少的条件，是现代化运输系统的基础。

标准化既指设备设计制造的标准化，也指装卸作业的标准化。前者通过标准化可以减少备件，从而降低成本；后者通过装卸作业的标准化可以提高工人操作的熟练程度。

6. 环境保护原则

环境保护原则是指在装卸工艺的设计和改造中，应采取有效措施，防止在作业过程中对周围环境产生有害影响。

我国的《环境保护法》规定，环境保护的任务是，合理地利用自然环境，防止环境污染和生态破坏，为人民创造清洁适宜的生活和劳动环境，保护人体健康，促进经济发展。

某些货物在装卸时会因为货物的不同性质而产生各种不同的污染，如尘污染、油污染、毒性污染、噪声污染等。为了消除污染，保护人民健康，要认真找出造成污染的原因，积极采取措施。在散货装卸过程中，可以根据不同情况采用吸尘、喷水等方法来解决尘雾飞扬的问题。在油船装卸时，周围要用围油栏挡住，以免油污扩散。

8.2　港口装卸工艺设计

8.2.1　港口装卸工艺设计的任务和重要性

港口装卸工艺设计是港口工程设计的重要组成部分。它的基本任务是在港址选择、港口装卸任务确定的前提下，通过港口装卸机械化系统方案的设计，技术经济论证和方案比选，确定港口码头为完成既定的装卸任务，所采用的装卸工艺和合理的装卸工作组织。

在港口工程设计中，装卸工艺设计的合理性不仅直接影响港口码头工程建设和投资额，而且与码头建成投产后的使用效果也有密切的联系。合理的装卸工艺对提高港口的装卸效率和通过能力，加速车船周转，降低装卸运输成本，减轻装卸工人劳动强度起着重要的作用。因此在港口工程建设中要重视装卸工艺的设计，认真做好方案的比选工作，使所选定的方案确实是技术先进、经济合理、使用方便的优秀方案。

8.2.2 港口装卸工艺设计的内容和步骤

港口装卸工艺设计基本分为装卸机械化系统方案拟订和技术经济论证两大部分。港口装卸工艺设计步骤如图 8-1 所示。

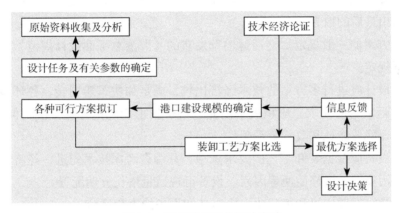

图 8-1 港口装卸工艺设计步骤

1. 设计任务概述

港口装卸工艺设计任务概述主要说明本设计的必要性、重要性和可能性。

根据国民经济发展的要求，从分析评价原装卸系统，预测在计划期内港口吞吐量任务和货种、货流和货运量，以及船型、机械发展趋势，说明本设计的重要性，然后从自然条件、地质情况、原料来源、技术状况等方面说明建设项目的可能性。

港口装卸工艺设计任务分析主要包括设计港口吞吐量分析和工艺流程选定两部分。

（1）设计港口吞吐量分析。设计港口吞吐量分析的目的是确定入库（场）量和实际通过码头的作业量，为确定港口建设规模提供计算的依据。用实际通过码头的作业量作为计算泊位数的依据是因为在吞吐量计算规定中不包括"船（库）—港驳"的作业量，而这个作业需要占用泊位，如不考虑此作业量，那么计算出的所需的泊位数就不能完成任务。此外，在吞吐量计算规定中，在计算"船—驳（外档）"的水上作业时，一吨作业量要计两个吞吐量，而实际上此项操作是一次作业完成的。所以需要进行设计任务分析，精确地确定码头作业量。同理，只有被分析过的货物入库或进场的数量才可作为计算库场面积的依据。

设计吞吐量和码头作业量是不同的，码头作业量是实际装卸作业占用泊位所完成的量，所以应作为计算各环节建设规模的依据。

（2）工艺流程选定。在装卸工艺设计过程中，装卸工艺流程是根据设计任务中货物种类、货物流向等要求而设计的。工艺流程的合理与否会直接影响装卸机械的配置、港内库场设置、货物在港装卸搬运操作的效率、货物在港的流转效率、装卸工艺的平面布置。

2. 拟订多个港口装卸工艺方案

在拟订方案时要注意详尽性与可比性两个方面。所谓详尽性，是指拟订的全部方案应把所有的可能方案都包括在内。如果拟订的全部方案中漏掉了某些可能的方案，那么最后选择的方案就有可能不是最优的，至少不能断定它是最优的。因为在这种情况下不能排除最好的方案被漏掉的可能性。

所谓方案的可比性是指所拟订供比较的方案都能满足设计任务及应用上的要求，而每个方案都各有优缺点，很难一眼看出孰优孰劣。必须通过对各方案的主要技术经济指标进行比较才能做出最后的取舍。

（1）拟订方案的一般规定。交通运输部发布的《海港总平面设计规范》对装卸工艺设计做出了如下规定。

装卸工艺设计应进行多方案的技术经济比较，满足加快车船周转、各环节生产能力相匹配和降低营运成本的要求。应积极采用先进科学技术和现代管理方法，保证作业安全，减少环境影响，降低能耗和改善劳动条件。

装卸机械设备应根据装卸工艺的要求选型，并综合考虑技术先进、经济合理、安全可靠、能耗低、污染少、维修简便等因素。设备可视运量增长分期配置。

装卸件杂货宜发展成组和集装化，应与装卸设备能力相适应。

当货类单一、流向稳定、运量具有一定规模时，可按专业化码头设计。

必须在港口进行的计量、配料、保温、解冻、熏蒸、取制样和缝拆包等作业，应在设计时一并考虑。

危险品码头的装卸工艺设计，应符合现行的《中华人民共和国国家标准建筑设计防火规范》（GB 50016—2014）（局部条文于2018年进行了修订）及其他国家现行标准的有关规定。

采用大型移动式装卸机械时，应设置检修和防风抗台装置。

（2）拟订方案的原则。

1）要符合客观经济规律和国家的有关政策，这是使项目可能实施的根本保证。

2）工艺方案技术上的可能性，主要体现在以下两个方面。

在机械选型方面，应选用性能稳定、效率高、能耗低、安全性好、维修方便和污染小的机械。在各生产环节生产效率的确定方面，要求装卸工艺的装卸、运输、堆场与仓库的作业环节的衔接是可能、可靠和合理的，相互衔接的各环节的生产率是相适应的。

在工艺的施工方面，要考虑施工的可能性，特别要因地制宜，如要考虑码头前沿的挖泥的去向和填方原材料的来源。在工艺操作方便和提高作业效率方面，工艺方案中的有效措施要能减少装卸作业中断的时间，因为装卸作业中断时间是直接影响装卸效率的因素。在方案实施过程中，必须要考虑施工的方便，以及机械的操作、管理、维修的方便。

3）港口装卸工艺方案中要有切实的防止污染及环境保护的措施。随着人类社会经济的高度发展和人民生活质量的不断提高，港口码头的建设项目对自然环境的影响程度已成为该项目可行与否的一个重要条件。因此，装卸工艺设计方案必须要包括该项目对环境的污染及其防治环境污染措施的论证。

4）应考虑留有发展余地。考虑发展的可能性，即设计项目要对港口建设规模留有发展余地，也就是泊位线、仓库、堆场的面积和布局要有发展余地，而且要考虑运输工具和装卸机械的发展前景以及船型的发展。

3. 方案比选

方案比选就是从所拟订的诸多方案中选择一个最满意的方案。方案比选的关键是方案评价标准问题。

港口装卸工艺方案选择问题是一个多目标决策的问题，涉及政治目标、经济目标、社会效果、环境污染、生态平衡、保护和合理利用自然资源以及国防目标等。这些目标之间的关系错综复杂，有的是互补关系，所以港口装卸工艺方案的比较应对各比选方案分别进行技术经济分析、经济效益分析和国民经济效益评估。

港口的经济效益一般体现在三个层面：第一层面是建港给港口自身带来的经济效益，即微观经济效益；第二层面是给船方及货主带来的经济效益，即中观经济效益；第三层面是给港口所在城市以及整个国民经济带来的经济效益，即宏观经济效益。

在标准问题解决之后，就可根据标准的要求计算各项经济指标，同时对那些无法定量的指标做定性分析，最后通过对这些标准的比较，选出最满意的方案。在计算各方案的经济指标时，为了减少计算工作量，各方案的共同部分可不必计算（如航道、水域费用等）。

在此基础上，考虑装卸工艺项目建设的一些非数量目标，如施工难易程度、工程对环境的影响、项目对未来发展的适应性、船舶靠泊的安全性等，采用综合评价方法，对比选方案进行全面的评估和论证后，确定推荐方案。

总之，在确定比选方案时，一定要注意参加比选的方案必须是值得比选的，也就是在诸多方案中，应先排除那些有明显缺陷的方案，然后从经过经济论证后的不相上下的方案中选择最满意的方案。

4. 确定推荐方案

根据上述论证，选取装卸工艺推荐方案。

8.2.3　港口装卸工艺设计的原始资料

港口装卸工艺设计的原始资料是工艺设计的前提和基础条件之一，通常是在设计前通过调查研究和对设计任务详细分析后获取。为了使设计方案具有先进性和可行性，设计者在正式设计前要了解国家有关规定和港口投资者对装卸工艺设计的具体要求；在设计时要对有关国内外现有的装卸工艺进行对比分析，特别要了解在工艺施工过程中出现的问题和解决的措施，要总结工艺营运的生产效率和经济效果。对设计任务的分析主要包括如下内容。

（1）港口地形平面图。新建港区区域的平面图，应有标高；旧港扩建时，除原有的平面图外，还应有扩建部分的平面图。

（2）货运量资料。货运量资料应包括：货物种类、货物特性、货物包装、流量、流向、季节性、货流的不平衡情况和货流的长期稳定性。

（3）自然情况。

1）地质条件决定码头形式。

2）水文条件包括最高水位、最低水位、潮位、码头标高等。这些水文条件对装卸效率有影响，并对机械的参数有影响。

3）气象条件包括风向、雨、雪、雾、冰冻期。这些气象条件与码头的平面布置有关，也与港口的通过能力有关。

（4）运输工具。

1）船型资料。在港口装卸工艺设计中，调查收集和选定设计代表船型的目的是确定泊位线的长度。调查收集船型资料应注意既要充分考虑设计代表船型及其发展趋势，又要顾及当前的实际情况。在有外贸任务的港口，设计代表船型的选择，既要考虑国内船型，也要考虑国外船型的要求；不仅要考虑进口船型，还要注意出口船型。

2）车型资料。车型资料包括车辆的载重吨、昼夜送车次数、车辆尺寸以及铁路部门对车辆在港装卸时间的要求和每列列车的车厢数。

（5）现行的成本计算方法和过去有关成本（各类费用）的统计资料。

（6）装卸及辅助机械设备的资料。装卸及辅助机械设备的资料包括装卸机械的造价、机械性能、设计生产能力、适用范围、耗电量、耗油量、操作使用效果及修理维修的间隔期、修理费、使用年限等。

8.2.4 港口装卸工艺方案经济效益分析

港口装卸工艺方案的经济效益分析是港口装卸工艺方案比选和选择推荐方案的重要依据之一，也是衡量港口装卸工艺方案经济效益的组成部分，分析的指标有投资额估算，由方案的装卸作业收入估算和装卸成本预算组成的工艺方案的财务分析，方案营运的财务现金流量、内部收益率、方案营运的净现值、投资回收年限估算等经济效益分析，以及港口装卸工艺方案营运后对船方、货方经济效益产生影响的国民经济收益和国民经济效益分析。

1. 投资额估算

按照前面所述，港口装卸工艺项目的投资可分为港内工程投资和海外工程投资两部分。从工程建设项目角度分，港口工程投资可分为工程投资费用、其他费用、预留费用和建设期贷款利息四个部分；从工程投资性质角度分，港口工程投资又分为基础设施投资和经营设施投资两部分。

2. 港口装卸工艺方案财务分析

港口装卸工艺方案财务分析包括港口作业收入估算和装卸成本两部分。

3. 港口装卸工艺方案经济效益分析

港口装卸工艺方案的经济效益分析主要包括估算方案营运的财务现金流量、内部收益率、方案营运的净现值、投资回收年限分析。

4. 国民经济评估

港口装卸工艺项目投资的国民经济效益评估是从国民经济和全社会角度出发来计算港口

装卸工艺项目的投资经济效益。通过国民经济评估可审视港口装卸工艺项目投资对社会的贡献力；对贷款建港项目来说，港口装卸工艺项目的国民经济评估对项目投资决策更为重要。

5. 关于装卸工艺项目评估的有关问题

（1）通货膨胀和价格波动的影响。如要考虑投资项目建设和生产期货币通货膨胀与价格波动对项目经济效益的影响，在经济论证时，除折现率外，还可考虑加上通货膨胀率。

（2）不确定性的风险。

（3）敏感性分析。在港口装卸工艺方案的分析评价中，有些预期的参数可能发生变动，为了决策的可靠性，对投资方案的国民经济收益做必要的敏感性分析。敏感性分析按投资分别增加 10%、20%、30% 或收益减少 10%、20% 和 30% 时，对各个工艺方案营运的内部收益率和净现值的变化情况进行比较与选择。

8.3 集装箱装卸工艺

8.3.1 集装箱装卸作业方式

根据集装箱装卸方法的不同，港口集装箱装卸作业方式可分为吊装式作业方式和滚装式作业方式，其中最常用的作业方式为吊装式作业方式。

（1）吊装式作业方式是指在码头前沿采用起重机进行装卸，用码头或船上的起重机械设备往船舱或甲板上装集装箱，或卸集装箱。吊装式作业方式中的吊上吊下方式，也称为垂直作业方式，是当前使用最为广泛的一种方式。

（2）滚装式作业方式是采用滚装船运输集装箱，将集装箱放置在半挂车（底盘车）上，船舶到港后，牵引车通过与船首门、尾门或舷门铰接的跳板，进入船舱将半挂车（底盘车）拖带到码头货场，或者是将集装箱直接堆放在船舱内。船舶到港后，用叉车把集装箱放到底盘车上，由牵引车拖带到码头货场，或者仅用叉车通过跳板搬运集装箱。这种方式称为滚上滚下方式，也称为水平作业方式。

滚上滚下方式与吊上吊下方式相比，其装卸速度要快 30% 左右，无须动用价格昂贵的港口大型专用机械设备，装卸费用低，减少船舶在港停留时间；不需要中间换装，有利于组织集装箱的"门到门"运输；减少集装箱在港口的装卸环节，降低集装箱破损率，可装运小车、汽车、载箱的拖车等多种形式的货物。但滚装集装箱船的造价比吊上吊下集装箱船约高10%，其舱容利用率仅为吊上吊下集装箱船的 50%，从而使每一载重吨的单位运费比吊上吊下集装箱船要高，滚装集装箱码头所需要的货场面积也比一般吊上吊下集装箱码头要大。

8.3.2 集装箱的起吊方式

1. 上部四点起吊

上部四点起吊，如图 8-2 所示，均采用专用的集装箱吊具（伸缩式吊具或固定式吊具）起吊集装箱。吊具的旋锁通过机械液压装置，与集装箱的四个顶角件自动结合。其特点是钢丝绳垂直受力均衡，起吊平稳，当吊具旋锁与集装箱上部四个顶角件全部锁紧时，可通过装设在司机室里的显示装置确认无误。这种起吊方式广泛用于集装箱装卸专用机械。

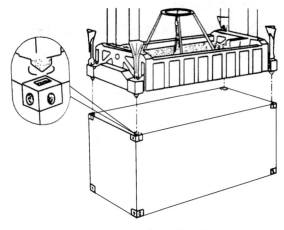

图 8-2   上部四点起吊

2. 上部单点起吊

上部单点起吊，如图 8-3 所示，通常采用简易吊具起吊集装箱。这种吊具的四角钢丝绳集中于一处，采用单点起吊。起吊集装箱时将吊具对准集装箱上部四个顶角件孔，工人站在地面上，牵动拉索，带动旋锁机构，使旋锁在顶角件孔中转动 90°，并确定四个顶角件的旋锁锁紧后，再通知起重机司机开始起吊。这种吊具结构简单、重量轻，但需要辅助工人操作，且一点起吊，集装箱容易打转，一般用于臂架型起重机。

3. 上部单点起吊，下部用于挂钩

采用单点起吊，在吊架四角下面的钢丝绳上装有普通吊钩或安全吊钩、U 形钩、旋锁。起吊集装箱时，将吊架对准集装箱上方，由工人将吊钩（或安全吊钩、U 形钩、旋锁）挂入四个顶角件孔中，在确认四个顶角都已挂牢后，再以手势告知司机起吊。这种起吊方式需要辅助工人挂钩或摘钩，效率低，且单点起吊集装箱容易打转。因此，仅适用于集装箱吞吐量较小的综合码头（见图 8-4）。

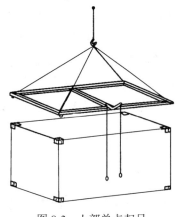

图 8-3   上部单点起吊

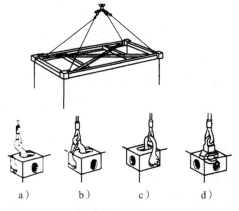

a）   b）   c）   d）

图 8-4   上部单点起吊，下部用于挂钩

4. 用钢丝绳直接挂钩自上部起吊

将四根钢丝绳一端装上吊钩，另一端集中到一起，用吊环直接挂到起重机的吊钩上起吊集装箱（见图8-5）。采用这种方法起吊集装箱时，需要注意四根钢丝绳与水平面的夹角应大于60°。这种起吊方式不能用于起吊20英尺和20英尺以上的集装箱。

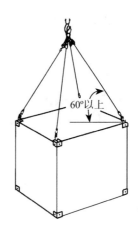

60°以上

图8-5 用钢丝绳直接挂钩自上部起吊

5. 采用横梁从下部起吊

采用一根横梁，横梁的两端各系两根钢丝绳，钢丝绳的末端装有手动旋锁，横梁用吊环挂到起重机的吊钩上起吊集装箱。采用这种方式起吊集装箱，是将钢丝绳末端的手动旋锁插进集装箱下部四个底角件孔中，转动90°，在确认四个底角件都已锁紧后，方可起吊。用这种方式起吊集装箱，工人可在地面操作旋锁。

8.3.3 集装箱码头的装卸工艺系统

集装箱码头的装卸工艺方案有很多种，如底盘车装卸工艺方案、集装箱跨运车装卸工艺方案、轮胎式集装箱龙门起重机装卸工艺方案、轨道式集装箱龙门起重机装卸工艺方案、集装箱正面吊运机工艺方案和集装箱滚装装卸工艺方案。

1. 底盘车装卸工艺方案

底盘车装卸工艺方案首先为美国海陆航运公司所采用，故又被称为海陆方式。其工艺流程为：卸船时，集装箱装卸桥将从船上卸下的集装箱直接装在挂车上，然后由牵引车拉至堆场按顺序存放，存放期间，集装箱与挂车不脱离；装船的过程相反，用牵引车将堆场上装有集装箱的挂车拖至码头前沿，再由集装箱装卸桥将集装箱装到集装箱船上（见图8-6）。

集装箱船　　集装箱装卸桥　　牵引车　　底盘车　　牵引车　底盘车
　　　　　　　　　　　　底盘车　（放在场地上）　轮胎　　轨道车辆集
　　　　　　　　　　　　　　　　　　　龙门起重机　运载重拖车

图8-6 底盘车装卸工艺方案

这种系统主要适用于下列情况：①码头集装箱通过量小，场地大；②作为集装箱码头的起步阶段，特别是整箱比例较大的码头；③船公司特别要求这种作业的码头，其陆路运输完全依赖于公路运输。

采用底盘车装卸工艺方案，可以提高集装箱装卸桥的装卸效率，解决集装箱装卸桥与挂车的快速对位问题，是提高整个工艺方案效率的关键。

2. 集装箱跨运车装卸工艺方案

集装箱跨运车装卸工艺流程为：卸船时，用码头上的集装箱装卸桥将船上的集装箱卸至码头前沿的场地上，然后由跨运车运至堆场进行堆垛或给拖挂车装车；装船时，用跨运车拆垛并将集装箱运至码头前沿，再由码头前沿的集装箱装卸桥装船（见图8-7）。

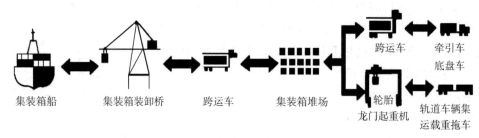

图 8-7 集装箱跨运车装卸工艺方案

采用集装箱跨运车装卸工艺方案时，跨运车的搬运效率应与集装箱装卸桥的效率相适应。理论上讲，跨运车的搬运效率约为普通型集装箱装卸桥效率的1/2。在采用全跨运车方式的集装箱专用码头，跨运车典型的搬运过程可分为单程操作循环和往复操作循环两种情况。

（1）单程操作循环。跨运车从码头前沿搬运重箱至堆场，由堆场空车返回码头前沿。

（2）往复操作循环。跨运车从码头前沿搬运重箱至后方堆场，由后方堆场空车行驶至前方堆场，并从前方堆场搬运重箱至码头前沿。

3. 轮胎式集装箱龙门起重机装卸工艺方案

轮胎式集装箱龙门起重机装卸工艺流程为：卸船时，集装箱装卸桥将船上卸下的集装箱装在拖挂车上，运至堆场，再用轮胎式龙门起重机进行卸车和码垛作业；装船时，在堆场由轮胎式龙门起重机将集装箱装上拖挂车，运往码头前沿，等待装卸桥装船。

轮胎式集装箱龙门起重机装卸工艺方案的特点是集装箱拖挂车只做水平运输，轮胎式集装箱龙门起重机负责堆拆垛作业，从而将集装箱拖挂车快速疏运和轮胎式集装箱龙门起重机堆码层数较多的特点结合起来，达到提高集装箱码头装卸效率的目的。

在轮胎式集装箱龙门起重机装卸工艺方案中，堆场作业机械采用轮胎式集装箱龙门起重机。轮胎式集装箱龙门起重机装卸工艺方案的优点是装卸效率高，可进行大面积连续堆码作业；机械利用率高；机械维修量少，维修费用低，可节省投资和定员；跨距大，堆层高，堆场空间利用率高，易于实现自动控制和堆场装卸作业自动化。

轮胎式集装箱龙门起重机的主要缺点是由于搬运需要与集装箱拖挂车联合作业，因此使用的机械数量多，初次投资较大；由于轮胎式集装箱龙门起重机的轮压较大，因此对码头的承载能力的要求就越高，特别是行走车道需要进行加固，因此码头的土建投资较大。

4. 轨道式集装箱龙门起重机装卸工艺方案

轨道式集装箱龙门起重机装卸工艺流程包括两种类型。一种是卸船时用集装箱装卸桥将集装箱从船上卸到码头前沿的集装箱拖挂车上，然后拖到堆场，采用轨道式集装箱龙门起重机进行堆码；装船时，在堆场上用轨道式集装箱龙门起重机将集装箱装到集装箱拖挂车上，然后拖到码头前沿，用装卸桥把集装箱装船。另一种则是在船与堆场之间不使用水平搬运机械，而是由集装箱装卸桥与轨道式集装箱龙门起重机直接转运。轨道式集装箱龙门起重机将悬臂伸至集装箱装卸桥的内伸距的下方，接力式地将集装箱转送至堆场或进行铁路装卸。

轨道式集装箱龙门起重机具有跨度大、堆码层多（一般可堆放五六层集装箱）、可以充分利用堆场面积、提高堆场的堆存能力等特点。并且由于结构简单、操作和维修都比较方便，因此更易实现单机自动化控制。

5. 集装箱正面吊运机工艺方案

与叉车相比，集装箱正面吊运机具有机动性强、稳性好、轮压低、堆码层数高、堆场利用率高等优点。集装箱正面吊运机的装卸作业特点主要有：吊具可以伸缩以及旋转，能带载变幅和行走，能堆码多层集装箱，具有点动对位功能，可以进行其他货种的装卸作业等（见图 8-8）。

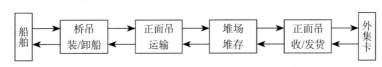

图 8-8　集装箱正面吊运机工艺方案

采用集装箱正面吊运机工艺方案，其工艺流程有以下几种。

（1）码头前沿至堆场的堆箱作业。用集装箱正面吊从码头前沿吊起重箱，运至堆场堆箱，空载返回码头前沿进行第二次循环作业。

（2）堆场至半挂车的装箱作业。用集装箱正面吊从堆场吊起重箱，运至半挂车上放下，由半挂车运走，然后空载返回堆场准备第二次循环作业。

（3）操作循环作业。正面吊从码头前沿吊运重箱至堆场堆箱，然后在堆场吊运空箱回码头前沿放下，再吊运重箱做第二次循环。

6. 集装箱滚装装卸工艺方案

集装箱滚装装卸工艺方案就是采用滚装船运箱的港口装卸工艺方案。滚装工艺所采用的船型为滚装船。

在集装箱滚装装卸工艺方案中，集装箱拖挂车或其他用于搬运集装箱的搬运机、装载了货物的卡车以及其他车辆通过滚装船船侧或船尾的舷门直接驶入滚装船舱内，停在舱内预定的位置，这种作业方式称为滚装方式，也称为滚上滚下方式或开上开下方式。由于其货物的装卸方式是在水平方向移动，所以又称为水平作业方式。表 8-1 是对不同时期集装箱设备与工艺选择的比较。

表 8-1　不同时期集装箱设备与工艺选择

装卸设备及主要参数	代别				
	第一代	第二代	第三代	第四代	第五代
装卸工艺	底盘车	轮胎龙门吊	混合工艺	自动化装卸工艺	
主要设备	船用装卸桥	岸边装卸桥	高速装卸桥	第二代装卸桥	

（续）

装卸设备及主要参数		代别				
		第一代	第二代	第三代	第四代	第五代
装卸桥主要参数	起重量 / 吨	22.68	30.5	45	55	
	小车速度 / (米 / 秒)	2.1	2.5	2.53	2.66	> 3.0
	起升速度 / (米 / 秒)	0.5	0.6	0.67	0.83	
	跨距 / 米	10.87	16	26	30	
	外升距 / 米	23.7	35	37.3	36 ~ 44	44 ~ 48
	总量 / 吨	350	680	750	850	

8.3.4 集装箱混合装卸工艺方案

在决定采用何种混合装卸工艺方案时，应考虑以下因素：预定年装箱量的大小；所需土地面积的可能性；集装箱船的装载量和到港频率；投资的可能性；场地上作业效率的高低；集装箱内陆集疏运的方式；集装箱损坏率的高低；装卸机械的维修费用；码头作业的灵活性；实现自动化作业的要求。

综合考虑上述因素，目前集装箱码头多采用装卸桥 – 轮胎式龙门起重机方案。下面介绍包括装卸桥 – 轮胎式龙门起重机方案在内的几种方案。

1. 装卸桥 – 跨运车方案

在该方案中，"船 – 场"作业是由装卸桥将集装箱从船上卸到港站前沿地面上，然后用跨运车把集装箱运到场地的指定箱位上（见图 8-9）。

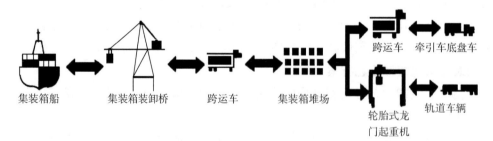

图 8-9　装卸桥 – 跨运车方案

装卸桥 – 跨运车方案的优点包括如下几个方面。

（1）跨运车一机完成多种作业（包括自取、搬运、堆垛、装卸车辆等），减少码头的机种和数量，便于组织管理。

（2）跨运车机动灵活、对位快，岸边装卸桥只需将集装箱卸在码头前沿，无须准确对位，跨运车自行抓取运走，充分发挥岸边集装箱装卸桥的效率。

（3）机动性强，既能搬运又能堆码，减少作业环节。

（4）堆场的利用率较高，所需的场地面积较小。

装卸桥 – 跨运车方案的主要缺点：跨运车机械结构复杂、液压部件多、故障率高、对维修人员的技术要求高、造价昂贵；跨运车的车体较大，司机室位置高、视野差，操作时需配备助手；对司机的操作水平要求较高，若司机对位不准，就容易造成集装箱损坏。

装卸桥–跨运车方案适用于进口重箱量大、出口重箱量小的集装箱码头。

2. 装卸桥–龙门起重机方案

装卸桥–龙门起重机方案通过集装箱牵引车和挂车完成集装箱从船上卸到港站场地的指定箱位上（见图8-10）。

（1）装卸桥–龙门起重机方案的优点有如下几个方面。

1）单位面积堆存量大。由于龙门起重机堆箱层数多，因此单位面积堆存量较大。这在陆域较小的码头上显得特别重要。

2）堆场面积利用率高。由于集装箱在龙门起重机跨距内可紧密堆垛，不留通道，因此堆场面积利用率高。

3）营运费用低。本方案虽初始投资大，但机械设备的维修管理费用低。

4）易于实现自动化控制。龙门起重机的动作易于程序化，便于电子计算机控制。

本方案的缺点主要是龙门起重机作业的缺点，相对而言，轮胎式龙门起重机比轨道式龙门起重机具有更多的优点，故目前采用较多。

图 8-10　装卸桥–龙门起重机方案

（2）装卸桥–轮胎式龙门起重机工艺流程，如图8-11所示。

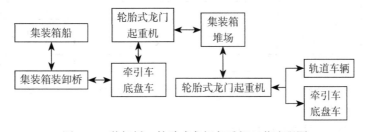

图 8-11　装卸桥–轮胎式龙门起重机工艺流程图

（3）装卸桥–轮胎式龙门起重机工艺方案的主要优点有以下几个方面。

1）场地的利用率高。轮胎式龙门起重机可在一个箱区堆放 30 个集装箱，且箱与箱之间的间隙较小，使堆场面积得到有效利用。

2）堆场铺面费用较少。堆场除轮胎式龙门起重机的通行道路需特殊加强外，其余只需满足集装箱半挂车轮压要求即可，相对跨运车系统，减少了场地铺面建造费用。

3）设备操作较简单，工人只需中等技术水平的操作培训即可操作设备。

4）相对于跨运车系统，对集装箱的损坏机会较少。

5）轮胎式龙门起重机采用 90º 转向和定轴转向，占用通道面积较小。

6）与轨道式龙门起重机相比，轮胎式龙门起重机不受轨道的限制，可从一个箱区转移至另一个箱区作业。

7）可采用直线行走自动控制装置，实行行走轨道自动控制，并可采用计算机控制，易于实现集装箱装卸作业自动化。

装卸桥－轮胎式龙门起重机工艺方案的主要缺点有如下几个方面。

1）相对跨运车系统，该系统的灵活性不够。虽然可进行跨箱区作业，但移动耗时较长。

2）由于龙门起重机的跨距大，堆垛层数高，因此提取集装箱较困难，倒垛率较高。

3）轮胎式龙门起重机需配备集装箱拖运车来承担水平运输，增加了作业环节。

4）初始投资也较高，每台岸边集装箱装卸桥需配备 4 台以上的轮胎式龙门起重机，而轮胎式龙门起重机的造价高，使码头的固定成本增加。

5）轮胎式龙门起重机适用于陆地面积较小的码头。目前我国大部分集装箱码头采用这种起重机。

8.3.5　各种装卸工艺方案的比较

各种装卸工艺方案的比较，如表 8-2 所示。

表 8-2　各种装卸工艺方案的比较

系统指标	底盘车	跨运车	轮胎吊	轨道式龙门起重机	叉车	正面吊	混合
储存能力	差	好	优	优	中	好	优
投资成本	差	好	好	好	优	好	优
工艺简单性	优	好	差	差	优	优	中
装卸效率	优	好	好	好	差	中	优
机动性	优	好	差	差	好	优	中
减小货损率	优	差	好	好	好	好	好
低维修成本	好	差	好	优	好	好	中
可扩张性	优	好	差	差	好	好	好
自动化能力	差	差	好	优	差	差	好
与铁路配合性	差	差	好	优	中	好	好

8.4　自动化集装箱装卸工艺方案

自动化集装箱码头首先出现在劳动力成本昂贵和熟练劳动力匮乏的欧洲。20 世纪 80

年代中后期，自动化集装箱装卸技术的发展使英国泰晤士港、日本川崎港和荷兰鹿特丹港率先规划尝试建设自动化集装箱码头，运营效果达到了预期目标，但受经济波动和财政政策的影响，自动化集装箱码头的发展一度陷入了停滞状态。

自动化集装箱码头的发展过程基本可分为以下几代：第一代以 1993 年投入运营的荷兰鹿特丹港 ECT（Europe Combined Terminals）码头为代表；第二代以 2002 年投入运营的德国汉堡港 CTA（Container Terminal Altenwerder）码头为代表；第三代以 2008 年投入运营的荷兰鹿特丹港 Euromax 码头为代表；目前，中国建成的全自动集装箱码头有厦门远海自动化码头、青岛前湾自动化码头、洋山港四期自动化码头、天津港北疆港区 C 段智能化集装箱码头、日照港全球顺岸开放式自动化集装箱码头及深圳妈湾港自动化码头。它们是采用众多创新技术的第四代自动化集装箱码头。

8.4.1 国外自动化集装箱装卸工艺方案

1. 荷兰鹿特丹港

1993 年，投入运营的荷兰鹿特丹港 ECT Delta Sealand 码头是第一代集装箱自动化码头的典型代表。它的岸桥采用单小车布置，集装箱水平运输采用自动导引小车（automated guided vehicle，AGV）并沿固定圆形路线运行。堆场每个堆区有 1 台高速无人驾驶轨道吊，堆场为 6 排箱，堆 4 层。AGV 装卸点位于岸桥门框内，AGV 不进入堆场，其装卸点位于堆场端部并垂直于泊岸（见图 8-12）。

荷兰鹿特丹港 Euromax 码头代表了第三代集装箱自动化码头，它的泊岸设备为双小车岸桥，AGV 的速度是 6 米 / 秒，采用柴油发电机电力驱动，作业于岸桥后伸区域。堆场区采用全自动轨道式龙门集装箱起重机（ARMG），可"堆五过六"，跨 10 列集装箱，与第二代集装箱自动化码头相比，堆场每个堆区内的轨道吊为接力式对称布置（见图 8-13）。

图 8-12 荷兰鹿特丹港 ECT Delta Sealand 码头

图 8-13 荷兰鹿特丹港 Euromax 码头

岸桥理论装卸效率为 40 TEU/ 时，上海振华重工（集团）股份有限公司是 Euromax 码头岸桥设备供应商。Euromax 码头采用德国 Dematic 公司的 Dynacore 导航软件对 AGV 进行导航和控制，并采用美国 Navis 公司的信息自动化软件对码头进行管理。堆场内每个箱区设有 1 条 AGV 通道。在相互交叉的情况下，AGV 不仅可以直行，而且可以转弯、环行，还可在轨道式龙门起重机的门腿间进行装卸作业。

Euromax 码头采用"双小车岸桥 + 自动导引车 + 自动化轨道吊"的作业工艺。堆场垂直于岸线设计，每块堆场设 2 台起重能力为 40 吨的自动化轨道吊，采用全自动化作业方式，不支持双箱作业；堆场陆侧采用集卡倒车工艺方式。

鹿特丹港的马斯莱可迪二号码头创新性地使用远程控制的 STS 龙门起重机，并配备电动无人搬运车在船舶、集装箱码头、堆场、驳船和船坞铁路设施之间完成集装箱堆垛。总投资为 5 亿欧元的自动化码头具备接纳满载 3E 级船（18 000TEU）的能力。

2. 新加坡巴西班让码头

新加坡巴西班让自动化集装箱码头采用的是岸桥（单小车）- 拖挂车 - 高架栈桥式自动化集装箱起重机工艺系统。拖挂车由人工驾驶，转运集装箱时位于岸桥跨距内，堆场布置与码头岸线平行。堆场设备采用了桁架式自动化场桥，这种场桥可堆高 8 个集装箱，跨 9 个集装箱。堆场内将自动化场桥与轨道龙门吊相结合，完成港口堆区的集装箱作业，实现堆场作业自动化。

自动化场桥负责处理中转箱，集卡在自动化场桥的跨下装卸集装箱（车道）；轨道龙门吊用于处理非中转箱，采用人工操作方式，集卡在轨道龙门吊的两侧装卸集装箱。自动化场桥共有 6 条作业线，每条线分为 5 个箱区，每个箱区配置两台小车，每台小车有自己的工作区域，每个操作人员可同时操作四五台场桥小车。场桥小车之间装有防撞设施，当场桥小车发生故障后，可以将场桥小车从作业区域移开，从而进行维修而不耽误堆区内的作业。该自动化场桥工艺有以下特点：场桥代替了吊具的大车，节约能源；大大节约了人力成本，1 个堆区 8 台机器，仅需 2 个人操作；装卸过程简单，便于优化且易于实现；维修方便，不会影响堆场的作业。

3. 德国汉堡港

德国汉堡港 CTA 集装箱码头建于 1999 年，一期工程于 2002 年建成投产，是第二代集装箱自动化码头的代表。CTA 码头岸线长约 1 400 米，共有 4 个泊位，堆存能力 3 万 TEU（20 英尺标准集装箱）；码头前沿配备 14 台超巴拿马型岸桥，可快速装卸大型集装箱船；铁路作业区有 6 条长 700 米的平行装卸作业车道，配备 4 台跨 6 条车道的轨道式龙门起重机进行装卸作业（见图 8-14）。

CTA 集装箱码头的特点是岸桥为双小车结构，水平运输采用 AGV（在岸桥的后伸区域），以灵活路线运行；堆场每个堆区内的 2 台轨道吊为穿越式布置，堆场为 10 排箱，堆 4 层。码头的路径规划设计和设备调度采用了计算机模拟技术。AGV 利用异频雷达导航，相对于固定路线运行，其效率更高，但是调度更复杂。AGV 起初采用内燃机液压驱动，后来采用柴油发电机供电的电力驱动，逐步升级为动力电池供电的电力驱动以减少排放。2 台轨道吊冗余配置，当某台发生故障时对作业的影响较小，但是投资成本加大。由于集卡需进入堆区作业，定位困难，AGV 按不固定路线运行，因此调控较复杂。

图 8-14　德国汉堡港 CTA 集装箱码头

4. 日本名古屋港

日本名古屋港 Tobishima 集装箱码头是日本首个全自动集装箱码头，也是公认的世界上最先进的自动化集装箱码头之一。该码头共有 2 个泊位，分别于 2005 年 12 月和 2008 年 12 月投入运营。由于日本为多地震国家，故其集装箱码头的结构和设备均采用强化抗震的设计工艺，以减小地震危害。

Tobishima 集装箱码头采用岸桥（单小车）–AGV–ARTG 装卸工艺。码头前沿共配备 6 台超巴拿马型岸桥。堆场区采用的全自动轮胎式龙门集装箱起重机（ARTG），为"堆四过五"型、下跨 6 排箱。水平运输采用 AGV，AGV 在岸桥跨距内或后大梁下停放并转运集装箱。按指令运行至堆场内时，由 ARTG 装卸集装箱，堆场沿码头岸线平行方向进行布置。Tobishima 集装箱码头是目前世界上唯一采用 ARTG 作为堆场设备的自动化集装箱码头。与一般的轮胎式龙门起重机相比，ARTG 具有精度高、对位准、稳定性好、自动化程度高等优点，且具备自动纠偏、光电控制、液压汽缸防摇等功能。此外，该码头采用智能道口系统光学字符识别技术和无线射频识别技术，结合电子信息提示牌、闸道系统、道口自助终端系统等多重设施，可实现集卡车号及集装箱箱号的自动采集。

日本名古屋港 TCB 码头堆场平行于岸线布置，采用"单小车岸桥 + 自动导引车 + 自动化轮胎吊"的作业工艺。岸桥和自动化轮胎吊均由日本三菱公司制造，自动导引车由日本丰田公司制造。

5. 韩国釜山新集装箱码头

釜山新集装箱码头坐落于韩国釜山港新港港区，是亚洲第一个堆场垂直于岸线布置的自动化集装箱码头。该码头采用"单小车岸桥 + 跨运车 + 自动化轨道吊"的作业工艺。岸桥和自动化轨道吊均由上海振华重工（集团）股份有限公司制造，跨运车由美国特雷克斯集团制造，堆垛能力为"堆一过二"，码头操作系统由美国 Navis 公司提供，码头设备控制系统由瑞士 ABB 公司开发。

6. 西班牙巴塞罗那港巴塞南欧码头

巴塞南欧码头是从和记黄埔港口集团旗下的加泰罗利亚码头（TERCAT）中分出的。巴塞南欧码头于 2011 年开始建设，采用"单 40 英尺岸桥 + 跨运车 + 自动化轨道吊"的作业工艺。岸边船舶作业采用单 40 英尺岸桥。

8.4.2　国内自动化集装箱码头实践

1. 厦门远海集装箱自动化码头

2014 年 8 月，由厦门市与中远集团、中交建集团三方投资开始建设号称"魔鬼码头"的厦门远海集装箱自动化码头（简称厦门远海码头），项目总投资 6.58 亿元（见图 8-15）。2016 年 3 月建成的厦门远海码头是国内建成的第一个全自动化码头，也是全球首个应用第四代全自动化技术的集装箱码头，将为已建造码头提供升级换代标准。厦门远海码头在设计阶段首次运用了国内具有自主知识产权的仿真系统，进行自动化集装箱码头水平运输、堆场装卸、路径优化等工作的设计、开发、统计和分析。码头采用 3 台自动化双小车岸桥、16 台自动化轨道吊、18 台自动导航运载车、8 台自动化转运平台，单桥平均效率将实现每小时运送 37 ～ 38 个自然箱，提升作业效率约 20%。码头的年吞吐量可达 78 万 ～ 91 万 TEU。其特点是岸桥为双小车，水平运输采用电池动力灵活路线运行的 AGV，堆场内的轨道吊为接力式对称布置，并引入 AGV 伴侣来解决轨道吊和 AGV 的耦合问题。

图 8-15　厦门远海集装箱自动化码头

2016 年 3 月 23 日，厦门远海码头所有流程和功能区域全面投产；2017 年 5 月 27 日，成功作业最大集装船（承载量为 21 413TEU 的 OOCL 香港轮）；2016 年 3 月 23 日至 2017 年 7 月 23 日，自动化码头作业 265 次实船，卸船平均效率达 25 个循环 / 时，最高达到 48 个循环 / 时，装船平均效率 22 个循环 / 时，最高达到 44 个循环 / 时，ECS 版本升级至 21.3，自动化堆场堆存率最高为 91.6%。另外，增加了岸桥远程操控系统，甲板上装船按三角形和平层法合集优化增加可装船选择，水平运输全场权重调度和坐标导航优化，堆场协同翻捣和最优法接力优化，堆场发箱与船舶作业全面协同优化。

厦门远海码头的特点在于：①取消传统的由内燃机驱动的水平运输方式，将码头装卸完全置于轨道上，用电驱动实现，因而解决了噪声大、排放超标、污染环境等问题；②系统作业高效，岸桥和后方堆场轨道吊之间的水平运输车采用低架桥结合电动小车形式，节能环保，且实现了全自动化；③实现了堆场无人化作业，系统由 ZPMC 自主研发的中央控制室计算机控制，降低了成本，提高了安全作业水平和产能。

2. 青岛港全自动化集装箱码头

2017 年 5 月 11 日，青岛港全自动化集装箱码头投入商业运营。该码头已实现全电力、零排放、无灯光作业。与传统码头不同的是，整个码头现场"空无一人"，生产作业却有条不紊地进行着。这标志着当今世界最先进、亚洲首个真正意义上的全自动化集装箱码头在青岛港成功投产，实现了全自动化码头从概念设计到商业运营，开创了全自动化集装箱作业的新纪元。以往，桥吊司机坐在近 50 米高的控制室里，凭肉眼和手动操作将几十吨的集装箱精准、平稳地摆放到船上。如今，操作人员坐在中控室里，轻点鼠标就能完成这一过程，看上去和"玩游戏"一样。青岛港全自动化集装箱码头如图 8-16 所示。

图 8-16　青岛港全自动化集装箱码头

该码头和互联网、物联网、大数据平台深度融合，形成"超级大脑"，使自动化码头设计作业效率达每小时 40 自然箱，比传统码头提升 30%，同时节省工作人员 70%，减少操作人员 85%，成为当今世界自动化程度最高、装卸效率最快的集装箱码头。该码头位于前湾港区四期 5～10 泊位，岸线长 2 000 多米，纵深近 800 米，前沿水深 20 米，年通过能力超过 500 万 TEU，可停靠世界最大的 20 000 TEU 以上的集装箱船舶，首期 2 个泊位投入运营。2018 年 4 月 21 日下午 1 点 9 分，随着"中远希腊"轮最后一个集装箱卸船完成，青岛港全自动化集装箱码头再次创出了新的世界纪录，单机平均效率达到 42.9 自然箱 / 时，船时效率达到 218.1 自然箱 / 时，打破了原来保持的单机效率 39.6 自然箱 / 时的世界纪录。

3. 上海洋山港四期自动化码头

上海洋山港四期自动化码头（简称洋山四期）于 2017 年 12 月 10 日建成。洋山深水港区是上海国际航运中心的核心工程，四期工程是洋山深水港区一期至三期工程的续建工程。洋山四期总用地面积 223 万米^2，共建设 7 个集装箱泊位、集装箱码头岸线总长 2 350 米，设计年通过能力初期为 400 万 TEU，远期为 630 万 TEU（见图 8-17）。放眼全球，规模如此之大的自动化码头一次性建成投运是史无前例的。首批 10 台桥吊、40 台轨道吊、50 台 AGV 均投入生产。

图 8-17 上海洋山港四期自动化码头（一）

洋山四期将采用建设方自主开发的作业调度控制系统，这也是国际上最新一代自动化集装箱装卸设备和一流的自动化生产管理控制系统，码头装卸作业采用"远程操控双小车集装箱桥吊＋自动导引车＋自动操控轨道式龙门起重机"的生产方案，远程操控让驾驶人员可以在办公室内通过远程操作台控制桥吊和轨道吊。该系统主要由码头装卸、水平运输、堆场装卸自动化及全自动化系统构成。建成后的港口将全面实现"智能装卸""无人码头"和"零排放"。该系统主要装卸环节均实现了全电力驱动，提高了能源利用效率，降低了能耗，大大减少废气和噪声对环境的影响。

自动导引车让码头前沿的水平运输实现了无人化。生产管控系统让船舶和堆场计划、配载计划、生产作业计划等全部交由系统自动生成，显著降低了码头各个环节的人力资源成本，实现了码头作业从传统劳动密集型向自动化、智能化的革命性转变，可以提供 24 小时全天候、高效、绿色、安全的服务。

首创多元化堆场作业交互模式。洋山四期的自动化堆场装卸设备采用无悬臂、单悬臂、双悬臂三种轨道吊，无悬臂箱区和带悬臂箱区间隔混合布置，丰富的设备类型带来多元的交互模式，现场作业的机动性和灵活性大大增强，目前这一模式在全球的自动化码头中是独一无二的。

设备自动化技术最先进。洋山四期采用购自振华重工制造的自动化装卸设备，整个装卸过程所涉及的三大机种均为中国制造。洋山四期的桥吊的最大载荷均为 65 吨，采用

"双小车＋中转平台"的设计，中转平台可以对集装箱锁钮进行全自动拆装；洋山四期的锂电池驱动自动导引车采用了当今最前沿的技术，除无人驾驶、自动导航、路径优化、主动避障外，还支持自我故障诊断、自我电量监控等功能，换电和充电同样实现了自动化；在堆场区工作的轨道吊，均采用自动堆箱技术，同一箱区内还可以在系统自动调度下进行集装箱接力作业，箱区内部作业完全实现了自动化运行。

自主研发且智能化程度最高。洋山四期采用上港集团自主研发的全自动化码头智能生产管理控制系统（TOS），该系统是这个全新码头的"大脑"。上海洋山港四期自动化码头如图8-18所示。

图 8-18　上海洋山港四期自动化码头（二）

零排放的绿色码头。洋山四期使用的桥吊、轨道吊、AGV 均采用电力驱动，码头装卸、水平运输及堆场装卸环节完全消除了尾气排放，环境噪声得到极大改善，与此同时，装卸行程的优化以及能量反馈技术的采用，进一步降低码头的能耗指标，洋山四期的装卸生产设计可比能源综合单耗仅为 1.58 吨标煤 / 万吨吞吐量，达到国内先进水平。第二代港口船舶岸基供电、节能新光源、水网系统远程度数流量计、办公建筑区域电能监控系统、太阳能辅助供热等技术的应用，使洋山四期的能源利用效率跨上新台阶。

未来码头运营管理现场几乎看不到人，全部是智能操作和系统自动调度。这项工程将促进我国从传统制造向智能制造的转型发展，提升产业发展能级和国际竞争力。

随着自动化码头技术的不断成熟，建设成本进一步下降，国内的人力资源成本逐渐提升，自动化码头将成为集装箱码头未来发展的必然趋势。根据目前我国集装箱码头的情况分析，自动化码头建设会朝两个方向发展。

新建大型海港码头：采用"自动化岸桥＋AGV＋ARMG"的模式，建设全自动化集装箱码头，是未来新建大型海港码头的一种发展趋势。

新建中小码头，现存码头：采用"传统岸桥＋集卡＋ARMG"的自动化堆场模式，具有投资规模小、技术成熟、实施周期短、见效快的特点，是新建中小码头和现存码头自动化改造的一个发展方向。

典型自动化码头方案与装卸工艺对比，如表8-3所示。

表8-3　典型自动化码头方案与装卸工艺对比

技术特点	荷兰鹿特丹港 ECT Delta Sealand 码头	新加坡巴西班让码头	德国汉堡港	荷兰鹿特丹港 Euromax 码头	日本名古屋港	ZPMC自动化码头长兴示范线	厦门远海集装箱自动化码头
岸桥	单小车 半自动	单小车 半自动	双小车 半自动	双小车 半自动	单小车 半自动	双小车 半自动	双小车 半自动
水平传输车辆/驱动	AGV/内燃机	拖挂车/内燃机	AGV/内燃机	AGV/内燃机	AGV/内燃机	执行车辆/电动机	AGV
水平运输车在岸桥下作业位置	岸桥跨距内	岸桥跨距内	岸桥陆侧外伸距	岸桥陆侧外伸距	陆侧外伸距/跨距内	岸桥陆侧外伸距	岸桥陆侧外伸距
AGV运行路线	固定	—	灵活	灵活	—	—	灵活
堆场布置与码头岸线位置关系	垂直	平行	垂直	垂直	平行	垂直	平行
堆场起重机	ARMG	全自动高架桥 ARMG	ARMG（双机穿越）	ARMG	ARTG	ARMG	ARMG（双机接力）
技术水平	一代	一代	二代	三代	三代	三代	四代

⊘ 复习思考题

1. 简述港口装卸工艺的性质与作用。
2. 简述装卸桥–跨运车方案。
3. 简述装卸桥–龙门起重机方案。
4. 简述采用集装箱装卸工艺方式时应该考虑的因素。
5. 简述集装箱装卸作业方式。

⊘ 课程思政案例

奋进新征程 建功新时代 洋山港拥有"中国芯"

驱车从临港自贸新片区出发，驶过壮阔的东海大桥，上海洋山港便跃然眼前。巨型货轮靠岸停泊，一排排桥吊整齐列队、挥舞巨臂，五颜六色的集装箱起起落落，各种防疫物资、生活用品、工业产品等源源不断装卸转运，为"疫霾"下的全球送去保障。

2018 年 11 月，习近平总书记在上海考察期间，视频连线洋山港四期自动化码头，听取码头建设和运营情况介绍。总书记指出，经济强国必定是海洋强国、航运强国。洋山港建成和运营，为上海加快国际航运中心和自由贸易试验区建设、扩大对外开放创造了更好条件。要有勇创世界一流的志气和勇气，要做就做最好的，努力创造更多世界第一。总书记希望上海把洋山港建设好、管理好、发展好，加强软环境建设，不断提高港口运营管理能力、综合服务能力，在我国全面扩大开放、共建"一带一路"中发挥更大作用。

洋山港人始终牢记习近平总书记的殷殷嘱托，不断深化改革开放，勇于开拓创新，努力创造更多世界第一，成为全球物流供应链的一颗"定心丸"。

创世界一流。2021 年，洋山港集装箱吞吐量达 2 281.3 万 TEU，同比增长 12.8%，助力上海港全港集装箱吞吐量突破 4 700 万 TEU，连续 12 年蝉联世界第一。其中，洋山四期作为全球单体规模最大、智能化程度最高的自动化集装箱码头，年吞吐量首破 570 万 TEU。

"洋山四期拥有百分百'中国芯'，尽管许多技术已全球领先，但拼搏和创新是无止境的，我们总觉得能做的事还有很多。"上港集团洋山四期码头信息技术部经理顾志华说。2020 年底，洋山四期运营大数据分析与智能决策平台正式上线，使码头的智能管控系统在虚拟空间中不断进行高压测试和系统优化，让"智慧大脑"更加聪明、高效。2021 年 12 月 23 日，洋山四期昼夜吞吐量达 25 488 TEU，再次刷新纪录。

在洋山港，大家都铆着一股劲，一批开创业界先河的试点项目，如上港集团超远程智慧指挥控制中心、"5G+L4"自动驾驶智能重卡等，不断开花结果。记者了解到，2022 年，这颗拥有完全自主知识产权的"中国芯"将完成升级研发，届时码头运营效率将再次提升。

谱建设新章。上港集团生产业务部总部大楼内，有一块智慧大屏，实时显示着各码头的作业情况。上港集团生产业务部副总经理杨焱滨介绍，这是在新冠疫情下集团打造的"智慧港口生产智慧数字化平台"，洋山港区的船舶计划从 48 小时向 72 小时升级，有效提升了港口船舶作业安排的预判性；洋山一、二、三期码头还创新推出相邻码头"共享堆场"作业模式，进一步提升堆场和集卡的利用率。

自开港以来，洋山港集装箱吞吐量累计超过 2 亿 TEU。提高运营管理能力的同时，洋山港不断提升综合服务能力。2022 年，上港集团与多家国际班轮公司共建的"上海港东北亚空箱调运中心"将在洋山港建成。"这是一种全新尝试，我们愿意和船公司合作，提升效率、加强周转，共同解决因进出口箱量不平衡所导致的季节性缺箱问题。同时还可提供修箱、洗箱、验箱、发箱等配套服务，提高上海港的服务能级。"上港集团生产业务部总经理助理陈炜表示。

致力于港航业绿色、低碳发展，2022 年 3 月 15 日，国际航行船舶保税液化天然气（LNG）"船到船"同步加注业务"中国首单"在洋山港圆满完成，标志着洋山港成为全球少数拥有LNG"船到船"同步加注服务能力的港口。这将吸引更多双燃料国际船舶靠泊，进一步提升上海国际航运中心的综合竞争力。

立开放潮头。2021 年 9 月，上港集团以色列海法新港正式开港，这是 60 年来以色列第一个新码头。该码头复刻了洋山四期的技术亮点，是我国企业首次向发达国家输出"智慧港口"先进科技和管理经验。

上港集团计划以此次合作为契机，更好融入国家"一带一路"倡议，把海法新港打造成东北亚连接中东、欧洲的重要支点。

港兴通天下。洋山港作为上海港的重要组成部分，深深明白开放合作的重要性。2021 年，借助临港自贸新片区的政策优势，洋山港启动对沿海捎带业务的先行先试。一个更加智慧高效、绿色低碳的洋山港，正助力上海国际航运中心在全球扮演更为重要的角色。

习近平总书记指出，实践反复告诉我们，关键核心技术是要不来、买不来、讨不来的。洋山港始终牢记习近平总书记的期望和嘱托，坚持自主创新、科技赋能、敢闯敢试，创造了一个又一个"最好""第一"，成为"智慧港口""绿色港口"的排头兵和先行者。洋山港因开放而兴，也必将在我国全面扩大开放、共建"一带一路"中做出自己新的更大贡献。

资料来源:《求是》。

第 9 章

CHAPTER 9

港口集装箱运输业务管理

| 学习目标 |

1. 掌握集装箱的概念以及集装箱运输的优势
2. 熟悉集装箱出口业务
3. 了解集装箱进口业务与单证流转
4. 了解集装箱码头的检查口业务
5. 掌握集装箱码头箱务管理

9.1 集装箱运输概述

9.1.1 集装箱运输的起源

集装箱外形的构思最早起源于卡车的车斗。很早以前，在运输过程中有时会出现卡车运输的货物，需通过渡轮或一段火车运输的过渡。为减少货物装上、卸下的工作量，偶尔会有人将整个卡车车厢吊上渡船或火车，到达目的地后再将整个卡车车厢吊到卡车底盘上。这就给了人们一种"集装箱运输方式"的启示。

1. 早期的集装箱运输设想与实践

早在 19 世纪初（1801 年），英国的詹姆斯·安德森（James Anderson）博士就提出了集装箱运输的设想。1830 年，在英国铁路上首先出现了一种装煤的容器，接着出现了在铁路上使用容器来装运百杂货。1853 年，美国铁路也采用了"容器装运法"。1845 年，英国铁路上开始出现载货车厢，这种车厢酷似现在的集装箱。19 世纪的下半叶，英国兰开夏地区的人使用了一种运输棉纱和棉布的带有活动框架的托盘，俗称"兰开夏托盘"（Lancashire flat），它可以看作最早的集装箱雏形。

1880 年，美国试制了第一艘内河航运用的集装箱船，在密西西比河上进行试验，但当时这种新的运输方式没有产生大的影响，未被广泛接受。

直到 20 世纪初期，由于世界经济的发展，一些西方国家陆上运输量迅速增长，铁路运输得到了较快的发展。这时，英国铁路才正式使用简陋的集装箱运输。

这种新的运输方式在英国被采用以后，很快在欧洲推广。1926 年这种方式传到德国，1928 年传到法国。1928 年 9 月在罗马举行了一次"世界公路会议"，会上有人宣读了"关于在国际交通运输中如何使用集装箱"的论文。会议还探讨了铁路和公路运输间相互合作的最优集装箱运输方案。讨论中有人认为：利用集装箱运输货物，对于协调铁路和公路间的矛盾特别有利。最后，会议成立了"国际集装箱运输委员会"，研究有关集装箱运输的问题。就在这一年，欧洲的各铁路公司之间签订了有关集装箱运输的协定。

1933 年，在法国巴黎成立了"国际集装箱运输局"，这是一个民间集装箱运输组织，它以协调有关集装箱各方的合作关系为目的，并进行"集装箱所有人"登记业务。1931—1939 年，由于公路运输的迅速发展，铁路运输的地位相对下降。公路与铁路之间为了争夺货源，展开了剧烈的竞争。竞争的结果导致这两种运输方式不能紧密配合和相互协调，致使集装箱运输的经济效果得不到充分发挥。这个时期集装箱运输发展极为缓慢，其主要原因有两个：一个在于铁路运输和公路运输的割裂；另一个在于社会生产力还比较落后，没有达到开展集装箱运输所需的水平，没有充足而稳定的适箱货源，集装箱运输所需的技术基础与配套的设施落后，集装箱运输的组织管理水平也较差，使集装箱运输的优越性不能很好地发挥，影响集装箱运输的开展。

2. 现代集装箱运输的开创期（1956—1965 年）

早期集装箱运输实践的时间很长，但发展缓慢，其主要特征是仅限于陆上运输。20 世纪 50 年代中叶，美国有人提出集装箱运输应该实行"海陆联运"，这才真正开始了现代意义上的集装箱运输，集装箱运输的优势也开始展现。

最初导致集装箱运输这种方式重新引起人们注意的是：相对于"散货"和"液体货物"运输，件杂货运输方式显得非常落后。

在第二次世界大战以后，发达国家的工业生产有两大特点：一是生产的大型化；二是生产的机械化和自动化。生产的大型化，主要是指采用现代化的设备进行大规模生产。大规模生产的结果，可以使单位产品的投资和单位产品的成本降低。生产的机械化和自动化，是指用机械代替大量费用昂贵的人力劳动，这不仅可以提高劳动生产率，提高原材料和设备的利用程度，还能改进生产管理方法，从而进一步降低生产成本，提高企业生产的效率。因此，任何工业企业，只要具有大规模生产条件，一般来说，其生产规模越大，机械化程度越高，单位产品的成本就越低，企业的生产利润也就越大。所以，战后发达国家的生产企业有向大型化、机械化、自动化发展的趋势。但是，生产要实施机械化和自动化，前提是产品的标准化。如果产品无统一标准，就无法实现大规模的机械化、自动化生产。这种为提高生产效率、降低生产成本而进行的改进，被称为生产合理化。

对于运输业来说也不例外。运输企业要想大大提高劳动生产率和降低运输成本，也必须遵循生产合理化的原理，采用大批量运输的生产方式，并促使装卸工具实现机械化和自动化。

海上运输业的大型化、机械化、自动化趋势，开始于"液体运输"和"散货运输"，并很快取得成果。第二次世界大战后出现了56万吨级的超级油船，30多万吨级的大型散货船以及各种各样的专用船。这些大型船舶的出现，有赖于装卸过程的机械化和自动化，如石油运输采用了高效率的自动泵，散货运输采用了自卸设备等。石油和散货船舶实现了大型化，装卸工作实现了机械化和自动化以后，散货和液体货海上运输成本大幅降低，效率大大提高，这使件杂货运输技术的落后显得更为突出。在此期间，主要件杂货的运输，装卸工作的机械化程度仍然很低。这主要是由于采用人工作业装卸的"瓶颈"多年来没有被突破，这使船舶花大量时间停泊在港内装卸，每年航次天数不超过200天。

普通定期货船的停泊时间太长，即使船舶实现了大型化，在经济上也不会带来太大的利益。例如，一条5万吨级的大型普通定期货船，如果在一个航次中要停靠6个中途港，每航次的航行天数为16天，停泊天数却可能高达37天，即停泊天数占航次天数的70%。由此可见，船舶的大型化必须与港口装卸工作的机械化结合起来，才能发挥作用。提高件杂货海上运输效率的关键在于提高装卸效率。

由于件杂货本身的特点不同（如外形不一、体积不一、比重不一等），要提高装卸效率，先要摆脱沉重与低效的人力装卸状况。要摆脱依赖人力的装卸，人们首先要着眼于"货件"的标准化与扩大"装卸单元"，也就是使外形、大小不一的件杂货，通过某种组合方式，变成外形、大小一致的"货件"。于是就出现了"成组运输"这一改进。

所谓"成组运输"，就是把单件杂货利用各种不同的"成组工具"，组成一个个同一尺寸的标准"货件"，并使其在铁路、公路、水路等不同的运输方式间，可以不拆组快速转移。采用这种运输工艺，不仅提高了每个"货件"的重量，而且使每个"货件"定型化、标准化，从而促进了件杂货运输的机械化和自动化。

件杂货的成组运输开始是用"网兜"和"托盘"来实现的，后来进一步发展了托盘船，实现了"托盘化"。

件杂货"托盘化"以后，与单件运输相比，已有了很大的进步，但是在托盘运输中还存在一些不足之处。成组运输的进一步改进，就是集装箱化。托盘货件被装进集装箱，克服了托盘运输的上述缺点。于是，集装箱化就代替了托盘化。

成组工具的不断改进，提高了成组运输的效率，使成组运输系统得到了进一步的完善，彻底改变了件杂货运输的落后面貌，从而引发了世界运输史上的一次大变革。

将集装箱运输海陆沟通起来的最早实践者是美国人马克林。1956年，由马克林收购的泛大西洋轮船公司（Pan-Atlantic Steamship Corp.）在一艘未经改装的油船甲板上装载了58个大型集装箱，从纽约驶往休斯敦，首开"海上集装箱运输"的先河。首次运输便取得了令人振奋的成功，每吨货物的装卸成本从5.83美元降低到0.15美元。首航成功以后，1957年10月，第一艘经改装的全集装箱船"盖脱威城"号在马克林的泛大西洋轮船公司投入运营，由此开创了集装箱运输的新纪元。1960年，该公司更名为"海陆联运公司"（Sea-Land Service Inc.）。

1965年，海陆联运公司制订了用大型集装箱船环航世界的计划。从此，海上集装箱运输成了国际贸易中通用的运输方式，许多大型航运公司纷纷效仿海陆联运公司的做法。

在这一时期，航运公司所使用的集装箱船都是改装的，没有专门的集装箱泊位，使用的都是非标准的17英尺、27英尺和35英尺集装箱。1966年前的集装箱运输航线均为国内沿海航线，开展地区为美国和澳大利亚沿岸，运量较少。

3. 集装箱运输成长期（1966—1971年）

1966年，海陆联运公司全集装箱船开辟了纽约—欧洲集装箱运输航线。1966年，海陆联运公司最先使用改装的全集装箱船Fairland在北大西洋开辟了国际集装箱航线，该船载箱量220TEU，航行于北美洲、西欧、日本、澳大利亚等发达地区之间的航线，此航线通常称为"北—北航线"。

1967年，马托松船公司将"夏威夷殖民者"号全集装箱船投入日本—北美洲太平洋沿岸航线。1968年，日本有6家船公司在日本—加利福尼亚州之间开展集装箱运输。紧接着，日本和欧洲各国船公司先后在日本、欧洲、美国和澳大利亚等地开展集装箱运输。日本—澳大利亚航线（1969年开辟）、日本—西雅图、日本—温哥华航线（1970年开辟）等几条航线的集装箱运输体制已准备就绪。此外，欧洲—澳大利亚航线（1969年开辟）；北美洲—欧洲航线的集装箱运输也走上正轨；部分美国船公司利用半集装箱船在远东、北美洲和欧洲之间开展了集装箱运输。

这一时期的重要特征：集装箱运输从美国本土逐步走向国际化；从事集装箱运输的船舶是中小型集装箱船（第一代集装箱船），载箱量700～1 000TEU；出现了集装箱专用泊位；集装箱规格趋于国际标准化，统一采用国际标准化组织所规定的20英尺、40英尺的标准集装箱。

4. 集装箱运输扩展期（1971—1988年）

由于集装箱运输具有高效率、高效益和高质量的特点，故集装箱运输受货主、船公司、港口和其他部门欢迎。自1971年开始，特别是20世纪70年代末80年代初，主要开辟了许多发达国家与发展中国家之间的集装箱航线，例如美国、日本、西欧到东亚、东南亚、南亚、中东、南美洲、东非、西非、东欧等地区的国家间的航线，通称为"北—南航线"。与此同时，出现集装箱支线运输和陆桥运输。1971年底，世界13条主要航线基本上实现了件杂货集装箱化。集装箱船舶运载能力发展也很迅速，1970年约为23万TEU，1983年达到208万TEU。

这一时期集装箱运输的主要特征：集装箱运载能力迅速增加，出现了载箱量为2 000TEU的第二代集装箱船；随着海上集装箱运输的发展，世界各国普遍建设集装箱专用泊位，到

1983 年，已达到 983 个集装箱专用泊位，港口设施不断向现代化方向发展，专用泊位开始配置跨运车、集装箱装卸桥、堆场轮胎式龙门起重机；计算机开始用于管理集装箱。

5. 集装箱运输成熟期（20 世纪 80 年代末至今）

目前，集装箱运输已经遍及全球，发达国家件杂货的集装箱化已经达到 80% 以上。这一阶段航线发展的一个特征是支线运输在世界范围内形成网络化、系统化。2021 年，全球集装箱海运量为 2.07 亿 TEU，同比增长 6.49%。分航线来看，多个航线海运量创历史新高。太平洋航线海运量同比增长 11.10%，运量达到 3 051 万 TEU，为增幅最高的集装箱海运航线；大西洋航线海运量达 825 万 TEU，同比增长 8.83%，为增幅第二高的集装箱海运航线。亚欧航线全年海运量为 2 464 万 TEU，同比增长 3.20%，仍未恢复到 2019 年的水平。

根据航运数据情报公司 Sea-Intelligence 研究得出的数据，2021 年，全球集装箱船队运力达到 5 000 万 TEU，其中有 17% 的运力是多余的，这相当于有 850 万 TEU 闲置。由于受新冠疫情反复、工人罢工、极端天气、港口拥堵和船员换班困难等种种因素影响，船舶周转效率持续处于低位，运力损失高达 17%，集装箱船队效能无法充分发挥。

虽然中国国际集装箱运输起步较晚，但发展的速度是最快的。1955 年 4 月，铁路部门开始办理国内小型集装箱运输。水运部门在 1956 年、1960 年、1972 年三次借用铁路集装箱进行短期试运。1973 年，中国对外贸易运输总公司在中日海上航线开展集装箱试运，拉开了中国海上集装箱运输的序幕。以上海港为例，1978 年上海港开辟了第一条国际航线，1980 年上海港吞吐量为 6.4 万 TEU，1989 年吞吐量为 117 万 TEU，1996 年吞吐量为 197 万 TEU，1998 年吞吐量为 306.6 万 TEU，2003 年吞吐量为 1 018 万 TEU，至此上海港已形成较完善的集装箱运输网络体系。Alphaliner 公布了全球集装箱吞吐量排名前 30 的港口的年度排名。在前 10 名中，有 9 名是亚洲港口，其中 7 名是中国港口：上海港、宁波舟山港、深圳港、广州南沙港、青岛港、天津港和香港港。

2021 年 11 月 15 日，知名船舶估值平台 VeselsValue（VV）发布了全球十大船东国和地区的总资产榜单。从具体国家 / 地区排名来看，截至 2021 年 11 月，中国船队资产位居全球第一，其中中国大陆地区船队资产总值达到 1 912.53 亿美元，中国台湾地区船队资产总值达到 478.07 亿美元。其次是日本船队资产达到 1 876.74 亿美元。中国拥有全球最多的集装箱船，由于散货船和集装箱船市场的火爆，这两类船型市场价值大幅上涨，中国船队的总资产价值在全球船东国和地区的总资产榜单中居于榜首。

9.1.2　集装箱与集装箱运输的定义

1. 集装箱的定义

集装箱（container）在我国也被称为"货箱""货柜"。关于它的定义，在各国的国家标准、各种国际公约和文件中都有具体规定，其内容不尽一致。下面仅列举国际标准化组织关于集装箱的定义。

1968 年，国际标准化组织第 104 技术委员会起草的国际标准《集装箱术语》（ISO/R

830∶1968）中，对集装箱下了定义，该标准后来又进行了多次修改。国际标准《集装箱术语》（ISO 830∶1999）中，对集装箱的定义如下所示。

集装箱是一种运输设备：

（1）具有足够的强度，可长期反复使用；

（2）适用于一种或多种运输方式的运送，途中转运时箱内货物不需换装；

（3）具有快速装卸和搬运的装置，特别便于从一种运输方式转移到另一种运输方式；

（4）便于货物装满和卸空；

（5）具有 1 米^3 及 1 米^3 以上的容积。

"集装箱"这一术语，不包括车辆和一般包装。

目前，许多国家制定了标准，如日本工业标准《国际大型集装箱术语说明》（JISZ 1613—1972）、法国国家标准《集装箱的术语》（NFH 90 001 70）和我国国家标准《集装箱术语》（GB/T 1992—2006）都引用了这一定义。

2. **集装箱运输**

集装箱运输是指货物装在集装箱内进行运送的运输方式。它冲破了过去交通运输中的一切陈旧的规章制度和管理体制，形成了一套独立的规章制度和管理体制，是最先进的现代化运输方式。它具有"安全、迅速、简便、价廉"的特点，有利于减少运输环节，可以通过综合利用铁路、公路、水路和航空等各种运输方式，进行多式联运，实现"门到门"运输。所以集装箱运输一出现，就深受各方面的欢迎，显示出其强大的生命力和广阔的发展前景。

9.1.3　集装箱运输的特点和优缺点

20 世纪 50 年代以后，集装箱运输之所以能在全世界范围内迅猛发展，是因为这种运输方式具有鲜明的特点和突出的优越性。

1. **集装箱运输的特点**

（1）集装箱运输是一种"门到门"运输。这里的"门到门"，一端是指制造企业的"门"，另一端是指市场的"门"。所谓"门到门"，就是从制造企业将最终消费品生产完毕，装入集装箱后，不管进行多长距离、多么复杂的运输，中间不再进行任何装卸与倒载，一直到市场的"门"，再卸下直接进入商场。这既是这种运输方式的特点，又是采用这种运输方式所要达到的目标。凡使用集装箱运输的货物，都应尽量不在运输中途进行拆箱与倒载。

（2）集装箱运输是一种多式联运。由于集装箱"门到门"运输的特点，决定了其"多式联运"的特点。所谓多式联运，是指使用两种或两种以上不同的运输方式，对特定货物进行的接运。它是以各种运输工具的有机结合，协同完成全程运输为前提条件的。而在很多情况下，集装箱运输又是国际多式联运。所谓国际多式联运，是指根据一个单一的合同，以两种或两种以上的运输方式，把货物从一个国家运往另一个国家。这种单一的合同即多式联运单据或合同，由组织这种运输的个人或企业（联运经营人）签发，并由他们负责执行全运程的运输业务。由于集装箱是一种封闭式的装载工具，在海关的监督下装货铅封以后，可以一票到底直达收货人，所以集装箱运输是最适合国际多式联运的一种方法。

（3）集装箱运输方式是一种高效率的运输方式。这种高效率包含两方面的含义：一是时间上的高效率，由于集装箱在结构上是高度标准化的，与之配合的装卸机具、运输工具（船舶、卡车、火车等）也是高度标准化的，因此在各种运输工具之间换装与紧固均极为迅捷，大大节省了运输时间；二是经济上的高效率，集装箱运输可以在多方面节省装卸搬运费用、包装费用、理货费用、保险费用等，并大幅降低货物破损损失。这些都决定了集装箱运输是一种高效率的运输方式。

（4）集装箱运输是一种消除了所运货物外形差异的运输方式。在件杂货运输方式中，所运货物不管采用什么样的外包装，其物理、化学特性上的差异均比较明显，可以通过视觉、触觉和嗅觉加以区别。在货物的信息管理方面，即使有所缺陷，也可以用其他手段予以弥补。集装箱则不然，货物装入集装箱之后，其物理、化学特性全部被掩盖了，变成千篇一律的标准尺寸、标准外形的金属（或非金属）箱子，从其外形上看无法得到任何说明其内容的特征。所以集装箱的信息管理与件杂货运输相比，具有方便管理的特点。

2. 集装箱运输的优越性

（1）扩大成组单元，提高装卸效率，降低劳动强度。在装卸作业中，装卸成组单元越大，装卸效率越高。托盘成组化与单件货物相比，装卸单元扩大了 20 ～ 40 倍；而集装箱与托盘成组化相比，装卸单元又扩大了 15 ～ 30 倍。所以集装箱化提高了装卸效率是个不争的事实。

（2）减少货损、货差，提高货物运输的安全性与质量水平。货物装入集装箱后，在整个运输过程中不再倒载。由于减少了装卸搬运的次数，因此就大大减少了货损、货差，提高了货物的安全性和质量水平。据我国相关机构的统计，用火车装运玻璃器皿，一般破损率在 30% 左右，而改用集装箱运输后，破损率下降到 5% 以下。在美国，类似运输破损率不到 0.01%，日本也小于 0.03%。

（3）缩短货物在途时间，降低物流成本。集装箱化给港口与场站的货物装卸、堆码的全机械化和自动化创造了条件。标准化的货物单元加大，提高了装卸效率，缩短了车船在港口和场站停留的时间。据航运部门统计，一般普通货船在港停留时间约占整个营运时间的 56%，而采用集装箱运输，则在港停留时间可缩短到仅占营运时间的 22%。这一时间的缩短，对货主而言就意味着资金占用的大幅下降，可以很大程度地降低物流成本。

（4）节省货物运输包装费用，简化理货工作。集装箱是坚固的金属（或非金属）箱子，集装箱化后，货物自身的包装强度可减弱，包装费用会下降。据统计，用集装箱方式运输电视机，本身的包装费用可节约 50%。同时，由于集装箱装箱通关后一次性铅封，在到达目的地前不再开启，因而简化了理货工作，降低了相关费用。

（5）减少货物运输费用。集装箱可节省船舶运费；节省运输环节的货物装卸费用；由于货物安全性提高，故运输中的保险费用也相应减少。据英国有关方面统计，该国在大西洋航线上开展集装箱运输后，运输成本仅为普通件杂货运输的 1/9。

3. 集装箱运输的缺陷

（1）集装箱运输需要大量的初始投资。开展集装箱运输需要一系列新的设施与设备，这都需要有大量资金投入。如港口，需要投资装备集装箱桥吊、跨运车、轮胎式龙门吊等机械，需要专门铺设集装箱场地；铁路运输需要投资集装箱车皮，能装卸集装箱的办理站；公路运输需投资集装箱卡车，能处理集装箱的公路中转站等。而且各种运输方式的投资还必须配套，集装箱运输是一种多式联运，只在一种运输方式上配备了必要的设备，还是无法形成完整的运输能力，这就需要非常大的初始投资。

（2）建立新的管理体制，形成新的管理人员队伍。联合国有关机构曾做出评估：在许多发展中国家刚开展集装箱运输的时候，其管理人员大多是原件杂货运输的管理人员。这些人容易照搬件杂货运输的管理方法去管理集装箱运输，因此经常无法做好管理工作。集装箱运输在信息管理、箱务管理、堆场管理、装卸运输管理、机械设备管理、单证报表管理等方面有全新的理念和方法，必须形成新的管理体制，建立新的管理理念，形成新的管理队伍。这些目标都不是一蹴而就的，而是需要有相当长时间积累的。

（3）增加了一些潜在的不安全因素。第一，全集装箱船常有1/3（有时高达1/2）的集装箱装在甲板上，这样就提高了船舶的重心，降低了稳定性。同时甲板上的堆箱会影响驾驶台的视线，还影响消防通道的畅通。1973年6月，美国"海巫号"集装箱船在纽约港内与一油轮相撞失火，由于甲板上集装箱阻隔，无法扑救，致使大火连烧8天8夜，以全损告终。第二，全集装箱船为使箱子入舱，其舱口必须大于普通货轮，这使集装箱船与普通货船相比，在抗纵向变形的能力方面减弱许多。第三，货物装箱铅封后，在途中无法知道箱内货物的状态。如果在装箱时处置不妥，用集装箱运输方式，途中就没有任何能纠正的机会，由此可能导致发生比件杂货运输方式更严重的货损。

9.1.4 集装箱运输系统

由于集装箱运输是一种"门到门"的运输方式，是一种国际多式联运，所以集装箱运输必定是一个复杂的大系统。这个复杂的大系统可从"基本要素"和由不同"基本要素"组合方式而形成的各个子系统的两个层面去观察与认识。

1. 集装箱运输的基本要素

下面介绍一些比较常见的基本要素。

（1）适箱货源。并不是所有的货物都适于集装箱运输。从是否适合用集装箱运输的角度划分，货物可分成以下四类。

1）物理与化学属性适合通过集装箱进行运输，且货物本身价值高，对运费的承受能力大的货物。

2）物理与化学属性适合通过集装箱进行运输，货物本身价值较高，对运费的承受能力较大的货物。

3）物理与化学属性上可以装箱，但货物本身价值较低，对运费的承受能力较差的货物。

4）物理与化学属性不适合装箱，或者对运费的承受能力很差，从经济上看不适合通过集装箱运输的货物。

第一种货物称为"最佳装箱货"，第二种货物称为"适于装箱货"，第三种货物称为"可装箱但不经济的装箱货"，第四种货物称为"不适于装箱货"。

集装箱运输所指的适箱货源，主要是前两类货物。对于适箱货源，采用集装箱方式运输是有利的。

（2）标准集装箱。前面罗列了国际标准集装箱的含义。除了国际标准集装箱外，各国还有一些国内和地区标准集装箱，如在我国国家标准中，就有两种适于国内使用的标准集装箱（5D 与 10D）。

（3）集装箱船舶。集装箱船舶经历了一个由非专业到专业转化的过程。最早的集装箱船舶是件杂货与集装箱混装的，没有专门的装载集装箱的结构。发展到现在，国际海上集装箱运输使用的集装箱船舶均已专业化，而且船型越来越大。内河运输的集装箱船大多是由原来的驳船改造的。

（4）集装箱码头。与集装箱水路运输密切相关的是集装箱港口码头。集装箱水路运输的两端必须有码头，以便装船与卸船。早期的集装箱码头也与件杂货码头交叉使用，是在件杂货码头的原有基础上配备少量用于装卸集装箱的机械，用于处理混装的件杂货船舶上的少量集装箱。这类码头目前在我国一些中小型的沿海港口和内河港口还可以经常看到。现代化的集装箱码头已高度专业化，码头前沿岸机配置、场地机械配置、堆场结构与装卸工艺配置均完全与装卸集装箱相配套。

（5）集装箱货运站。集装箱货运站（container freight station，CFS）在整个集装箱运输系统中发挥了"承上启下"的重要作用，是一个必不可少的基本要素。集装箱货运站按其所处的地理位置和职能的不同，可分为设在集装箱码头内的货运站、设在集装箱码头附近的货运站和内陆货运站三种。集装箱货运站的主要职能与任务是集装箱货物承运、验收、保管与交付；拼箱货的装箱和拆箱作业；整箱货的中转；实箱和空箱的堆存与保管；票据单证的处理；运费、堆存费的结算等。

（6）集装箱卡车。集装箱卡车主要用于集装箱公路长途运输、陆上各节点（如码头与码头之间、码头与集装箱货运站之间、码头与铁路办理站之间）之间的短驳以及集装箱的"末端运输"（将集装箱交至客户手中）。

（7）集装箱铁路专用车。集装箱铁路专用车主要用于铁路集装箱运输。集装箱铁路专用车主要用于集装箱的陆上中、长距离运输和所谓的"陆桥运输"。

2. 集装箱运输的子系统

集装箱运输的各个基本要素，以各种不同的方式组合起来，大致可以组成以下子系统。

（1）集装箱水路运输子系统。集装箱船舶、集装箱码头与集装箱货运站等基本要素，可组合成集装箱水路运输子系统。集装箱水路运输子系统完成集装箱的远洋运输、沿海运输和内河运输，是承担运量最大的一个子系统。集装箱水路运输子系统由集装箱航运系统和集装箱码头装卸系统两个次级系统组成。

（2）集装箱铁路运输子系统。集装箱铁路专用车、集装箱铁路办理站与铁路运输线等组成了集装箱铁路运输子系统。它是集装箱多式联运的重要组成部分。随着"陆桥运输"的开始与发展，集装箱铁路运输子系统在整个集装箱多式联运中起着越来越重要的作用。

（3）集装箱公路运输子系统。集装箱卡车、集装箱公路中转站与公路网络，构成了集装箱公路运输子系统。集装箱公路运输子系统在集装箱多式联运过程中，完成短驳、串联和"末端运输"的任务。在不同国家和地区，由于地理环境、道路基础设施条件的不同，集装箱公路运输子系统处于不同的地位，发挥着不同的作用。

（4）集装箱航空运输子系统。在相当长的一段时期内，由于航空运输价格昂贵、运量小，因而集装箱的航空运输占的份额很小。近年来，随着世界经济整体的增长，航空运输速度快、对需求响应及时，从而使可缩短资金占用时间等优越性逐渐显现出来。集装箱航空运输子系统的地位正在逐渐提高。

9.2　集装箱货物的交接方式和流转程序

9.2.1　典型的集装箱货物运输流程

（1）发货人将货物发至内陆某一地点，可能是一个内陆集装箱货运站，也可能是一个铁路集装箱办理站或公路集装箱中转站。可以是整箱货（full container cargo load，FCL），也可以是拼箱货（less than container cargo load，LCL）。如果是拼箱货，则在内陆集装箱货运站拼箱。

（2）集装箱在内陆某一地点通过铁路或公路运输，运达装船港。

（3）集装箱装船后，通过海上运输，运至卸船港。

（4）集装箱在卸船港卸船后，再通过铁路或公路运输，运至目的地内陆集装箱货运站、铁路集装箱办理站或公路集装箱中转站。

（5）如为整箱货，目的地内陆集装箱货运站（铁路办理站、公路中转站）将集装箱直接送给收货人，在收货人处拆箱；如为拼箱货，则在货运站拆箱，收货人到货运站提货。

图 9-1 呈现了集装箱货物运输流程。

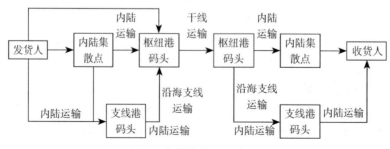

图 9-1　集装箱货物运输流程

9.2.2　集装箱运输的交接地点与方式

（1）集装箱货物的交接地点。货物运输中的交接地点是指根据运输合同，承运人与货方交接货物、划分责任风险和费用的地点。目前集装箱运输中货物的交接地点有门（双方约定的地点）、集装箱堆场、船边或吊钩、集装箱货运站。

1）门（door）。门是指收发货人的工厂、仓库或双方约定收、交集装箱的地点。在多式联运中经常被使用。

2）集装箱堆场（container yard，CY）。集装箱堆场（又称场）是交接和保管空箱与重箱的场所，也是集装箱换装运输工具的场所。

3）船边或吊钩（ship's rail or hook/tackle）。船边或吊钩（又称钩）是装货港或卸货港装卸船边或码头集装箱的装卸吊具，并以此为界区分运输装卸费用的责任界限。

4）集装箱货运站。集装箱货运站（又称站），就是以装箱、拆箱和集拼、分拨为主要业务的运输服务机构，同时提供集装箱公路运输、箱务管理、报关报验、洗箱修箱等其他集装箱运输的相关服务。它是拼箱货交接和保管的场所，也是拼箱货装箱和拆箱的场所。集装箱堆场和集装箱货运站也可以同处一处。

"门、场、钩"主要是整箱货的交接场所；站主要是拼箱货的交接场所。

（2）集装箱货物的交接方式。这里仅介绍大家通常接触到的九种情况（见图9-2），其他情况可以根据以下内容推导。

1）门到门交接方式。门到门交接方式是指运输经营人由发货人的工厂或仓库接收货物，负责将货物运至收货人的工厂或仓库交付。在这种交付方式下，货物的交接形态都是整箱交接。

2）门到场交接方式。门到场交接方式是指运输经营人在发货人的工厂或仓库接收货物，并负责将货物运至卸货港码头堆场或其内陆堆场，在堆场处向收货人交付。在这种交接方式下，货物也都是整箱交接。

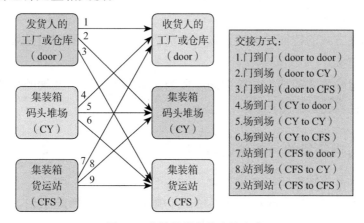

图 9-2　集装箱货物的交接方式

3）门到站交接方式。门到站交接方式是指运输经营人在发货人的工厂或仓库接收货物，并负责将货物运至卸货港码头的集装箱货运站或其在内陆地区的货运站，经拆箱后向各收货人交付。在这种交接方式下，运输经营人一般是以整箱形态接收货物，以拼箱形态交付货物的。

4）场到门交接方式。场到门交接方式是指运输经营人在码头堆场或其内陆堆场接收发货人的货物（整箱货），并负责把货物运至收货人的工厂或仓库，在收货人的工厂或仓库向收货人交付（整箱货）。

5）场到场交接方式。场到场交接方式是指运输经营人在装货港的码头堆场或其内陆堆场接收货物（整箱货），并负责运至卸货码头堆场或其内陆堆场，在堆场向收货人交付。

6）场到站交接方式。场到站交接方式是指运输经营人在装货港的码头堆场或其内陆堆场接收货物（整箱），负责运至卸货港码头集装箱货运站或其在内陆地区的集装箱货运站，一般经拆箱后向收货人交付。

7）站到门交接方式。站到门交接方式是指运输经营人在装货港码头的集装箱货运站及其内陆的集装箱货运站接收货物（经拼箱后），负责运至收货人的工厂或仓库交付。在这种交接方式下，运输经营人一般是以拼箱形态接收货物，以整箱形态交付货物。

8）站到场交接方式。站到场交接方式是指运输经营人在装货港码头或其内陆的集装箱货运站接收货物（经拼箱后），负责运至卸货港码头或其内陆地区的货场交付。在这种方式下，货物的交接形态一般也是以拼箱形态接收货物，以整箱形态交付货物。

9）站到站交接方式。站到站交接方式是指运输经营人在装货码头或内陆地区的集装箱货运站接收货物（经拼箱后），负责运至卸货港码头或其内陆地区的集装箱货运站，（经拆箱后）向收货人交付。在这种方式下，货物的交接方式一般都是拼箱交接。

以上九种交接方式可进一步归纳为以下四种方式。

门到门运输方式的特征是在整个运输过程中，完全是集装箱运输，并无货物运输，因此最适合整箱交、整箱接。

门到场站运输方式的特征是由门到场站为集装箱运输，由场站到门是货物运输，因此适合整箱交、拆箱接。

场站到门运输方式的特征是由门至场站是货物运输，由场站到门是集装箱运输，因此适合拼箱交、整箱接。

场站到场站运输方式的特征是除中间一段为集装箱运输外，两端的内陆运输均为货物运输，因此适合拼箱交、拆箱接。

9.2.3 整箱货与拼箱货的一般流转程序

（1）整箱货及其流转程序。

1）所谓整箱货是指由发货人自行装箱，并填写装箱单、场站收据，由海关加铅封的货。整箱货可理解为"一个发货人、一个收货人"。

2）整箱货流转程序：

第一步，在发货工厂或仓库配置集装箱；

第二步，由发货人自行装箱；

第三步，通过铁路、公路或内河运输；

第四步，在集装箱码头堆场办理交接；

第五步，将集装箱根据堆场计划堆放；

第六步，装船；

第七步，通过海上运输；

第八步，卸船；

第九步，将集装箱根据堆场计划堆放；

第十步，在集装箱堆场办理交接；

第十一步，通过内陆运输；

第十二步，在收货人工厂或仓库拆箱；

第十三步，集装箱空箱回运。

上述从发货人至集装箱码头堆场，以及从集装箱码头堆场运至收货人方面的内陆运输，可在以下三种运输系统之间选择。

第一种是货主自己拖运。按这一系统，有关空箱的配置、实箱的运输，均由货主自己负责，在将货运至集装箱码头堆场大门时，与承运人办理交接。

第二种是承运人拖运。按这一系统，有关空箱的配置以及空箱的运输（内陆），均由承运人安排并支付运费，承运人的责任从发货人的工厂或仓库开始。

第三种是混合拖运。按这一系统，承运人负责并监管空箱配置，而实箱的运输由货主安排，并支付运费。

（2）拼箱货及其流转程序。

1）拼箱货是指由集装箱货运站负责装箱，填写装箱单，并由海关加铅封的货。拼箱货可理解为"若干发货人、若干收货人"。

2）拼箱货流转程序：

第一步，货运站从码头堆场领取空箱；

第二步，货运站配箱、装箱；

第三步，对已装箱的实箱加铅封；

第四步，将实箱运至码头堆场；

第五步，装船；

第六步，通过海上运输；

第七步，卸船；

第八步，将实箱运至货运站；

第九步，货运站拆箱；

第十步，货运站交货；

第十一步，集装箱空箱回运。

9.3 集装箱出口业务与单证流转

9.3.1 出口货运的业务流程

国际集装箱运输是一个有机的系统，在这个系统中除集装箱码头外，还有船公司、船代、货代、外理、集装箱货运站、口岸监管部门以及银行、保险公司等，只有各方共同参与和配合，才能保证出口货运工作的顺利开展。图 9-3 以 CY-CY 为例，简要展示了集装箱出口货运业务流程。

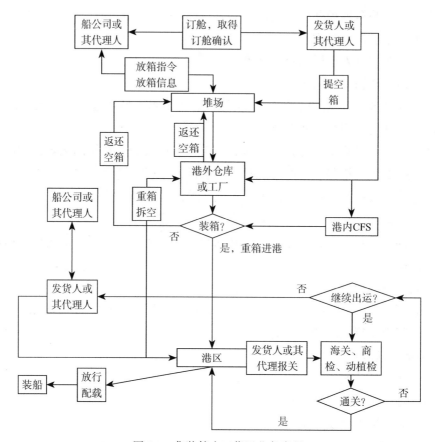

图 9-3　集装箱出口货运业务流程

1. 订舱托运

按照贸易合同要求，如是 CFR、CIF 或 CPT、CIP 条款，则应由发货人负责订舱托运。发货人按照合同规定的交货期，根据集装箱班轮公司公布的船期表，选择合适的船名航次，向船公司或船代订舱托运。集装箱班轮运输订舱的单证是场站收据，一式十联，故俗称"十联单"。场站收据的第一联为集装箱货物托运单，货主在自行填制或委托货代填制后，提交船公司或船代订舱，后者审核无误后，在第一联、第二联（船代留底联）和第五联（装货单）加盖公章以确认订舱。

2. 投保

在 CIF 或 CIP 条款下，由发货人根据确认的订舱单向保险公司投保，支付保险费。

3. 申请空箱

目前集装箱的箱主绝大多数为船东箱，因此发货人在完成订舱托运后，通常要向船公司或船代申请空箱，以便装箱出运。后者根据订舱资料，向发货人签发集装箱空箱发放凭证。

4. 装箱

发货人提运空箱至装箱点，负责装箱，填制装箱单，并在海关监管下施封。

5. 重箱进场

通常在装船前三天，发货人负责将出口重箱送到集装箱码头。

6. 出口报验、报关

目前，我国实行的是先备货、后报关制度，即发货人装箱后才能报关，在报关前还应先报验。通关后，海关在装货单上加盖海关放行章，准许出口装运。

7. 装船理箱

集装箱码头在收到发货人加盖海关放行章的装货单后，在第七联（场站收据正本）上签章后交还发货人，根据集装箱船配载图组织实施装船工作。装船时，由外轮理货公司代表承运人理箱并与码头在船边进行集装箱交接。

8. 签发提单

出口重箱装船开航后，发货人凭码头签发的场站收据正本向船公司或船代换取提单，后者审核无误、结清运费和其他费用后，收下场站收据正本，向发货人签发提单。

9. 结汇

发货人凭提单和其他货运单证向议付行结汇，收取货款。

9.3.2 出口货运主要单证及其流转

国际货运出口业务中涉及的单证繁多，这里以 CFR 条款、CY-CY 交接方式为例，简要展示了出口货运单证及其流转（见图 9-4）。

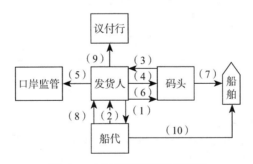

图 9-4 出口货运单证及其流转

（1）订舱托运：场站收据（十联单）。

（2）确认订舱和放空箱：货物托运单、装货单、场站收据大副联、场站收据正本、场站收据货代联、集装箱设备交接单、集装箱放箱凭证。

（3）提运空箱：集装箱设备交接单、集装箱放箱单。

（4）重箱进场：装箱单、集装箱设备交接单。

（5）报关报验：装箱单、装货单、报关单、合同副本、信用证副本、商业发票、出口许可证等。

（6）签发场站收据：装货单、场站收据大副联、场站收据正本。

（7）装船理箱：场站收据大副联、装箱单、配载船图、装船顺序单、理货报告、集装箱装船清单。

（8）签发提单：场站收据正本、装箱单、提单。

（9）结汇：提单、装箱单、合同副本、信用证副本、商业发票、出口许可证等。

（10）随船单证：出口船图、出口舱单、理货报告等。

9.4 集装箱进口业务与单证流转

9.4.1 进口货运的业务流转

下面仍以 CY-CY 交接方式为例，简要展示了集装箱进口货运流程（见图 9-5）。

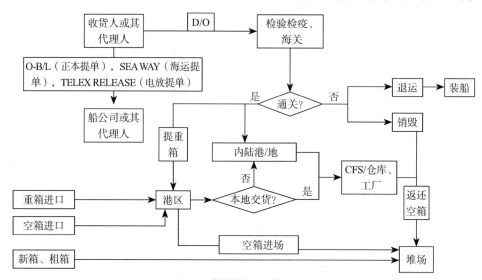

图 9-5 集装箱进口货运流程

1. 进口货运资料预到

出口货物在装运港装船开航后，装运港船代根据装船实际情况编制一系列出口货运单证，寄往卸船港船代，使其及时掌握进口货运情况，做好接船接货准备。

2. 发出到货通知书

卸货港船代根据船期在船舶到港前，根据预见到的进口货运资料，按照提单号一一编制交货记录（一式五联），并将第一联"到货通知书"寄给收货人，使其做好提货准备。

3. 赎取提单

收货人向开证行办妥手续、结清货款及有关费用后，取得提单。

4. 卸船、理箱

集装箱码头根据预见到的进口船图、进口舱单等资料，制订卸船作业计划，并按计划组织卸船外理公司代表承运人理箱，与码头在船边进行集装箱交接。

5. 换取提货单

收货人凭"到货通知书"和提单向船代换取提货单。

6. 进口报关报验

收货人凭提货单等单证向口岸监管部门报关检验，海关审核后在提货单上加盖海关放行章，准予进口箱提运。

7. 提运重箱

收货人凭通过报关的提货单向集装箱码头办理提运重箱手续后，提运重箱出场。

8. 拆箱

收货人拖重箱至拆箱点，并负责自行拆箱。

9. 还空箱

收货人拆箱后，清扫空箱，并在规定的还箱期内拖空箱至指定的还箱点。

9.4.2 主要进口单证及其流转

以 CY-CY 交接方式为例，下面简要介绍进口货运主要单证及其流转（见图 9-6）。

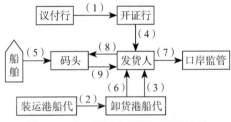

图 9-6 进口货运主要单证及其流转

（1）索偿相关资料：提单、装箱单、合同副本、信用证副本、商业发票、出口许可证等。

（2）进口货运资料：进口舱单、进口船图、装运港理货报告、集装箱清单、提单副本。

（3）到货通知：到货通知书。

（4）提单、装箱单、商业发票等。

（5）卸船和理箱进口舱单、进口船图、装运港理货报告、卸船清单、卸货港理货报告。

（6）换取提货单提单、到货通知书、提货单、设备交接单。

（7）报关报检提货单、报关单、合同副本、信用证副本、商业发票、进口许可证等。

（8）提运重箱提货单、设备交接单。

（9）归还空箱设备交接单。

9.5 集装箱码头的检查口业务

9.5.1 检查口的含义和基本职责

1. 检查口的含义

检查口是指集装箱卡车拖运集装箱进出集装箱码头的必经之处，是集装箱码头与拖箱人进行箱体交接、单证处理和信息记录的一个重要业务部门。随着计算机信息技术和集装箱运输技术的发展，一些先进港口的检查口已实行无人化自动操作。

2. 检查口的基本职责

（1）检验集装箱箱体，进行集装箱交接。集装箱卡车司机拖箱进入或驶出集装箱码头，必须在检查口与业务人员共同检验集装箱箱体，并通过集装箱设备交接单来完成集装箱交接手续。

（2）审核有关集装箱单证，磅出出口箱实际重量。无论是提箱还是进箱，都由检查口负责装箱单、危准单、提箱凭证、进箱凭证等集装箱单证的审核处理。对于出口重箱还应在检查口磅出出口箱的实际重量，以提供配载准确的数据，同时，集装箱卡车司机向检查口递交出口集装箱装箱单，业务人员审核后做出相应信息记录。

（3）配合堆场作业，指定收箱或提箱堆场箱位。在使用计算机管理的码头，收箱进场或发箱出场的堆场箱位由计算机自动处理，未使用计算机管理的码头或尚未自动化处理的码头，应由检查口业务人员以手工操作指定堆场箱位。

（4）进场、出场集装箱的信息汇总处理。在使用计算机管理的码头，每只进场或出场的集装箱均由检查口业务人员在计算机上做出相应的记录，以供各部门实时查询和按需要打印汇总表与分类报表，对尚未实行计算机化的码头，应由检查口人员手工完成记录工作。

9.5.2　检查口业务及其流程

检查口业务按进出场可分为收箱和发箱两种，按贸易又分为出口和进口两种。下面以出口和进口业务分别介绍实行计算机化的检查口主要的作业与流程。

1. 检查口的出口业务

（1）提运空箱。发货人根据贸易合同及其装运期，在订舱托运和完成备货后，通常委托集装箱卡车司机凭船公司或船代签发的集装箱空箱放箱凭证到码头办理提空箱手续。

集装箱卡车进入检查口时，司机向业务人员递交提空箱凭证和集装箱设备交接单，检查口业务人员审核单证后将提运集装箱的箱号、箱型、尺寸、作业号、集装箱卡车车牌号等信息输入计算机，由计算机把自动打印的指定堆场箱位的发箱凭证交给集装箱卡车司机，同时由计算机系统通知堆场机械司机所发空箱的箱号、堆场箱位和集装箱卡车车牌号。集装箱卡车司机根据发箱凭证指定的堆场位置装箱，集装箱卡车装载空箱后驶经出场检查口，司机递交发箱凭证并与业务人员共同检验箱体，如无异常则双方在集装箱设备交接单上签字确认，集装箱卡车司机拖运空箱驶离码头。如空箱有残损、不适合装货，由检查口业务人员取消该次作业，重新办理提空箱手续。

（2）重箱进场。发货人完成装箱、施封、填制集装箱装箱单后，在装船前三天可委托集装箱卡车司机拖运重箱进场。

集装箱卡车司机在检查口向业务人员递交集装箱装箱单和集装箱设备交接单，检查口应审核单证是否一致，包括船名、航次、箱号、箱型、尺寸、提单号等，并核对单证上的箱号与集装箱上的箱号是否一致，同时将集装箱的实际重量标注在集装箱装箱单上。检查口验箱员与集装箱卡车司机共同检验箱体和封志，如无异常，双方在集装箱设备交接单上无批注签字确认。如有异常，由检查口业务人员如实在集装箱设备交接单上批注，并由双方签字以明确责任。对冷藏箱还应检查箱子温度是否与装箱单注明的温度一致；对危险品箱还应审核危险货物集装箱装箱证明书，并检查箱体四面的危标是否完好无损；对框架箱、平台箱等装载重大件的集装箱，还应检查货物包装及其固定情况是否良好。上述工作完成后，业务人员收下单证，由计算机打印收箱凭证，并自动通知堆场机械司机据以收箱。集装箱卡车卸箱后经出场检查口，递交收箱凭证后再驶离码头。

（3）中转箱进场和出场。对于集装箱码头的中转箱，通常一程船在本码头卸船，二程船在本码头装船，此外也有一程船与二程船不是在同一码头卸船与装船的情况，这就产生了中转箱的进场和出场业务。

对于中转箱进场，检查口业务人员应先审核集装箱卡车司机递交的中转箱进场凭证和集装箱设备交接单，然后按重箱进场业务程序操作；对于中转箱出场，检查口业务人员应先审核集装箱卡车司机提交的中转箱出场凭证和集装箱设备交接单，然后按重箱出场业务程序操作。

（4）退关箱出场。退关箱是指由于货主的原因（例如变更贸易合同）或船方的原因（例如爆舱）造成不能正常装船出运而滞留在码头的集装箱。发货人如暂时不打算出口，在海关、船代、码头办妥退关等手续后，委托集装箱卡车司机凭提箱凭证到码头提运退关箱，检查口业务人员审核提箱凭证和设备交接单后，按提运重箱业务程序操作。

2. 检查口的进口业务

（1）提运重箱。收货人办妥报关报验等进口手续后，通常委托集装箱卡车司机凭提货单到码头办理提运进口重箱手续，集装箱卡车司机在检查口向业务人员递交提箱凭证和集装箱设备交接单时，检查口审核单证后，将箱号、箱型、尺寸、提单号以及作业号、集装箱卡车车牌号等信息输入计算机，由计算机打印发箱凭证交集装箱卡车司机，集装箱卡车载箱后驶回检查口，检查口业务人员核对所载运集装箱的箱号，并与司机检验箱体和封志，共同在集装箱设备交接单上签字确认后，集装箱卡车拖重箱驶离码头。

（2）回空箱进场。收货人完成拆箱后，还应负责将空箱按时返回指定的还箱点，如还箱点为码头，应由检查口办理回空箱进场手续，集装箱卡车司机在检查口向业务人员递交集装箱设备交接单时，检查口将箱号、箱型、尺寸、持箱人以及集装箱卡车车牌号等信息输入计算机，验箱员与集装箱卡车司机共同检验箱体，如箱体良好，双方在集装箱设备交接单上无批注签字确认；如箱体有损坏，由检查口人员在集装箱设备交接单上如实批注后双方签字确认。完成验箱及其单证手续后，由计算机打印收箱凭证交给司机，集装箱卡车驶到指定的堆场箱区卸箱后，经出场检查口递交收箱凭证，再驶离码头。

图9-7是集装箱检查口的工作流程。

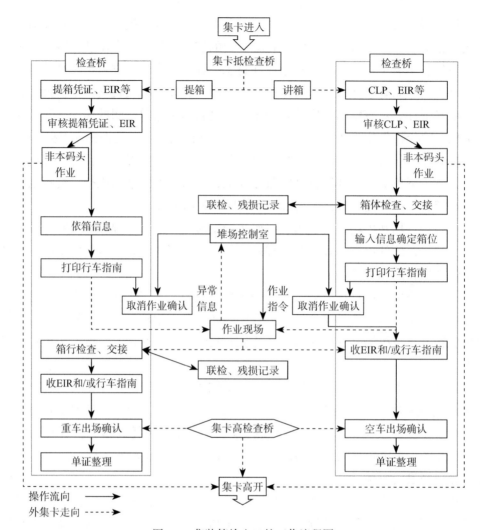

图 9-7　集装箱检查口的工作流程图

9.6　集装箱码头箱务管理

集装箱码头是集装箱运输系统的集结点和枢纽站，通常有大量的集装箱在码头集中、暂存和转运。从船公司的箱务管理角度来看，集装箱码头是整个箱务管理系统中最重要的环节。集装箱码头箱务管理效率的高低，直接关系到船公司的利益，关系到货主的方便性，同时也关系到集装箱码头本身的作业效率和企业声誉。

9.6.1　集装箱码头箱务管理的内容

1. 空箱管理

（1）空箱进场管理。空箱进入集装箱码头有两条途径：一是空箱进场，包括收货人拆箱后的还空箱和船公司出口调运的空箱；二是进口空箱卸船进场。空箱进场在经过码头检查口时，集装箱卡车司机与检查口人员必须共同检验箱体，如实批注或不批注，双方在设备交接单上签字以划分港内外的责任。进口空箱卸船时，码头检箱员必须与外理员共同检验箱体，如有异常，首先分清原残与工残，如为工残则填制设备交接单或残损报告，双方签字确认。空箱进场时，应按不同的箱型、尺寸分开堆放，同时，对拆箱后还空箱的，一般还要按不同持箱人分开堆放，对船公司调运的空箱，一般还要按船名航次堆放。

（2）空箱出场管理。空箱出场也分检查口出场和装船出口两条途径，与空箱进场业务一样，空箱出场的交接双方也必须共同检验箱体，并在设备交接单上签字确认。

2. 冷藏箱管理

冷藏箱进入堆场时，认真检查箱体和冷冻机设备以进行交接。冷藏箱应堆放于冷藏箱区，并由专人负责，在码头堆放期间应使冷冻机按规定温度处于正常工作状态，包括装箱单指定的温度、冷藏箱设定的温度和冷藏箱记录的温度，这三个温度应一致无误。冷藏箱装船或者出堆场前应检查温度状况正常后切断电源，并卷好电源线和归置好插头。冷藏箱在码头堆场发生故障时，应立刻通知冷藏箱场站。现场人员在操作冷藏箱电源时，必须经过专业电工知识培训且穿戴绝缘防护用品。

3. 危险品箱管理

危险品是指国际危规中列明的危险货物，集装箱码头装卸危险品箱必须事先取得船公司或船代经海事局核准签发的船舶载运危险货物申报单。危险品集装箱进出口方式有两种：一种是指集装箱的进口或出口采用船边直装或直提，采用这种方式的货物一般都是相对码头堆场而言的，其危险系数较大，不宜在码头堆存；另一种则是指可在码头堆场堆放的危险品集装箱。

危险品箱进出堆场时，集装箱卡车司机除递交装箱单、设备交接单外，还应递交经海事局核准签发的危险货物集装箱装箱证明书，双方认真检验箱体和危标，做好交接手续。危险品箱应堆放于危险品专用箱区，并由专职人员管理。应按危险货物集装箱堆场管理制度严格执行，建立危险货物集装箱进出场记录、交接班日志和喷淋记录。危险品堆场的管理人员须经过专业培训才可上岗。危险品箱区要有明显的警告标志，并有与其他箱区隔离的设施以及防护设备。危险货物装卸使用的机械设备必须良好，负荷量降低 25%。

4. 特种箱管理

特种箱是指用于装载有超高、超宽、超长及超重货物的平板式集装箱、台架式集装箱（框架箱、开顶箱）。对于开顶箱、框架箱、平台箱、罐装箱、通风箱等特种箱，必须堆放于特种箱区。由于特种箱作业的特殊性，码头堆场在特种箱的堆存管理上有严格的规定。特种箱在堆场有专用的箱区，堆高限放一层，超限箱宽度超过 30 厘米，相邻排不得堆放集装箱；超限箱长度超过 50 厘米，相邻位不得堆放集装箱。采用相应的特种箱操作工艺作业，如高架排装卸工艺、钢丝绳底角件吊装工艺、货物拆箱分体装卸工艺等。

9.6.2　集装箱码头堆场管理

集装箱进入码头后，码头就要对集装箱负有保管责任，要及时跟踪和掌握集装箱在堆场的每一次搬移与动向，因此堆场管理与箱务管理密不可分。箱务管理的前提和基础就是堆场管理。堆场管理是集装箱码头生产的一个重要环节。堆场管理效率的高低，直接关系到码头的堆场利用率、翻箱率，同时也影响到装卸船作业效率和船期。

1. 堆场的堆箱规则

堆场的堆箱规则主要取决于装卸工艺系统。目前我国绝大部分集装箱码头采用的是装卸桥轮胎式龙门吊装卸工艺系统，与该工艺系统相对应的是六列加一通道堆箱规则，即每个箱区的宽度为6列箱宽再加上一条集装箱卡车车道的宽度；堆高层数视龙门吊的作业高度而定，有堆三过四的，也有堆四过五或堆

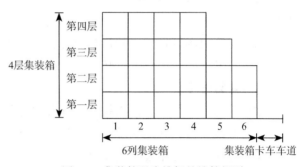

图9-8 集装箱码头堆场的堆箱规则

五过六的，国外有的集装箱码头最大堆高层数已达九层。目前，我国沿海港口基本采用堆四过五的堆箱规则，如图9-8所示。

为了便于箱区的集装箱管理，码头通常还规定了堆场箱位的表示方法，堆场箱位的表示方法目前尚不统一，由各集装箱码头用字母、数字或字母与数字相结合的方式来表示。箱位表示集装箱在码头堆场的物理位置。堆场箱位号由箱区、位（贝）、排、层组成。箱区分两种：一种是用一个英文字母来表示；另一种是用一个英文字母和一个阿拉伯数字的组合来表示，英文字母表示码头泊位号，阿拉伯数字表示堆场从海侧到陆侧后方堆场的顺序号。

一个箱区由若干位组成，位（贝）的编码用两位阿拉伯数字表示，奇数01、03、05、07……表示20英尺箱的位（贝），偶数02、04、06……表示40英尺或45英尺箱的位（贝）。

排用一位阿拉伯数字表示，排数宽度视龙门吊的跨度而定，一般龙门吊的跨度为23.47米，箱区有6排。

层用一位阿拉伯数字表示，堆场层数视轮胎吊的高度而定，一般是四层或五层。

图9-9是用六位阿拉伯数字表示的堆场箱位。六位数字的头两位表示箱区，其中第一位数字表示对应的泊位，第二位数字表示从海侧开始的箱区排序；中间两位数字表示位，即沿用贝位号的表示方法，分别以奇数表示20英尺箱位，偶数表示40英尺箱位；最后两位数字的前一个数字表示列，用数字1～6表示，最后一个数字表示层，从底层至第四层用1～4表示。例如，210533表示21箱区，05位，第3列，第3层箱位。

2. 堆场的分区

厦门海沧新海达集装箱码头布局如图9-10所示。

（1）按堆场的前后位置，可分为前方堆场和后方堆场。

（2）按进口和出口业务，可分为进口箱区和出口箱区。

（3）按不同的箱型，可分为普通箱区、特种箱区、冷藏箱区和危险品箱区。

（4）按集装箱的空重，可分为空箱区和重箱区。

（5）按中转类型，可分为国际中转箱区和国内中转箱区。

　　上述堆场分区一般应根据集装箱码头的堆场容量、作业方式和码头的集装箱容量综合加以应用，例如堆场面积不足的则不分前方堆场和后方堆场，无中转箱业务的则不划分中转箱区。需要特别注意的是，对冷藏箱区和危险箱区应该定有专门的管理制度与专职人员，以保证集装箱的安全操作和安全堆存。

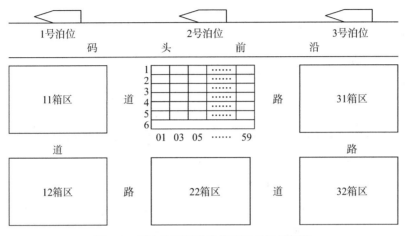

图 9-9　用六位阿拉伯数字表示的堆场箱位

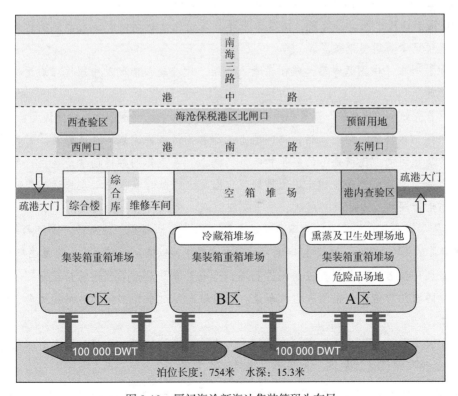

图 9-10　厦门海沧新海达集装箱码头布局

⊘ 复习思考题

1. 集装箱与集装箱运输的定义是什么？
2. 集装箱运输有哪些特点？有哪些优越性？
3. 简述集装箱运输系统的组成。
4. 简述集装箱进出口业务与单证流转程序。
5. 简述集装箱码头检查口业务的管理。
6. 简述出口危险箱的管理。
7. 简述集装箱堆场的装箱规则。
8. 试论集装箱运输的优越性和缺陷。

⊘ 课程思政案例

习近平和巴拿马总统巴雷拉共同参观巴拿马运河新船闸

巴拿马运河是连通太平洋和大西洋的重要国际水道，1914 年正式开通。1999 年，巴拿马收回运营主权。2016 年，运河扩建工程完工。

当地时间 2018 年 12 月 3 日，国家主席习近平在巴拿马城同巴拿马总统巴雷拉共同参观巴拿马运河新船闸。习近平和夫人彭丽媛抵达新船闸时，巴雷拉总统和夫人卡斯蒂略在停车处迎接。

不远处，满载集装箱的中国远洋海运集团"玫瑰轮"正在第一船闸停靠等待过闸。该轮于 2018 年 10 月 1 日从中国青岛起航，横跨太平洋，通过巴拿马运河驶经大西洋抵达美国 3 个港口，现正通过巴拿马运河返航。

两国元首听取了中国远洋海运集团负责人介绍"玫瑰轮"情况及中国远洋海运集团在巴拿马的运营情况。

两国元首夫妇向"玫瑰轮"船员挥手致意。船员们挥舞中巴两国国旗，向两国元首夫妇问好。

习近平同"玫瑰轮"船长通话，询问船上工作和生活条件，慰问全体船员。习近平说，很高兴在巴拿马运河同"玫瑰轮"的船长和船员们通话。希望你们善用巴拿马运河，不断优化物流运输，为促进国家航运事业和全球贸易繁荣作出更大贡献。我很关心在外远航的船员们，希望大家工作生活顺利，高高兴兴起航、平平安安回家。祝愿大家一帆风顺。

"玫瑰轮"的船长和船员们听到习近平的亲切慰问与殷切嘱托十分激动。他们感谢习近平主席对全体船员的关心和问候，表示将牢记习近平主席嘱托，以实际行动为中外经贸往来贡献力量。

随后，两国元首夫妇共同前往船闸控制塔，听取巴拿马运河管理运营情况介绍。在控制室外平台上，两国元首俯瞰新船闸和运河全景。巴雷拉向习近平详细介绍运河的历史、现状及未来发展规划。

两国元首来到控制室内，巴雷拉请习近平点击控制电脑按钮，开启船闸。随着船闸向两侧开启，"玫瑰轮"缓缓通过船闸。控制室内响起阵阵掌声。

资料来源：郑开君. 习近平和巴拿马总统巴雷拉共同参观巴拿马运河新船闸 [N]. 人民日报，2018-12-05（1）.

第 10 章

CHAPTER 10

港口物流服务

| 学习目标 |

1. 了解船舶理货业务的范围
2. 掌握船舶代理业务的种类和流程
3. 理解国际货运代理业务的性质和种类
4. 理解第四方物流的特点

10.1 船舶理货业务

10.1.1 船舶理货概述

1. 理货的由来

理货是随着水上贸易运输的出现而产生和发展的。理货，其含义是为计数用的筹码。船舶在港口装卸货物时，人们最早是用简单原始的筹码（如竹签等）来计算货物数字的，故最早的理货工作仅是计数而已。

现在的理货已不是单纯的计数，对外贸船舶的理货工作，不仅是对货物进行计数，还包括核对货物标志，检查残损，监督装舱积载，办理交接签证，提供理货证明等内容。

2. 理货的演变

在水上贸易运输中，最初的卖方一般随船进行买卖，所以卖方与买方直接交易货物，也就是买卖双方当面点交、点接，自行理货。随着贸易的发展，船方理货代替了卖方随船理货，即由船方分别与买卖双方计数交接货物。船方的理货工作开始是由船员兼做的，后来在船上配备了专职的理货人员，最后演变成委托港口的理货机构代办。我国的理货行业是随着社会的变革而演变的，中华人民共和国成立以前的理货行业是私人经营的，全国没有统一的理货机构；中华人民共和国成立后，理货机构为国营，1961 年 9 月 1 日成立了全国统一的理货机构——中国外轮理货公司。

3. 理货的概念

理货是指货物承运人将托运的货物运到目的地交与收货人或收货人代理，在货物交接过程中，按照货物标志进行分唛、验残、计数、制单、编制记录，公正地、实事求是地分清港贸、港航之间货物数字和残损责任而设立的一种专业性工作。

理残是理货过程中的一项重要工作，其工作的内容主要是在船舶装卸时，理货人员检查货物的包装或外表是否有异常状况。货物包装或货物外表发生破损、污损、水湿、锈蚀、异常变化等现象，并危及或可能危及货物质量或数量时，称为残损货物。在作业过程中造成的残损，称为工残。进口货物起卸前在船上发现的残损，称为原残。舱方承运的货物，在装货港以装货单数字为准，在卸货港以舱单数字为准。当船舶实际装卸的货物数字比装货单、进口舱单记载的数字多出时，称为溢；短少时，称为短。

10.1.2　船舶理货业务

1. 理货的业务范围

我国外轮理货公司的主要业务范围包括以下几个方面。

（1）根据进口舱单和出口装货单，核对货物上的主标志是否相符，按票理清货物数字，分清或剔除残损货物，办理货物交接手续。

（2）指导与监督货物装舱积载、隔票和分票卸货，分清货物工残、原残。

（3）依据理货结果，出具进口货物溢短、残损证明，签批出口货物装货单，提供原始理货单证。

（4）根据货物实际装船情况，绘制积载图，制作分舱单。

（5）船舶配载和货物挑样、分规格等。

（6）集装箱装卸船的理箱和装拆箱的理货业务。

（7）丈量货物尺码，计算货物容积。

（8）办理散装货物装卸船的单证手续业务，包括提供装卸进度，分清货物残损，办理交接签证手续，提供理货单证。

（9）区外理货，随船理货，出国理货。

（10）其他理货业务。

2. 理货的工作程序

（1）登轮前，了解、核对单证资料，发现问题后及时联系解决，做好登轮的各项准备工作。

（2）登轮后，单船理货长应向船方了解进口货物的装舱隔票和航行途中情况，与船方商定原残货物的验残方法；出口货物的卸货港顺序和装舱隔票要求，以及装卸注意事项和对理货工作的要求。上述情况应简要记载在单船记录上。然后单船理货长分派理货员的工作舱口，确定理货员的工作岗位和理货方法，交付理货资料，交代注意事项。理货员接受舱口理货任务，领取分标志单、装货单等资料，熟悉本舱的货物情况，明确理货要求和装卸注意事项，做好开工前的准备工作。理货员应向装卸工组介绍装卸注意事项。

（3）货物装船中，单船理货长需要经常巡视舱口，督促、检查理货员的工作，帮助解决问题。理货员上岗定位，检查货物包装，核对货物标志，点清货物数字，分清货物残损，编制理货单证。船方在要求更改进口舱单内容时，应通过代理人提供书面凭证。发货人在要求更改装货单内容时，须在装货单上加盖船舶代理的更正章。当发现按照配载图装舱积载有可能影响货物安全质量时，应及时提请船方调整配载。装卸指导员要求变更装货顺序时，须取得船方同意。

（4）单船理货长指导、监督装卸工组按票卸货和装舱，零星货物集中堆放，大票货物分隔清楚，同包装的大宗货物严格码定量钩。

（5）作业中，由于船方原因造成理货人员停工待时，如船舶吊机故障，舱内打冷气，开关舱，铺垫舱，隔票，拆加固等，要在计数单上做好记录。

（6）一票货物装船后，在装货单上批注实际装船日期、件数和装舱部位。

（7）节假日、夜班、非一般货舱理货，以及对融化、冻结、凝固、粘连货物和海事货物理货，均要在计数单上做好记录。对装舱混乱、隔票不清和翻仓货物理货，要编制现场记录。

（8）工班结束时，检查装卸沿途有无掉件，与仓库或收发货人办理交接签证手续。检查各舱理货单证，根据计数单注销进口舱单，核对出口装货清单，绘制出口货物积载草图，汇总编制待时记录，填写单船记录，按日期编制日报单。做好交接班工作，理货员将制作的理货单证交单船理货长。

（9）船装卸结束时，检查舱内、库场以及装卸沿途，防止错装、漏装、错卸、漏卸。编制货物溢短单、残损单、分舱单、理货证明书，绘制货物积载图，编制其他有关单证，办理货物交接和签证手续。

（10）装卸货结束后，征求船方对理货工作的意见和要求，做好离船的各项收尾工作。

（11）填写单船报告表，做好单船理货小结和单证资料归档工作。

3.理货方法

（1）划数理货法是一种应用比较普遍的理货方法。尤其是同一货种的大宗货物，在船←→船、船←→驳、船←→库场、船←→车等装卸作业范围内均可使用。其方法是采用一交一接，双边记数办法。双方人员站在适当的位置进行对口交接，每记一钩货物互相招呼，每隔一定时间互相核对数字。

（2）点垛交接法是一种常见的理货方法，适用于按作业线对口点数（点垛）交接。目前，其多在出口货物集港、装船时使用。

（3）发筹理货法是交接双方指定一筹代表一钩或一件货物，根据货物装卸数量和地点约定交接界线，随货一交一接。筹码发完、回筹时，双方记明数量并核实清楚。以筹代数是比较古老的理货方法，只适用于人力操作、数量不大、按件计数的货物。随着机械化程度的提高，发筹交接（理货）的使用范围逐渐缩小了。

（4）按重理货法适用于货主申请按重交接的货物，以及不能用件做基本单位的散装货物。

（5）计数器理货法是在袋装货专用码头使用皮带运输机装卸货物时，机上装有电子计数器代替人工进行理货的方法。该方法只适用于同一货种的大宗货物，如每件重量相等的袋装货。另外，液体货物散装均采用流量仪表计量。

（6）小票理货法是在前几种理货方法的基础上发展起来的一种方法。其交接形式是发货方与收货方用文字联系，按小票格式填写提单号、数量、残损及顺序号，随货由司机带到收货地点，收货方依据小票记载的内容，核实货物的交接方法。小票采用双联，发货方留有存根，每班作业完毕，交接双方按票核实数字和残损，核实无误后双方签字，以示交接完毕。

4. 理货过程中一些问题的处理

（1）对残损的处理。在理货过程中，理货员应检查货物外表或包装。如发现进口货物原残时，应在上面标明原残符号，并按与船方商定的验残方法处理。编制现场记录，须经船方签字。如发现出口货物残损、标志不符以及件数溢短时，理货员应通知港口仓库或发货人处理。如果不及时处理，理货员应向单船理货长汇报并编制现场记录，由单船理货长如实在装货单上加批注，不得接收发货人保函。如发现工残时，应要求装卸工组当班卸清，一并编制工残记录，经责任方签字。

（2）翻舱。由于船方原因造成舱内货物翻舱时，理货员应编制现场记录，经船方签字。对出舱翻舱，理货员应按钩计数，填制计数单一份，在现场记录上写明翻舱货物的单号、件数。对舱内翻舱，在现场记录上写明"舱内翻舱"字样和翻舱作业的起讫时间。

（3）隔票。在卸船理货过程中，如发现货物装舱混乱、隔票不清时，理货员应通知值班驾驶员验看确认，并编制现场记录，写明"全部混装""部分混装"或"隔票不清"等字样，以及混票的单号、货名、件数，须由船方签字。全部混装的货物件数，按舱单数字填写；部分混装或隔票不清的货物件数，注明"以分标志单数字为准"。"全部混装""部分混装"是指不同票货物因没有隔票而造成货物全部相混或部分相混。

在装船理货过程中，理货员应根据配载图和船方要求，指导装卸工组按票、顺序装舱积载、分隔衬垫。每票货物装船后，理货员应在装货单上如实批注装船日期、货物件数、装舱部位，并签字。

（4）待工时间。在船舶装卸过程中，由于船方原因造成理货人员停工待时，理货员应在计数单备注栏"待时"后面写明待时原因和起讫时间。理货组长应按工班汇总编制待时记录（一式三份），提请船方签字后，提供船方一份。

只有各作业舱口同时停工待时，才可计算理货组长的待时时间。

属于船方原因造成的理货人员停工待时，包括非工人责任造成的船舶吊机故障、舱内打冷气、开关舱、铺垫舱、隔票、拆加固等。

理货人员的待时时间应计算到本装卸工班终了为止。如下一工班需要继续派理货人员时，则待时时间应连续计算到下一工班恢复作业为止。

（5）非本港货。在理货过程中，如发现非本港标志的进口货物时，理货员应通知单船理货长联系船方处理。如船方要求更改舱单内容时，应通过外代提供书面凭证，这样才视为有效。

（6）理货数字。在工班理货结束时，理货员应在结清计数单的数字后，提请仓库或收发货人签字。如双方数字不符时，应当进行复查，不得随意更改计数单的数字。如双方数字相符，而与装货单数字不符时，应以理货数字为准。

（7）货物安全。如发现按货物配载图装舱积载有可能影响出口货物安全质量时，单船理货长应提请船方调整配载。如装卸指导员要求变更装货顺序时，单船理货长应会同装卸指导员联系船方同意后，方可变更。

（8）货物更改。如发货人要求更改装货单内容时，应在装货单上加盖船代的更正章，这样才视为有效。

5. 理货结束工作

（1）在本舱装卸结束时，理货员应检查舱内、库场，防止货物漏装、漏卸。

（2）在全船装卸结束时，单船理货长应核对全部理货单证和货物资料，做到进口舱单、计数单、货物溢短单数字相符；出口装货单、计数单、分舱单、积载图数字相符；与仓库核实全船货物数字。如双方数字不一致时，应及时查明原因，及时报告，不得随意更改理货数字。如不能及时查明原因时，应以本公司理货数字提请船方签证。

（3）在全船理货结束时，对进口货物，单船理货长应根据计数单和舱单，汇总编制货物溢短单；根据现场记录，汇总编制货物残损单，各一式七份，经船方签字后，提供给船方、仓库、海关、外代、外运、船公司各一份。

（4）对出口货物，单船理货长应根据货物积载草图，绘制货物积载图，经船方签字后，根据计数单和装货单制作货物分舱单。

（5）单船理货长应制作理货证明书（一式三份），经船方签字。

10.2　船舶代理业务

船舶代理是指船舶代理机构或代理人接受船舶所有人（船公司）、船舶经营人、承租人或货主的委托，在授权范围内代表委托人（被代理人）办理与在港船舶有关的业务、提供有关的服务或完成与在港船舶有关的其他经济法律行为的代理行为。船舶代理人则是指接受委托人的授权，代表委托人办理与在港船舶有关的业务和服务，并进行与在港船舶有关的其他经济法律行为的法人和公民。

10.2.1　船舶代理关系及其形式

在船舶到达国外港口之前，船公司首先应为船舶在将要到达的港口选定船代机构，代办船舶在港期间一切业务，并与船代建立代理关系。国际船舶代理关系的形式按代理时间的长短划分，可以分为长期代理关系和航次代理关系。船公司通常根据自己所属船舶到达某一港口的频繁程度决定与港口当地的代理人建立长期代理关系或航次代理关系。当然，在同一港口、同一船舶的不同利益方就不同的委托事项仍然可以委托同一代理人，所以按照代理关系中委托的主次地位划分，在我国还存在着所谓的第二委托方代理和监护代理等形式。

1. 长期代理

船公司根据船舶营运的需要，在经常有船前往靠泊的港口为自己选择适当的代理人，通过一次委托长期有效的委托方法，负责照管到港的属于船公司所有的全部船舶的代理关系形式，称为长期代理（agency on long-term basis）。

长期代理关系一经建立，只要没有发生所规定的可成为终止长期代理关系的事项，代理关系就可以一直继续保持。通常可成为终止长期代理关系的事项主要有：由于政治原因不宜继续保持长期代理关系；由于委托人企业倒闭等财务方面的原因而不能继续保持长期代理关系；委托人长期无船来港而要求终止长期代理关系。

建立长期代理关系可以简化委托和财务往来结算手续。就班轮运输而言，在固定航线上，船舶经常往返于航线的固定挂靠港之间，当然建立长期代理关系更为合理。这种代理关系既可以通过签订正式的专门委托代理合同而建立，也可采用委托人以书面形式向代理公司或代理人提出委托，经代理公司或代理人接受的方式来建立，而且以后者为最常用的方式。

2. 航次代理

航次代理（agency on trip basis）是指对不经常来港的船舶，在每次来港前由船公司向代理人逐船逐航次办理委托，并由代理人逐船逐航次接受这种委托所建立的代理关系。凡与代理人无长期代理关系的船公司派船来港装卸货物，或因船员急病就医、船舶避难、添加燃料、临时修理等专程来港的外国籍船舶，均须逐航次办理委托，建立航次代理关系。船舶在港作业或所办事务结束离港，代理关系即告终止。

在按航次向代理人委托航次代理时，船公司须在船舶抵港前，以书面形式向船舶到达港的代理人提出委托，并在船舶抵港前的一定时间内，将船舶规范、有关的运输合同和货运单证寄交所委托的代理人。代理人接到书面委托，查明船舶国籍，明确船舶来港任务，审核船舶规范、运输合同和贸易合同、货运单证等是否齐全，明确费用的分担和费用的结算对象，如认为没有什么问题，在索取备用金后，航次代理关系即告建立。

3. 第二委托方代理

委托方一般是指提出委托，并负责结算船舶港口费用的一方。除此之外，对于同一艘船舶要求代办有关业务的其他委托人均称为第二委托方。

一般情况下，船舶代理的委托方是船方。第二委托方既可能是船方，也可能是承租人、货主或其他有关方。一艘船舶的代理只有一个委托方，但同时可以有一个或几个第二委托方。委托方和第二委托方的确定，不仅要看由谁委托代理，港口费用由谁负担，还要看由谁负责结算。比如，有的航次租船合同规定，船舶代理人由承租人委托，费用也由承租人结算，在这种情况下，承租人就是委托方。如果同时船舶所有人也要求代理人为他办理业务，则船舶所有人就是第二委托方。又如租船合同规定船舶代理由承租人委托，而费用则向船舶所有人结算，在这种情况下，船舶所有人是委托方，如果承租人也明确代理人为其办理有关业务，则承租人是第二委托方。

4. 监护代理

委托方除委托一方为代理外，为维护委托方利益，另外还委托一方对被委托方所从事的业务进行监护，这种关系称为监护代理。

10.2.2　船舶代理的主要业务

船舶代理公司的设立，在不同的国家要依照各国的公司法进行。我国国际船舶代理业务只能由经交通运输部批准成立的船舶代理公司经营，船舶代理公司必须是企业法人。

我国船舶代理公司在交通部核定的经营范围内，受船公司委托，可经营下列部分或全部代理业务：联系安排船舶进出港口、靠泊和装卸；办理船舶、货物、集装箱的报关；办理货物与集装箱的托运、转运和多式联运；受船东或船长的委托代签提单、运输合同，代签船舶速遣、滞期协议；办理国际水上旅客运输；组织货载，为货主洽订舱位；联系水上救助、洽办海商海事处理；代收代付款项，代办结算；办理其他与船舶代理有关的服务事项。

国际船舶代理业务是一项范围相当广泛的综合性业务，包括所有原应由船公司自行办理的业务和一些原应由货主自行办理的与货运有关的业务。下面就其主要代理业务进行阐述。

1. 船舶进出港手续

不论是航行于国际航线的国轮还是外籍船舶，进出港口都需要接受边防（移民机构）、检疫、海关的检查，向边防、检疫、海关和港口当局办理进出港的各项手续，并取得各种必要的单证。

船舶在进出港口前，接受委托的船舶代理人，须事先联系边防、检疫、海关及有关港口当局办理必要的手续。

（1）船舶进港手续。

1）有关检疫的手续。①检疫，船舶到港前，入港船舶的船长应向检疫机关申报船上有无霍乱、鼠疫、伤寒、斑疹伤寒、黄热病及回归热等检疫传染病的患者或死者，并且悬挂检疫信号，在检疫锚地待泊接受检疫；②灭鼠，在港船舶的灭鼠工作，包括定期灭鼠和强制性灭鼠消毒；③预防接种；④进出口动植物的检疫，为了防止因动植物的进出口而使病菌或害虫传入国内或向国外传播，各国都规定必须经过检疫才能办理进出口货物报关手续。

2）海关法规规定的船舶进港须办理的手续。①填报、交验和提交有关的单证；②不在港装卸货物的进港船舶须办理的手续；③交纳船舶吨税手续；④申请准予装卸货物的手续；⑤在海关办公时间以外的时间进行装卸货物时须办理的手续。

3）边防机关或海上保安机关或移民局和港口当局对进港船舶要求办理的手续。①入港申请；②指定锚地；③使用系船设备的申请；④交纳港务费。

（2）船舶出港手续。船舶出港手续较船舶进港手续更为简便，除向海关、海上保安部门和港口主管当局提交出港申请，并向海关交验吨税的收据或免交吨税的证明外，货物装船完毕后，还需编制出口货物舱单，经船长签字，据以向海关办理船舶出口报关，经海关同意，即可启航出港。

总之，船舶进出各国港口，常因各国具体情况和主管机关要求的不同，而使所需办理的手续和办理船舶进出港口手续时所使用的各种单证有所不同。

2. 出口货运业务

出口货运业务主要包括货物承运、联运货物的中转换装、编制积载计划、缮制各种货运单证以及运费计算等项工作。在班轮运输或不定期船运输中，承运人或租船人都可能通过授权，将这些业务工作委托代理人代办完成。

（1）货物承运。船舶代理既可以接受船公司的委托，在装货港代表船公司代办货物承运工作，也可以接受货主的委托，代办货物订舱和托运工作，还可同时接受船公司和货主的委托，既代表船公司代办货物承运工作，也代表货主代办货物订舱和托运工作。

在代理人代办货物承运工作的情况下，其工作内容与船公司自行办理的承运工作的内容没有什么不同。代表货主代办货物订舱和托运工作时的工作内容与货主自行办理没有什么不同。但在既代表船公司代办货物承运工作，又代表货主代办货物订舱和托运工作时，因出口货物所采用的价格条件不同，而使其工作内容不同。

在 CIF 或 CFR 价格出口货运中，在代理人既代表船公司办理货物承运工作，又代表货主代办货物的订舱和托运工作的情况下，如果代理人同时代理几家船公司的船舶，就会出现代理人将他所掌握的货载应该按照什么样的配载原则分配给某一船公司的船舶的问题。在 FOB 出口的货运中，买方可能委托在装货港的代理人洽订舱位载运货物，也可能自行安排船舶来港装运。

（2）国际海上联运货物的中转。从国外港口运抵本港又转往其他国家港口，并由承运人签发联运提单的货物，被称为国际海上联运货物。国际海上联运货物在中转换装港需要办理一系列手续，完成一系列作业。而在中转港接受委托，代办这些手续和作业，则是船舶代理人经常受托代办的业务之一。不过，出于对货物的安全运输和承运人的责任考虑，对于危险货物，重大件、鲜活、冷冻及散装货物等，以及承运人已签发直达提单，因承运人或收货人的决定而改变目的港的货物，不能代办中转手续。在载运联运货物的船舶抵港前的一定时间前，委托方没有提出委托并明确费用的负担或分摊时，代理人也不能接受委托。

（3）绘制出口货物积载计划。绘制船舶积载计划是船方的职责，而代理人的义务则是向船方提供装船货物的资料，督促并协助到港船舶及时做出积载计划，由代理人分送港口有关部门安排装船作业，以避免因绘制不及时而延误货物进栈、落驳和装船。关于协助到港船舶做出积载计划，代理人的任务是根据货单留底编制装货清单，向来港装货船舶提供装货的种类及货物的积载因素和舱系数，重大件货物、成套设备和畸形包装货物的外形尺寸与重量，危险货物说明书，特殊货物的装载要求和冷冻货物的温度要求以及下一港口货载情况等资料。

（4）缮制各种货运单证。缮制各种货运单证是接受船公司委托代办出口货运业务的代理人经常要办的主要业务工作。缮制这些单证要做到整洁、正确和及时。所谓整洁是指签发的各种单证应该字迹清晰，未加涂改，计量或计费单位明确，按照规定分别以大写或小写书写相关内容。所谓正确是指单证内容的完整无误和运输安排的正确合理。所谓及时，则是指对于在港进行各项作业的进度，应适时地缮制、分送各种货运单证，避免因单证到达不及时而发生作业中断和待时。对于随船单证，应做到随船带走。对于邮寄单，应区别远近，在船舶离港后的一定时间内寄出。邮寄单证必须详列清单，并要求对方退回收讫回执，以分清责任。

（5）运费计算工作。代计代收运费也是船舶代理人的一项重要业务工作。船舶代理人接受各个船公司的委托，根据各个船公司制定的费率本，为各船公司代计代收运费。由于各船公司的运费率常会发生局部的修订、调整，附加费的计收或撤销也常有变动，所以代理人对于各船公司的费率本加强管理是非常重要的。代理人要指定专人进行运费计算、审核和计收工作，随时注意费率本的撤换、货物运费率及等级的更正或补充、附加费及货名的增减，并且确切地理解费率本的各项条款及规定，及时做好修改和记录。

3. 进口货运业务

进口货运业务主要包括收受载货运费清单、收受积载计划、催提、签发提货单和进口货物理赔等。在班轮运输或不定期船运输中，承运人或租船人都可能通过授权，将这些业务工作委托代理人代办完成。

（1）收受载货运费清单。载货运费清单的作用之一是卸货港的船舶代理人在船舶到港前据以编制进口载货清单，为到港船舶和货物先行安排泊位、卸货、驳运、仓库，并通知收货人准备提货。卸货港的船舶代理人在收到这些单证后，须参照进口货物积载计划，按货物装货港逐港、逐票核对，核查是否有漏寄情况。如发现漏寄，应及时向船舶或漏寄港的船舶代理人索取。与此同时，卸货港的船舶代理人还应按提单副本逐票核对载货运费清单所列货名、件数、标志、收货人等项内容。如果发现错误，则应向船方或装货港的船舶代理人查询。

（2）收受积载计划。进口货物的积载计划必须在船舶到港前寄达在卸货港的船舶代理人，以便安排卸货和供理货人员理货时参考。一般来说，航线较长的进口货物积载计划应由船公司或装货港的船舶代理人寄来，而航线较短的进口货物积载计划则可由船长或装货港船舶代理人用电报通知。

（3）催提。通常规定，船舶到达卸货港将货物卸下后，在一个合理的时间内，如果无人认领，承运人可以处置该货物而不承担任何责任，全部风险和费用由货方承担。虽然如此，但从承运人的信誉以及货物的安全考虑，为收货人尽快提取货物创造条件，仍是承运人不容推卸的责任。因此，作为承运人的代理人，在船舶抵达卸货港之前，应事先通知收货人做好准备，以避免货物抵达目的港后在码头仓库积压，影响港口的正常作业。催提可用函件、电话进行。如用电话催提，必须做好记录备查。对于冷藏货、鲜活货物等，因港口无保管条件或不便存放，应随时用电话通知收货人到船边提货。

（4）签发提货单。正常提货程序是，收货人在一份正本提单背书后，付清运费（到付运费）和其他应付的费用，换取由卸货港的船舶代理人签发的提货单，向海关办理货物进口手续后，即可凭提货单在码头仓库提取货物。卸货港的船舶代理人在签发提货单时，首先要将提单与载货清单进行核对，经核对无误后，在载货清单中所列该提单的项目后做出记号，表示该票货物已办理提货手续，然后收回提单，签发提货单。

（5）进口货物理赔。收货人提取货物时，如发现货物灭失或损坏，既可直接向船公司索赔，也可通过卸货港的船舶代理人向船公司索赔。通常，对于索赔金额较大的索赔案件，都由船公司自行理赔。而对于索赔金额较小的案件，船公司也常委托卸货港的船舶代理人代办理赔。船公司委托代理人代办理赔工作，一般都只是在一定限度内授权代理人代办。如果代理人得到这种授权，即可在规定的限度内理赔结案，事后再将处理结果转告船公司。

4. 供应工作

供应工作主要包括：

（1）安排供应船用燃油、淡水；

（2）安排供应船舶物料、垫料、备件；

（3）安排船长借支；

（4）安排供应船员伙食；

（5）应船长要求联系安排清舱、洗舱等工作。

5. 其他服务工作

其他服务工作主要包括：

（1）安排船员遣返；

（2）办理船员登陆或办理出入境手续；

（3）安排船员就医、住院；

（4）联系安排船员其他事宜。

10.3　国际货运代理

国际货物买卖大都远隔重洋，买卖双方必须借助海、陆、空等不同的运输方式和不同的交通工具才能实现货物的流动。货主为了货物安全、运输便捷、节省费用、降低成本，便要广泛收集交通运输方面的信息，方能选择出最佳的运输方式、最新的运输工具、最好的承运人和最便宜的支付费用。但事实上，绝大多数单纯经营国际贸易的货主限于人力、物力，很难实现上述目标，而且往往由于对某一环节的疏漏或不谙办理有关的手续而事倍功半，甚至造成某种经济损失。运输承运人也需要货运代理的揽货服务，而不可能亲自处理每一项具体运输业务，不少工作需要委托代理人来办理。于是，国际货运代理行业便应运而生。国际货运代理接受委托人的委托，代办各种运输业务并按提供的劳务收取一定的报酬，即代理费、佣金或运费。早在数百年前，国际货运代理行业就逐渐成为货主与承运人之间不可缺少的中介。现在，国际货运代理在国际上被人们誉为"国际贸易的桥梁""国际贸易运输的设计师和执行人"。

国际货运代理在国际贸易中的桥梁作用可用图 10-1 来表示。

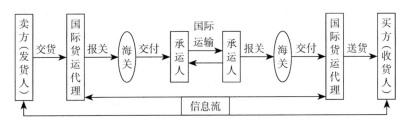

图 10-1　国际货运代理在国际贸易中的桥梁作用

10.3.1　国际货运代理的性质

关于国际货运代理（international freight forwarder 或 international freight agent），国际货运代理协会联合会（International Federation of Freight Forwarders Association，FIATA 为其法文缩写）的定义是：国际货运代理是根据客户的指示，并为客户的利益而揽取货物运输的人，其本身并不是承运人。国际货运代理也可以依据这些条件从事与运输合同有关的活动，如储存（也含寄存）、报关、验收、收款等。《中华人民共和国国际货物运输代理业管理规定》的定义是：接受进出口货物收货人、发货人的委托，以委托人的名义或者以自己的名义，为委托人办理国际货物运输及相关业务并收取服务费用的行业。

传统的国际货运代理不断拓展业务范围，从代理人业务发展到无船承运业务、多式联运业务、物流业务等，有人认为国际货运代理的叫法已不符合其业务现实，因此，将国际货运代理命名为"国际货运服务经营者"。我们所阐述的国际货运代理仍用人们习惯的传统叫法。我们给国际货运代理所下的定义是：国际货运代理是接受货主委托，办理有关货物报关、交接、仓储、调拨、检验、包装、转运、租船和订舱及其他物流服务等业务的人或组织。

当前，国际货运代理具有双重身份，即国际货运服务代理人与当事人并存。

1. 国际货运代理的基本性质：作为中间人的代理人

从传统业务的表面上看，国际货运代理是以货主的代理人身份并按代理业务项目和提供的劳务向货主收取劳务费。但从整个对外贸易运输环节和法律上看，国际货运代理与民法上的代理不同。

货运代理根据货主的要求,代办货物运输业务,他们在托运人与承运人之间起到桥梁作用。现在,我们按一票货物的托运流程来阐述货主、货运代理和承运人三者的关系,如图10-2所示。

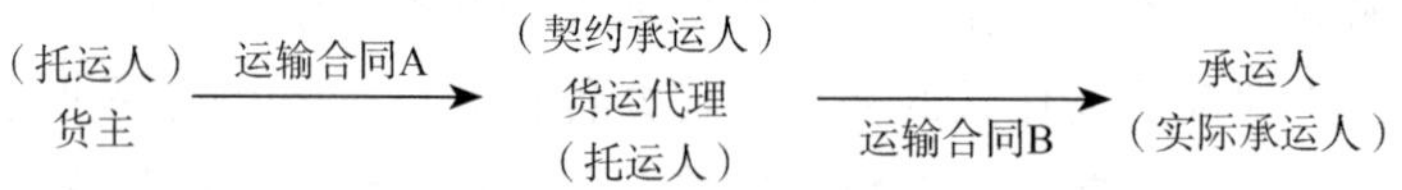

```
（托运人）  运输合同A    （契约承运人）              承运人
  货主       ──────→     货运代理      运输合同B    （实际承运人）
                        （托运人）    ──────→
```

图10-2 货主、货运代理和承运人三者的关系

首先,进出口商在签订了贸易合同之后,为了履行合同,就得与货运代理签订一份运输合同。在该合同中,货主是托运人,货运代理是契约承运人,由于货运代理不掌握运载工具,因此,它必须与拥有运载工具的承运人再签订一份运输合同。在此合同中,货运代理是托运人。

运输合同A与运输合同B是两个在法律上完全独立的合同。由此可见,货运代理是以事主的身份出现在两个合同之中,既非货主,亦非承运人之代理。为了加以区别,人们将运输合同A称为"纸运输合同",将货运代理称为"契约承运人",即不是真正的承运人。人们将运输合同B称为"实际运输合同",将拥有运载工具的承运人称为"实际承运人"。货运代理在这个"实际运输合同"中则像一个货主或商人,是一个地地道道的托运人。

因此,国际货运代理的基本性质是,它属于货物运输关系人的代理人,是联系发货人、收货人和承运人的货物运输中介人。也就是说,它是接受委托人的委托,就有关货物运输、转运、仓储、保险,以及与货物运输有关的各种业务提供服务的一种"货物运输中间人"。它既代表货主,保护货主的利益,又协调承运人进行承运工作,在以托运人为一方,承运人为另一方的两者之间行事。

2. 国际货运代理的扩展性质:作为当事人的承运人和物流商

国际货运代理的上述中间人性质在过去尤为突出。然而,随着国际物流和多种运输形式的发展,国际货运代理的服务范围不断扩大,其在国际贸易和国际运输中的地位也越来越重要。在实践中,国际货运代理对其所从事的业务,正在越来越多地承担着承运人的责任,这说明国际货运代理的角色已发生了很大的变化。许多国际货运代理企业都拥有自己的运输工具,用来从事国际货运代理业务,包括签发多式联运提单,有的甚至还开展了物流业务,这实际上已具有承运人的特点。将来会有越来越多的国际货运代理通过建立自己的运输组织并以承运人身份承担责任的方式来谋求更广阔的业务发展。国际货运代理的双重身份,即代理人与当事人并存的局面仍会继续存在。

总之,国际货运代理已不是传统的纯粹代理人,这不仅是因为其业务范围的拓宽,而且因为其服务内容也发生了很大的变化,所以,角色的扮演已不再是单一的了。国际货运代理有时作为代理人,有时作为当事人,有时两者兼而有之。目前,国际货运代理更注意在"产品"开发上集中财力、物力,如改善服务,开辟新航线,提供新的联运方式,开拓国际物流和增值服务市场等,以增加效益。

10.3.2 国际货运代理的服务内容

国际货运代理的双重性质决定了其在实践中的业务服务范围既可作为货运服务代理人提供服务，又可作为货运服务当事人（独立经营人）开展服务活动。

1. 国际货运代理的服务对象

国际货运代理的服务对象包括：发货人（出口商）、收货人（进口商）、海关、承运人、班轮公司、航空公司，在物流服务中还包括工商企业等。国际货运代理与相关部门（包括政府和某些公共机构）建立、发展和保持联系也必不可少。国际货运代理与服务对象的联系，如图 10-3 所示。

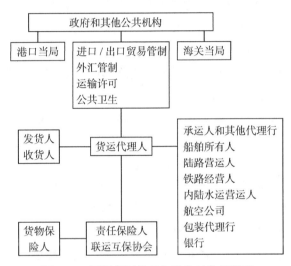

图 10-3 国际货运代理与服务对象的联系

2. 国际货运代理的业务内容

（1）货运服务代理人。国际货运代理作为货运服务代理人提供服务，主要是接受客户的委托，完成货物运输的某一个环节或与此有关的各个环节的任务，除非客户（发货人或收货人）想亲自参与各种运输过程和办理单证手续，否则，国际货运代理可以直接或通过其分支机构及其雇用的某个机构为客户提供各种服务，也可以利用其在海外的代理提供服务。从货主（发货人、出口商）到买方（收货方）之间的货物运输的某一个环节或与此有关的各个环节的任务，都可以成为国际货运代理的业务内容。

国际货运代理为委托人服务，并从委托人那里获得劳动报酬，其工作内容完全属于商业行为或贸易行为。

根据国际货运代理作为货运服务代理人的不同服务对象，可将其业务内容分为以下几类。

1）国际货运代理为发货人服务。国际货运代理可代替发货人（出口商）承担在不同阶段的货物运输中的任何一项业务。例如，选择运输路线、运输方式和适当的承运人；向选定的承运人提供揽货、订舱；提取货物并签发有关单证；研究信用证条款和所有政府的规定；包装；储存；称重和量尺码；安排保险；货物到港后办理报关及单证手续，并将货物交给承运人；做外汇交易；支付运费及其他费用；收取已签发的正本提单，并交付发货人；

安排货物转运；通知收货人货物动态；记录货物灭失情况；协助收货人向有关责任方进行索赔。

2）国际货运代理为收货人服务。国际货运代理可以作为收货人（进口商）的代理开展各种服务。例如，报告货物动态，接收和审核所有与运输有关的单据，提货和付运费，安排报关和付税及其他费用，安排运输过程中的存仓，向收货人交付已结关的货物，协助收货人储存或分拨货物。

3）国际货运代理为检验检疫机构、海关服务。当国际货运代理作为报检、报关代理，办理有关进出口商品的检验检疫、海关手续时，不仅代表其客户，也代表检验检疫机构、海关。事实上，在许多国家，货运代理已取得这些政府部门的许可，办理检验检疫和海关手续，并对检验检疫机构、海关负责，负责在法定的单证中申报货物确切的金额、数量和品名等。

4）国际货运代理为承运人如班轮公司、铁路部门、航空公司服务。国际货运代理向承运人及时地订好足够的舱位，认定对承运人和发货人都公平合理的费率，安排在适当的时间交货，以及以发货人的名义解决与承运人的运费结算等问题。

（2）货运服务当事人。

1）国际货运代理作为经营人提供多式联运服务。例如，集装箱化使国际货运代理介入了多式联运。这时，国际货运代理充当了总承运人，并且负责组织在一个单一合同下，通过多种运输方式，进行门到门的货物运输，其可以当事人的身份与其他承运人或其他服务的提供者分别谈判并签约。国际货运代理作为多式联运经营人时，通常需要提供包括所有运输和分拨过程的全面的一揽子服务，并对其客户承担一种更高水平的责任。

2）国际货运代理从运输服务延伸到提供物流服务。提供物流服务是国际货运代理为满足客户的更高要求，提高其市场竞争能力，顺应国际发展的一种新趋势。物流服务是一项从生产到消费的高层次、全方位、全过程的综合性服务。与多式联运相比，国际货运代理提供物流服务，不仅提供一条龙的运输服务，而且延伸到了运输前、运输中、运输后的各项服务。凡与运输相关的、客户需要的服务，均为国际货运代理服务的内容，而且要做到高速度、高效率、低成本、少环节、及时、准确。这就需要国际货运代理熟悉客户的业务，了解客户生产乃至销售的各环节，主动为客户设计、提供其所需，从而使自己在运输的延伸服务中获得收益。

10.3.3　国际货运代理的种类

国际货运代理业务上的复杂性和多样化决定了当前国际货运代理种类的多样性。实践中，各种货运代理企业的业务重点不尽相同，有的专门从事海运货代，有的专门从事陆运货代，有的专门从事空运货代，有的专门从事国际多式联运；有的侧重件杂货，有的侧重大宗货物，有的侧重集装箱，有的侧重仓储，有的则兼而有之。业务规模大的货运代理兼办多项业务，如某些业务齐全的海陆空及多式联运货运代理；业务规模小的货运代理则专办一项或两项业务，如某些空运货运代理和速递公司。

按照国际货运代理的业务范围分类，较常见的货运代理主要有以下几类。

其一，租船订舱及货运安排代理。这类代理与国内外货主有广泛的业务关系。

其二，货物报检报关代理。有些国家对这类代理应具备的条件规定较严。例如，美国规定这类代理的从业者必须向有关部门申请登记，必须是美国公民，并经过考试合格，取得执照才能营业。我国也规定这类代理的从业者必须取得报检报关代理资格，报检员、报关员必须经过考试合格和注册。

其三，转运及理货代理。其办事机构一般设在中转站及港口。

其四，储存代理。包括货物保管、整理、包装以及保险等业务。

其五，集装箱代理。包括装箱、拆箱、转运、分拨以及集装箱租赁和维修等业务。

按照国际货运代理业务的重点和经营方式分类，较常见的货运代理主要有以下几类。

其一，海上运输（海运）代理。它们主要从事着国际集装箱货物和件杂货物的运输代理业务。从事海运代理业务的企业一般都能熟练地运用海上国际货物运输类相关单证，掌握国际海运的航线地理知识、船舶的航运知识、船舶和码头的货物装载知识、集装箱知识，熟悉与海上运输和进出口业务相关的法律、法规及国际公约，了解运价和各种附加费用的有关规定等。

其二，航空运输（空运）代理。它们主要从事着价值昂贵的货物、鲜活的产品、易腐和季节性强的商品运输代理业务。从事空运代理业务的企业一般都必须知晓航空货物运输各种单证的流转和国际空运的结算业务；掌握国际航线与各国的航班情况、各类机型和各种装载知识；熟悉与航空运输和进出口业务相关的法律、法规与国际公约；会计算各类航空运费和合理运用各种运费以降低运输成本等。

其三，国际陆路（铁路、公路）运输代理。它们主要从事着货物国际陆路运输代理业务。从事国际陆路（铁路、公路）运输代理业务的企业必须了解国际陆路运输的相关业务；熟悉铁路、公路的主要干线；掌握有关铁路、公路的运输知识，货物的装载知识，集装箱的相关知识等。

其四，国际多式联运代理。国际多式联运通过两种或两种以上的运输方式将多程运输交由一个承运人来完成，把传统的海海、空空、陆陆单一运输有机地结合起来，为客户提供经济、安全、合理、迅速、简捷的运输服务。国际多式联运代理是与货主签订多式联运合同的当事人，其业务有别于传统的代理业务。它虽然可能不具有运输工具，但还是以承运人的角色为客户提供服务，不但要承担代理人的责任，还要承担国际货物运输的责任。不管一票货物运输要经过多少种运输方式，要转运多少次，多式联运代理必须对全程运输（包括转运）负总的责任。无论是在国内还是在国外，对多式联运代理的资格认定都比其他代理要严格。国际多式联运代理企业必须熟悉代理业务，掌握相关承运人的业务知识。

其五，无船承运人。国际货运代理企业进入运输领域，开展单一方式运输或多式联运业务时，由于与委托人订立运输合同，并签发自己的运输单据，对运输负有责任，因而已经成为承运人。但是，由于它们一般并不拥有或掌握运输工具，因而只能通过与拥有运输工具的承运人订立运输合同，由他人实际完成运输。它们实际的角色是自己不完成运输任务，但要承担订立货物运输合同的责任。

其六，第三方物流经营人。它们通过运用各种信息技术，将传统的仓储、运输、装卸、包装等货物流动的活动系统化、专业化。第三方物流作为国际货运代理的一种发展形式，可以被看作国际货运代理业务的延伸和拓展。它实际上就是将传统的货运代理和新的增值服务结合起来，以降低货物的流通成本，为客户提供便捷、低廉的服务，经营人通过服务的延伸获取更多的利润。

另外，按照国际货运代理的企业背景和经营特点分类，我国货运代理企业可以基本划分为以下五大类：大型集团公司［如中国对外贸易运输（集团）公司及其控股或合营的企业］；船公司、航空公司、铁路部门设立的货运代理（如中远国际货运有限公司、中国外轮代理公司等）；由原进出口专业贸易公司组建的国际货运有限公司；专业化类型的货运代理公司；中外合资的货运代理公司。

10.4 第三方物流、第四方物流

以上介绍了船舶代理、国际货运代理，它们一般提供一些功能性物流服务，难以适应当前国际物流综合化的要求。从功能性物流服务走向综合性物流服务是国际物流发展的必然要求。第三方物流、第四方物流是国际综合性物流服务的主流形式。

10.4.1 第三方物流

第一方物流实际上就是供方物流，或者叫作销售物流，是由供应厂商到各个用户的物流。

第二方物流的原理与第一方物流基本相同，唯一不同的只是其概念。第二方物流实际上是需求方物流或者是购进物流，是用户企业从供应商市场购进各种物资而形成的物流。

第三方物流（third party logistics，3PL 或 TPL）。从字面上看，第三方物流是指由与货物有关的发货人和收货人之外的专业企业，即第三方来承担企业物流活动的一种物流形态。它是指由物流劳务的供方和需方之外的第三方（即专业物流企业）在整合了各种资源后，为客户提供包括设计规划、解决方案以及具体物流业务运作等全部物流服务的物流活动。第三方物流中的第三方是相对"第一方"（发货人）和"第二方"（收货人）而言的，它既不属于第一方，也不属于第二方，它不拥有商品，不参与商品的买卖，而是为客户提供以合同为约束、以结盟为基础的系列化、个性化、信息化的物流代理服务的组织。也就是说，第三方就是物流交易双方的部分或全部物流功能的外部服务提供者。

第三方物流已成为国际综合性物流服务的主流形式。从第一方物流、第二方物流过渡到第三方物流是一次革命性的飞跃，是一个从量变到质变的跨越。原来的第一方物流、第二方物流都是小而全的运作模式，企业既搞生产，又搞分销，还要搞物流，"十个手指按十个跳蚤——个个吃紧"，疲于一般水平应付，无法形成竞争实力，在市场竞争中必然吃

败仗。而第三方物流企业实际上起到一个组织优化生产流通系统的作用。多个生产企业和第三方物流企业形成了一个各自能发挥自己的核心竞争力，互相之间实现优势互补、资源优化配置，各自集约化、规模化运作的生产和流通系统，系统中的各个企业都能实现资源配置优化和效益最大化。从某种意义上讲，第三方物流是国际物流专业化的一种重要形式，是国际物流业发展到一定阶段的必然结果。它具有第一方物流和第二方物流不可替代的作用。

1. 第三方物流的服务形态

国际上的第三方物流服务公司大多是以传统的"类物流"业（或称准物流业）为起点而发展起来的，如仓储业、运输业、空运、海运、货运代理和企业内的物流部等。它们根据客户的不同需要，通过提供各具特色的物流服务取得了成功。

第三方物流所提供的服务形态可以分为与运营相关的服务、与管理相关的服务以及两者兼而有之的服务三种类型。当然，现实中的第三方物流形态是多种多样的。人们对第三方物流含义理解的差异正是现实中第三方物流形态多样性的反映。标榜自己是第三方物流企业的也有各种各样的经营方式，而包含上述三种服务内容，能够站在货主角度提供从系统设计、计划、管理到实施全面个性的物流服务的第三方物流的企业目前还不多。最常见的第三方物流服务包括设计物流系统、EDI 处理、报表管理、货物集运、选择承运人或货代人、海关代理、信息管理、仓储、咨询、运费支付、运费谈判等。

2. 第三方物流的特点

全世界的第三方物流市场具有潜力大、渐进性和高增长率的特征，这种状况将使第三方物流企业拥有大量的服务客户。当前，第三方物流具有以下几个方面的特点。

（1）建立在现代信息技术的基础上。信息技术的发展是第三方物流出现的必要条件，信息技术实现了数据的快速、准确传递，提高了库存管理、装卸、运输、采购、订货、订单处理的自动化水平，使订货、包装、保管、运输、流通加工实现了一体化；企业可以更方便地使用信息技术与物流企业进行交流和协作，企业间的协调和合作有可能在短时间内迅速完成；同时，计算机软件的飞速发展，使混杂在其他业务中的物流活动的成本能被精确地计算出来，还能有效管理物流渠道中的商流，这就使企业有可能把原来在内部完成的物流作业交由物流公司运作。常用于支撑第三方物流的信息技术有：实现信息快速交换的EDI 技术，实现资金快速支付的 EPT 技术，实现信息快速输入的条形码技术和实现网上交易的电子商务技术。

（2）提供合同导向的一系列服务。第三方物流有别于传统的外包，外包只限于一项或一系列分散的物流功能，如运输公司提供的运输服务，仓储公司提供的仓储服务。而第三方物流则是根据合同条款规定的要求，提供多功能甚至全方位的物流服务，而不是满足临时需求。

（3）提供个性化物流服务。由于需求方的业务流程各不相同，而物流、信息流是随价值流而不断流动的，因而第三方物流服务往往按照客户的业务流程来制定。

（4）企业之间是联盟关系。依靠现代信息技术的支撑，第三方物流企业与委托方之间充分共享信息，这就要求双方相互信任合作，以达到单独从事物流活动所无法取得的双赢效果。而且从物流服务提供者的收费源来看，第三方物流企业与委托方之间是共担风险、共享收益的关系。再者，企业之间所发生的关联并不是限于一两次的市场交易，在交易维持一定时期之后，可以相互更换交易对象。在行为上，各自既非单纯追求自身利益最大化，也非完全追求共同利益最大化，而是通过契约结成优势互补、风险共担、要素双向或多向流动的伙伴关系，因此第三方物流企业与委托方企业之间是物流联盟关系。

3. 第三方物流服务的效益体现及其原理

提供第三方物流服务的企业，实际上起到了一个组织优化生产流通和国际贸易系统的作用。多个生产企业和第三方物流企业形成了一个各自能发挥自己核心竞争力，互相之间实现优势互补，资源优化配置，各自集约化、规模化运作的生产和国际贸易系统，此系统中的各个企业都能实现资源配置优化和效益最大化。第三方物流企业的效益体现在如下四个方面。

（1）规模效益。第三方物流企业最基本的特征是集多家企业的物流业务于一身，使物流业务的规模得以扩大。物流业务规模的扩大，可以让企业的人力、物力、财力等资源得到充分利用，发挥效益；有的物流企业还可以采用专用设备、设施，提高工作效率；有的甚至采用先进的技术，取得超级效益。这些都是扩大规模带来的好处。

规模效益是第三方物流最重要的效益源泉之一，没有规模就没有效益，规模效益也正是第三方物流比第一方物流、第二方物流优越的地方。规模效益的具体表现主要是所承包的供应商的户数多少、运输货物量的多少和运输距离的远近。因此，第三方国际物流企业要扩大规模，就要努力扩大物流市场的覆盖面，增加客户数，增加物流业务量。规模越大，所需要的运输车辆（船舶、飞机等）就越多；装卸搬运设施越多越先进、仓储能力越大、吞吐能力越大，所需要的通信能力也越强、技术越先进。总之，规模大，就会促进第三方物流企业的发展，大大增加企业效益。

（2）系统协调效益。系统协调是指第三方物流公司在自己所占有的供应商群及客户群中进行的协调活动。这些协调活动包括以下几个方面。

1）联合调运活动，即打破各个供应商群、各个客户群之间的界限，在这些供应商、客户之间统一组织运输。这样不但可以更节省车辆，还可以更充分地利用运输工具。

2）打破各个客户群之间的界限，统一组织运输，即进行联合运输。这样将比在原来的各个客户群内部组织运输更为节省。

3）在自己的系统内部调剂供需。因为自己掌握了众多的供应商和它们各自的客户群，其相互间可能会形成互为供需的关系，通过自己的协调，促使它们之间形成新的更合理的供需关系。这种新的供需关系不但可以帮助供应商开拓市场，而且也大大有利于第三方物流企业节约物流费用。

4）统一批量化作业。例如，对于订货、质检、报关、报审等工作，实行批量化作业可以节省时间，提高工作效率。

协调效益也是第三方物流企业最主要的效益源泉之一。第三方物流企业要学会利用协调效益来提高自己的效益水平。要提高协调效益，就要努力做到以下几点：第一，要努力培养系统和系统工程的观点与思想方法；第二，要努力学习掌握物流优化的理论与方法，提高物流管理水平；第三，在客户的选择上，除了注意数量之外，还要注意加强客户之间的相关性。这种相关性主要表现为：属于同一行业、同一地区、同一类物资甚至是同一种产品等。客户之间的相关性越强，则互为供需的可能性越大，系统协调的可行性也越大。

（3）专业化效益。专业化效益即通过专业化来提高企业的效益。在第三方物流企业中，由于业务量大，所以多种物流作业，如运输、仓储、装卸、搬运、包装、信息处理等都可以实现专业化。专业化可以导致科技化，从而导致经济效益的大幅度提高。专业化不但是指作业专业化、设备专业化，而且也是指人的专业化。

（4）群体效益。所谓群体效益，即第三方物流企业不但能够提高自身的效益，而且也可提高自己客户企业的效益。客户企业的物流业务交给第三方物流企业承担后，不但自己的物流任务可以完成得更好，还可以使自己甩开这些烦琐的物流活动，集中精力发展自己的核心业务，增强企业的优势，使企业取得更大的经济效益。因此，第三方物流企业能够使自己和客户群都增强各自的核心竞争力，使整个群体共赢共荣，获取更好的群体效益。

10.4.2　第四方物流

经济增长方式的转变要求物流业向专业化方向发展，因此产生了第三方物流。第三方物流解决了企业物流某些方面的问题，如节约了物流的成本，提高了物流效率。但第三方物流受自身能力的限制，在物流信息与技术上不可能满足整个社会系统的物流需要，更不能充分利用社会资源。物流作为一个社会化系统产业来说，为了使整个地区、国家乃至全球范围内的物流高效率运作，第三方物流的力量显然不足以整合社会所有的物流资源，解决物流瓶颈，达到最大效率。第三方物流虽然在某个和几个企业看来，物流运作是高效率的，但就整个地区、国家来说，第三方物流企业各自为政，整体的结果不一定是高效率的，甚至可能是低效率的。在实际的运作中，第三方物流公司缺乏对整个供应链进行运作的战略性专长和真正整合供应链流程的相关技术。

于是，有人提出，必须有人来管理与第三方物流供应商的关系。但是，管理的角色应由谁来担当呢？是顾客、第三方还是其他？于是有人提出了第四方物流（4PL）的概念。

1. 第四方物流的含义

第四方物流（the fourth party logistics，4PL）的概念是由美国埃森哲公司的 Dow Bauknight 率先提出的，甚至注册了该术语的商标，他认为第四方物流供应商是一个供应链的集成商，它对公司内部和具有互补性的服务供应商所拥有的不同资源、能力和技术进行整合与管理，提供一整套供应链解决方案。

从概念上看，第四方物流是有领导力量的物流提供商，它通过对整个供应链的影响力，提供综合的供应链解决方案，也为其顾客带来更大的价值。显然，第四方物流是在解决企业物流的基础上，整合社会资源，解决物流信息充分共享、社会物流资源充分利用的问题。

2. 第四方物流的特点

第四方物流实际上是一种虚拟物流，是依靠业内最优秀的第三方物流供应商、技术供应商、管理咨询顾问和其他增值服务商，整合社会资源，为用户提供独特、广泛的供应链解决方案。第四方物流具有如下特点。

（1）能够提供一整套完善的综合性供应链解决方案，以有效地适应客户多样化的需求，集中所有资源为客户解决问题。这个综合供应链的解决方案包括以下几个方面。

1）供应链再造。通过供应链的参与者将供应链规划与实施同步进行，或利用独立的供应链参与者之间的合作提高规模和总量。供应链再造改变了供应链管理的传统模式，将商贸战略与供应链战略连成一体，创造性地重新设计了参与者之间的供应链，使之达到一体化标准。

2）功能转化。主要是将销售和操作规划、配送管理、物资采购、客户响应以及供应链技术等，通过战略调整、流程再造、整体性改变管理和技术，实现客户间的供应链运作一体化。

3）业务流程再造。将客户与供应商信息和技术系统一体化，把人的因素和业务规范有机结合起来，使整个供应链规划和业务流程能够有效地贯彻实施。

4）实施第四方物流，开展多功能、多流程的供应链管理。其范围远远超出传统外包运输管理和仓储运作的物流服务。企业可以把整条供应链全权交给第四方物流运作，第四方物流为供应链功能或流程的全部提供完整的服务。

（2）能够通过影响整个供应链来获得价值。第四方物流能够为整条供应链的客户带来利益。第四方物流充分利用一批服务提供商的能力，包括第三方物流、信息技术供应商、合同物流供应商、呼叫中心、电信增值服务商等，再加上客户的能力和第四方物流自身的能力，为客户带来利益。

1）利润增长。第四方物流关注的是整条供应链，而非仓储或运输单方面的效益，通过服务质量的提高、实用性的增加和物流成本的降低，给客户及自身带来惊人的综合效益。

2）运营成本降低。通过整条供应链外包功能达到提高运作效率、降低采购成本的目的。流程一体化、供应链规划的改善和实施使运营成本与产品销售成本降低。

3）工作成本降低。采用现代信息技术、科学的管理流程和标准化管理，使存货和现金流转次数减少，工作成本大幅度降低。

4）提高资产利用率。通过第四方物流可减少固定资产占用和提高资产利用率，客户通过投资研究设计、产品开发、销售与市场拓展等获得经济效益的提高。

总之，第四方物流显著地影响着大批的服务者（第三方物流、网络工程、电子商务、运输企业等）以及客户的供应链中的伙伴。它作为客户间的连接点，通过合作或联盟提供多样化服务。

3. 第四方物流的基本运作模式

第四方物流存在三种基本的运作模式。

（1）超能力组合（1+1＞2）协同运作模式。第四方物流和第三方物流共同开发市场，第四方物流向第三方物流提供一系列的服务，其中包括：技术、供应链策略、进入市场的能力和项目管理的专业能力。第四方物流往往会在第三方物流公司内部工作，其思想和策略通过第三方物流这样一个具体实施者来实现，以达到为客户服务的目的。第四方物流和第三方物流一般会采用商业合同的方式或者战略联盟的方式来合作。

（2）方案集成商模式。在这种模式中，第四方物流为客户提供运作和管理整个供应链的解决方案。第四方物流对其自身和第三方物流的资源、能力和技术进行综合管理，借助第三方物流为客户提供全面的、集成的供应链方案。第三方物流通过第四方物流的方案为客户提供服务，第四方物流作为一个枢纽，可以集成多个服务供应商的能力和客户的能力。

（3）行业创新者模式。第四方物流为多个行业的客户开发和提供供应链解决方案，以整合整个供应链的职能为重点，第四方物流将第三方物流加以集成，向上下游的客户提供解决方案。在这里，第四方物流的责任非常重要，因为它是上游第三方物流的集群和下游客户集群的纽带。行业解决方案会给整个行业带来最大的利益。第四方物流会通过卓越的运作策略、技术和供应链运作实施来提高整个行业的效率。

第四方物流无论采取哪一种模式，都突破了单纯发展第三方物流的局限性，能做到真正的低成本、高效率、实时运作，实现最大范围的资源整合。第四方物流可以不受约束地将每个领域的最佳物流供应商组合起来，为客户提供最佳物流服务，进而形成最优物流方案或供应链管理方案。而第三方物流缺乏跨越整个供应链运作以及真正整合供应链流程所需的战略专业技术，其要么独自，要么通过与自己有密切关系的转包商来为客户提供服务，所以不太可能提供技术、仓储与运输服务的最佳结合。

◉ 复习思考题

1. 简述船舶理货的业务范围。
2. 简述第四方物流的基本运作模式。
3. 简述第三方国际物流服务的效益。
4. 简述船舶代理的主要业务。
5. 简述国际货代的主要业务。

第11章
CHAPTER 11

港口物流信息系统

| 学习目标 |

1. 了解港口物流信息系统的作用
2. 掌握港口物流信息平台的体系结构
3. 理解我国电子口岸的内容
4. 了解智慧港口

11.1　港口信息系统概述

我国港口（特别是沿海大港）的信息系统建设都有 10 年以上的经历，已经开发运行了一些应用系统。

集成化开放性的港口信息系统，是指对港内业务能全方位、整体性地支持，对港口伙伴群体能实现电子化、自动化的信息交换的信息系统。这是新一代的港口信息系统。

港口集成化开放性信息系统（IOIS）的主要技术设施，是港口业务部门与伙伴群体的共享数据库、EDI 的电子信箱、计算机和通信网络，而关键基础是信息资源管理（information resource management，IRM）的标准化。

港口区域货运 EDI 服务系统，在实现港口业务伙伴的单证传输电子化方面起着重要的作用，而港口数据库服务系统则是港口生产管理和港区信息流通的重要技术手段，EDI 服务系统和数据库服务系统都是 IOIS 的重要组成部分。建设港口 IOIS 必须采用信息工程方法论和与其相配套的 I-CASE 工具，首先要进行总体数据规划，下功夫做好信息再组织工作，建立 IRM 基础标准，在此基础上进行有计划、有步骤的港口集成化应用系统的开发。

现代化集装箱码头的效益取决于集装箱的吞吐速度，由于船舶和码头及码头岸边的设备都是资本技术密集设施，为提高码头的经济效益，各国各地区港口如新加坡港、荷兰的鹿特丹港、美国的纽约/新泽西港等都用计算机作为信息处理中心，极大地提高了集装箱的吞吐速度，为它们创造了可观的经济效益和树立了良好的港口形象。

另外，中国内地的集装箱码头的计算机应用起步较晚，还存在着一定的差距。但在近几年，随着国际贸易的快速发展，集装箱码头在大力推广计算机的应用、加速信息系统的建设方面做了大量的工作，积累了较丰富的经验，取得了丰硕的成果。整个计算机的应用也正在从以箱务管理为中心的计算机跟踪阶段向集装箱码头的管理信息系统（management information system，MIS）阶段迈进。

但是随着集装箱航运业发展，竞争日趋激烈，这就需要一种把信息技术作为码头竞争的武器以实现码头经营方针目标的信息系统，它就是我们说的真正的码头集装箱管理信息系统。该系统在港口方面包括：船舶管理子系统、堆场管理子系统、进出口计划受理子系统、船舶配载计划子系统、作业管理子系统、道口管理子系统、CFS 仓库管理子系统、查询子系统、系统维护子系统等。一旦建立起这种系统，就会使集装箱码头在竞争中处于优势。所以我们将码头集装箱管理信息系统定义为一个以数据库为中心的集装箱各类数据处理系统，能进行集装箱信息的收集、传输、加工、保存、维护和使用的系统，能适时处理码头的各种生产数据，能利用生产数据进行统计、分析，从而预测未来，能从码头的全局出发辅助决策，能利用码头的现有信息控制整个码头的生产运作，并借以实现码头决策者制定的规划和目标。码头集装箱管理信息系统是建立在管理科学、计算机和现代通信理论与技术基础上，为码头管理作业和管理决策活动提供综合性信息的系统。

11.2 港口物流信息平台

11.2.1 建设港口物流信息平台的必要性

1. 巩固区域性国际集装箱枢纽港的地位

信息共享平台是连接国际贸易有关的政府部门、社会服务机构和各类贸易企业、生产企业、运输企业的内部管理信息系统并集成它们的数据，开展电子数据交换和电子商务服务的信息网络系统。作为口岸物流监管部门、企业间的信息中介，平台提供信息转换、传递、存证等增值服务，帮助相关政府部门实现高效的服务和监管，协助各类企业方便地开展标准化、电子化的国际贸易和电子商务，从而达到改善政府形象、提高通关效率、降低交易成本、增加贸易机会、增强城市综合竞争力的目的。

2. 加强港口综合服务环境建设，促进港口持续发展

现代港口综合物流服务已不再局限于码头本身和周围地带，其服务内容可延伸到整个

供应链。根据世界经济结构调整和全球贸易发展的要求,现代港口应该成为实现资源重新配置最为活跃的市场。对我国港口企业来说,特别是沿海大型深水码头,不仅仅满足于在国内发展,还应参与国际市场竞争,大力发展港口综合物流服务,努力向现代化、大型化的全球物流服务企业转变。

现代物流是建立在电子信息平台基础上的产业,发展现代物流是建设现代化国际港口城市的需要。面对国内外主要港口日益激烈的竞争态势,港口必须加快利用现代信息技术的步伐。口岸城市物流信息共享平台作为一种公用系统,是与口岸物流硬件设备条件并重的基础设施,其整体水平通常被当成是港口物流运作先进性的重要标志。

3. 信息技术发展的必然趋势

EDI 是以计算机应用、网络应用和标准化三大要素为基础,通过现代通信网络,将业务单证或行政事务中的格式化文件按照公认的标准化报文,实现在计算机之间传输数据的自动处理技术。EDI 有助于实现计算机应用到应用的无缝衔接。EDI 是国际贸易、国际结算和国际通关的最佳通道与必然趋势。

随着互联网技术的发展和应用的普及,给 EDI 的应用从环境、技术和市场上创造了良好的外部条件:第一,以互联网为手段实现将 EDI 从专网扩大到公网的跨网传递,迅速降低的运营成本促使中小企业用户群快速壮大;第二,XML(可扩展识别语言)技术作为一种强大的工具,在丰富对数据格式的描述功能的同时简化了传统 EDI 系统中许多不必要的数据结构,大大推动了 EDI 应用于更广泛的领域;第三,基于 Web 技术,使利用传统EDI 资源拓展增值服务功能,提供数据服务成为可能。

4. 互联互通,保证信息共享

"一带一路"倡议下,港口之间在海铁联运、口岸联动、大陆桥运输、信息共享等方面存在大量跨区域合作空间。建立互联互通的信息化平台需要打通港口上下游环节的数据流,建立数据的共享和交互中心,为港航生态圈中的参与方提供标准化的数据,保证各方获取信息的及时性和准确性。实现港口与船公司、铁路、公路、场站、货代、仓储等港口相关物流服务企业的无缝连接,通过物流信息平台实现信息集成和共享,帮助终端货主优化物流解决方案。以新加坡港的 PortNet 为例,该信息化平台能够实现码头及船公司、货主、政府、运输公司等的信息互联,平均每年处理超过 7 000 万宗交易。

5. 需要解决的问题

口岸贸易相关单位都在实际业务操作和管理过程中认识到口岸贸易过程中供应链网络存在着信息传递环节多、信息滞后等问题,信息共享性和电子数据的交换量不高,获取和采集信息不方便。港口在信息化进程中,主要存在以下几个方面的问题。

口岸贸易相关单位中存在着计算机应用水平很低或没有计算机应用的情况,因此,信息电子化程度和覆盖率不高。

目前实现电子化的单证相对于集装箱贸易过程的单证来说,数量少,覆盖面不广。

现有业务标准不一,数据不通用。电子数据的标准化程度不高,电子单证报文的标准化、统一性差距很大。

口岸贸易相关单位的计算机技术支持方面的工作，基本需要聘请总部或外单位人员来承担，在技术保证上存在一定的差距。

在信息服务功能和服务范围上集成度不够，运作环节多，效率低。

对港口信息数据缺乏集成，难以为港内外用户提供全面、详细、快速、准确的信息。

针对上述存在的问题，以具备良好运转条件的港口信息平台为核心和基础，进一步拓展覆盖范围，扩大应用功能，建设一个为口岸现代物流服务的信息共享平台，提供更多的信息采集、加工、利用的手段，集口岸物流业务节点信息发布、查询平台（Web、语音、传真、短消息等），全透明的单证传输和货物跟踪平台，统一的传输数据标准、全面的物流信息技术提供平台于一体，为口岸物流相关单位的贸易电子化，降低物流成本，全面提速口岸物流，实现口岸物流信息的统筹管理、信息共享及商务过程电子化做出贡献。

11.2.2　物流信息平台的体系结构

以港口信息资源为依托，按照大口岸、大通关的发展战略，运用先进的信息技术和现代物流技术，充分整合、挖掘、利用信息资源，逐步实现与海关、海事局、税务局、外汇管理局、商务局、交通局等政府监管部门，与船公司、船代、货主、货代、码头、箱站、报关行、储运、机场、铁路、银行、保险等各类企业的联网，实现港航、空港的电子交换业务，无纸贸易、无纸放行及信息的增值服务，为用户提供信息共享和个性化服务，使信息服务由被动向主动转变，逐步提高港口信息服务水平、服务质量和辐射范围，建设国际航运中心必不可少的物流信息支撑平台，如图 11-1 所示。

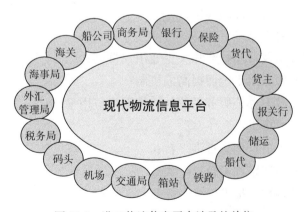

图 11-1　港口物流信息平台涉及的单位

以多式联运信息系统为起点，构建与国际贸易相关的政府部门、社会服务机构和各类贸易、生产企业开展电子数据交换的信息网络，并最终建成口岸统一、开放的物流信息平台，为航运中心的可持续发展奠定基础。

建立港口信息综合服务系统，集成码头、海关、船公司、箱站、货主、代理等相关航运单位的信息、数据，建设港口信息共享平台。

港口物流信息平台的体系结构，如图 11-2 所示。

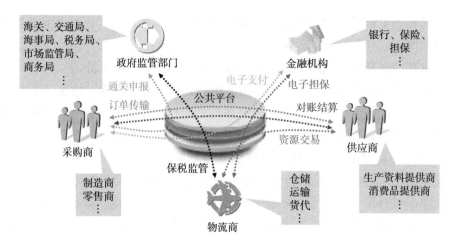

图 11-2   港口物流信息平台的体系结构

为政府部门便捷、高效地进行服务和监管，提供良好的应用环境，提高通关效率，增强城市综合竞争力。

各类企业可以方便地开展标准化、电子化的国际贸易和电子商务，降低交易成本，增加贸易机会。

为口岸物流监管部门、企业间的信息中介，提供信息转换、传递、存证等增值服务。

信息共享平台通过公共网络和专有网络与国际贸易有关政府部门、社会服务机构，以及各类贸易企业、生产企业的内部管理信息系统联网，集成它们的数据，开展电子数据交换和电子商务服务。

信息共享平台给口岸管理部门提供：

（1）一个统一的信息发布平台；

（2）一个完整的外贸及口岸物流相关企业用户群体；

（3）一个促进贸易服务水平全面提高的机制；

（4）一个集中体现政府办公服务系统的协作网络应用平台。

信息共享平台给企业提供：

（1）一个及时的业务节点信息查询平台；

（2）一个全透明的单证跟踪平台；

（3）一个统一的传输数据标准；

（4）一个全面的物流信息技术提供平台；

（5）一个完整的国际贸易电子化的基础平台。

11.2.3   港口物流信息一站式服务的模式

与物流信息平台连接的节点，彼此间可相互交换信息，政府部门、企业等均可在信息平台上发布自己的信息，运行自己的业务。贸易企业或生产企业将国际贸易中的相关货物信息，通过物流信息平台发送给相关政府部门；水运、航空、铁路、公路等运输企业，以及一些码头、仓储、货运代理企业，通过口岸物流信息平台，将一些运输信息传递给政府监管部门及相关企业；海关、税务局等政府监管部门，通过物流信息平台对企业的申报信息进行审批，并将审批信息反馈给相关企业；银行、保险等金融服务机构，根据以上信息为企业提供结算和投保业务。口岸物流信息平台业务模式如图 11-3 所示。

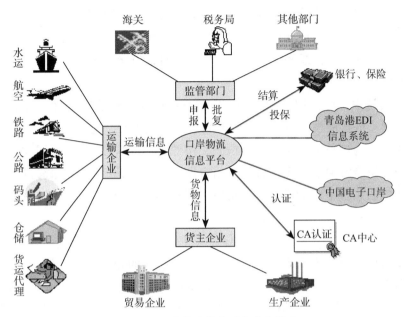

图 11-3　口岸物流信息平台业务模式

11.2.4　信息平台的搭建

1. 功能结构

现代物流信息平台作为一个口岸物流平台主要包含以下几个部分。

（1）数据传输系统。电子单证的发送，数据转换，数据传输，数据接收、下载、复制与跟踪信息。支持多种通信和数据接入、采集、交互方式，将结构化数据转发、转换给目标用户，并转入中心数据库，经系统自动处理或汇总，再以多种格式提供给用户查询、下载、复制、打印或直接传送至目标用户。电子报文符合相应的各种电子报文标准。

（2）信息增值服务系统。利用数据仓库技术，从运力、运价、货种、货运量、市场占有率、货源预测、货主信息等方面提供分析数据，为物流业务伙伴和广大客户提供有效的增值信息服务。采用统一消息的方式实现信息的 Web 查询、语音服务、传真服务、短消息服务等。其具体信息包括：新闻公告、政务指南及相关政策法规，作业信息与业务信息跟踪和查询，水、公、铁路运输价格，船期表，公路、铁路时刻表，货源和运力，统计信息的发布，会员信息及推荐，业务培训，广告服务，会员服务等。

（3）电子商务应用系统。包括船舶引航、码头作业、货物订舱、货物监管放行、船舶进出港管理和危险品货物管理、物流配送管理、集疏运管理、货物交易等。

（4）辅助决策系统。在信息传输和信息增值服务的基础上，提供运力分析系统、箱量分析系统、单证流转效率分析系统和货主行为分析系统等。

（5）后台管理系统。包含角色定义、权限管理、动态信息流程管理、信息管理、栏目管理、主页风格管理、用户管理、日志管理、报文传输的存证管理、计费、统计、备份管理等。

（6）安全管理系统。安全管理系统除了对以上系统管理中的用户、口令、角色、权限进行管理外，还具备CA认证和电子印章与数字签名的功能，以便于单证的简单流转和必要的安全保护，并为服务信息系统提供应用用户的身份安全认证。

2. 设计原则

在系统的设计中，以实用性为原则，兼顾系统的先进性、安全性、可靠性、容错性、开放性、标准化、可扩展性、可管理性、规范性和投资保护。

用先进的理念构建整个系统平台的框架，按照实用的尺度来发展目前的应用范围和领域。所开发的应用能够通过一个比较短的培育期和相对容易的使用方式为目标用户群体服务，同时所架构的系统平台能成为一个可以不断包容各种应用、不断扩展功能的体系，为平台今后功能的不断完善打好基础。

3. 增值服务

现代物流信息平台的主要服务对象是口岸物流行业的相关业务单位，该系统在实现国际集装箱运输主要单证电子报文的存储转发的同时，根据用户的要求，充分开发和利用计算机与网络系统、Web的各项功能，对很多的信息进行采集、加工，实现行业经营信息和行业行政管理信息的增值服务，以及用户对这些信息查询的权限设定的增值服务。

4. 公共信息查询

通过对用户有关方面的信息进行收集、整理加工后形成统一的公用信息在平台上发布，供用户查询使用，解决了以往用户查找信息困难，甚至查找不到信息的麻烦。

5. 业务个性化增值服务

现代物流信息平台本着为用户服务，保护入网用户利益的原则，在相关业务数据的采集、存储、加工时，尊重用户的意见和要求，为入网用户在船、箱、货等方面的业务提供个性化的增值服务。

11.2.5 信息平台设计思路

1. 分层的设计思路

报文传输和数据接入、输出层：实现电子单证的发送，数据转换，数据传输，数据接收、下载、复制与跟踪信息。支持多种通信和数据接入、采集、交互方式，将结构化数据转发、转换给目标用户，并转入中心数据库，经系统自动处理或汇总，再以多种格式提供给用户查询、下载、复制、打印或直接传送至目标用户。电子报文符合相应的各种电子报文标准。

基于J8EE体系的应用软件开发层：系统采用了J8EE技术标准、软构件、中间件、

Web、XML 和 WebService 等技术，实现了多层分布式应用基础。基于 MVC 开发模式、N 层构架、B/S 结构，支持 EAI 应用的定制和快速实施，采用模块化的结构设计，提升了系统的可扩展性和可维护性。系统设计合理、技术先进。

应用展示层：根据应用系统设计的思路，设计了美观大方的 PORTAL 层，全方位地将平台功能展示给不同的用户。

2. 分角色的功能划分

物流网涉及的角色很多，不同的角色有不同的功能，各个角色的功能相互关联，构成一个庞大的体系。比如船舶申报系统涉及船代、码头、引航站、海事局等多个角色，不同角色由不同的功能、多个角色的功能联系起来形成一个业务流程。分角色的设计按照业务流程划分功能，按照功能分配权限，提供不同角色的个性化服务。

3. 整体框架，插件式实施

基于物流系统的工作流组件和通用组件。完善、灵活、可扩展的物流工作流组件，功能完善，能处理复杂的应用，能满足物流应用的需求，并且操作简单。通用组件的开发，将系统中能够归类的部分形成功能独立、完善的组件，能够提供开放的接口，具有较强的通用性和扩展性。在总体架构的基础上，物流平台根据用户现状和应用现状分步实施，分别开发不同的功能，以插件的方式增加到物流平台上，平台具有良好的可扩展性。

总之，通过平台，企业可以减少中间流通环节和储运成本，从而使企业在物流环节上取得降低成本方面的经济效益。此外，透明的操作、合理的价格，能使企业取得资金流环节上的经济效益。改变口岸各环节信息被动式服务的局面，提高口岸通关效率和区域物流运作效率，降低物流成本，增加贸易机会，而且大大促进了口岸经营环境的改善，推进口岸现代物流发展和大通关建设，提高口岸物流数字化水平，加快电子口岸建设步伐，实现相关政府部门高效地服务和监管，各类企业方便地开展标准化、电子化的国际贸易和电子商务，提升了港口对外服务水平、服务质量和辐射范围，增强港口综合竞争实力，进而使物流的速度大大加快，使整个地区的物流、资金流的周转效率得到提高，取得物流方面整体的经济效益。该平台具有广泛的推广意义，各口岸、地区应该因地制宜地建立本地区的物流信息平台，促进整体经济的发展。

11.3　我国港口物流信息化建设

11.3.1　中国电子口岸

中国电子口岸是经国务院批准，由海关总署牵头，会同其他 11 个部委共同开发建设的公众数据中心和数据交换平台。它依托国家电信公网，实现市场监管、税务、海关、外汇、外贸、质检、公安、铁路、银行等部门以及进出口企业、加工贸易企业、外贸中介服务企业、外贸货主单位的联网，将进出口管理流信息、资金流信息、货物流信息存放在一个集中式的数据库中，随时提供给国家各行政管理部门进行跨部门、跨行业、跨地区的数据交换和联网核查，并向企业提供利用互联网办理报关、结付汇核销、出口退税、进口增值税联网核查、网上支付等实时在线业务（见图11-4）。

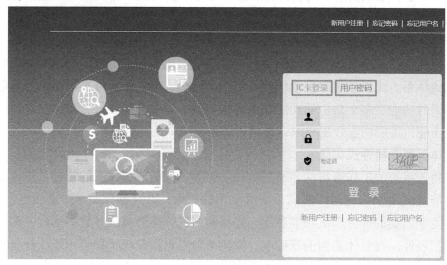

图11-4 中国电子口岸门户

按照"电子底账＋联网核查＋网上服务"的新型管理模式，建立集中式的公共数据中心，即一个数据库：集中存放电子底账，实现信息共享。一个交换中心：优化数据采集、汇总、分发途径。一个服务窗口：提供企业EB门户网站。

1. 电子口岸的目标

（1）建立现代化的管理部门联网综合管理模式，增加管理综合效能。在公共数据中心支持下，进出口环节的所有管理操作都有电子底账可查，都可以按照职能分工进行联网核查、核注、核销。

（2）利用高科技手段增强管理部门执法透明度。中国电子口岸借助于高科技手段，使管理部门各项进出口管理作业更规范、统一、透明，各部门、各操作环节相互制约，相互监督，从机制上加强了管理部门廉政建设（见图11-5）。

（3）便利企业，提高贸易效率，降低贸易成本。很多进出口手续在办公室通过网络就可以完成，通关效率提高，出口退税迅速，结售汇核销等手续更为便捷。

2. 中国电子口岸信息平台

中国电子口岸依托国家电信公网建立

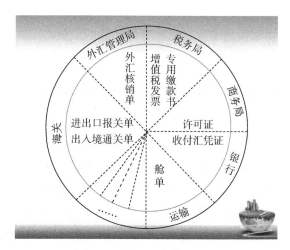

图11-5 电子口岸管理方式

起一个公共数据中心和交换平台，实现部委之间、部委与企业之间的联网数据交换和共享（见图 11-6）。该平台主要包括以下几个方面。

电子口岸执法系统：进口付汇、出口收结汇、出口退税、报关申报、转关申报等项目。

电子账册、电子化手册等加工贸易联网监管项目。

网上支付、舱单系统、快件系统等其他应用项目。

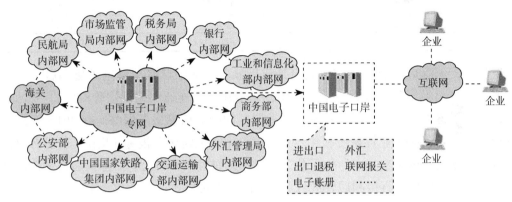

图 11-6　中国电子口岸信息平台

11.3.2　上海港航 EDI 现状

上海港的口岸业务单证的电子化率是全国最高的，并且发展势头良好，其中一些核心的单证已经全部达到了电子化水平（见表 11-1）。主要是业务单证的传输达到一次性输入，在全国范围内都可以共享这些数据，EDI 报文年传输量约 1 亿笔。

表 11-1　全部实现电子化的港航作业核心单证

序号	单证名称	发送方	接收方
1	进口船图	船代	码头 / 理货
2	进口舱单	船代	码头 / 理货
3	出口船图	理货	船代 / 船公司
4	出口预配舱单	船代	码头 / 理货
5	进出门报文	码头	船代 / 船公司
6	堆存报文	码头	船代 / 船公司
7	疏港清单	码头	疏港堆场
8	装箱单	货代 / 车队	码头 / 理货
9	进港装箱单	码头	船代 / 理货
10	装卸船报文	理货	船代 / 船公司
11	集装箱短溢卸 / 残损报文	理货	船代 / 理货
12	出口船舶信息	船代	码头 / 理货
13	驳船装卸信息	理货 / 码头	船代 / 船公司
14	驳船舱单	驳船船代	船代 / 码头
15	订舱单（十联单第二联）	船代	码头 / 理货
16	订舱确认	船代	码头 / 理货
17	提单确认	理货	船代 / 船公司

（续）

序号	单证名称	发送方	接收方
18	装货单（十联单第五联）	码头	船代／船公司
19	提货单报文	船代	EDI 中心
20	修箱信息	码头	疏港堆场
21	设备交接单	货代／车队	码头／理货
22	散杂货舱单报文	船代	码头／理货
23	散杂货装卸报文	理货	船代／船公司
24	货物跟踪查询信息	EDI 中心	货代／船代

近年来，上海口岸的信息化建设更是成果显著，其中口岸单证电子化率居于全国首位，港航 EDI 已经得到了较为广泛的运用，初步建成了连通海关、检验检疫的"大通关"平台，建成了覆盖海港、空港和各主要产业园区的物流信息服务网络。在 2018 年 5 月 11 日举行的上海自贸区企业贸易便利化政策解读会上，上海国际港务（集团）股份有限公司宣布试点"集装箱设备交接单"电子化，通过（无线射频）和光学字符识别技术，道口能够智能识别车牌信息，直接和后台进行业务匹配，这可以进一步解放集卡的运力，让它们在更通畅的道路上运行。上海电子口岸信息平台如图 11-7 所示。

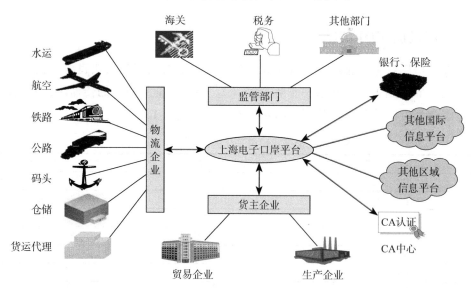

图 11-7　上海电子口岸信息平台

11.3.3　上海国际航运中心信息化概况

1. 各航运中心的信息化概况

三种类型的国际航运中心，如表 11-2 所示。

每个航运中心都根据各自的地理位置、货物流通方式和发展规划确定了各自不同的发展模式。

航运中心的相同点是积极推进港口信息化、贸易通关信息化、集疏运信息化的建设。

通过信息化的手段，提高港口综合效率，从而为自身和相关的单位提供高效与优质的服务。

表 11-2　三种类型的国际航运中心信息化概况

中转型		腹地型		服务型
中国香港	新加坡	鹿特丹	纽约	伦敦
全特区都是自由港 发达的航运市场 完善的港口设施 计算化程度堪称世界一流	国际物流对运中心 拓展集装箱码头 建设航运市场 服务优质，管理高效	欧洲的门户，以物流转运为主 航道建设放在首位 世界一流的港口服务业 健全的综合服务设施	欧美间门户，有强大的国际贸易、金融中心的支撑 跨行政区建立港务局，统一管理，大大提高了港口的集疏运能力	现代航运服务集聚区的成功典范 全球无可争议的航运定价中心和管理中心 大力发展产业链上游产业，如航运融资、海事保险、海事仲裁等
数字贸易运输网络系统（DTTN） 三大职能：中立的电子平台；作业环境和技术平台；电子商务	贸易通关系统（TradeNet） 港口网（PortNet） 2007 年推出全新的Trade-Xchange，各种贸易信息平台得以整合	信息共享系统（port community system） 提供电子数据互换及互联网服务 该系统已成为鹿特丹港口不可或缺的现代化设施	纽约口岸已形成海陆空联网的综合运输系统 美国海运系统（marine transportation system, MTS）	研究推广贸易、航运交换数据和航运金融国际标准 与航运相关的金融、保险、法律、交易、中介服务、信息指数 港区大多数部门使用电子计算机调控与管理

2. 上海国际航运中心综合信息平台的建设

上海国际航运中心综合信息平台应具有如下功能：综合集疏运系统，贸易通关和口岸监管，港航物流信息化，航运服务信息化。

（1）平台的整体架构。上海国际航运中心综合信息共享平台的整体架构，如图 11-8 所示。

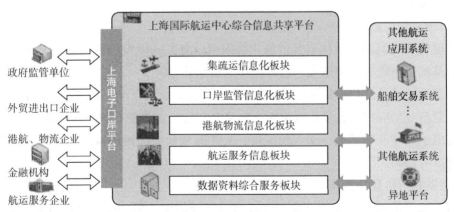

图 11-8　上海国际航运中心综合信息共享平台的整体架构

（2）平台的功能构想。图 11-9 是上海国际航运中心综合信息共享平台子功能的示意图。

1）集疏运信息化板块。

水水联运信息化：长江 / 沿海港口计划、大小船计划和舱单、报关报检监管信息与船、箱、货监控信息协同。

图 11-9 上海国际航运中心综合信息共享平台子功能

海陆联运信息化：港口计划、货栈进出门、电子放行和车箱货跟踪信息协同。

海铁联运信息化：港口和铁路计划、舱单和运单、报关报检监管信息与船、箱、车皮、货物跟踪信息协同。

国际中转信息化：对于国际中转空、重箱的转运；暂存、配船、申报监管的信息化协同。

跨国供应链全程可视化：内地、港口和国外港口的通关；物流节点处理状态采集和汇总，实现全过程的跟踪可视。

2）口岸监管信息化板块。

口岸监管和政府职能机构监管信息化协同：以海关、检验检疫和海事、国税、工商等信息化为基础，拓展机构间通关和监管协作的信息共享。

特殊监管区域信息化：实现上海特殊监管区域保税、加工贸易通关和物流作业信息化。

先进制造业供应链信息化：以第四方物流参与先进制造业保税供应链信息化协同。

地方电子口岸互联互通：实现长三角、长江流域和中部地区地方电子口岸通关及物流信息的共享与协同。

3）港航物流信息化板块。

港口、机场的物流作业信息化：对港口与机场的车、船、箱、货进行的装卸、堆存、储运和进出场等物流作业实现信息化协同及共享。

货栈、堆场的物流作业信息化：对于货栈与堆场的车、箱、货进行的装卸、堆存、储运和进出场等物流作业实现信息化协同及共享。

船、箱、货的物流信息增值服务：为承运人及其代理、货主及其代理、第三方物流企业提供船、箱、货的各种管理和贸易信息化服务。

4）航运服务信息板块。

一是航运服务模块，其中包括以下几项内容。

国际船舶交易信息平台：对于造船市场，新、旧船的船舶交易和租赁，报废船买卖交易的信息系统。

国际海员劳务市场信息化：对于国际、国内海员的培训，认证，年审，劳务交易。

指数发布：国际集装箱、干散货运价指数和货运量，航运景气指数。

二是航运金融模块，其中包括以下几项内容。

航运支付：各类贸易监管、航运服务和金融服务公共支付系统。

航运质押、担保、融资：船舶、提单质押担保贷款，船、货变卖，造船、买船融资，船舶融资租赁，船舶融资租赁信托，船舶出口信贷，供应链信贷融资等金融活动的信息服务系统。

航运保险（再保险）：船舶、货物、人员的保险和国际再保险信息服务系统。

供应链金融：在供应链上、下游交付过程中产生的信贷和融资。

三是航运、物流资源协同配置模块，其中包括以下几项内容。

航运、物流人才培训和招募信息化：航运、物流人才的培训和招聘服务信息化系统。

泊位、仓库、货栈资源配置信息化：港口泊位、仓库、货栈等的剩余资源的交易、租赁服务信息化系统。

货物、运力市场信息化：海运、空运、内河、陆运货盘和运力的市场配置服务信息系统。

港口、物流设备和物资配置信息化：港口设备机械和仓库、货栈设备机械，物资交易、租赁服务信息系统。

国际航材资源配置平台：船舶、飞机修造材料，供应物资，燃油交易等的信息系统。

5）数据资源综合服务板块。

数据交换：在各个系统之间提供各自业务所需数据的交换。

数据共享：提供数据共享给相关的业务系统、业务单位等。

数据分析：对各个系统产生的数据进行数据整理、数据处理、数据分析。

11.4　智慧港口

11.4.1　智慧港口的概念

智慧港口是信息技术高度集成、信息应用深度整合的网络化、信息化和智能化港口。智慧港口是以信息物理系统（cyber-physical system）为结构框架，通过高新技术的创新应用，使物流供给方和需求方共同融入集疏运一体化系统；极大提升港口及其相关物流园区对信息的综合处理能力和对相关资源的优化配置能力；智能监管、智能服务、自动装卸成为其主要呈现形式，并能为现代物流业提供高安全、高效率和高品质服务的一类新型港口（见图 11-10）。

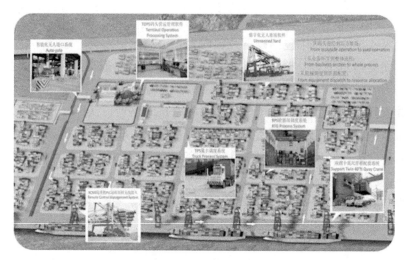

图 11-10　智慧港口示例

智慧港口包括由货主、海上运输服务代理公司、公路运输、铁路运输、物流园区、金融机构等相关国内外贸易、物流参与方的相互之间的智能商务交往，还有海关、检验检疫、税收、海事局、边防等政府部门的智能监管，以及船公司、码头等物流企业的智能化管理和相关物流企业的自主装卸作业等。智慧港口是港口发展新理念和科技催生的新概念。智慧港口利用新一代信息技术，将港口相关业务和管理创新深度融合，使港口更加集约、高效、便捷、安全、绿色，实现港口科学的可持续发展。

11.4.2　智慧港口的特征

从业务功能上说，智慧港口同传统港口区别不大，智慧港口和传统港口的最主要区别是：智慧港口通过高新技术的应用，使智能政务、智能商务、智能管理与自主装卸成为其主要呈现形式，通过引导参与方的共同融入，使港口具备广泛联系与互动、透彻感知、持续创新、自主进化的生态特征。

具体来说，智慧港口区别于传统港口的典型特征如下。

（1）全面感知。全面感知是所有深层次智能化应用的基础，智能监测的结果是现场数据的全面数字化。其包括物联网、远程传输网络以及数据集成管理（筛选、质量控制、标准化和数据整合）。

（2）智能决策。在基础决策信息感知收集的基础上，明确决策目标及约束条件，对复杂计划、调度等问题快速做出有效决策。

（3）自主装卸。在智能决策的基础上，设备自主识别与确定装卸对象、作业目标，并安全、高效、自动完成作业任务（见图 11-11）。

（4）全程参与，即云计算、移动互联网技术的应用，使港口相关方可以随时随地利用多种终端设备，全面融入统一云平台。广泛联系，深入交互，使港口综合信息平台能最大限度地优化整合多方的需求与供给，使各方需求得到即时响应。

图 11-11　自主装卸

11.4.3　智慧港口的功能构成

智慧港口的总体框架包括用户层、展示层、应用层、数据资源层、基础支撑层（见图 11-12）。

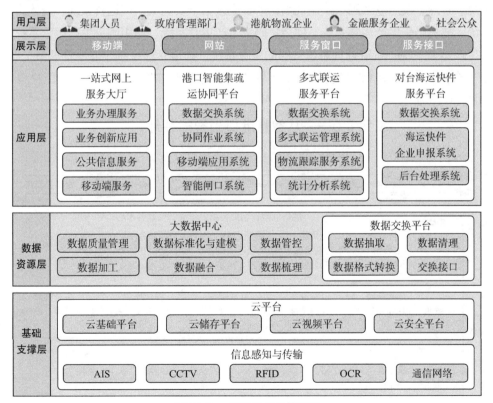

图 11-12　智慧港口总体框架

智慧港口服务需求的主体是客户，按照实现"高效率、高安全性、高品质服务"的新一代智慧港口运输模式要求，智慧港口系统必须最大限度地为客户提供港口物流信息服务。智慧港口功能构成如图 11-13 所示。

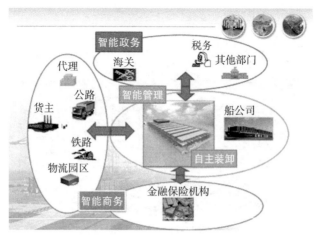

图 11-13 智慧港口功能构成

智慧港口为客户提供的港口物流服务，比如码头作业应用平台要求实现码头作业区内的船舶跟踪、航道引航、商务受理、任务调度、货物装卸、车辆监控、称重理货、无线理货、箱务管理、作业监控、泊位管理等工作的电子化和自动化运行，实现码头作业的统一调度、统一监控和统一管理。按照港区码头建设规划，平台应包括干货码头生产运营系统、液体码头生产运营系统、散货码头生产运营系统、件杂货码头生产运营系统、通用码头生产运营系统、集装箱码头生产运营系统、航道管理系统、船舶跟踪系统、锚地管理系统、港池管理系统等内容。

云平台架构下危险货物集装箱安全监管协同服务平台如图 11-14 所示。智慧型干散货码头如图 11-15 所示。

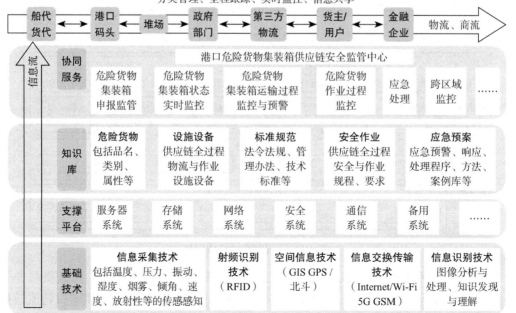

图 11-14 云平台架构下危险货物集装箱安全监管协同服务平台

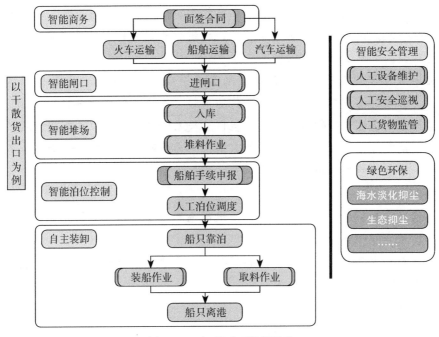

图 11-15　智慧型干散货码头

案例

通过信息资源的集成，目前青岛港港口集成信息平台已经初步实现了港口数据、应用的集成和知识归集，在应用系统的基础上，建设完成了九大业务主题数据库和一大知识库，具体包括客户管理、生产作业、计费管理、物资管理、设备管理、财务管理、固定资产管理、工程管理、人力资源管理各主题数据资源。

信息资源集成的数据流程示意，如图 11-16 所示。

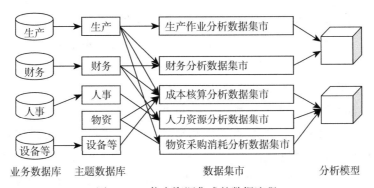

图 11-16　信息资源集成的数据流程

主题数据库的建设过程通过运用数据仓库技术，实现了基础应用系统的数据由原来分散、无规则或规则不强的业务数据，形成了符合标准化要求的、语意一致的、业务之间有关联的统一数据，为数据集市的建立奠定了基础，这样为有关部门进行业务查询、统计、分析和决策提供了依据。

知识库的建设依据文档数据库完成，在已经形成的文档存储基础上，根据知识的分类体系，将文档按照价值分类提取到知识库中，为进行知识库检索提供依据，为集团建设完成知识型港口提供了持续改进的依据。

在各主题数据库的基础上，青岛港信息集成平台建立了生产作业数据、财务收入成本分析数据、工程进度成本、人力资源、物资消耗、固定资产账物分析、单货类成本分析等多个数据集市，通过这些数据集市，不但信息技术开发人员可以根据用户的不同数据需求，在数据集市中进行组合，形成所要的数据，大大提高了开发效率，而且业务人员通过统一的门户一次登录即可分析查询以下信息，不用再像以前一样需要登录多个系统，记住不同用户名和口令。

- 生产作业分析：船、泊位作业分析，进出港货物分析，货物港存分析，在港车停时分析，旅客吞吐量分析。
- 财务分析：财务效益分析、经营指标分析、主营收入分析、辅助生产收入分析、人工成本分析。
- 设备运营分析。
- 引航分析：引航船靠移驳分析。
- 人力资源分析：人力资源构成分析。
- 工程物资消耗分析。
- 固定资产分析。
- 综合指标分析：单货类核算分析、单船核算分析、单车核算分析、单项大型资产投入产出核算分析、单位成本核算分析、单项工程核算分析、收入跨期监控分析等。

通过相关分析模型，集团各级管理人员每天利用信息平台对生产经营、设备利用、货源情况、收入趋势、资金占用等进行预测性分析，为集团领导最终进行决策提供了强有力的支持。

以青岛港为例，如今集成信息平台已经在青岛港集团和各装卸公司得到了普遍应用，取得了良好效果，管理人员每天通过集成信息平台即可得到港口有关生产、收入、设备运行、物资消耗等各方面的数据，实现了从生产源头到财务收入一条龙的全程监控和对集团的工程管理、设备管理以及物资超市网络信息的共享。

例如，集团各管理部门通过集成信息平台对收入进行全程监控，大大降低了工作成本，在集团管理人员大幅减少的情况下，反而提高了工作质量；集团审计部门通过运用网络审计手段大力开展管理审计，先后在山东省、青岛市创出了网络审计先进经验并荣获"里能杯"一等奖，在全国的内部审计工作中也走在前列，为大力弘扬青岛港品牌、促进青岛港实现跨越式发展做出了积极的贡献。

⊘ 复习思考题

1. 简述我国港口物流信息平台的设计思路。
2. 简述物流信息平台的体系结构。

3. 简述中国电子口岸的现状与目标。

4. 简述智慧港口的概念与特征。

⊘ 课程思政案例

天津港加快建设世界一流绿色智慧枢纽港口

从高空俯视天津港，40 多公里的海岸线上，173 个泊位星罗棋布。

2019 年 1 月 17 日，习近平总书记考察天津港时强调，"经济要发展，国家要强大，交通特别是海运首先要强起来。要志在万里，努力打造世界一流的智慧港口、绿色港口，更好服务京津冀协同发展和共建'一带一路'"。

近年来，天津港在深化改革、提效降费、服务共建"一带一路"、加快建设世界一流绿色智慧枢纽港口等方面取得积极进展。2020 年，天津港克服新冠疫情冲击，集装箱吞吐量突破 1 835 万 TEU，创历史新高，同比增长 6.1%。

智慧港口：全流程自动化升级改造

1 月 17 日上午，天津港正在建设的港口自动化驾驶示范区内，一排排无人驾驶电动集卡装载集装箱后，在北斗导航系统指引下，按照实时测算的最优行驶线路，停靠到预定地点，远程控制自动化岸桥从电动集卡上抓取集装箱，稳稳落在集装箱货轮上，现场看不到一名工作人员的身影。

天津港集团坚持以创新驱动高质量发展，着力把关键核心技术牢牢掌握在自己手里，努力打造世界一流的智慧港口。

无人自动化码头是当今全球智慧港口建设的重要标志。天津港集团携手多家行业领军企业，在集成应用多项具有中国自主知识产权的高端技术基础上，自主创新研发多项自动化码头"黑科技"。

目前整体作业效率提升近 20%，同时，单箱能耗下降 20%，减少人工 60% 以上，综合运营成本下降 10%。

绿色港口：推行绿色生产模式

同样在 1 月 17 日这天，位于天津港北疆港区 C 段的智能化集装箱码头 1 号泊位启动联调联试。

天津港北疆港区 C 段集装箱码头全场设备全部使用清洁能源，智慧楼宇、七彩廊道全部采取光伏发电，港口资源节约循环利用水平明显提升。C 段集装箱码头在注重高科技的同时兼顾低成本，与传统作业模式相比，在作业效率持平的情况下，建设投入降低 30% 以上，能耗降低 20% 以上，运营成本降低 25%。

天津港集团推行绿色生产模式，加快运输方式转型升级，在实现煤焦全部铁路运输的基础上，推进矿石与煤炭双重"钟摆式"运输，全力打造"公转铁＋散改集"双示范港口，全年铁矿石铁路运输占比达 62.7%，"散改集"完成 170 万 TEU，同比增长 80%。

同时，天津港还积极构建港口低碳用能体系，26 个泊位实现岸基供电全覆盖，自有船舶岸电和低硫油使用率达 100%，并大力推进 LNG（液化天然气）等清洁能源应用，加快实施港口机械清洁化改造。

枢纽港：服务协同发展和共建"一带一路"

2 月 12 日，在天津新港北铁路集装箱中心站，随着从河北省石家庄市高邑县冀中南智能港发出的海铁联运班列顺利驶入，天津港石家庄海铁联运实现班列化运行。

近年来，天津港集团主动服务京津冀协同发展和共建"一带一路"，加强路港航协作，不断完善腹地物流服务营销网络，深耕海铁联运通道建设，积极打造腹地最便捷、最高效的出海口。

如今，天津港 70% 的外贸集装箱都来自京津冀地区，每月到港航班 550 余班，40 余条"一带一路"航线覆盖沿线 22 个国家和地区，19 条内支线覆盖环渤海主要港口。作为京津冀地区的海上门户、服务国家全面对外开放的国际枢纽港，天津港 2020 年环渤海集装箱运量突破 100 万 TEU，同比增长 67%；集装箱海铁联运突破 80 万 TEU，同比增长 42%。

"朋友圈"的扩大，离不开深化改革。天津港持续在改进服务上下功夫，精简单证、优化流程、简化手续、提效降费，打造效率更高、成本更低、功能更强的综合物流体系。天津港集团将推动港口效率持续保持国际领先水平，创建世界一流港口效率体系，更好服务国家战略。

资料来源：富子梅，靳博. 天津港加快建设世界一流绿色智慧枢纽港口 [N]. 人民日报，2021-03-28（4）.

第 12 章

CHAPTER 12

港口口岸管理

|学习目标|

1. 了解我国口岸管理系统的构成
2. 理解我国的进出境货物检验检疫模式
3. 了解进出口货物报关程序
4. 掌握税费计算

12.1 我国口岸管理制度

口岸是国家指定的对外来往的门户，是国际货物运输的枢纽，其包括供人员、货物和交通工具出入国（边）境的港口、机场、车站通道等。

我国口岸管理实行政府和地方专项管理与各边境口岸执法行政的制度，使港口管理在整体上形成了一个多层次、多环节、多目标、多功能的综合管理系统。

12.1.1 口岸管理系统的组成

按照构成系统要素划分，系统由四大部分组成。

（1）交通运输分系统，包括港口、机场、车站以及与之相联系的铁路、公路、航空、管道运输等各种运输方式。其主要任务是完成进出口物资和旅客的装卸、疏导及移位工作。

（2）外贸分系统，其主要任务是完成外贸成交、货源组织等工作，为口岸提供货运基础。

（3）监督分系统，代表国家对进出境的人员、行李、货物及运输工具行使管理、监督检查职能。监督系统包括检查子系统、检验子系统、检疫子系统等。

（4）服务分系统，包括为船舶等交通工具及其驾乘人员服务的供应、船舶代理、船舶引水、海员俱乐部；为进出口货物服务的货运代理、仓储、理货。服务分系统不仅以各自不同的方式，为口岸各项工作及进出口岸的交通工具、旅客、货物提供自己的服务，而且在一定程度上维护着国家的权益和国际信誉，还具有宣传作用。

12.1.2　口岸管理机构及其职责

为适应对外开放政策的贯彻执行和加强对口岸工作的领导，以适应国民经济的发展，特别是在对外贸易发展和国际交往日益增多的情况下，国务院和各级地方政府设立了相关口岸管理机构。

1. 国家口岸办公室的主要职责

（1）研究指定口岸工作的方针、政策、任务和措施；

（2）研究改进口岸管理体制，会同有关部门推进口岸查验制度和管理体制的改革；

（3）负责编制全国水、陆、空一类口岸开放规划和审理一类口岸开放；

（4）会同有关部门审查、查验配套设施的投资补助计划；

（5）督促检查水、陆、空口岸的检查、检验、检疫以及供应、服务等工作；

（6）协调解决口岸工作中的矛盾和问题；

（7）组织推动各地共建文明口岸的活动；

（8）负责口岸管理干部培训的组织工作；

（9）指导地方口岸领导机构的工作等。

2. 各级地方政府设立的口岸办公室的职责

（1）负责管理和协调处理本地区水、陆、空口岸工作；

（2）负责贯彻执行党中央、国务院有关口岸工作的方针、政策和规定，并根据本地区口岸的具体情况制定实施细则；

（3）主持平衡所管辖口岸的外贸与运输计划；

（4）组织口岸的集疏运工作，组织运输部门、港口和外经贸部门的协作配合，加强车、船、货的衔接，加速车船周转和货物集散，保证口岸畅通；

（5）督促检查口岸检查检验单位按各自的职责和规定，对出入境人员、交通工具、货物和行李物品进行监督管理以及检查、检验、检疫等工作；

（6）负责协调处理口岸各单位（包括外贸运输、船舶代理、装卸理货、仓储转运、检查检验、公证鉴定、对外索赔、供应服务、接待宣传等有关单位）之间的矛盾；

（7）检查与监督本地区的口岸规划、建设和技术改造配套工作的组织实施；

（8）按国家关于口岸开放的各种政策和规定，负责一二类口岸开放的审查、报批，并负责组织落实具体事宜；

（9）开展调查研究、总结交流经验，向上级有关部门反映口岸工作出现的重大矛盾和问题，并提出解决意见。

12.1.3　口岸检查检验机构

口岸检查检验机构是口岸检查、检验、检疫、监督单位的统称。对应海关、边防检查、海事、检验检疫四个行政管理机构。业务中的功能机构包括：海关、边防检查、国境卫生检疫和进口食品检验、动植物检验检疫、商品检验、港务监督、传播检验等。它们是代表国家在口岸执行监督管理、检查、检疫的专门机构，依法行使验放权，扣留、没收、罚款等处罚权，同时，海关行使征收关税和缉查走私的权力，边防检查机构行使治安行政管理权和有关刑事案件的侦查权。

12.2　口岸检验检疫制度

12.2.1　检验检疫

世界货物贸易活动中的许多重大事件都与商品的检验检疫有关，如由欧洲疯牛病引起的包括中国在内的许多国家对进口欧洲肉类食品和动物性饲料的抵制。我国进出境检验检疫部门多次从美国、日本等国家进口货物的木质包装中查验出危害针叶树木的松材线虫并由此制定了相应的进口检疫监管规定等。

2020年初，新冠疫情开始在全球蔓延，各国海关加强了对进出口货物、运输工具的源头管控，严格执行口岸检验检疫，保障进出口货物安全，保护人民生命安全与身体健康。我国海关进一步开展疫情防控，加强检验检疫领域的监管和执法力度，使检验检疫领域进入强监管时代。

进出境检验检疫，是指作为政府的一个行政部门，以保护国家整体利益和社会效益为衡量标准，以法律、行政法规、国际惯例或进口国法规要求为准则，对进出境货物、交通运输工具、人员及其事项等进行检验检疫、管理及认证，并提供官方检验检疫证明、民间检验检疫公证和鉴定证明的全部活动。我国进出境检验检疫按其业务内容不同，可分为进出口商品检验、进出境动植物检疫和国境卫生检疫。

检验检疫的目的：维护国家荣誉和外贸经营者的合法权益，保护我国公共安全和人民生命财产安全。

检验检疫的对象：出入国境的货物及其包装物、物品及其包装物、交通运输工具、运输设备、进出境人员。

出入境检验检疫制度的内容：①进出口商品检验制度，即品质、规格、数量、包装的安全、卫生检验；②进出境动植物检疫制度产品的生产、加工、存放及监督管理；③国境卫生监督制度，即卫生检查、鉴定、评价和采样检验。

检验检疫工作对货物流动既起制约作用，又起促进作用。

12.2.2 我国的进出境货物检验检疫模式

自 2018 年 4 月 20 日起，出入境检验检疫管理职责和队伍已划入海关，该系统将统一以海关的名义对外开展工作，一线旅检、查验和窗口岗位均要统一上岗，统一着海关制服，统一佩戴关衔。将出入境检验检疫管理职责和队伍划入海关，是深化党和国家机构改革的重要组成部分。关检业务的整合优化，有利于口岸监管资源的统筹配置，通过流程简化切实降低了企业成本，增强了进出口贸易企业的获得感，优化了口岸的营商环境。

旅检监管、通关作业申报查验放行"三个一"（一次申报，一次查验，一次放行）、运输工具登临检查、辐射探测、邮件监管、快件监管、报关报检企业资质注册以及对外"一个窗口"办理等业务领域完成优化整合，实现"一口对外、一次办理"，并完成业务单证及印章的统一替换。

我国的进出境检验检疫机构对货物的检验检疫的主要职责有三项：一是对进出境货物实施法定检验检疫；二是办理进出境货物鉴定业务；三是对进出境货物的质量和检验工作实施监督管理。

1. 法定检验检疫

进出口交易不像国内交易，交接货物不容易当面交接验收。为了避免交货以后双方因货物品质、数量、重量等方面的问题发生争执，需要一个有信誉、权威的第三者充当公证人做出检验证明，以作为将来发生争执和赔偿时的依据。根据《中华人民共和国进出口商品检验法》（简称《商品检验法》）及其实施条例、《中华人民共和国进出境动植物检疫法》及其实施条例、《中华人民共和国国境卫生检疫法》及其实施细则、《中华人民共和国食品卫生法》等有关法律、行政法规的规定，须法定检验检疫的进出境货物未经检验合格的，不准进出口。对进出口商品实施检验检疫，可以严把质量关，确保进出口货物符合合同要求，防止次劣有害商品进入国内，保障我国的生产建设安全和人民健康，维护国家的权益。

我国检验检疫机构依法进行法定检验检疫。所谓"法定检验检疫"，又称强制性检验检疫，是指依照国家法律、行政法规规定对必须经进出境检验检疫机构检验检疫的进出境货物依照有关规定程序实施强制性检验检疫。

国家质量监督检验检疫总局及其各地的检验检疫分支机构依法对指定的进出境货物实施法定检验检疫，经检验检疫合格并签发证书以后方准出口或进口，检验检疫的内容包括商品的质量、规格、重量、数量、包装及安全卫生等项目。法定检验检疫的商品范围包括：有关法规中规定的商品；对进出口食品的卫生检验和进出境的动植物检疫；对装运出口易腐烂变质食品、冷冻品的船舱、集装箱等运载工具的适载检验；对出口危险货物包装容器的性能检验和使用鉴定；对有关国际条约规定或其他法律、行政法规规定须经检验检疫机构检验的进出口商品的检验检疫。

法定检验检疫的程序如图 12-1 所示。

本章所述的报检主要是指法定检验货物的报检。

2. 非法定检验检疫

根据《商品检验法》及其实施条例的规定，对外经济贸易关系人或者外国商检机构可以根据有关合同的约定或自身的需要，申请或委托商检机构办理进出口商品鉴定业务，签发鉴定证书。这类检验称为鉴定业务，为非法定检验检疫。非法定检验检疫的程序如图 12-2 所示。

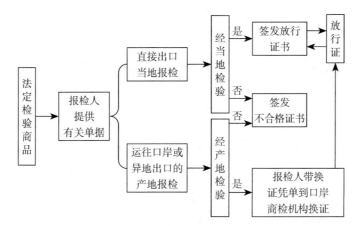

图 12-1　法定检验检疫的程序

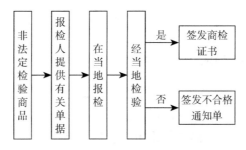

图 12-2　非法定检验检疫的程序

3. 监督管理

监督管理即检验检疫机构依据国家法规对进出口商品通过行政和技术手段进行控制管理与监督。我国检验检疫机构从以下六个方面对进出口商品实施监督管理。

（1）对法定检验范围以外的进出口商品的抽查检验。

（2）对重点的进出口商品生产企业实行派驻质量监督员制度。

（3）对进出口商品质量的认证工作，准许认证合格的商品使用质量认证标志。

（4）指定、认可符合条件的国外检验检疫机构承担特定的检验鉴定工作，并对其检验鉴定工作进行监督抽查。

（5）对重点的进出口商品及其生产企业实行质量许可制度。

（6）对经检验合格的进出口商品进行商标和封识管理。

检验检疫机构的监督管理，对于维护我国在国际贸易活动中的国家声誉，保障国际贸易各有关方面的正当权益，促进我国对外贸易的发展有着重要的意义。

此外，我国还有专业部门负责的其他检验检疫机构。如进出口药品由国家卫生健康委员会指定的药品检验部门检验；进出口计量器具的鉴定工作由国家计量部门检验鉴定；进出口锅炉及压力容器的安全监督检验，由锅炉压力容器安全监察机构办理；进出口船舶、主要船用设备和材料、集装箱的船舶规范检验，由船舶检验检疫机构办理；进出口飞机，包括飞机发动机、机载设备等的适航检验，由民航部门的专门机构办理；出口文物必须经国家文物行政管理部门检验鉴定并出具准予出口的凭证等。凡上述物品的进出口检验须依法向各专职检验部门申请办理，取得合格的检验鉴定文件后，才准予进口或出口。

我国也有为进出口贸易提供检验服务的中介组织。如中国检验认证集团（China Certification & Inspection Group，CCIC），于1980年7月经国务院批准设立，是国家指定的实施进出口商品检验和鉴定业务的检验实体，它的性质属于民间商品检验检疫机构。CCIC 在全国主要城市设有分支机构，接受对外贸易关系人的委托，办理各项进出口商品的检验鉴定业务，为之提供顺利交接结算、合理解决索赔争议等方面的服务。CCIC 还在世界上20多个国家设有分支机构，承担着装船前检验和对外贸易鉴定业务。

除我国的检验检疫机构外，当前活跃在国际贸易领域中的各类商品检验检疫机构、鉴定机构有1 000多家，既有官方机构，也有民间和私人机构。有的综合性检验鉴定公司业务遍及全世界，涉及国际贸易中各类商品的检验鉴定工作。其中有些比较著名的检验检疫机构由于其检验比较公正、合理、科学，已被许多国家认可，其鉴定结果也成为商品进入国际市场的通行证。

12.2.3 检验检疫在港口物流中的作用

单纯地从物流技术概念来讲，检验检疫工作表面上看对货物流动是一种制约性环节，而从另一个角度来讲它又是一种促进性环节。

1. 检验检疫工作对港口物流的把关作用及制约作用

依法把关、保护我国人民健康、保护动植物生态和环境安全、保护国家经济利益是设立检验检疫机构的主要目的之一。检验检疫工作对国家和人民的利益是积极的，但对单纯的港口物流的利益也许不全是积极的。进出境检验检疫工作是港口物流大链条中的重要一环，检验检疫工作与港口物流的很多环节息息相关。

首先，在交通运输工具方面，无论是船舶、飞机、火车，还是其他车辆，都是港口物流中的运输工具，都是使货物能够流动的基本因素和动力。对于交通运输工具，我国明确规定，属于法定应检物，均需实施进出境检疫，"未经许可，任何人不准上下交通工具，不准装卸行李、货物、邮包等物品"。"对来自检疫传染病疫区的、被检疫传染病污染的、发现有与人类健康有关的啮齿动物或者病媒昆虫的"进境交通工具"应当实施消毒、除鼠、除虫或者其他卫生处理"。来自动植物检疫疫区的船舶、飞机、火车必须实施检疫，发现有病虫害的，做不准带离运输工具、除害、封存或者销毁处理，以防止人类传染病、动物传染病和寄生虫病、植物病虫害传入或者传出。由此可见，交通运输工具作为港口物流所依赖的货物转移的动力，将受到法律的约束，使货物流动的速度和运转的周期受到限制，费用增加。

其次，在货物及其包装物方面，我国法律、行政法规规定须经检验检疫机构检验的进出口商品，必须经过检验检疫机构检验，进口商品未经检验的，不准销售、使用；出口商品未经检验合格的不准出口。进境的动植物、动植物产品和其他检疫物，装载动植物、动植物产品和其他检疫物的装载容器、包装物，以及来自动植物疫区的运输工具，应依法实施检疫。因此，国际流动的货物将受到很大的约束和限制，包括对货物的品质、规格、包装、性能、数量、重量等进行检验，对人类健康、畜牧或野生动物、国家植被、农副产品可能产生疾病或危害的货物进行进境审批、实施检疫措施并予以消毒、除虫、灭鼠和卫生除害处理或退运、销毁。因此而产生的仓储、倒垛、掏箱、抽样等一系列环节，使货物的流动停滞或延缓，费用增加。例如，2020年7月3日，大连海关和厦门海关从厄瓜多尔生产的冷冻南美白虾的共5个外包装样本中检出新冠病毒核酸阳性。为防范新冠疫情通过进口冷链食品传入的风险，全国海关对进口冷链食品开展了新冠病毒风险监测。中国海关开展进口冷链食品等新冠病毒的核酸检测，是预防新冠病毒从进口冷链食品渠道传入国内的重要举措，符合世界贸易组织《实施卫生与植物卫生措施协定》有关规定，国内法律依据充分。

再次，在集装箱方面，集装箱是国际货物的运输工具，是保证货物安全、卫生，防止货损的一道屏障，而集装箱密封程度的鉴定，货损鉴定，海损鉴定，拆、装箱鉴定，卫生状况以及携带或藏匿啮齿动物、病媒昆虫动植物病虫害等检疫查验工作，将对货物流通起到把关作用，无形中影响了集装箱与货物的流转。

最后，在口岸、码头及仓储方面，《中华人民共和国进出境动植物检疫法》规定"根据检疫需要，进入有关生产、仓库等场所进行疫情监测、调查和检疫监督管理"，并明确要求"可在机场、港口、车站、仓库、加工厂、农场等生产、加工、存放进出境动植物产品和其他检疫物的场所实施动植物疫情监测，有关部门应当配合"。当发生重大动植物疫情、人类传染病疫情时，国务院可以下令封锁国境口岸或采取其他紧急控制措施。《中华人民共和国国境卫生检疫法》规定"国境卫生检疫机关根据国家的卫生标准，对国境口岸的卫生状况和停留在国境口岸的进境、出境的交通工具的卫生状况实施卫生监督""国境口岸有关部门应当采取切实可行的措施，控制啮齿动物、病媒昆虫，使其数量降低到不足为害的程度。仓库、货场必须具有防鼠设施"。由此可见，货物的装卸、堆放、运输、储存等各个环节均与检验检疫业务有着密切关系，检验检疫影响着货物中转的速度，存储的质量、卫生与安全。因此，作为港口物流的中继站或经停处的国境口岸、码头、仓库均随时受到进出境检验检疫的监督与监管。

此外，交通工具的承运人、承租人或代理人，货物的收货人或代理人，集装箱的所有人或租赁人对检验检疫工作的熟悉程度和双方配合的默契程度，也可能会影响物流的流畅程度与速度。

2.检验检疫对港口物流的促进作用

港口物流的目的不单纯是追求货物流动的顺畅、快捷，缩短占压周期，减少成本、节约费用，也不单纯是以货物运输时间和安全作为中心环节，而是使供需场所分离，创造出"空间效应"，实现以空间换取时间的特殊功能，检验检疫工作可以在促进空间效应上起到重要作用。国家的政策支持、技术支持，深入实际服务企业，实行生产的过程检验、分级管理、装船前检验等进出口前的前期监管和进口后的后续管理，既能保证被运转货物的质量，又可避免退货、销毁、索赔所造成的无效劳动、无用功或重复劳动，避免出现事倍功半，导致损失，使物流更加不畅的情况。

检验检疫工作的把关和服务是相辅相成、互为因果的，是以共同促进港口物流发展为目的的。在当今世界经济日渐走向全球化的大背景下，我国的检验检疫机关应当积极采取具体举措，加快采用国际标准和国外先进标准，在检验检疫标准水平上尽快与发达国家接轨。严格落实出口商品质量许可、出口商品包装容器质量许可与出口食品卫生检疫注册和登记制度，把好质量关，避免退货、索赔的发生，保障国际贸易和港口物流顺畅、快捷。

3. 检验检疫证书在港口物流中的作用

进出境检验检疫的工作成果主要表现为检验检疫机构出具的各种结果单、证书、证单，一般称之为商检证书或检验检疫证书。检验检疫结果单、证书、证单在港口物流中相当重要，它具有以下七方面的作用。

（1）进出境货物通关的重要凭证。如出境货物通关单、入境货物通关单、品质证书、植检证书、兽医证书、健康证书、熏蒸消毒证书等都是进出境货物通关的重要凭证。对于需要法定检验检疫的进出口商品，海关在执行监管时凭商检证书或检验检疫机构在有关单证上签发的放行章验放，否则不予验放。许多国家的政府与我国一样，为了维护本国的政治与经济利益，对某些进出口商品的品质、数量、包装、卫生、安全、检疫制定了严格的法律法规，在有关货物进出口时，必须由当事人提交符合检验检疫机构规定的检验证书和有关证明手续，海关当局才准予进出口。进出境检验检疫机构签发的兽医证书、卫生证书、检疫证书、原产地证书等，是进口国海关和卫生检疫部门准予进口的有效文件证明。

（2）作为买卖双方结算货款的主要依据。如在买卖铬矿石、铁矿石时，尽管合同中已标明质量和规格，但最终结算要以检验证书中验明的含铬量、含铁量确定等级和计价标准。买卖煤炭、棉花时，要依据商检证书合理计算水分含量，并以实际衡量货物吨位后确定的公量为依据来计算货物交接重量及费用。此时，检验证书是银行最后付款结算时的必需文件，并通常被写入合同或信用证条款中。总之，检验部门出具的品质证书、重量或数量证书是买卖双方最终结算货款的重要依据，凭检验证书中确定的货物等级、规格、重量、数量计算货款，是被买卖双方都接受的合理且公正的结算方式。

（3）计算运输、仓储等费用的重要依据。检验中货载衡量工作所确定的货物重量或体积（尺码吨），是托运人和承运人间计算运费的有效证件，也是港口仓储运输部门计算栈租、装卸、理货等费用的有效文件。

（4）办理索赔的重要依据。检验检疫机构在检验中发现货物品质不良，或数量、重量不符，违反合同有关规定，或者货物发生残损、海事等意外情况时，检验后签发的有关品质、数量、重量、残损的证书是收货人向各有关责任人提出索赔的重要依据。收货人可以依据责任归属，向卖方提出索赔甚至退货，或者向承运人或保险公司等索赔。同时，检验证书也是国内订货部门向外贸经营部门、保险人、承运人及港口装卸部门等责任方索赔，保险公司向被保险人理赔、向责任人追索的重要文件依据。

（5）计算关税的依据。检验检疫机构出具的重量、数量证书，具有公正、准确的特点，是海关核查征收进出口货物关税时的重要依据之一。残损证书所标明的残损、缺少的货物可以作为向海关申请退税的有效凭证。检验检疫机构作为官方公证机关出具的产地证明书是进口国海关给予差别关税待遇的基本凭证，在我国出口贸易活动中有重要的意义。我国检验检疫机构签发的一般产地证是取得进口国海关给予最惠国关税的证明文件，签发的普惠制原产地证明书是给惠国海关给予普惠制关税待遇、享受在最惠国关税基础上进一步减少乃至免除关税的优惠待遇的证明文件。

（6）证明情况、明确责任的证件。检验检疫机构应申请人申请委托，经检验鉴定后出具的货物积载状况证明、监装证明、监卸证明，集装箱的验箱、拆箱证明，对船舱检验提供的验舱证明、封舱证明、舱口检视证明，对散装液体货物提供的冷藏箱或舱的冷藏温度证明、取样和封样证明等，都是为证明货物在装运与流通过程中的状态和某些环节而提供的，以便证明事实状态，明确有关方面的责任，也是船方和有关方面免责的证明文件。

（7）仲裁、诉讼举证的有效文件。在国际贸易中发生争议和纠纷，买卖双方或有关方面协商解决时，检验检疫证书是有效的证明文件。

12.2.4　出境货物报检的一般规定

出境货物检验检疫流程，如图12-3所示。

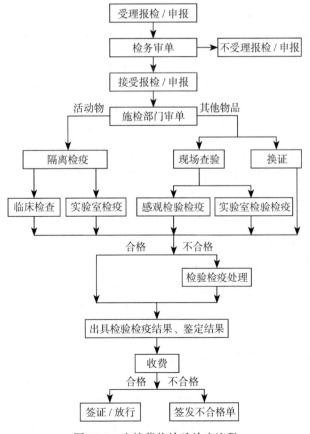

图 12-3　出境货物检验检疫流程

出境货物检验检疫流程可概括为以下环节：报检（审单）→施检部门接单→现场查验或取样检验、检疫、鉴定、除害处理→出具检验检疫结果→检务审单→计费（收费）→出证。

出境货物的检验检疫工作是先检验检疫，后通关放行，即法定检验检疫的出境货物的发货人或者其代理人向检验检疫机构报检，检验检疫机构受理报检和计收费后，转具体的检验检疫部门实施检验检疫。对产地和报关地相同的出境货物，经检验检疫合格的，检验检疫机构出具出境货物通关单。对产地和报关地不一致的出境货物，检验检疫机构出具出境货物换证凭单，由报关地检验检疫机构换发出境货物通关单。出境货物经检验检疫不合格的，出具出境货物不合格通知单。

1. 出境货物报检的时限和地点要求

凡经检验不合格的货物，一律不得出口。在出口货物托运环节中，未经检验合格的物品是不能装船出运的。因而在托运的同时，应办理报检。出境货物最迟应在出口报关或装运前 7 天报检，对于个别检验检疫周期较长的货物，应留有相应的检验检疫时间。对于法定检验检疫货物，除活动物须由口岸检验检疫机构检验检疫外，原则上应坚持产地检验检疫。

2. 出境货物报检的手续要求

（1）报检单位首次报检时须先办理备案登记手续，取得报检单位代码。其报检人员取得报检员证，凭证报检。报检员在报检时应该出示报检员证。代理报检的，须向检验检疫机构提供委托书。委托书由委托人按检验检疫机构规定的格式填写。

（2）在申请报检时，应填制出境货物报检单，向检验检疫机构申请报检。每份报检单限填一批货物。特殊情况下，对批量小、使用同一运输工具、运往同一地点、有同一收货人与发货人、使用同一报关单的同类货物，可填写一份报检单。

（3）应附资料包括合同、信用证、厂检单或检验检疫机构出具的换证凭单（正本）、包装性能合格单、发票、装箱单等。随附单据必须真实、合法、有效。随附单据为复印件的，应加盖货主单位的公章或报检专用章。代理报检的，也可加盖代理报检单位的公章或报检专用章。法定商品检验的出境货物，应由生产单位或货主检验（或验收）合格，并出具有效的厂检合格单或验收单。

（4）以下情况还需提供相应的文件。

其一，实施卫生注册及质量许可证管理的货物，应提供检验检疫机构签发的卫生注册 / 质量许可证副本，并在报检单上注明卫生注册证号或质量许可证号，同时提供厂检合格证。

其二，法定商品检验的出境货物，其运输包装属于国家明确规定的"15 类"（即钢桶、铝桶、镀锌桶、钢塑复合桶、纸板桶、塑料桶 / 罐、纸箱、集装袋、塑料编织袋、麻袋、纸塑复合袋、钙塑瓦楞箱、木箱、胶合板箱 / 桶、纤维板箱 / 桶）和塑料筐、泡沫箱的，应提交与实际包装容器（包括种类、规格、包装编号）相符合的包装性能检验结果单。

其三，出境货物须经生产者或经营者检验合格并加附检验合格证或检测报告；申请重量鉴定的，应加附重量明细单或磅码单。

其四，凭样成交的货物，应提供经买卖双方确认的样品。

其五，生产出境危险货物包装容器的企业，必须向检验检疫机构申请包装容器的性能鉴定。生产出境危险货物的企业，必须向检验检疫机构申请危险货物包装容器的使用鉴定。

其六，报检出境危险货物时，必须提供危险货物包装容器性能鉴定结果单和使用鉴定结果单。

其七，申请原产地证明书和普惠制原产地证明书的，应提供商业发票等资料。

其八，产地与报关地不一致的出境货物，在向报关地检验检疫机构申请出境货物通关单时，应提交产地检验检疫机构签发的出境货物换证凭单（正本）。

3. 出境货物的出运期限及有关检验检疫证单的有效期

检验检疫机构签发的证单一般以检验检疫完毕日期（验讫日期）作为签发日期。出境货物的出运期限及有关检验检疫证单的有效期：一般货物为 60 天；植物和植物产品为 21 天，北方冬季可适当延长至 35 天；鲜活类货物为 14 天；信用证要求装运港装船时检验，签发证单日期为提单日期 3 天内签发（含提单日）。

4. 出境货物报检单的填制

出境货物报检单填制要求如下。

原则上一批货物填写一份报检单。"一批货物"是指同一合同、同一类货物、同一运输工具、运往同一地点的货物。报检单必须按照所申报的货物内容填写，填写内容必须与随附单据相符，填写必须完整、准确、真实，不得涂改。

报检单所列各栏的内容必须填写完整、准确和清晰，没有内容填写的栏目应以斜杠"/"表示，不得留空。

12.2.5　进境货物报检的一般规定

进境货物检验检疫流程，如图 12-4 所示。

进境货物检验检疫流程一般为：报检（审单）→计费（收费）→施检部门接单→现场查验或取样→检验、检疫、鉴定、除害处理→出具检验检疫结论→检务审单→出证。

进境货物报检的一般规定为：法定检验检疫进境货物的货主或其代理人首先向卸货口岸或到达站的检验检疫机构报检；检验检疫机构受理报检，转给实施检验检疫的部门签署意见，计收费，对来自疫区、可能传播检疫传染病和动植物疫情及可能夹带有害物质的进境货物的交通工具或运输包装实施必要的检疫、消毒、卫生除害处理后，签发入境货物通关单（进境废物、活动物等除外）供报检人办理海关的通关手续；货物通关后，进境货物的货主或其代理人须在检验检疫机构规定的时间和地点到指定的检验检疫机构对货物实施检验检疫，经检验检疫合格的进境货物，签发进境货物检验检疫证明；经检验检疫不合格的进境货物，签发检验检疫处理通知书；需要索赔的进境货物，签发检验检疫证书。

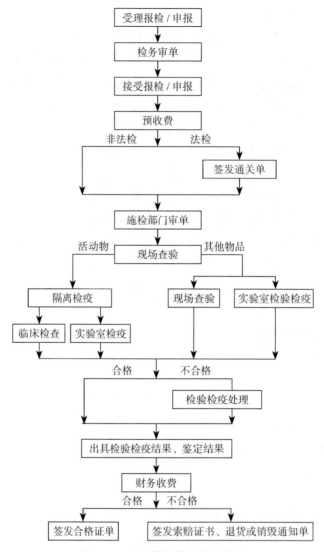

图 12-4 进境货物检验检疫流程

1. 进境货物检验检疫报检方式

进境货物检验检疫报检方式可分为三类：进境一般报检、进境流向报检和异地施检报检。

（1）进境一般报检。进境一般报检是指法定检验检疫进境货物的货主或其代理人，持有关单证向卸货口岸检验检疫机构申请取得入境货物通关单，并对货物进行检验检疫的报检。对进境一般报检业务而言，签发入境货物通关单和对货物的检验检疫都由口岸检验检疫机构完成，货主或其代理人在办理完通关手续后，应主动与检验检疫机构联系落实施检工作。

（2）进境流向报检。进境流向报检亦称口岸清关转异地进行检验检疫的报检，是指法定检验检疫进境货物的收货人或其代理人持有关证单在卸货口岸向口岸检验检疫机构报检，获取入境货物通关单并通关后由进境口岸检验检疫机构进行必要的检疫处理，货物调往目的地后再由目的地检验检疫机构进行检验检疫监管。申请进境流向报检货物的通关地与目的地属于不同辖区。

（3）异地施检报检。异地施检报检是指已在卸货口岸完成进境流向报检，货物到达目的地后，该批进境货物的货主或其代理人在规定的时间内，向目的地检验检疫机构申请进行检验检疫的报检。进境流向报检只在卸货口岸对装运货物的运输工具和外包装进行了必要的检疫处理，并未对整批货物进行检验检疫，因此，只有当检验检疫机构对货物实施了具体的检验检疫，确认其符合有关检验检疫要求及合同、信用证的规定后，货主才能获得相应的准许进口货物销售使用的合法凭证，这样才算完成进境货物的检验检疫工作。异地施检报检时应提供口岸检验检疫机构签发的入境货物调离通知单。

2. 进境货物报检时间限制

（1）申请货物品质检验和鉴定的，一般应在索赔有效期到期前不少于20天内报检。

（2）输入其他动物的，应当在进境前15天报检。

（3）输入植物、种子、种苗及其他繁殖材料的，应当在进境前7天报检。

（4）动植物性包装物、铺垫材料进境时应当及时报检。

（5）运输动植物、动植物产品和其他检疫物过境的，应当在进境时报检。

（6）进境的集装箱货物、废旧物品在到达口岸时，必须向检验检疫机构报检并接受检疫，经检疫或实施消毒、除鼠、除虫或其他必要的卫生处理合格的，方准进境。

（7）输入微生物、人体组织、生物制品、血液及其制品或种畜、种禽及其精液、胚胎、受精卵的，应当在进境前30天报检。

3. 进境货物报检地点限制

（1）法律、法规规定必须经检验检疫机构检验的进口商品的收货人或者其代理人，应当向报关地检验检疫机构报检；审批、许可证等有关政府批文中规定了检验检疫地点的，在规定的地点报检。

（2）大宗、散装进口货物的鉴重及合同规定凭卸货口岸检验检疫机构的品质、重量检验证书作为计算价格、结算货款的货物，应向卸货口岸或到达站检验检疫机构报检。

（3）进口粮食、原糖、化肥、硫黄和矿砂等散装货物，按照国际贸易惯例，应在卸货口岸报检，并须在目的地口岸承载货物的船舱内或在卸货过程中，按有关规定抽取代表性样品进行检验。

（4）进口化工原料和化工产品分拨调运后，不易按原发货批号抽取代表性样品的，应在卸货口岸报检。

（5）在国内转运过程中，容易造成水分挥发、散失或易腐易变的货物，应在卸货口岸报检。

（6）在卸货时，若发现货物残损或短少，必须向卸货口岸或到达站检验检疫机构报检。

（7）需要结合安装调试进行检验的成套设备、机电仪器产品以及在卸货口岸开箱检验难以恢复包装的货物，可以向收货人、用货人所在地的检验检疫机构报检。

（8）输入动植物、动植物产品和其他检疫物的，应向进境口岸检验检疫机构报检，并由口岸检验检疫机构实施检疫。

（9）进境后需要办理转关手续的检疫物，除活动物和来自动植物疫情流行国家或地区的检疫物须由进境口岸检疫外，其他均应到指定检验检疫机构报检，并实施检疫。

4. 进境货物报检须提供相应的单据和文件

进境货物报检时，应填写入境货物报检单，并提供外贸合同、发票、提（运）单、装箱单等有关单证。一些情况下还须提供相应的单据和文件，主要包括以下几个方面。

（1）凡实施安全质量许可、卫生注册、强制性产品认证、民用商品验证或其他须经审批审核的货物，应提供有关审批文件，并在报检单上注明文件号。

（2）报检品质检验的，还应提供国外品质证书或质量保证书、产品使用说明书及有关标准和技术资料；凭样成交的，须加附成交样品；以品级或公量计价结算的，应同时申请重量鉴定。

（3）报检进境废物时，还应提供国家环保部门签发的进口废物批准证书、废物利用风险报告和经认可的检验检疫机构签发的装运前检验合格证书等。

（4）报检进境旧机电产品的，还应事先申请旧机电产品备案，报检时提供与进口旧机电产品相符的进口许可证明。

（5）申请残损鉴定的，还应提供理货残损单、铁路商务记录、空运事故记录或海事报告等证明货损情况的有关证单。

（6）申请重（数）量鉴定的，还应提供重量明细单、理货清单等。

（7）进境的动植物及其产品，在提供贸易合同、发票、产地证书的同时，还必须提供输出国家或地区官方的检疫证书；须办理进境审批手续的，还应提供进境动植物的检疫许可证。

（8）过境动植物及其产品报检时，应持分配单和输出国家或地区官方出具的检疫证书；运输动植物过境时，还应提交中国海关签发的动植物过境许可证。

（9）来自美国、日本、欧盟和韩国等国家和地区的进境货物报检时，应按规定提供有关包装情况的证书和声明。

5. 进境货物报检时的注意事项

（1）列入《实施质量许可制度的进口商品目录》内的货物，必须取得有关国家检验检疫部门颁发的质量许可证并加贴"安全标志"方可申请报检。强制性认证商品目录内的货物，应取得证书并加贴"CCC"标志。

（2）下列进境货物须经有关国家检验检疫部门审批后方可报检：①来自疫区的动植物、动植物产品和其他检疫物；②国家禁止进境的须特许审批的检疫物；③进境后不在进境口岸检验检疫机构管辖范围内进行加工、使用、销售的，或者仅由进境口岸动植物检疫机构进行现场检疫和外包装消毒后，再运往目的地由口岸检验检疫机构进行进一步检疫监管的动物、动物产品；④进境猪的产品等。

（3）已实施装运前检验的进境货物到达口岸后，仍然要按有关规定进行检验，以口岸检验检疫机构的检验结果为最终结果。对经检验检疫不合格的货物，按规定办理对外索赔。

12.2.6 进出境运输工具的检验检疫

与国际货物进出境需要检验检疫一样，进出境运输工具也需要检验检疫。

1. 关于装载出境货物的运输工具的一般规定

我国规定，进出境的运输工具，如船舶、飞机、火车、汽车应依法接受检疫。出境运输工具的检验检疫在最后离境口岸实施。但装载货物出口的运输工具在装货前要由检验检疫机构做适装性检查。

第一，装载出境动物的运输工具，装载前必须事先清洗干净，并进行有效的消毒，由监督消毒的检验检疫机构签发运输工具消毒证书。

第二，装载植物、植物产品出境的运输工具，如果经检查发现有泥土，那么必须清扫干净。有危险性有害生物或一般生活害虫超标的运输工具应当进行熏蒸除虫处理，处理合格后方可进行装货作业。

第三，装载冷藏动物产品或其他易腐食品出口的运输工具，例如，冷藏集装箱和冷藏舱等，装载前应事先清洁和消毒，并检查冷藏设备和冷藏温度是否符合国家标准。

2. 进出境运输工具的检疫

检验检疫机构在对运输工具的检疫和监管过程中决定是否允许船舶、飞机进港或出港；检查运输工具的有关证件是否有效；检查运输工具上是否有染疫患者、染疫嫌疑人或运输工具是否被疫源污染；检查运输工具上是否存在危险性有害生物或病媒昆虫或其他传播媒介；检查运输工具上的各类设施是否符合卫生要求；对运输工具实施除虫、灭鼠、消毒或其他除害处理；对来自疫区的动植物产品或食品实施封存处理；做好进境汽车的轮胎消毒工作，保证汽车轮胎消毒池的药物容量和浓度符合国家规定；签发有关运输工具检疫的证书。

运输工具负责人应及时填写和交验有关单证，如船舶总申报单、船员名单、旅客名单、船用物品申报单、航海健康申报单、载货清单、进出境检验检疫车辆（船舶）及货物申报簿等；提供与检验检疫有关的文件，如运行日志、载货清单、卫生证书、除鼠证书或免于除鼠证书等；此外，还应配合检验检疫人员开展检疫工作，如打开船舶、飞机、火车的货舱、食品舱、配餐间及储藏室，打开汽车的车厢，协助抽样等；同时应落实检验检疫机关的管理措施，如做好运输工具的除虫、灭鼠、消毒或其他除害处理等。

进境的运输工具和人员必须在最先到达口岸的指定地点接受检疫。除引航员外，未经检验检疫机构许可的任何人不得上下运输工具，也不准装卸行李、货物、邮包等物品。对装载进境动物的运输工具，由口岸检验检疫机构对可能被污染的人员、设备、场地进行防疫消毒。如果外国运输工具的负责人拒绝接受检验检疫机构的卫生除害处理，除有特殊情况外，准许该运输工具在检验检疫机构的监督下，立即离开中华人民共和国国境。

一般情况下，运输工具检疫后签发的证书有船舶卫生证书、除鼠证书、免予除鼠证书、进境检疫证、出境检疫证、灭蚊证书、运输工具消毒证书等。

12.3　海关货运监管制度

海关代表国家对进出境活动实施监督管理。海关货运监管的基本任务，是根据《中华人民共和国海关法》和国家有关进出口政策、法律、法规，监督货物和运输工具的合法进出，检查并处理非法进口、偷税漏税等走私违法活动。海关对进出口货物的监管依据是：进出口货物的收、发货人（或他们的代理人）填写的进出口货物报关单以及经贸管理部门签发的进出口货物许可证，或有关主管部门的批准文件以及正常的商务单据。

12.3.1 海关监管进出境货物的范围

凡应受海关监管的进出境货物和物品，统称为海关监管货物。

海关监管货物主要包括：进出口贸易货物；进口保税货物；寄售代销、展销、维修、租赁的进口货物；来料加工，来件装配，来样加工，补偿贸易和合作，合资经营进口的料、件、设备以及出口的产成品；过境货物、转运货物、通运货物；进出口展览品、礼品、样品、广告品和进口捐赠物资等。

海关监管货物的范围是：进口货物自进境起，到海关放行止；出口货物自向海关申报起，到出境止；加工装配与补偿贸易进口的料、件、设备，生产的产成品，以及寄售代销、租赁、保税货物自进境起，到海关办妥核销手续止；过境货物、转运货物、通运货物自进境起，到出境止，都必须受海关监管。

12.3.2 海关监管进出境货物的基本制度

接受申报、查验、征税和放行制度是海关监管进出境货物的基本制度。进出口货物的类别不同，其通关程序也略有不同，如表12-1所示。

表12-1 进出口货物的类别和通关程序

货物的类别	前期阶段	进出境阶段	后续阶段
一般进出口货物	无	申报、查验、征费、放行	无
保税进出口货物	备案、申领手册	申报、查验、征费、放行	核销、结关
特定减免税货物	备案、申领证明	申报、查验、征费、放行	解除监管、结关
暂准进出口货物	备案、申领证明	申报、查验、征费、放行	解除监管、销案

从海关方面看，海关对一般进出口货物的监管，其业务程序是：接受申报、查验货物、征收税费、结关放行。作为进出境货物收、发货人，相应的报关手续应为：提出申报、接受查验、交纳税费、进口货物凭单取货或出口货物装船出运（见图12-5）。

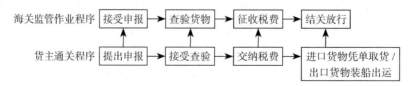

图12-5 进出口货物通关的基本环节

1. 申报

所谓申报，也可理解为狭义上的报关，是指货物、运输工具和物品的所有人或其代理人在货物、运输工具、物品进出境时，向海关呈送规定的单证并申请查验、放行的手续。

申报与否，包括是否如实申报，是区别走私与非走私的重要界限之一。

2. **查验**

进出口货物在通过申报环节后，即进入查验环节。海关查验（inspection），即验关，是指海关依法为确定进出境货物的品名、规格、成分、原产地、货物状态、数量和价格是否与货物申报内容相符，对货物进行实际检查的行政执法行为。也就是通过对进出口货物进行实际的核查，确定单货、证货是否相符，有无瞒报、伪报和申报不实等走私违规行为，并为今后的征税、统计和后续管理提供可靠的监管依据。

进出口货物，除海关批准免验的以外，都应接受海关的查验。查验进出口货物，应当在海关规定的时间和场所进行。如果要求海关在海关监管场所以外的地方查验，应当事先报请海关同意，海关按规定收取规费。海关查验货物时，进出口货物的收货人或其代理人应当到场，并按海关的要求负责搬移货物，开拆和重封货物的包装等；海关认为必要时，可以径行开验、复验或提取货样。海关确定查验后，由现场接单报关员打印查验通知单，必要时制作查验关封交报关员。查验结束后，由陪同人员在查验记录单上签名、确认。

海关查验的方法有以下几种。

1）彻底检查，即对货物逐件开箱（包）查验，对货物品种、规格、数量、重量、原产地、货物状况等逐一与货物申报单详细核对。

2）抽查，即按一定比例对货物有选择地开箱（包）查验。对集装箱抽查时，必须卸货。卸货程度和开箱（包）比例以能够确定货物的品名、规格、数量、重量等查验指定的要求为准。

3）外形查验，对货物的包装、标记、唛头等进行验核。外形查验只能适用于如大型机器、大宗原材料等不易搬运、移动，但堆放整齐、比较直观的货物。

海关查验部门自查验受理时起，到实施查验结束，反馈查验结果最多不得超过48小时，出口货物应于查验完毕后半个工作日内予以放行。查验过程中发现有涉嫌走私、违规等情况的，不受此时限限制。

3. **征税**

征税是指海关根据国家的有关政策、法规对进出口货物征收关税及进口环节的税费（海关代征税）。

（1）关税征收的过程。按照规定，进口货物的收货人、出口货物的发货人、进出境物品的所有人是关税的纳税义务人；同时有权经营进出口业务的企业也是法定纳税人。纳税人应当在海关签发税款缴纳证的次日起7日内，向指定银行缴纳税款；逾期不缴纳的，由海关自第8日起至交清税款日止，按日征收税款总额1‰的滞纳金；对超过三个月仍未缴纳税款的，海关可责令担保人缴纳税款或者将货物变价抵缴，必要时，可以通知银行从担保人或纳税人的存款内扣除。

关税征收的过程是税则归类、税率运用、完税价格审定及税额计算的过程。

第一，税则归类。税则归类就是将出口货物按照《中华人民共和国进出口税则》的归类总规则归入适当的税则编号，以确定其适用的税率。

第二，税率运用。主要税种、税率按不同的标准有不同分类。按商品流向区分，税种可分为进口税、出口税等；按征税标准区分，税种可分为从价关税、从量关税、复合关税、滑准税等；按进口国别区分，税率可分为优惠税率、普通税率。其他税率有暂定税率、关税配额管理商品税率。

《中华人民共和国进出口税则》中的关税进口税率有普通税率和优惠税率两栏，出口税率只有一种。根据《中华人民共和国进出口关税条例》第十条规定：原产于共同适用最惠国待遇条款的世界贸易组织成员的进口货物，原产于与中华人民共和国签订含有相互给予最惠国待遇条款的双边贸易协定的国家或者地区的进口货物，以及原产于中华人民共和国境内的进口货物，适用最惠国税率。原产于与中华人民共和国签订含有关税优惠条款的区域性贸易协定的国家或者地区的进口货物，适用协定税率。原产于与中华人民共和国签订含有特殊关税优惠条款的贸易协定的国家或者地区的进口货物，适用特惠税率。原产于本条第一款、第二款和第三款所列以外国家或者地区的进口货物，以及原产地不明的进口货物，适用普通税率。

目前，海关在进口环节代国家其他部门征收的进口环节税有增值税、消费税和船舶吨税。增值税率有两种，进口货物除粮食、食用植物油、自来水、暖气、冷气、热水、煤气、石油液化气、沼气、居民用煤炭制品、图书、报纸、杂志、饲料、化肥、农药、农机、农膜和国务院规定的其他货物的税率为9%以外，其余货物的税率均为13%。出口货物增值税率为零，但是，国务院另有规定的除外。消费税按不同商品设置不同的税目税率。船舶吨税是对进出我国港口的外国籍船舶征收的一种使用税。我国船舶吨税有一般吨税和优惠吨税两栏税率，其税率是以吨位数规定的定额税率，按船舶的净吨位大小进行计征。

第三，完税价格审定。完税价格是指海关按照《中华人民共和国海关法》和《中华人民共和国进出口关税条例》的有关规定，凭以计算应征关税的进出口货物的价格。进口货物以海关审定的成交价格为基础的到岸价格为完税价格；出口货物以海关审定的货物售予境外的离岸价格，扣除出口税后作为完税价格。离岸价格不能确定的，由海关估定。

$$出口货物完税价格 = \frac{FOB价}{1+出口税率} = \frac{CIF价 - 保险费 - 运费}{1+出口税率}$$

$$进口货物完税价格 = \frac{FOB价 + 运费}{1-保险费率} = \frac{CFR价}{1-保险费率}$$

$$= \frac{CIF价\left[1-(1+投保加成率)\times 保险费率\right]}{1-保险费率}$$

第四，税费计算主要可采用如下方式。

关税实行从价税率时，关税 = 完税价格 × 关税税率；实行从量税率时，关税 = 商品数量 × 关税税率；实行其他税率时，参见《中华人民共和国进出口税则》。

$$进口环节税 = (完税价格 + 关税) \times 进口环节税税率$$
$$增值税 = (完税价格 + 实征关税 + 实征消费税) \times 增值税税率$$

$$消费税 = \frac{完税价格 + 实征关税}{1 - 消费税税率} \times 消费税税率$$

进出口货物的到岸价格、离岸价格是以外币计算的，应由海关按照签发税款缴纳证之日国家外汇牌价的中间价折算成人民币。完税价格计算到元为止，元以下四舍五入，税费额计算到分为止，分以下四舍五入。

【例 12-1】某外贸公司代某手表厂进口瑞士生产的数控铣床一台，成交条件为 FOB Antwerp SFr 223 343，运费为 42 240 元人民币（RMB），保险费率为 0.3%，填发海关代征税缴款书之日瑞士法郎对人民币外汇市场买卖中间价为 SFr 100 = RMB 387.055。试计算该数控铣床的增值税（不计消费税）。

解：

（1）求关税完税价格。

数控铣床 FOB 价折算成人民币为 223 343×387.055 / 100 = 864 460.248 65（元）

$$进口货物完税价格 = \frac{FOB 价 + 运费}{1 - 保险费率} = \frac{864\,460.248\,65 + 42\,240}{1 - 0.3\%}$$

$$= 909\,428.534\,252\,8 \approx 909\,429（元）（元以下四舍五入）$$

（2）求应征关税税额。

数控铣床应归入税则税号 8 459.610 0，税率为 15%，则

应征关税税额 = 909 429×15% ≈ 136 414.4（元）（分以下四舍五入）

（3）求应征增值税。

增值税 =（完税价格 + 实征关税 + 实征消费税）× 增值税税率

$$=（909\,429 + 136\,414.4）\times 17\% \approx 177\,793.4（元）（分以下四舍五入）$$

（2）海关征收的主要税费。海关征收的税费主要包括以下几种。

第一种，进出口货物收取进出口关税及进口环节税。

第二种，监管手续费：进口免税货物，按完税价格的 3‰ 计征；进口减税货物，按实际减除税赋部分的货物完税价格的 3‰ 计征；进口后保税储存 90 天以上未经加工即转运复出口的货物按关税完税价格的 1‰ 计征；进料加工和来料加工项目中，属于加工装配机电产品复出口的货物，按关税完税价格的 1.5‰ 计征；属于首饰行业进口免税料、件的，按关税完税价格的 1‰ 计征；来料加工项目中的裘皮加工、机织毛衣和毛衣片加工、塑料玩具加工三个行业进口的料、件，按关税完税价格的 1‰ 计征；其他保税货物，按关税完税价格的 1‰ 计征。

【例 12-2】某公司为装配出口机电产品进口一批料件，折合人民币价格为 CIF80 000 元，进口保税储存 100 天后未经加工即转运复出口，海关应征监管手续费为多少？

解：进口后保税储存 90 天以上未经加工即转运复出口的货物按关税完税价格的 1‰ 计征监管手续费。因此，海关应征监管手续费 = 80 000 元 ×1‰= 80 元。

第三种，滞纳金：纳税义务人不能按海关规定的纳税期限向海关缴纳税款而被依法征收的一种罚款，为自到期次日起至交清税款之日止，按日征收税款1‰的滞纳金。

$$滞纳金额 = \frac{关税额 + 增值税}{消费税应税额} \times 滞纳天数 \times 1‰$$

第四种，保证金：在货物收发货人向海关交纳相当于税款的保证金后，准予暂时免纳关税。

（3）关税的退补。关税的退补分补征、追征和退税三种情况。

补征是指进出口货物、进出境物品放行后，海关发现少征或漏征税款时，应当自缴纳税款或者货物、物品放行之日起1年内，向纳税义务人补征。

追征是指因纳税义务人违反规定而造成少征或者漏征的，海关在3年内可以追征。

退税是指海关多征的税款，发现后应当立即退还；纳税义务人自缴纳税款之日起1年内，可以要求海关退还，逾期不予受理。办理退税时，应做到退税依据确实、单证齐全、手续完备。纳税单位应填写退税申请，连同原来的税款缴纳书及其他必要证件，送经原征税海关核实，并签署意见，注明退税理由和退税金额。单位退税一律转账退付，不退现金。办理退税手续，除海关原因退税外，由纳税单位向海关缴纳50元人民币手续费。

（4）关税减免。《中华人民共和国海关法》第五十六条、第五十七条规定，下列进出口货物、进出境物品，减征或者免征关税：无商业价值的广告品和货样；外国政府、国际组织无偿赠送的物资；在海关放行前遭受损坏或者损失的货物；规定数额以内的物品；法律规定减征、免征关税的其他货物、物品；中华人民共和国缔结或者参加的国际条约规定减征、免征关税的货物、物品。

特定地区、特定企业或者有特定用途的进出口货物，可以减征或者免征关税。特定减税或者免税的范围和办法由国务院规定。减免税审批应提交单证。

4. 放行

放行就是海关对货物、运输工具、物品查验后，在有关单据上签印放行，或者开具放行通知单，以示海关监督结束。

放行是口岸海关监管现场作业的最后一个环节。口岸海关在接受进出口货物的申报后，经过审核报关单据、查验实际货物，并依法办理了征收货物税费手续或减免税手续后，在有关单据上签盖放行章，以示海关的监管行为结束，在这种情况下，放行即为结关。进口货物可由收货人凭以提取、发运，出口货物可以由发货人装船、启运。

对于保税加工贸易进口的货物、经海关批准减免税款或缓纳税款的进口货物、暂时进出口货物、转关运输货物以及其他口岸海关未缴纳税款的进口货物，口岸海关接受申报以后，经审核单证，符合规定的，即可以放行转为后续管理。另外，进出口货物出于各种原因需海关特殊处理的，可向海关申请担保放行。海关对担保的范围和方式均有明确的规定。

通常，海关办理放行手续有以下两种方式。

（1）签印放行。对于一般进出口货物，报关人如实向海关申报并如数缴清应纳税款和有关费用，海关报关员应在有关进出口货运单据上签盖"放行章"，进口货物凭以到海关监管仓库提货进境；出口货物所有人凭以装货启运出境。

（2）销案。按照担保管理办法的进口货物或暂时进口货物，在进口收货人全部履行了承担的义务后，海关应准予销案。这意味着取得了海关的最后放行。

经海关查验放行的合法进出口货物，应报关人或货物所有人的要求，可以取得进（出）口货物证明书，它是证明某些货物实际进口或出口的文件。进出口货物所有人在办理各种对内、对外业务的过程中，常常需要证明其货物是进口的或已经出口的，海关签发进（出）口货物证明书是为了方便货物所有人。

12.3.3　海关对港口物流的监控

进口货物自入境申报起到放行前，出口货物自运到检验场所向海关申报起到出境前，必须置于海关的监管之下。在此期间未经海关许可不得装卸、提取、交付、续运、调换、开拆取样、改装和更换标志。

海关对物流的监控就是通过严密的实体监控和有效的信息监控，保证对物流监控目标在海关监管的时间、空间范围内进出、装卸、存放、移动和处置，实现全方位、全过程的监控，管住、管好进出境运输工具和货物。为加强对监管场所、进出境运输工具和货物的实际监管，我国海关已建立了物流监控系统。这一物流监控系统主要分为审单前物流监控、查验监控、放行监控、审单后物流监控。

1. 审单前物流监控

审单前物流监控流程，如图 12-6 所示。

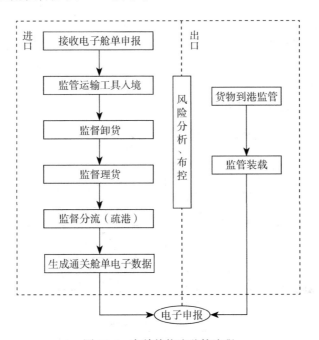

图 12-6　审单前物流监控流程

2. 查验监控

关于海关对进出口货物查验作业的流程，如图 12-7 所示。

3. 放行监控

根据《中华人民共和国海关法》的规定，除海关特准的货物以外，进出口货物在收发货人缴清税款或者提供担保后，可由海关签章放行。

海关对进出口货物的报关，经过审核报关单据，查验实际货物，并依法办理了征收税费手续或减免税费手续后，在有关单据上签盖放行章，货物的所有人或其代理人才能提取或装运货物。值得注意的是，口岸海关对进出口货物的放行意味着：

（1）对一般贸易进出口货物，海关监管结束；

（2）对需要转为海关以其他方式继续监管的货物，货物进入另一种方式的海关监管；对需要转另一设关地点的货物，则原地点海关监管结束，新地点海关监管开始。关于海关对进出口货物的放行流程，如图 12-8 所示。

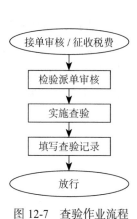

图 12-7 查验作业流程

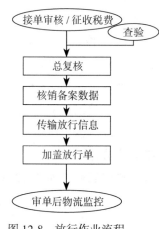

图 12-8 放行作业流程

4. 审单后物流监控

审单后物流监控的流程，如图 12-9 所示。

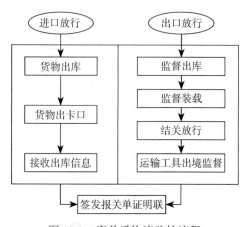

图 12-9 审单后物流监控流程

复习思考题

1. 论述检验检疫在港口物流中的作用。
2. 进出境货物检验检疫的基本程序有哪些？
3. 对进出境运输工具施行检疫的主要内容是什么？
4. 简述海关监管货物的范围。
5. 海关对物流的监控体现在哪些方面？
6. 简述检验检疫证书在港口物流中的作用。

名词解释

进出境检验检疫、法定检验检疫、查验、征税

计算

我国某企业出口某货物，成交价为 CIF 纽约 1 000 美元（折合人民币为 69 000 元），已知运费折合人民币为 1 500 元，保费为 50 元，出口税率为 15%，求应征关税税额。

课程思政案例

守住"舌尖上的安全" 全国海关严把进出口食品安全关

2021 年，全国海关各项工作取得新成绩。其中，全国海关 2021 年征税入库首次突破 2 万亿元。

在优化服务方面，2021 年，全国海关围绕共建"一带一路"倡议，推进"智慧海关、智能边境、智享联通"建设，实现与世界海关组织（WCO）战略对接，培育试点项目 78 个，支持中欧班列全年开行 1.5 万列、增长 22%，与 5 个国家的海关签署"经认证的经营者"（AEO）互认协议，累计互认国家（地区）数量达 47 个，保持世界第一。

在强化监管方面，2021 年，全国海关严把进出口食品安全关，退运销毁不合格食品、化妆品 3 037 批；加强进出口商品检验，检出不合格进出口商品 3.56 万批；开展海关知识产权保护"龙腾""蓝网"等专项行动，查扣侵权嫌疑货物批次和件数同比分别增长 27.9%、27.8%；深化税收征管方式改革，依法科学征管，全年税收首次突破 2 万亿元大关。

同时，海关还保持打击走私高压态势，开展"国门利剑 2021"联合行动，着力打团伙、挖幕后、破大案，立案侦办走私犯罪案件 4 259 起、走私行为案件 23 294 起，"水客"走私得到有效遏制，打击海南离岛免税"套代购"走私取得阶段性成果，打击治理粤港澳海上跨境走私初见成效，象牙、洋垃圾走私大幅减少。

在口岸新冠疫情防控方面，全国海关严格规范实施口岸卫生检疫，检测入境人员核酸样本 394.8 万个；坚持"人、物"同防，强化进口冷链食品和农产品源头管控，监督口岸预防性消毒各类货物 115 万吨、内外包装 7 185 万件；坚持"人病兽防"，境外预检淘汰动物 12.24 万头，严防外来物种入侵，截获检疫性有害生物 6.51 万种次。

资料来源：全国海关 2021 年征税入库首次突破 2 万亿元，中国新闻网，2022-01-24。

第
13
章

$\mathscr{C}$HAPTER 13

保 税 物 流

| 学习目标 |

1. 掌握保税物流的概念和特点
2. 熟悉保税区的功能
3. 理解保税区、保税物流园区、保税港区三者之间的关系
4. 掌握保税港区的政策
5. 理解自由贸易区的含义
6. 了解自由贸易港的特征

13.1 保税物流概述

13.1.1 保税物流的基本概念及特点

1. 保税物流的基本概念

"保税"一词属于海关用语，是指进口货物后，暂不缴纳进口税的一种状态。而物流是指物品从供应地向接收地的实体流动过程。根据实际需要，将运输、储存、装卸、搬运、包装、流通加工、配送、信息处理等基本功能实施有机结合。因此保税物流可以定义为：货物在进出口过程中处于保税状态，在海关的监管下进行的运输、存储、加工等物流活动。在海关监管区域内，包括保税区、保税仓、海关监管仓等，从事仓储、配送、运

输、流通加工、装卸搬运、物流信息、方案设计等相关业务，企业享受海关实行的"境内关外"制度以及其他税收、外汇、通关方面的特殊政策。

2. 保税物流的特点

保税物流是物流分类中的一种，符合物流科学的普遍规律，但同时具有不同于其他物流类别的典型特点。

（1）物流要素扩大化。一般的物流要素包括仓储、运输、配送、信息服务等。保税物流除了具有一般的物流要素外，还包括口岸、保税、加工、退税、海关、监管等6个要素。两者紧密结合形成了完整的保税物流体系。

（2）通关流程不同。一般贸易货物通关流程是申报、查验、征税、放行。保税的通关流程是合同备案、进口货物、复运出口、核销结案。它是从进口、存储或加工到复运出口的线性管理过程。

（3）系统边界交叉。保税物流货物在地理上是在一国的境内（领土），从移动的范围来看应属于国内物流，但保税物流也具有明显的国际物流的特点，例如保税区、保税物流中心及保税港区都是"境内关外"的性质，所以可以认为保税物流是国际物流与国内物流的接力区。

13.1.2 中国保税物流发展分析

改革开放后，中国对外贸易突破了进口买断和出口卖断的简单模式，"三来一补"业务率先得到发展，保税业务迅速复苏。中国海关在1981年制定发布《中华人民共和国海关对保税货物和保税仓库监管暂行办法》，1992年5月1日起实施《中华人民共和国海关对出口监管仓库的暂行管理办法》。中国自1990年开始设立保税区，实行"免证、免税、保税"，其定位为国际中转、国际配送、国际采购、国际转口贸易等。中国自2000年设立出口加工区，是继保税区之后又一个国家级特殊对外开放区域。2003年开始成立保税物流中心，保税物流中心主要分为A型和B型两种模式：A型以一个物流公司为主，以满足跨国公司的需要为目标；B型满足多家保税物流企业的运作需要。2005年6月22日国务院批准设立洋山保税港区，2007年10月3日正式施行《中华人民共和国海关保税港区管理暂行办法》。2007年7月建成首个综合保税区——苏州工业园综合保税区，它是在对苏州工业园区现有的海关保税物流中心（B型）和出口加工区A、B区进行整合、功能叠加的基础上形成的，海关比照保税港区的监管办法对其实施监管。自2013年国家设立上海自由贸易试验区至今，中国已先后批准18个省市设立了21个自由贸易试验区，彰显了推进更高水平对外开放的坚定决心。1980年至今，中国在改革开放不同时期，根据外向型经济发展需要，先后建立了海关监管场所，设立了保税区、出口加工区、保税物流园区、保税港区、综合保税区和跨境工业园区6种类型的海关特殊监管区域。目前已逐步建立"以自由贸易区为龙头，以综合保税区、保税港区、保税区、保税物流中心（A型、B型）为枢纽，以优化后星罗棋布的保税仓库和出口监管仓库为网点"的多元化、立体化的保税物流体系。

中国保税物流的发展进程，如表 13-1 所示。

表 13-1　中国保税物流的发展进程

年份	名称	服务对象	年份	名称	服务对象
1980	保税仓库	国际商品贸易	2003	保税物流中心（A 型、B 型）	跨国企业
1981	接近国际规范的保税制度	国际商品贸易	2004	区港联动（保税物流园区）	区域经济
1985	退税制度	国际商品贸易	2005	保税港区	国际商品贸易
1990	保税区	国际商品贸易	2013	自由贸易区	国际商品贸易
2000	出口加工区	加工贸易	2018	自由贸易港	国际贸易与国际金融

13.2　保税区

13.2.1　保税区的定义

在中国，保税区是经国务院批准设立的、海关实施特殊监管的经济区域，是中国目前开放度和自由度比较大的经济区域。

1990 年 4 月 18 日，党中央、国务院宣布浦东开发开放，提出了"开发浦东，振兴上海，服务全国，面向世界"的方针。同年 6 月，经国务院批准设立外高桥保税区。我国建设和发展保税区的根本目标是改善我国投资、建设的软环境，特别是利用海关保税的独特条件，最大限度地利用外国资金、技术，发展外向型经济，使保税区成为开放型经济的新增长点，带动区域经济发展。自 1990 年 5 月国务院批准建立上海外高桥为第一个保税区以来，中国相继建成天津港、深圳福田、沙头角和盐田港、大连、广州、张家港、海口、厦门象屿、福州、宁波、青岛、汕头、珠海等多个保税区，实行保税的海关监管政策，发展贸易、物流和加工等业务。

13.2.2　保税区的政策与功能

保税区最初的功能定位是出口加工、转口贸易、保税仓储和商品展示。实行"免证、免税、保税"，实质为"境内关外"的运作方式。经过 10 多年的发展，全国 15 个保税区的保税仓储、转口贸易、商品展示功能有了不同程度的发展，有的更侧重于贸易物流功能，而有的更侧重于加工功能。保税区特征如图 13-1 所示。

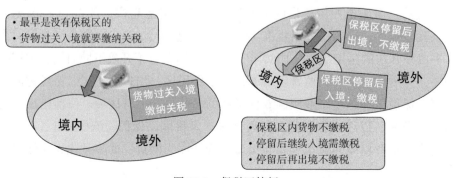

图 13-1　保税区特征

保税区能方便开展转口贸易，增加有关费用的收入。运入保税区的货物可以进行储存、改装、分类、混合、展览以及加工制造，但必须处于海关监管范围内。外国商品存入保税区，不必缴纳进口关税，尚可自由出口，只需缴纳存储费和少量费用，但如果要进入关境则需缴纳关税。各国的保税区都有不同的时间规定，逾期货物未办理有关手续，海关有权对其拍卖，拍卖完扣除有关费用后，余款退回货主。

未来，保税区的功能定位将更倾向于与国际接轨，保税区实现区港联动，促进现代化国际物流和高科技产业的发展。保税区向自由贸易区转型将成为基本趋势。

13.2.3　保税区的基本运作方式

基于海关和外汇的特殊管理机制，保税区形成了一些基本的运作形式。

1. 保税仓储等保税物流运作形式

保税区内实行"境内关外"的政策，这样在保税区内会形成相当宽松优惠的保税政策，即货物从海外进入保税区不视同进口，只有从保税区再进口国内时才视同进口，货物从国内到保税区视同出口，这样就形成了以保税仓储为核心内容的保税物流运作形式。

外商投资企业及国内加工贸易企业可以利用保税区的物流功能，从保税区进口原材料，将半成品或成品出口到保税区，完成加工贸易手册的核销工作，将各种转厂手续变成进出口手续，从而大大提高物流效率，节省物流成本。此外，可以将出口的产品进行内销，而没有内销比例等审批限制。

在中国采购的国际企业可以将采购出口货物的配送中心设在保税区，直接对国外市场进行货物配送，从而解决了销售地高成本配送问题。

销售中国市场的进口货物可以先以保税状态储存在保税区内，再根据实际的销售数量和形式进行货物清关工作，这样一方面可以减少供应链维系的资金积压成本（海关税金占用流动资金）；另一方面可以适应中国企业的不同销售形式（免税销售和完税销售）。

2. 出口加工等加工运作形式

保税区内的加工贸易企业不实行银行保证金台账、不实行外汇核销制度，非常有利于企业开展出口加工工作。

保税区内的加工贸易企业使用的进口设备全部实行免税，不受项目内容限制和投资总额限制。

3. 国际贸易等贸易运作形式

目前，中国还不允许外资独资成立单纯贸易型企业，但在保税区可以成立并可以取得一般纳税人的权利，拥有人民币账户，可开增值税发票，实际上已经拥有在国内从事纯贸易活动的权利，这是保税区的国内贸易功能。

目前，国内的贸易型公司无法从事转口贸易，但在保税区内的企业有外币的现汇账号，可以从事外币结算货物的贸易活动，实际上是拥有了国际转口贸易的功能。

保税区内的贸易型企业同时拥有国内贸易和转口贸易双重身份的权利，这就构成了保税区的贸易功能多样化形式。

4. 商品保税展示等展示运作形式

由于保税区实行的是国际自由贸易区的模式，因此国际商品的保税展示成为一项重要的保税区功能运作形式。

从国外运往中国的货物可以在保税区内进行商品展示，可以设立相应的展览场馆，展出国际上的各种产品，这样非常有利于国际产品销售到中国。一方面大大降低展览成本，简化展览产品的通关手续；另一方面缩短考察的时间，相应降低了国内企业的采购成本。

目前，在全国的保税区内主要展示的商品为保税汽车和大型工程机械成套设备，由于这些产品在国内展示的成本非常高，因此在保税区展示的优势非常突出。

13.3 保税物流园区

13.3.1 保税物流园区的含义

保税物流园区是指经国务院批准，在保税区的规划面积或者毗邻保税区的特定港区内设立的、专门发展现代国际物流业的海关特殊监管区域。在该特殊区域内，海关通过区域化、网络化、电子化的通关模式，在全封闭的监管条件下，最大限度地简化通关手续。港口与保税区之间相关手续的办理被简化，实行"无缝对接"，多种运输方式有效组合，货物快速地流入流出。目前，我国有上海、大连、深圳、青岛、宁波、张家港、天津、厦门等多个实行"区港联动"政策的试点园区，现已全部正式封关运作，效果良好，初步实现当初设立保税物流园区的目的与设想。

13.3.2 保税物流园区物流运作模式

1. 基于国外大宗进口商品向国内市场分销的物流业务运作模式

国外大宗进口商品利用保税物流园区作为物流分拨基地，面向国内市场开展分销活动，是目前一些跨国公司和具有较强专业性的国际企业的一种主要运作方式。利用保税物流园区作为物流分拨基地，其物流运作的特点包括以下几个方面：一是进口环节大批量，而进入国内市场则采用"多批次、小批量"；二是物流运作的主体比较多元化，既可以是跨国公司和专业化国际企业在保税物流园区设立的分支机构，也可以由其中国的代理商负责，或委托保税物流园区内物流企业进行物流运作。利用保税物流园区作为物流分拨基地，可以从整体上降低进口商品销售成本，提高服务质量。

2. 基于国内出口商品在保税物流园区集结和处理的物流业务运作模式

随着全球经济一体化进程的加快和中国商品国际竞争能力的提高，跨国采购活动已日益频繁地出现在中国市场，许多生产性跨国公司、国际大型零售企业和专业化国际采购公司的国际采购网络正在向中国延伸。在保税物流园区建立国际采购中心，利用保税物流园区低成本的物流及相关服务设施，降低集配活动的物流成本，将从中国市场采购的商品输往世界各地，带动了我国出口活动的活跃和发展。国内企业在开拓市场、整合出口渠道方面，要重视利用保税物流园区的集配作用，根据国际市场生产和销售需求，提供配套商品和服务；出口企业能够在商品离境之前享受出口退税、结汇等政策，加快资金周转，降低出口企业的市场风险，缩短理赔、补货以及调换商品的时间。

3. 基于转口贸易的物流运作模式

转口贸易的物流运作是以区内第三方物流企业为主体的，其物流业务的主要内容是为转口过境商品提供仓储、多式联运、向不同区域市场分拨以及物流信息服务等。保税物流园区通过提供商品展示功能和交易服务功能，可以促进保税物流园区贸易活动的开展，增加保税物流园区物流流量。

4. 提供境外货物和国内货物综合处理的国际物流服务

境外货物和国内货物在保税物流园区进行综合处理、批量转化、增值服务后，向国内外分销配送，有利于适应全球产业转移的大背景，具备强大的供应链管理能力的提供商，依托本国的制造能力，成为全球物流的核心据点，满足生产国际化对产品贸易和保税物流的需求。

13.4 保税港区

保税港区是经国务院批准设立的，在港口作业区和与之相连的特定区域内，集港口作业、物流和加工为一体的，具有口岸功能的海关特殊监管区域。

13.4.1 保税港区的政策优势

保税港区的政策实际上是出口加工区与保税物流园区政策的叠加。它规范了"一线放开、二线管住、区内自由"以及"卡口分道、货物分流、区域分段、程序分列"等监管模式，实行中转、配送、采购、转口、进口及保税物流园区、出口加工、国外货物进港保税、国内货物进港退税、区内货物自由流动等多种强力政策，实际上已与国际上通行的自由贸易区相近。

保税港区享受的政策源自 2005 年 6 月 22 日《国务院关于设立洋山保税港区的批复》，即"洋山保税港区享受保税区、出口加工区相关的税收和外汇管理政策。主要税收政策为：国外货物入港区保税；货物出港区进入国内销售按货物进口的有关规定办理报关手续，并按货物实际状态征税；国内货物入港区视同出口，实行退税；港区内企业之间的货物交易不征增值税和消费税。"

保税港区作为国内最接近自由港国际惯例的试点区域，按照海关"一线放开、二线管住、区内自由、入港退税"的监管原则，实行全域封闭化、信息化、集约化的监管，并且实行境外货物入区保税、国内货物入区退税、区内自用设备进口免税、区内货物交易免增值税和消费税等特殊政策。海关、检验检疫等监管部门以保税区、出口加工区与保税物流园区现有政策或监管模式的移植、运用和创新为重点，积极推进保税港区政策的落地。保税港区与其他海关特殊监管区的政策功能比较如表 13-2 所示。

表 13-2　保税港区与其他海关特殊监管区的政策功能比较

比较内容	保税港区	保税区	出口加工区	保税物流园区
集装箱港口功能	集装箱枢纽港在区域内，港区合一	无	无	通过专门通道和卡口的形式与港区相联系
海关监管	海关具备口岸海关和区域主管海关职能，统一负责保税港区的监管	港口与保税区分属两个海关监管，以转关方式实行监管衔接	港口与出口加工区分属两个海关监管，以转关方式实行监管衔接	港口与园区分属两个海关监管
出口退税	国内货物入区视同出口，进入保税区就可以办理退税	国内入区货物离境后才能办理退税	国内货物入区退税	国内货物入区退税
集装箱增值业务	国际航线汇集，区内可以开展集装箱拆拼箱、中转等增值业务	无	无	可以开展集装箱拼箱等增值业务，中转条件有限
海运服务	可开展国际船舶运输、船代货代、船舶管理、报关报检、海运保险等航运服务	有限	无	有限
多式联运	具备直接的海铁联运、水水联运条件	无	无	间接和有限的水水联运条件

13.4.2　保税港区功能划分

2007 年 10 月 3 日正式施行的《中华人民共和国海关保税港区管理暂行办法》规定：保税港区具有口岸、物流、加工三大主要功能，具体包括仓储物流，对外贸易，国际采购、分销和配送，国际中转，检测和售后服务维修，商品展示，研发、加工、制造，港口作业等多项功能。可以全面发展港口作业、中转、国际配送、国际采购、转口贸易、出口加工、展示等方面的业务。

保税港区具备保税区、出口加工区、保税物流园区的所有功能优势。保税区、出口加工区、保税物流园区与保税港区的功能优势比较如表 13-3 所示。

表 13-3　保税区、出口加工区、保税物流园区与保税港区的功能优势比较

功能优势	保税区	出口加工区	保税物流园区	保税港区
仓储物流	√	×	√	√
对外贸易	√	×	√	√
国际采购	√	√	√	√
分销配送	√	×	√	√
研发、加工、制造	√	√	×	√
港口作业	×	×	√	√
国际中转功能	×	×	√	√
检测和售后维修服务	√	√	×	√
商品展示	√	√	√	√

1. 集装箱装卸运输

依法取得国家有关运输、代理业务经营资格的企业，可以在保税港区开展国际船舶运输、国际船舶代理、国际船舶管理、国际海运货物装卸、国际海运货物仓储、无船承运、海运集装箱堆场等业务。

2. 集装箱口岸增值业务

取得港口主管部门许可从事国际海运、专业物流、国际贸易等经营业务的保税港区企

业，可以在保税港区开展集装箱装卸与堆放、集装箱拆拼箱中转、集装箱整箱中转、集装箱运输和多式联运，以及提供港口设施、设备和港口机械的租赁、维修等业务。

3. 采购和配送

保税港区企业可以在区内设立国际采购中心、物流配送中心、分拨中心，开展面向国内和国境外的商品采购、货物国际分拨、货物运输、物流配送等业务。

鼓励保税港区企业发展国际物流运营等业务。

4. 仓储和商业性加工

保税港区企业可以在区内从事仓库设施的投资、建设、租赁等业务，也可以从事商品的保税存放。鼓励发展境内外期货商品的仓储和交割业务。

保税港区企业可以对区内存储的货物进行分级、包装、挑选、分类、分装、包装、挑选、贴商标、刷唛头、刷贴标志等商业性加工。

5. 贸 易

区内企业可以从事保税港区与境外之间、保税港区区内的贸易，鼓励开展转口贸易。

区内企业依法办理对外贸易经营者备案登记及相关手续后，可以从事商品进出口贸易、分销等业务。

6. 展示交易

区内企业可以设立商品交易市场、分销中心，举办商品展示会，从事境外商品与非保税港区商品的展示、展览、交易以及相关咨询代理、技术培训和物流服务等业务。鼓励发展大宗商品国际交易中心业务。

7. 加工制造

可以开展加工制造、再制造、保税维修、检测以及产品研究开发中心等业务。重点引进和发展机电仪器、IT 产品、汽车零部件、精细化工、高档消费品等加工制造项目。

符合海关有关规定并事先经批准的保税港区企业可以将境外运入的材料委托非保税港区企业加工，或接受非保税港区企业的委托进行加工业务。

8. 金 融

经国家金融主管部门或者其授权机构批准，境内外金融机构可以在保税港区内设立经营性分支机构，经营有关金融业务。

经批准的保税港区内的外资银行可以经营人民币业务。

经批准的保税港区内的中资、外资金融机构可以经营离岸金融、境外融资、对外担保和其他特许业务。

9. 研发创新

鼓励企业在保税港区内从事产品与技术研发、数据处理、软件开发等业务，发展自主创新和高科技创业项目。

10. 航运物流等服务

鼓励企业在保税港区内开展报关报检、货运代理、船舶代理、理货、货运保险、船舶保险等航运物流服务业务以及设备租赁等其他服务。

13.4.3 保税区、保税物流园区、保税港区三者之间的关系

保税区是中国发展自由贸易区的一种早期的过渡形式，保税物流园区是自由港的雏形，保税港区是向自由贸易区发展过程中的另一种形式。

1. **总体比较**

从实行范围来看，保税区设在毗邻港口的海关特定监管区域，实行全封闭化管理，与港区完全分离。保税物流园区虽然使保税区和港口对接，然而在管理体制等方面，区和港仍然分离，在港区一体化建设方面，尚处于初级阶段。而保税港区则将港和区一体规划，两者都属于保税港区的一部分，深化港区一体化建设，为保税港区的管理体制、海关监管等政策进一步放松提供了条件。

从港口性质来看，保税物流园区和保税区一样，港口并未定位为"境内关外"，所有来往港区之间的货物必须用海关监管车运输；从国内沿海或环渤海各港口运至该港的货物仍属于内贸货，不需要进行报关。而保税港区规定，除经批准运载国内转运货物的船舶外，其他非国际航行船舶不得靠泊。换而言之，港口作为保税港区的一部分，亦被视作"境内关外"，所有国内其他港口挂靠该港的航线都属于国际航线，保税港区形成了真正意义上的"飞地"。

2. **基本功能比较**

保税区主要发展保税仓储和加工贸易功能，其功能单一，与国际上自由贸易区的功能相去甚远。保税物流园区弥补了保税区功能单一的不足，区内物流企业可以开展国际中转、国际配送、国际采购和国际转口贸易，可以对进出境及中转货物进行集装箱的分拆和集拼。保税港区则充分利用港和区的资源优势，划分为港口作业区、仓储物流区和出口加工区三大功能区域。港口作业区在港口基本功能的基础上重点拓展国际中转和多式联运功能；仓储物流区主要开展国际配送、国际转口贸易和国际采购业务；出口加工区开展加工贸易。

在功能名称层面上，保税物流园区和保税港区的仓储物流功能在字面上基本相同，然而由于两者的港口定性不同，"国际"的概念也随之不同。保税物流园区的港口与国内其他港口之间的航线属于国内航线，因此"国际"的概念是指境外其他国家。保税港区属于"飞地"，港口与国内其他港口之间的航线为国际航线，因此该"国际"含义的涵盖面更广，除了指境外国家之外，还包括了国内其他港口。这样，保税物流园区所割断的国际和国内两个市场的贸易联系在保税港区中通过"飞地"接通。

从实现的功能来看，保税物流园区重点发展多项国际物流功能，弥补了保税区的不足，从而对大量境外的过境货物增加了吸引力，加快区内与境外间的货物流通。而保税港区扩大了区港联动功能的应用范围，区内不仅能和境外进行贸易，与国内其他地区也能进行贸易，使境外、保税港区和国内贸易更加自由。另外，在仓储物流区，任何一种功能都能发展临港增值服务，此项政策符合国际物流的要求。同时，保税港区设立了出口加工区，完善了区港联动未能实现的功能。

从实现的区域来看，保税物流园区和保税区仅在区内实现各项特殊政策。保税港区则突破了这一局限，使港和区融为一体，扩大了实现功能的区域。

从服务的对象来看，由于保税区主要发展保税仓储和加工贸易，吸引的大多为制造型企业。而保税物流园区主要面对大型物流企业、采购商和零售商，对企业的经营范围及准入条件都加以限制。保税港区的企业经营政策较区港联动宽松，根据保税港区的不同功能，除物流企业、零售商和采购商外，同时还能吸引贸易公司以及大型制造企业入驻。总体来说，与保税物流园区相比，保税港区在贸易自由和企业经营自由方面更加完善成熟。

3. 具体管理政策比较

（1）海关监管政策。虽然海关对保税区及保税物流园区都实施封闭式管理，对进出区货物、物品、运输工具及区内相关场所实行 24 小时监管，但保税区实行的是"一线二线均管严"，这种监管方式在很大程度上限制了保税区的发展和运作效率。而保税物流园区被视作"境内关外"，实行的都是"一线放开，二线管住，区内自由"的监管模式。在操作上，一线不必办理进出境手续，电子数据报备实行网络化作业。二线按一般的进出口程序办理海关手续，实行"一次申报，一次查验，一次放行"，区内货物的储存、流动、交易等活动通过电子数据备案，可以自由流转。保税港区按照现代海关制度的要求，根据其功能定位，充分运用现代信息科学技术，针对不同区域的货物采取"卡口分道、货物分流、区域分设、程序分列"的管理方法，进一步加强"一线放开，二线管住，区内自由"的封闭化、信息化监管模式。

（2）市场开放政策比较。保税区以国际贸易和加工贸易为主，对服务贸易设限较多。这与全面发展自由贸易是不相匹配的。保税物流园区放开了部分的物流服务贸易，但同时又为其设置了贸易壁垒。虽然保税港区也并未打破区港联动的诸多限制，但开展多样的服务贸易能够配合发展保税港区的各项功能。在后保税港区时期，当物流服务贸易发展成熟时，就可能通过加快航运、企业经营等服务的开放速度，谋求进一步扩展保税港区的业务。

13.5 综合保税区

13.5.1 成立综合保税区的背景

为落实党的十八届三中全会关于"加快海关特殊监管区域整合优化"精神，根据《国务院办公厅关于印发加快海关特殊监管区域整合优化方案的通知》(国办发〔2015〕66号)、《国务院关于促进综合保税区高水平开放高质量发展的若干意见》(国发〔2019〕3号)的要求，海关总署牵头将出口加工区、保税物流园区、跨境工业区、保税港区及符合条件的保税区等海关特殊监管区域进行优化整合，形成 156 个综合保税区，占全部 168 个海关特殊监管区域的 92.3%。2022 年，全国综合保税区实现进出口值 6.56 万亿元，同比增长 11.4%，较同期全国外贸进出口 7.7% 的增幅高 3.7 个百分点，对我国外贸的贡献率逐年提高。

目前综合保税区管理参照《中华人民共和国海关保税港区管理暂行办法》实施，已不能满足综合保税区更高水平开放以及海关监管的新要求，有必要制定海关规章予以规范。

为了规范海关对综合保税区的管理，促进综合保税区高水平开放、高质量发展，根据《中华人民共和国海关法》《中华人民共和国进出口商品检验法》《中华人民共和国进出境动植物检疫法》《中华人民共和国国境卫生检疫法》《中华人民共和国食品安全法》及有关法律、行政法规和国家相关规定，2022年1月1日海关总署制定并公布了《中华人民共和国海关综合保税区管理办法》。

综合保税区是指经国务院批准设立在中华人民共和国关境内，实施封闭监管，以保税加工、保税物流和保税服务为基本功能并赋予配套的特定税收、监管政策的特定功能区。它是目前开放程度最高、政策最优惠、功能最齐全的特殊监管区域。它整合了海关特殊监管区域的所有功能政策，包括研发、加工、制造、再制造；检测、维修；货物存储；物流分拨；融资租赁；跨境电商；商品展示；国际转口贸易；国际中转；港口作业；期货保税交割；国家规定可以在区内开展的其他业务。融资租赁、跨境电商、期货保税交割等新兴业务是综合保税区独自享有的功能。

13.5.2　综合保税区的优惠政策

1. 保税、减免税政策

（1）一线进出境。综合保税区与境外之间进出的货物不实行关税配额、许可证件管理，但法律法规、我国缔结或者参加的国际条约、协定另有规定的除外。国家禁止进口、出口的货物、物品不得在综合保税区与境外之间进出。

除法律法规另有规定外，下列货物从境外进入综合保税区，海关免征进口关税和进口环节税：区内生产性的基础设施建设项目所需的机器、设备和建设生产厂房、仓储设施所需的基建物资；区内企业开展《中华人民共和国海关综合保税区管理办法》第五条所列业务所需的机器、设备、模具及其维修用零配件；综合保税区行政管理机构和区内企业自用合理数量的办公用品。自国务院批准设立综合保税区之日起，从境外进入综合保税区的区内企业自用机器、设备按照相关规定执行。

综合保税区运往境外的货物免征出口关税。一线进出境监管政策如表13-4所示。

表13-4　一线进出境监管政策

货物类型	监管要求
一线入境货物	保税
一线出境货物	免征出口关税
境外入区自用的交通运输工具、生活消费用品	征收进口关税和进口环节税
综合保税区内的货物	自用流转
境外入区机器、设备和建设生产厂房、仓储设施所需的基建物资	免征进口关税和进口环节税
海关特殊监管区或者海关监管场所之间流转的货物	免征进口关税和进口环节税

（2）二线进出区。综合保税区与区外之间进出的货物，区内企业或者区外收发货人应当按照货物进出区时的实际状态依法缴纳关税和进口环节税。二线进出区监管政策如表13-5所示。

表 13-5　二线进出区监管政策

货物类型	监管要求
出区内销的货物，因使用保税料件产生的边角料、残次品、副产品以及加工生产、储存、运输等过程中产生的包装物料	货物属于关税配额、许可证件管理的，区内企业或者区外收发货人应当取得关税配额、许可证件
外发加工产生的不运回综合保税区的边角料、残次品、副产品	

2. 退税政策

综合保税区实行"进区退税"，保税区实行"出境退税"政策。综合保税区具有"境内通关"地位，境内区外符合条件的货物进入综合保税区可享受"进区退税"政策；保税区只具有境外货物的保税功能，境外货物进入保税区不能享受出口退税政策，而是和境内货物一样对待。只有出口到境外，符合条件的保税区货物才能申请出口退税。

13.6 自由贸易区和自由港

13.6.1 自由贸易区

1. 自由贸易区的含义

自由贸易区（free trade area，FTA）分为两种。一种是广义的自贸区，是指两个或两个以上国家或地区通过签署自由贸易协定（free trade agreement，FTA），在最惠国待遇基础上，相互进一步开放市场，分阶段取消绝大部分货物的关税和非关税壁垒，改善服务业市场准入条件，实现贸易和投资的自由化，从而形成促进商品、服务、资本、技术和人员等生产要素自由流动的"大区"。《关于简化和协调海关业务制度的国际公约》（以下简称《京都公约》）对自由贸易区的定义是"缔约方境内的一部分，进入这一部分的任何货物，就进口关税而言，通常视为在关境之外"。其特点可概括为自由、便利、通达、境内关外，实质就是促进贸易投资自由化。

广义的自由贸易区，比如近年来，中国积极推动建立的东盟自由贸易区、中韩自由贸易区、中澳自由贸易区，中国—秘鲁自由贸易区、中国—哥斯达黎加自由贸易区、中国—新加坡自由贸易区、中国—智利自由贸易区、中国—瑞士自由贸易区和中国—冰岛自由贸易区等。日常的原产地证书签发工作就包括签发出口至这些与我国签署了自由贸易协定的国家的原产地证书。

另一种是狭义的自由贸易区，1973 年国际海关理事会签订的《京都公约》将其定义如下："一国的部分领土，在这部分领土内运入的任何货物就进口关税及其他各税而言，被认为在关境以外，并免于实施惯常的海关监管制度。"

自由贸易区的最大特色是"境内关外"的特殊海关监管制度，即"一线放开，二线管住"。所谓"一线"，是指自由贸易区与国境外的通道口，"一线放开"是指境外的货物可以自由地、不受海关监管地进入自由贸易区，自由贸易区内的货物也可以自由地、不受海关监管地运出境外；所谓"二线"，则是指自由贸易区与海关境内的通道口，"二线管住"，是指货物从自由贸易区进入国内非自由贸易区、货物从国内非自由贸易区进入自由贸易区时，海关必须依据本国海关法的规定，征收相应的税费。

2. 自由贸易区与保税区的区别

我国保税区和保税仓库起到类似自由港或自由贸易区的作用，但在开放程度、功能设计以及监督管理等方面还存在着较大区别。

一是保税区在海关的特殊监管范围内，货物入区前须在海关登记，保税区货物进出境内、境外或在区内流动有不同的税收限制；自由贸易区是在海关辖区以外的、无贸易限制的关税豁免地区。二是保税区的货物存储有时间限定，一般为 2～5 年；在自由贸易区内，货物存储期限不受限制。三是由于保税区内的货物是"暂不征税"，保税区对货物采用账册管理方式；在自由贸易区，主要以货畅其流为基本条件，多数自由贸易区采取门岗管理方式，运作手续更为简化，交易成本更低。四是目前许多保税区的功能相对单一，主要是起中转存放的作用，对周边经济带动作用有限；自由贸易区一般是物流集散中心，大进大出，加工贸易比较发达，对周边地区具有强大的辐射作用，能带动区域经济的发展。

3. 中国自由贸易试验区

中国自由贸易试验区（China pilot free trade zone）是中国设立的自由贸易园区，它是指在主权国家或者地区的关境以外划出特定的区域准许外国商品豁免关税自由进出。

目前，我国已经设立了 21 个自由贸易试验区及海南自由贸易港。2013 年 9 月 29 日，中国（上海）自由贸易试验区成立，上海自由贸易试验区，即是狭义的自由贸易园区。2014 年 12 月 28 日，十二届全国人大常委会第十二次会议表决通过了关于授权国务院在广东、天津、福建三个自由贸易试验区，以及上海自由贸易试验区扩展区域暂时调整有关法律规定的行政审批的决定。其中广东自由贸易试验区立足面向港澳深度融合，天津自由贸易试验区与推动京津冀协同发现相契合，福建自由贸易试验区着重进一步深化两岸经济合作。其中，广东自由贸易试验区涵盖广州南沙新区片区、深圳前海蛇口片区和珠海横琴新区片区，天津自由贸易试验区涵盖天津港片区、天津机场片区和滨海新区中心商务片区，福建自由贸易试验区涵盖平潭片区、厦门片区和福州片区，上海自由贸易试验区的扩展区域则包括了陆家嘴金融片区、金桥开发区片区和张江高科技片区。2017 年 4 月 1 日，河南、辽宁、浙江、湖北、重庆、四川、陕西 7 个自由贸易试验区同日正式挂牌。2018 年 4 月，中共中央和国务院出台了《关于支持海南全面深化改革开放的指导意见》，党中央决定支持海南全岛建设自由贸易试验区。2019 年 8 月 2 日，国务院发布了《关于印发 6 个新设自由贸易试验区总体方案的通知》，国务院批复同意设立山东等 6 个自由贸易试验区。2020 年 6 月 1 日，中共中央、国务院印发了《海南自由贸易港建设总体方案》，并发出通知。2020 年 9 月 21 日，国务院批复同意设立北京等 4 个自由贸易试验区。

从 2013 年上海自由贸易试验区一枝独秀，到 2020 年已经扩容到 21 个自由贸易试验区，包括几十个片区，连点成线、连线成面，沿海省份已全部建设有自由贸易试验区，实现中国沿海省份自由贸易试验区的全覆盖。

13.6.2　自由港

自由港是设在一国（地区）境内关外、货物资金人员进出自由、绝大多数商品免征关税的特定区域，是目前全球开放水平最高的特殊经济功能区。

最早的自由港出现于欧洲，1547 年，西班牙王国正式将热那亚湾的里南那港定名为世界上第一个自由港。最近半个世纪以来，中国香港港、新加坡港、迪拜港、巴拿马科隆港、德国汉堡港、比利时安特卫普港等自由港依托自身得天独厚的区位优势，不断完善贸易便利化举措，营造宽松、自由的贸易发展环境，实现了城市的崛起。因全球的贸易活动与经济发展，自由港的数量已超过 130 个。

2017 年 10 月，党的十九大报告明确提出"赋予自由贸易试验区更大改革自主权，探索建设自由贸易港。"2018 年 4 月，中共中央、国务院制定的《关于支持海南全面深化改革开放的指导意见》赋予了海南经济特区改革开放新的重大责任和使命，建设自由贸易试验区和中国特色自由贸易港，支持海南逐步探索、稳步推进中国特色自由贸易港建设，分步骤、分阶段建立自由贸易港政策和制度体系。

自由港的特点包括如下几个方面。

第一，划定的区域更广泛，自由港通常设在海港（有时也有空港）城市，且包括整个城市，而自由贸易区是在城市周边划定的区域；从地域来看，自由港内可以包含自由贸易区、保税区和出口加工区。新加坡自由港中有 7 个自由贸易区，除了樟宜机场属于空港外，其余 6 个在各个海港内。

第二，自由港的开放程度更高，除了贸易自由外，还包括投资自由，雇工自由，经营自由，经营人员出入境自由等。自由港属于一国境内的特殊经济区域，货物监管和行业准入都比较宽松。比如，科隆自由港内的企业注册不需要营业执照，没有最低投资要求。迪拜港董事局则有较大的决策自主权，采取"政企合一"的"小特区"模式，允许外资不受阿联酋公司法中"外资低于 49%"的比例限制，单独设立独资企业。科隆自由港和纽约自由港的货物进出都不受国内配额限制，货物种类除化学等严控品外都可自由进出港区。自由港以发展离岸贸易、离岸金融为方向。在资金自由流动上，其主要内容包括改善外汇管理方式，调整税收优惠政策，完善自贸试验区账户制度，加快人民币离岸业务发展等。

第三，海关监管便利。自由港一般都具有"境内关外"特征，或者至少部分功能区具备"境内关外"特征，以区别于"境内关内"的严格监管，使海关程序更加便利。在该特殊功能区内，报关的要求较为宽松，甚至不用报关。只要不进入关境内的消费市场，也不用缴纳进口税，科隆港、纽约港、迪拜港等自由港都具有这样的特殊监管安排。海关还通过信息技术和简化海关程序提高自由港的便利性，比如，新加坡港将与进出口贸易有关的申请、审核、许可、管制等全部手续电子化，通过计算机终端登录海关系统贸易网络，全部手续最快在 10 秒内完成。为确保不使违禁品进入港区，海关一般对区内货物采取随时抽查的方式进行监管。

第四，政策优惠普遍。自由港定位之一为国际物流中心，与其他国家港口之间存在竞争关系，因此一般被设置成税收洼地。比如，纽约港区的企业向"境内关内"出口时可选择按成品或部件从低缴纳关税，享受区内货物处理费用的优惠。科隆港区内的企业缴纳的所得税率低于 10%，不到"境内区外"的 1/3。迪拜杰贝阿里港区内的所有企业在 50 年内免缴所得税，区内工作人员免缴个人所得税。

✐ 复习思考题

1. 简述中国保税制度的发展历程。
2. 简述保税区的运作方式。
3. 简述保税区、保税物流园区、保税港区三者之间的关系。
4. 简述保税港区的特征。
5. 简述自由贸易区与保税区的区别。
6. 简述自由港的特点。

✐ 案例分析

海沧保税港区基本情况

海沧港区泊位分类一览表如表 13-6 所示。

表 13-6　海沧港区泊位分类一览表

泊位名称	泊位性质	所属公司	备注
1 #～6 #	集装箱泊位	国际货柜和港务控股	—
7 #	散杂货泊位	港务控股	拟功能调整为集装箱
8 #	散杂货泊位	明达玻璃	拟功能调整为集装箱
9 #	液体化工泊位	港务控股	—
10 #	液体化工泊位	翔鹭石化	—
11 #	液体化工泊位	滕龙芳烃	—
12 #	液体化工泊位	海澳石化	—
13 #	散杂货码头	滕龙特种树脂	—
14 #～22 #	集装箱泊位	海沧投资总公司	19 #～22 #拟功能调整为内贸集装箱

厦门海沧保税港区于 2008 年 6 月 5 日获国务院批准设立，核定规划面积 9.509 2 千米²，包括 A、B、C 三个区域，即嵩屿港区、海沧港区 1#～8# 泊位及物流园区用地；已建海沧出口加工区用地；14#～19# 泊位港区用地。三个地块以全封闭高架道路（地道）连接。四至范围包括如下内容。

嵩屿港区、海沧港区 1#～8# 泊位及物流园区用地（A 块）：东至嵩屿二期码头前沿线，南至海沧 1#～8# 泊位码头前沿线（含泊位），西至 8#、9# 泊位分界线、芦澳路，北至建港路及自然山体边界（不含建港路）。目前海沧 1#～8# 泊位、嵩屿 1#～3# 泊位建设已完成，规划建设嵩屿 4#～7# 泊位。岸线总长度 4 977 米。

已建海沧出口加工区用地（B 块）：东至出口加工区东侧规划路、南至角嵩路，西至出口加工区西侧规划路、北至沧五路。

14# ～ 19# 泊位港区用地（C 块）：东至 14# 泊位东侧围墙，南至港区前沿线（含泊位），西至 19# 泊位西侧围墙及厦漳大桥引桥，北至港中路。规划建设 14# ～ 19# 泊位。岸线总长度2 204 米。

海沧保税港区总体规划面积 9.5 千米²，共分为查验区、出口加工区、临港物流园区、港口集散区四个区域。

（1）查验区。海沧保税港区是海关特殊监管的区域。"一线放开、二线管住、区内自由、入港退税"，大力简化出入保税港区货物的通关手续和流程。配有 2 个运作高效的集中查验区，东集中查验区占地面积约为 25 万米²；西集中查验区占地面积约为 12 万米²。严格按陆路集装箱集疏运量约为 800 万 TEU 的规模进行设计，能充分满足查验需要，所以可以大力发展检测业务。积极协调各口岸部门推行联检制度，减少重复操作，实现"一次查验、一次放行"，提高整体通关效率；对有特殊查验需要的企业，提供下厂外验服务，减少企业通关查验成本。

（2）出口加工区。面积 2.46 千米²，四至范围为：东起兴港路西侧 200 米，北起沧五路南侧 100 米，西至规划建设中的芦澳路东侧，南抵角嵩路东段。充分利用临港以及靠近台湾优势，积极承接台湾的产业转移，开辟专门制造、加工、装配出口商品的特殊功能园区，打造海峡西岸经济区先进临港工业基地。区内重点发展化工、轻工、纺织、机械、电子、建材等加工贸易型支柱产业，区内具有进出口加工和仓储物流功能，享受保税和退税政策，进口的原材料、零部件、元器件进区可予保税；保税货物和采购进区的国内货物可以在加工、装卸后出口；从区外进入加工区的国产机器设备、料件、基建物资可以向税务部门申请办理出口退税。2002 年 9 月，正式封关运作后，已有 Black & Decker、Kodak、Spang、Hella、厦门钨业、建颖科技等来自世界各地的 55 家企业在此投资，形成了以电子信息、精密机械、医疗器械、新型材料为主的生产制造体系。2008 年，区内加工工业产值达 24.9 亿元。海沧港区可以利用"境内关外"的监管模式发展出口加工业。

（3）临港物流园区。规划面积 129 万米²，以物流活动区、港口服务中心、集装箱货运站为主要功能模块。充分发挥保税港区的政策和功能优势，依托港口资源，引进国际知名航运公司、国际物流企业和面向全球市场的采购、中转、分拨、配送等物流企业入驻园区，突出培育具有区域核心竞争力的第三方物流企业，建设有特色的现代化、产业化、信息化的大型物流系统枢纽，打造集现代物流企业、物流信息、物流设施于一体的国际物流基地。区内重点发展贸易、海运、海运代理、货代、仓储、金融等业务，为进出口贸易、国际转口贸易提供便利、优质和低成本的物流服务。

（4）港口集散区。充分利用港口区位交通优势，发展具有运输组织、装卸仓储、中转换装、临港工业、现代物流通信信息、综合服务、保税、加工和商贸等多功能的现代化港口物流商品集散基地。区内重点开展货物装卸、理货、船舶代理、货运代理、仓储保税、港口服务、海陆运输、贸易、信息技术等相关业务与集装场站和配套服务。区内可以开展出口、转口服务，为客户提供收货、运输、仓储等服务，以及贴标刷唛、分拣货物、更换包装、简单装配、打托盘等增值服务，同时还可以提供拆箱、分拨配送服务。

◎ 课程思政案例

自由贸易试验区和自由贸易港

2013年至今，自由贸易试验区的探索逐步推进，与"一带一路"倡议遥相呼应，是中国在全球贸易保护主义盛行大背景下自内而外开放的有益尝试。

习近平总书记多次把自由贸易试验区比作"试验田"，叮嘱"要播下良种，精心耕作，精心管护，期待有好收成，并且把培育良种的经验推广开来"。要种苗圃而不是做盆景，2014年3月，习近平总书记在参加上海代表团审议时提出要求。上海自由贸易试验区成立8个月时，习近平总书记来到上海考察，仔细询问已经出台的创新举措，特别关注这些举措是否可复制、可推广。在外高桥综合服务大厅里，一项改革引起了总书记的关注：企业设立从29个工作日压缩到4个工作日。总书记一边察看企业证照，一边说："方便了，效率提高了。"如今，这项制度成果推广全国，并不断提速升级。上海自贸区新片区于2019年8月尘埃落定：119.5公里^{2}的先行启动区，包括小洋山岛、浦东机场南侧区域以及南汇新城、临港装备产业区等在内的临港部分陆路区域。

党的十八大以来，我国先后部署设立21个自由贸易试验区，形成了覆盖东西南北中的试点格局。在广东自贸试验区深圳前海蛇口片区，总书记叮嘱深圳要"在共建'一带一路'、推进粤港澳大湾区建设、高水平参与国际合作方面发挥更大作用"；在位于湖北自贸试验区武汉片区的东湖高新区，总书记实地考察企业创新发展情况；对北京自由贸易试验区，总书记要求"以科技创新、服务业开放、数字经济为主要特征""构建京津冀协同发展的高水平开放平台"……

2020年，习近平总书记对海南自由贸易港建设做出重要指示强调："要把制度集成创新摆在突出位置，解放思想、大胆创新，成熟一项推出一项，行稳致远，久久为功。"海南肩负新使命，总书记提出明确要求："要坚持党的领导，坚持中国特色社会主义制度，对接国际高水平经贸规则，促进生产要素自由便利流动，高质量高标准建设自由贸易港。"赋予自由贸易试验区更大改革自主权，探索建设自由贸易港，不是让这些地区变成"政策洼地"，待价而沽、居奇以待，而是要建设"新时代改革开放新高地"。

"要围绕实行高水平对外开放，充分运用国际国内两个市场、两种资源，对标高标准国际经贸规则，积极推动制度创新，以更大力度谋划和推进自由贸易试验区高质量发展。"2021年7月，习近平总书记主持召开中央全面深化改革委员会第二十次会议时强调。

下好先手棋、打好主动仗。"中国将在自由贸易试验区和海南自由贸易港做好高水平开放压力测试。"主动加压、强筋健骨、搏击风浪，才能从容应对风险挑战、顶住惊涛骇浪，确保中国经济巨轮行稳致远。

当前，全球保护主义、单边主义抬头，经济全球化遭遇更大的逆风和回头浪。习近平总书记深刻指出，"让世界经济的大海退回到一个一个孤立的小湖泊、小河流，是不可能的，也是不符合历史潮流的"。

2022年4月13日上午，习近平总书记在参观海南全面深化改革开放和中国特色自由贸易港建设成果展后，听取了海南省委和省政府工作汇报，希望海南以"功成不必在我"的精神境界和"功成必定有我"的历史担当,把海南自由贸易港打造成展示中国风范的靓丽名片。

大胆试、大胆闯、自主改。截至 2021 年 7 月,自由贸易试验区在国家层面已推出 278 项制度创新成果。随着自由贸易试验区建设不断深入,更多可复制推广的制度创新成果,将更好服务全国改革开放大局。

市场化、法治化、国际化营商环境在这里形成,首创性、集成化、差别化改革探索在这里亮相,新产业、新业态、新模式在这里聚集,这些开放层次更高、营商环境更优、辐射作用更强的改革开放新高地,正逐步成为我国高质量发展的示范者和引领者。

资料来源:《人民日报》,2022 年 4 月 14 日。

参 考 文 献

[1] 中共中央宣传部.习近平总书记系列重要讲话读本：2016年版［M］.北京：学习出版社，人民出版社，2016.

[2] 陈戌源.集装箱码头业务管理［M］.大连：大连海事大学出版社，1998.

[3] 武德春，武骁.港航商务管理［M］.2版.北京：机械工业出版社，2016.

[4] 宗蓓华，真虹.港口装卸工艺学［M］.北京：人民交通出版社，2003.

[5] 徐大振，朱秉秋.港口企业经营管理［M］.北京：人民交通出版社，2003.

[6] 杨茅甄，中国港口协会.国际集装箱港口管理实务［M］.上海：上海人民出版社，2007.

[7] 赵刚，李玉如，顾伟红，等.国际航运管理［M］.大连：大连海事大学出版社，2006.

[8] 胡美芬.物流相关法规与国际公约［M］.2版.成都：四川人民出版社，2008.

[9] 包起帆，罗文斌.现代集装箱码头的建设与运营技术［M］.上海：上海科学技术出版社，2006.

[10] 张丽君，侯超惠，胡国强，等.现代港口物流［M］.北京：中国经济出版社，2005.

[11] 陈洋.集装箱码头操作［M］.北京：高等教育出版社，2001.

[12] 真虹.港口管理［M］.2版.北京：人民交通出版社，2009.

[13] 王斌义，沈纪观，胡远华.国际物流人员业务操作指引［M］.北京：对外经济贸易大学出版社，2003.

[14] 程言清，李秋正.港口物流管理［M］.北京：电子工业出版社，2007.

[15] 顾永才，王斌义，高倩倩，等.报检与报关实务［M］.6版.北京：首都经济贸易大学出版社，2021.

[16] 田征.国内外保税物流区域比较分析［J］.中外物流，2007（5）：92-93.

[17] 王任祥.现代港口物流管理［M］.上海：同济大学出版社，2007.

[18] 王斌义.面向"一带一路"的中国港口转型升级研究［M］.北京：中国经济出版社，2019.

[19] 王鸿鹏.集装箱运输管理［M］.北京：电子工业出版社，2007.

[20] 杨茅甄.集装箱运输实务［M］.2版.北京：高等教育出版社，2007.

[21] 傅莉萍.集装箱运输管理［M］.北京：清华大学出版社，2018.

[22] 于汝民.现代集装箱码头经营管理［M］.北京：人民交通出版社，2007.

[23] 真虹，刘桂云.柔性化港口的发展模式［M］.上海：上海交通大学出版社，2008.

[24] 杨长春，顾永才.国际物流［M］.7版.北京：首都经济贸易大学出版社，2020.

[25] 杨志刚，王立坤，周鑫.国际集装箱多式联运实务与法规［M］.北京：化学工业出版社，2008.

[26] 洪承礼.港口规划与布置［M］.2版.北京：人民交通出版社，1999.

[27] 中共中央宣传部.习近平新时代中国特色社会主义思想学习纲要［M］.北京：学习出版社，人民出版社，2019.